हिमालयवासी गुरु के साये में

एक योगी की आत्मचरित

Other titles by Sri M from Magenta Press

- Apprenticed to a Himalayan Master
  A Yogi's Autobiography
- The Little Guide to Greater Glory and a Happier Life
- Wisdom of the Rishis
  Ishavasya, Kena, Mandukya
- Jewel in the Lotus
  Deeper Aspects of Hinduism
- How to Levitate and other Great Secrets of Magic
  by James Talbot (Sri M)
- The Upanishads
  Katha, Prashna, Mundaka
- The Journey Continues
  Sequel to Apprenticed to a Himalayan Master

Translations available of Sri M's autobiography:

- Hindi
- Marathi
- Oriya
- German
- Telugu
- Malayalam
- Kannada
- Russian
- Bengali
- Tamil
- Gujarati
- Italian
- Spanish
- Japanese

हिमालयवासी गुरु के साये में

एक योगी की आत्मचरित

श्री एम

अनुवादक - डॉ. अजय कुमार सिंह

Magenta Press

हिमालयवासी गुरु के साये में

नौवा संस्करण : 2023

कवर फोटो : 2022

अनुवाद : नरेश रामन
डॉ. अजय कुमार सिंह

कवर/पुस्तक डिजाइन : जे. मनन. www.grantha.com

प्रकाशन :– m मजेंटा प्रेस एण्ड पब्लिकेशन प्रा. लि.,

Magenta Press & Publication Pvt Ltd.
No.33/5 | 2nd Floor Mount Kailash | Meanee Avenue Road
Ulsoor | Bengaluru | Karnataka | INDIA | Pincode - 560042
Contact No : +91 9343071537 / info@magentapress.in

HIMALAYAVASI GURU KE SAYE MAIN
By Sri M

ISBN 978-81-910096-4-4

अनुक्रम

आभार

मैं अपने कुछ मित्रों के प्रति अपनी गहरी कृतज्ञता व्यक्त करना चाहता हूँ, जिनकी सहायता के बिना यह पुस्तक संभव नहीं हो पाती।

कैज़र कराचीवाला ने मेरी अक्सर अपठनीय लिखाई को समझा और बड़ी मेहनत और लगन से उसे एक पाण्डुलिपि में परिवर्तित किया।

बालाजी और श्रीधर ने पुस्तक छापने और उसके व्यावसायिक मामलों की जिम्मेदारी सहर्ष स्वीकार की और उसे स्वार्थरहित कुशलता से निभाया।

मेरी हिचकिचाहट के बावजूद शुरू से ही शोभा रेड्डी ने फोटो खींचने और उनका बहुत बड़ा संग्रह बनाने की जिम्मेदारी ले रखी थी और इस पुस्तक में छपे फोटुओं को छाँटने में बड़े मनोयोग और श्रद्धा से मेरी सहायता की।

मेरे पुत्र और मित्र रोशन ने और राधा महेन्द्रू ने फोटुओं को चुनने और उनकी सज्जा में विशेष सहायता की।

विजय भास्कर ने ऑफिस का पूरा काम बखूबी संभाला।

और मेरे जीवन के अब तक के गुप्त और अनजाने अध्यायों को जानने की अभिलाषा रखने वाले अपने सभी प्रिय मित्रों के प्रति मेरा आभार, जिसके कारण प्रथमतः मझे यह पुस्तक लिखने की प्रेरणा मिली।

आप सभी को मेरा धन्यवाद

श्री एम.

अनुवादक की ओर से

मैं श्री एम का आभारी हूँ कि उन्होंने अपनी आत्मकथा का अंगरेज़ी से हिन्दी में अनुवाद का काम मुझे सौंपा। अब उनका यह निर्णय सही था या गलत, आप जानें। मुझे तो इससे कई लाभ हुए हैं। इस प्रक्रिया में प्राप्त अन्तर्दृष्टि मेरा मार्गदर्शन करे, यही श्री एम से मेरी विनय पूर्वक प्रार्थना है।

श्री उमेश नारायण त्रिपाठी ने मेरे हस्तलेख को पढ़ने का महती पुरुषार्थ साधकर टंकण कार्य किया है। मैं उनके प्रति कृतज्ञ हूँ।

सामग्री को त्रिपाठीजी तक कोयम्बतूर भेजने और वापस लेने इत्यादि कार्यों में श्री कोचरजी ने मेरी सहायता की है। उनकी सहायता के बिना मुझे कई कठिनाइयों का सामना करना पड़ता। श्री कोचरजी को मेरा धन्यवाद।

पँद्रहवें और बीसवे अध्याय के अनुवाद में सत्संगी श्री कमल राजपूत का सहयोग मिला। वे धन्यवाद के पात्र हैं।

जयपुर स्थित निम्स विश्वविद्यालय के प्रो–वाइस चांसलर भाषाविद् डॉक्टर हरि सिंह राणा ने पाण्डुलिपि को पढ़ कर कई सुझाव दिए हैं। मित्र हैं, फिर भी, धन्यवाद स्वीकारें।

कुछ गलतियाँ तो रह ही गई होंगी। बताइएगा। सुधारेंगे।

यही मंगलकामना है कि इस ग्रंथ का अध्ययन–मनन हमें सदैव सन्मार्ग पर चलते रहने की प्रेरणा, साहस और धैर्य प्रदान करे।

]]]

अग्रज श्री रणवीर सिंह और सत्संगी डॉ. बृजेश ने पहले संस्करण में रह गईं कुछ त्रुटियों की ओर ध्यान दिलाया है। मैं उन्हें धन्यवाद देता हूँ।

अब यह पुस्तक अपने सातवें संस्करण में जा रही है और मैं सिंधु मिश्रा के प्रति अपना प्रेम व्यक्त करता हूँ कि उन्होंने फिर एक बार इसके संशोधन का कार्य किया।

प्राक्कथन

इससे पहले कि मैं आपको अपने साथ भारत के दक्षिणी किनारे से रहस्यमय हिमालय पर्वत की हिमाच्छादित ऊँचाइयों की इस साहसिक यात्रा पर ले जाकर वापस लाऊँ, मैं कुछ शब्द कहना चाहूँगा जो सारी बात को उसके सही परिप्रेक्ष्य में रख देंगे। इस यात्रा में हम असाधारण व्यक्तियों से मिलेंगे और अनोखे अविश्वसनीय अनुभवों की बात करेंगे।

इस पुस्तक में उल्लिखित अधिकांश अनुभवों को मैं अब तक अपने हृदय में दबाए रखे रहा। मेरे घनिष्ठ मित्र भी मुझे उनके बारे में खुलकर बात करने के लिए राज़ी नहीं कर सके, बस मैंने कभी–कभार कुछ संकेत दिये थे कि मेरी चेतना की गहराइयों में क्या–क्या दबा हुआ है।

इन मामलों को मैं इतना गोपनीय क्यों रखता था, और अब अचानक मैंने इन रहस्यों पर पड़े हुए पर्दे क्यों हटाने शुरू कर दिए?

अब इन प्रश्नों के उत्तर देने का प्रयास करता हूँ–

यद्यपि मेरे गुरु बाबाजी ने इशारा किया था कि मैं कभी न कभी अपनी आत्म–कथा लिखूँगा, परन्तु दो साल पहले तक इस कार्य के लिए उनकी हरी झंडी नहीं मिली थी, जिसका मुझे इंतज़ार था। उसके बाद भी छः महीने तक गहरे विचार के पश्चात हिचकिचाहते हुए मैंने लिखना शुरू किया, जिसके दो मुख्य कारण थे।

पहला, मुझे भय था कि मेरे अनुभवों की सम्मोहक गाथाओं के मोह जाल में फँस कर सच्चा आध्यात्मिक साधक कहीं आध्यात्मिक यात्रा के व्यावहारिक और आवश्यक पक्षों को अनदेखा न कर दे।

दूसरा, कथा के कुछ भागों को अविश्वसनीय रूप से विचित्र पाकर कहीं आलोचनात्मक पाठक पूरी पुस्तक को ही कपोल कल्पित न मान ले।

फिर भी कुछ कारणों की वजह से इस आत्म–कथा को लिख डालने के पक्ष में निर्णय हो गया।

पहले तो यह विचार आया कि मेरा काम था अपने अनुभवों के बारे में लिखना, फिर चाहे आप इसे स्वीकार करें या न करें। लगा कि कुछ लोगों के डर से अपनी कहानी न लिखना अधिकतर पाठकों के प्रति अन्याय होगा।

दूसरे, 'एक योगी की आत्मकथा' के बाद बहुत कम ही प्रामाणिक आध्यात्मिक आत्म–कथाएं लिखी गईं हैं और उनके लेखक भी अब व्यक्तिगत चर्चा के लिए उपलब्ध नहीं हैं। और फिर स्वामी योगानंद जी की आत्मकथा चाहे जितनी भी प्रामाणिक क्यों न हो, तथ्य यह है कि वे स्वयं हिमालय में अधिक दिनों तक नहीं रहे। अतः मैंने सोचा कि यह महत्वपूर्ण है कि मैं अपने अनुभवों के बारे में अभी बात करूँ, विशेष रूप से उन अनुभवों के बारे में जो मुझे हिमालय में हुए, जिससे कि इच्छुक पाठक व्यक्तिगत रूप से मुझसे चर्चा कर सकें।

तीसरे, मैं यह सिद्ध करना चाहता था कि बाबाजी और श्री गुरु जैसे महात्मा, नेपथ्य से चुपचाप आध्यात्मिक विकास की धारा को प्रभावित करते हैं यद्यपि केवल कुछ लोगों को ही उनके अस्तित्व का ज्ञान होता है।

पाठकों से मेरा निवेदन है कि इच्छानुसार उन हिस्सों को नज़रअंदाज कर दें जो उन्हें सत्य से अधिक काल्पनिक लगते हों और शेष पुस्तक को पढ़ लें, जिससे कि वे श्री गुरु और बाबाजी की महान् शिक्षाओं से वंचित न रह जाएँ। मैं अपने गुरु के बारे में केवल वही कह सकता हूँ जो स्वामी विवेकानंद ने अपने गुरु के बारे में कहा था, "उनके चरणों की धूल का एक कण हजारों विवेकानंदों को पैदा कर सकता था।" विवेकानंद की जगह 'एम' रख दीजिए, आप समझ जाएंगे मेरा अभिप्राय क्या है।

तो प्रिय पाठकों, आइए मेरे साथ इस अद्भुत् यात्रा पर।

मेरी शुभकामनाएं हैं कि गुरुओं का आशीर्वाद आपके साथ रहे।

चलिए, यात्रा शुरू की जाय

1. आरंभ

चालीस साल पहले, भारत के सबसे दक्षिणी राज्य केरल का एक उन्नीस वर्षीय नवयुवक, हिमालय की ऊँचाइयों में भारत–तिब्बत सीमा के निकट स्थित बद्रीनाथ के पास, व्यास गुफा में गहरे ध्यान में बैठा हुआ था। उन दिनों भी किसी किशोर का ध्यान–साधना करने के लिए हिमालय चले जाना कोई आम बात नहीं हुआ करती थी। इस घटना को लगभग अविश्वसनीय बनाने वाली बात यह थी कि यह नवयुवक तो जन्म से हिन्दू भी नहीं था।

यह युवक एक योगी कैसे बना और कैसे उसके लिए एक रहस्यात्मक तथा अकल्पनीय शक्ति के भव्य संसार का अनावरण हुआ, यह कहानी मेरे ही जीवन की है। और वह युवक मैं ही था।

अगर आपकी अनुमति हो तो मैं अपनी कहानी बिल्कुल शुरु से बताना चाहूँगा। वैसे तो हमें जल्दी से जल्दी चिरंतन हिम के आलय की ओर साथ–साथ चल पड़ना चाहिए, जहाँ बर्फ से ढ़की हुई हिमालय की चोटियों के बीच रहते थे मेरे मित्र, दार्शनिक और पथ–प्रदर्शक, मेरे परम प्रिय शिक्षक और गुरु, जिनकी दया और कृपा से मैंने चेतना के विशालतर आयामों में उड़ना सीखा।

उन स्थानों की महिमा का समुचित वर्णन शब्दों से किया ही नहीं जा सकता, लेकिन इस काम के लिए हमारे पास शब्द ही तो एकमात्र साधन हैं। इसलिए प्रिय मित्रों, आइए हम अपनी यात्रा शुरू करें; चलिए चलें गहन जंगलों के बीच, आश्चर्यजनक दृश्यों की बातें करते, शीतल मन्द समीर में सिर हिलाते चटकीले रंगों वाले फूलों को देखते, पक्षियों के मधुर गान सुनते, तेज़ी से बहती शक्तिशाली नदियों, ऊँचे–ऊँचे शांत खड़े वृक्षों तथा अनेक अन्य अद्‌भुत दृश्यों को देखते, जब अचानक एक मोड़ पर दृष्टिगोचर होती है बर्फ से ढके हिमालय की विशालकाय दूधिया सफेदी और आश्चर्य से हम अवाक् रह जाते हैं।

प्राचीन ऋषियों ने कहा था न – यद् वाचा न अभ्युतितम् अर्थात् ऐसी शक्ति और ऐसा सौंदर्य जिसे स्वयं शब्द भी नहीं समझ सकते।

पर्वतों के राजा हिमवान् की लाजवन्ती पुत्री पार्वती के सम्मुख आपको ले जाने के लिए मैं भी उतना ही उत्सुक हूँ जितना कि आप। लेकिन चढ़ाई शुरु करने से पहले हमें इस यात्रा की पृष्ठभूमि के आवश्यक पहलुओं की जानकारी होनी चाहिए। मैं अधिक समय न लेकर, कुछ बहुत ही ज़रूरी बातें बताकर आपको आगे ले चलूँगा।

मेरा जन्म तिरुवनन्तपुरम में हुआ था। तिरुवनन्तपुरम अर्थात् भगवान् विष्णु का नगर, जहाँ वे अनंत नाग पर सोते हैं। संस्कृत में अनंत का एक और अर्थ भी है – बिना अन्त का, असीम। त्रिवेन्द्रम, यह नाम अँगरेज़ों ने इसे दिया था। यह नगरी भारत के दक्षिणी कोने में समुद्र तट पर स्थित, केरल राज्य की राजधानी है। 1948 में अपनी पहाड़ियों, नदियों, और प्रचूर हरियाली के कारण सारा केरल प्रदेश एक बड़े गाँव जैसा लगता था।

मेरा जन्म 6 नवंबर, 1948 में एक प्रवासी पठान परिवार में हुआ था, जिसके पूर्वज सैनिक होकर केरल आए थे और त्रावणकोर के शक्तिशाली महाराजा मार्तण्ड वर्मा की सेना में शामिल हो गए थे।

अगर एक जाना–पहचाना मुहावरा हम एक दूसरे संदर्भ में उपयोग करें, तो यह एक 'रंक से राजा' होने की कहानी है – एक सामान्य बालक की कहानी, जो अपनी लगन, निष्ठा और एकाग्र मनोयोग के आधार पर विस्तृत चेतना की हिमालयी ऊँचाइयों तक पहुँचता है। वह खतरे उठाने को तैयार था, परन्तु विफलता को स्वीकारने के लिए तैयार नहीं था।

असल में इस सफलता के पीछे एक और कारण था, जिसे मैं सर्वाधिक महत्वपूर्ण मानता हूँ: एक महान् गुरु का पथ–प्रदर्शन और उनका आशीर्वाद। उनके असीम स्नेह और वात्सल्य ने ही मुझे इन अनजानी राहों पर चलने में सहायता दी; ऐसे गुरु, जिन्होंने कभी मेरी सवाल पूछने की स्वतन्त्रता पर अंकुश नहीं लगाया। पर उन्होंने मेरा हाथ इतना कसके भी नहीं थामा कि मैं पराश्रित और आलसी बन जाऊँ; जिन्होंने मेरी सारी कमज़ोरियों

और पूर्व–निर्धारित प्रतिक्रियाओं को माफ कर दिया। क्या मैं कभी भी उस महान् व्यक्तित्व को भूल सकता हूँ, जो मेरे लिए माँ, बाप, गुरु, घनिष्ठ मित्र, सब कुछ थे? जब मैं केवल नौ साल का था, तब क्या केवल करुणावश वे मेरी जिन्दगी में आए थे? या विभिन्न जीवन–चक्रों में निरंतर हमारा कोई संबंध रहा था? कहानी के समाप्त होने पर इसका निर्णय मैं आप पर छोड़ता हूँ।

मैं अपने गुरु को 'बाबाजी' कहता था। वे अक्सर कहा करते थे, "मामला सीधा और सादा रखो। कोई जादू मन्तर नहीं। औरों की तरह ही दुनिया में रहो। महानता का कभी प्रदर्शन नहीं किया जाता। जो पास आते हैं, वे अपने आप समझ लेते हैं। अपने दोस्तों और साथियों के लिए एक उदाहरण बनो कि कैसे उस परम चेतना के आनंद और उसकी अकूत ऊर्जा से जुड़ कर भी तुम इस दुनिया में आराम से रह सकते हो।"

लेकिन लगभग नौं वर्ष की उम्र में, जिस दिन मेरे महान् गुरु का मेरे जीवन में पर्दापण हुआ, उसके बारे में कुछ भी बताने से पहले मैं आपको कुछ और तथ्यों से अवगत कराना चाहता हूँ, जिनके बारे में अब मैं आपको बता रहा हूँ।

i. जन्म से ही मुझे एक पैर को दूसरे पैर पर रखने की आदत थी। आप मेरे जन्म से दो महीने बाद लिए गए मेरे फोटो में यह देख सकते हैं। यह आदत बनी ही रही और जैसे–जैसे मैं बड़ा होता गया, मैंने पाया कि टांगे मोड़कर बैठने के शास्त्रीय यौगिक तरीके में मुझे सबसे अधिक आराम महसूस होता था। आज भी, मैं जहाँ कहीं भी जाऊँ, मुझे खाने की कुर्सी पर भी टांगे मोड़ कर बैठना ही पसंद है, बशर्ते मेज़बान को कोई आपत्ति न हो।

ii. साढ़े पाँच वर्ष की आयु से लगभग दस वर्ष की आयु तक मुझे भयंकर दुःस्वप्नों ने सताया, जो हमेशा एक जैसे ही हुआ करते थे। लगभग आधी रात को मैं नींद में एक विराट अर्द्धमानव को देखता था, कथकली नर्तक की तरह नुकीले, बड़े–बड़े दांतों और नाखूनों वाला, जो मुझे पकड़ कर ले जाने को उद्धत रहता था। बाहरी दुनिया के लिए मैं अब भी सो रहा होता था, पर मैं चिल्लाकर

"मुझे वहाँ जाना है," कहता हुआ घर से बाहर भागता था और मुझे पकड़ने के प्रयास में मेरे पीछे–पीछे वह दानव दौड़ता था।

अक्सर मेरे माँ–बाप मेरे पीछे भागते थे। केवल मेरे पिता जी मेरा नाम ज़ोर से मेरे कानों में पुकार कर मुझे उस समाधि जैसी अवस्था से जगाने में सफल हो पाते थे। लेकिन स्वप्न में एक बार भी वह दैत्य मुझे पकड़ नहीं सका था।

कई उपचार किए गए, गंडा–तावीज़ बांधे गए, पर कोई फायदा नहीं हुआ। अपने गुरु से पहली बार मिलने के बाद ही इन दुःस्वप्नों का अंत हुआ। मुझे यह समझने में कई साल लग गए कि मैं किससे भाग रहा था और कहाँ जाना चाहता था।

iii. मेरी नानी का सूफियों से कुछ संबंध था और वे मुझे उनकी कहानियां सुनाकर मंत्रमुग्ध कर देतीं थीं। हम दोनों की मन–पसंद कहानी थी – सूफी संत पीर मुहम्मद की कहानी। वे सौ साल पहले त्रावणकोर राज्य के छोटे तकले नामक गाँव में रहते थे। बनारस के मशहूर संत कबीर दास की भाँति तकले पीर मुहम्मद साहब भी जुलाहे थे। अपने हथकरघे पर काम करते समय वे तमिल भाषा में भक्ति और आध्यात्मिक अर्न्तदृष्टि के गीत गाते थे। इन गीतों को 'पाडल' कहा जाता है। ये गीत अब भी तमिलनाडु के कुछ सूफी संप्रदायों में लोकप्रिय हैं। बुढ़ापे में वे अंधे हो गए थे और तब उनका एक किशोर शिष्य उन्हें चलने–फिरने में सहायता करता था।

इस सूफी संत की कहानी का एक प्रसंग मेरी नानी बार–बार बड़े चाव से सुनातीं थीं और मुझे भी उसे सुननें में खूब मज़ा आता था। वह प्रसंग है दो मुल्लाओं का! दो अरबी मुल्लाओं को जब पता चला कि दक्षिण भारत में एक संत रहता है, तो वे उसके पास आए। वे इस संत की सभी बातों से प्रभावित थे, लेकिन उन्हें यह बात अच्छी नहीं लगी कि यह व्यक्ति मक्का की तीर्थ यात्रा करने को तैयार नहीं था। मक्का की यात्रा हर एक स्वस्थ मुसलमान का धार्मिक

कर्तव्य है। तकले संत ने बहाना बनाया कि वे अंधे थे और इतनी दूर जाने में असमर्थ थे। लेकिन उन्होंने ज़ोर देकर यह भी कहा कि वे 'हजयात्रा' कर चुके हैं और वैसे भी मक्का तो ठीक वहीं था, जहाँ वे रहते थे।

अरबी यात्रियों के मुताबिक यह खुदा की निंदा थी। लेकिन उन्होंने इसे एक पागल आदमी का प्रलाप कह कर जाने दिया। लेकिन पीर मुहम्मद साहब अपनी बात पर अड़े रहे। उन्होंने अपने शिष्य से पानी रखने का मिट्टी का एक पुराना घड़ा लाने को कहा और अरबी यात्रियों को उसमें झाँककर देखने को कहा। एक के बाद एक उन्होंने उसमें झाँका, तो मक्का की तीर्थ यात्रा की झाँकी देखी। आश्चर्य की बात तो यह कि उसमें उन्होंने खुद को भी काबा की प्रदक्षिणा करते देखा और उनके साथ थे वही अंधे जुलाहा संत। उसके बाद उन्होंने उनके पैर पकड़ लिए और वे उनके शिष्य हो गए।

इस संत की समाधि के पास ही मेरे एक पैतृक पूर्वज की समाधि है, जो इनके शिष्य थे।

iv. हिन्दू और ईसाई धर्मों से मेरा परिचय तब हुआ, जब मैं पाँच साल से नौ साल की उम्र के बीच था। उस उम्र में भी मैंने देखा कि लोग दूसरों के धर्मों के प्रति कितने असहिष्णु थे। उदाहरण के लिए मेरी दादी, जो मुसलमान सन्तों की बातें करते समय आनन्दातिरेक से अभिभूत हो जाती थीं, परन्तु हिन्दू धर्म और हिन्दू देवताओं से घृणा करती थीं। उन्होंने मुझे चेतावनी दी थी कि मैं अपने किसी हिन्दू पड़ोसी के घर खाना न खाऊँ। उन्हें डर था कि वह कहीं हिन्दू देवताओं को चढ़ाया गया भोग न हो। वे हिन्दू देवताओं को अपवित्र मानती थीं। वे अक्सर हिन्दुओं को मूर्ति–पूजक कहा करती थीं और उन्हें विश्वास था कि इस्लाम का आना मानवता के लिए सबसे अच्छी घटना थी। अच्छे मुसलमानों के लिए स्वर्ग में जगह सुनिश्चित थी।

मुझे एक संप्रदाय विशेष की ननों (Nuns) द्वारा संचालित अँगरेज़ी माध्यम के एक संभ्रांत स्कूल में पढ़ने भेजा गया था। यहाँ हम बाध्य तो नहीं

थे, पर हमें प्रोत्साहित किया जाता था कि हम किसी चर्च या मेरी की मूर्ति के सामने से गुजरते समय ईसाइयों की रीति से अपने हृदय को अवश्य छुएं। हमें बहुत सारी ईसाई ऋचाऐं सिखायी जातीं थीं। मुझे गडरिये के रूप में चित्रित दाढ़ी वाले ईसा मसीह का करुणामय चेहरा बेहद प्रिय था। यह चित्र हर जगह टंगा रहता था। एक बार नन ने हमें पढ़ाया कि मुसलमान सूर्य की पूजा करते थे और हिन्दू प्रेतों की। यह सुनकर मैं सचमुच अचंभे में रह गया।

हमारे सभी पड़ोसी हिन्दू थे। मैं उनके यहाँ जाया करता था और उन्हें तरह–तरह के देवताओं की पूजा करते देखकर हैरान होता था। मुझे हमेशा इस बात पर आश्चर्य होता था कि एक रूढ़िवादी ब्राह्मण परिवार की महिला को मुझसे इतना लगाव क्यों था। वह मुझे तरह–तरह की मिठाइयाँ खिलाती थी, जबकि मेरी दादी मुझे उन्हें खाने से मना करती थीं। हाँ, दूसरी तरफ हमारे ऐसे हिन्दू पड़ोसी भी थे जो रमज़ान और बकरीद के त्यौहारों पर मेरी माँ द्वारा बनाई गई स्वादिष्ट मटन बिरियानी का इंतज़ार करते थे, जिसे मेरी माँ इन त्यौहारों पर हमारे नायर पड़ोसियों में बाँटती थीं। जहाँ तक मेरा सवाल है मुझे इडली, सांभर और केले के पत्ते पर परोसे गए अन्य मलयाली निरामिष व्यंजन बहुत पसंद थे।

पड़ोसियों के घरों में अपने छोटे–छोटे पूजा–गृहों में पूजे जाने वाले देवताओं के चित्रों और मूर्तियों के अलावा, हिन्दू भक्ति मार्ग से मेरा पहला महत्वपूर्ण परिचय एक कीर्तन मंडली के माध्यम से हुआ, जो एक इतवार की सुबह अनपेक्षित रूप से हमारे घर के सामने सड़क पर प्रगट हो गई। मैं रसोई के पास बैठा एक खिलौने को जोड़ने की नाकाम कोशिश कर रहा था, जिसे मैंने यह देखने के लिए खोल डाला था कि वह कैसे चलता था। इतने में ही आत्मा को उद्वेलित करने वाली मृदंग और मंजीरे की धुनों ने पूरी तरह मेरे मस्तिष्क को अभिभूत कर दिया।

मेरा हृदय ज़ोर–ज़ोर से धड़कने लगा। मैं खिलौना फेंक कर घुटन्ना पहने नंगे शरीर ही फाटक की तरफ दौड़ पड़ा। वहाँ मैंने एक अजीब दृश्य देखा।

अधेड़ उम्र के चार व्यक्ति नाच गा रहे थे। केवल एक को छोड़कर बाकी सभी ने पीली धोती से अपने शरीर को ढका हुआ था। लंबा, गौरवर्ण, फहराती दाढ़ी और लंबे बालों वाला, एक व्यक्ति अलग–सा था। उसने केवल एक पतला भगवा रंग का कौपीन (लंगोट) पहना हुआ था, जो मुश्किल से उसके गुप्तांग ढके हुए थे। उसका बाकी शरीर नंगा था।

वे चारों के चारों नंगे पैर थे। एक की गर्दन से मृदंग लटक रहा था, जिसे वह आँखें बन्द कर दोनों हाथों से बजा रहा था। बीच–बीच में वह आनंदातिरेक से हँसने लगता था। दूसरा, सिर को एक तरफ से दूसरी तरफ झुलाता हुआ अपने में मस्त मंजीरा बजा रहा था। तीसरा, एक घर के दरवाज़े से दूसरे घर के दरवाज़े जा–जा कर फल, तरकारी, चावल और कभी–कभी पैसा ले रहा था, जो हमारे पड़ोसी फाटकों पर खड़े बड़ी श्रद्धा से उसे दे रहे थे।

वह चौथा, लंबा और खूबसूरत दाढ़ी वाला मंडली का मुखिया मालूम पड़ता था। वही मृदंग और मंजीरे की सुंदर धुन पर "हरेराम, हरेराम" गाता और नाचता हुआ वृन्द गान की अगुवाई कर रहा था। उसकी आँखे बन्द थीं और उनसे आँसुओं की धारा बह रही थी। वह कुछ अर्द्ध समाधि की–सी स्थिति में था। मैंने देखा कि हमारे कुछ पड़ोसी उसके पास जाकर उसे साष्टांग प्रणाम कर रहे थे।

मेरे हृदय में एक अजीब–सा आनंद भर गया और मुझे याद है कि मैं भी आनंदातिरेक से हँसने लगा था। फिर मैं तेज़ी से घर के अंदर घुसा और एक सिक्का ढूँढकर ले आया। मुझे याद नहीं कि वह कितने का सिक्का था। मैं फाटक तक दौड़कर गया और जो व्यक्ति भीख माँग रहा था, उसके पास जाकर वह सिक्का मैंने उसकी झोली में डाल दिया। तभी मैंने अपनी दादी की आवाज़ सुनी। वे मुझे बुला रहीं थीं। मैं जल्दी से वापस लौटा। सहसा मन में एक अपराध ा भावना उठी कि शायद मैंने कुछ ऐसा कर डाला जो मुझे नहीं करना चाहिए था। मैंने गली में नाचते उस लगभग नंगे अजीब व्यक्ति की ओर अंतिम बार

मुड़कर देखा। उसने अपनी आँखें खोलीं और अन्दर घुसने से पहले एक क्षण के लिए हमारी नज़रें मिली।

मंडली आगे बढ़ गई। उनके संगीत की आवाज़ भी धीरे–धीरे समाप्त हो गई और एक अजीब खामोशी छा गई। मैंने जो किया वह मेरी दादी को पसंद नहीं आया, लेकिन मुझे थोड़ी–सी धार्मिक ताकीद देकर छुटकारा दे दिया गया। कई सालों बाद मुझे यह पता चला कि जिस भावविभोर व्यक्ति को मैंने देखा था, वह स्वामी अभेदानंद थे, जो हमारे घर से कुछ ही दूरी पर एक आश्रम में रहते थे। कॉलेज विद्यार्थी के रूप में मेरी उनसे बहुत सारी सुखद मुलाकातें हुईं। लेकिन उनके बारे में बाद में...।

v. मेरी माँ के मामा जी बड़े ही उत्साही फोटोग्राफर थे और लगभग इसी समय वे मुझे ईस्ट–फोर्ट में आयोजित 'आराटु' उत्सव दिखाने ले गए। पुराना वाला किला महाराजाओं ने भव्य अनंत पद्मनाभ स्वामी मंदिर के इर्द–गिर्द बनवाया था। अनंत पद्मनाभ स्वामी उनके संरक्षक देव थे। जैसा कि मैंने पहले बताया था, त्रिवेंद्रम का मूल नाम तिरुवनन्तपुरम इसी देवता के नाम से रखा गया है। पद्मनाभ का अर्थ है– जिसकी नाभि से पद्म अर्थात् कमल उगता हो। हर साल, 'आराटु' उत्सव के समय, किले के अहाते को बन्दनवार, फूलों और रंगीन बल्बों की रोशनी से सजाया जाता है। इस अवसर पर रंगीन पोशाकों और आभूषणों से सुसज्जित लगभग सारे हिन्दू देवी–देवताओं की बड़ी–बड़ी मूर्तियाँ बनाई जाती हैं। जब मैं उस प्राचीन मंदिर के गोपुरम को टकटकी लगाकर देख रहा था, तो मेरी नाभि के अन्दर कुछ विलोड़न होने लगा और मंदिर के अन्दर जाने की एक अदम्य इच्छा से मैं अभिभूत हो गया। हालांकि उस समय छः साल की उम्र में मुझे यह बिल्कुल नहीं मालूम था कि उस मंदिर के अंदर क्या था। माँ के मामा जी ने मुझे बताया कि हमें मंदिर के अंदर नहीं जाने दिया जाएगा क्योंकि हम हिन्दू नहीं हैं।

मुझे अच्छी तरह याद है कि उन्होंने एक सफेद साइन बोर्ड मुझे दिखाया, जिस पर मलयालम और अँगरेज़ी में लिखा हुआ था – 'गैर–हिन्दुओं का प्रवेश निषेध है'। एक ही मानव रूपी प्राणी को दो जातियों में बाँटना, उस समय यह पहेली मेरी समझ में बिल्कुल नहीं आयी। हार मानकर वापस लौटने के अलावा मेरे पास और कोई चारा तो था नहीं। उस समय मुझे क्या मालूम था कि बड़े होने पर समय के साथ धर्म के नाम पर मानव–मानव के बीच कट्टर पंथियों द्वारा पैदा की गई जातियों के नाम पर बँटवारे की और भी भयानक खाई मुझे देखनी पड़ेगी।

माँ के मामा जी ने मुझे खुश करने के लिए मुझे पिपरमेंट की गोलियाँ दी और वे मुझे चार किलोमीटर दूर स्थित केंद्रीय सचिवालय के दक्षिण द्वार की ओर ले गए। वहाँ प्रवेश द्वार से थोड़ी दूरी पर एक थोड़ा–सा मोटा व्यक्ति चारपाई पर लेटा था। उसके बाल सफेद हो रहे थे और उसने दाढ़ी नहीं बनाई थी। वह नंगे शरीर था, केवल केरल का मुंडु पहने हुए था, जिससे उसका निचला शरीर ढ़का हुआ था। उसका चेहरा खुशनुमा था। उसने मुझसे हाथ मिलाकर प्यार से धीरे–धीरे बात की और फिर मिठाई दी। उसने मुझसे कहा कि वह मुझे लाल रंग की हाफ पैंट पहने देखकर खुश हुआ।

बाद में मुझे पता चला कि वे वयोवृद्ध कम्यूनिस्ट नेता ए.के. गोपालन थे, जो उस समय की काँग्रेस सरकार के खिलाफ आमरण अनशन पर थे। माँ के मामा जी कुछ–कुछ वामपंथी थे और ए.के. गोपालन का बहुत आदर करते थे। वे उन्हीं से मिलने मुझे साथ ले गए थे। शायद गोपालन की सौम्य आंखों या उनके हल्के स्पर्श में कुछ जादू था कि बाद में कॉलेज के दिनों में मैं कार्ल मार्कस् की 'दास कैपीटल' की तरफ आकर्षित हुआ।

vi. जादू की बात पर मैं कहना चाहूँगा कि मुझे वे जादुई क्षण अच्छी तरह याद हैं जब में सांझ के समय अनेकों बार घर के पिछवाड़े बैठा बादलों को निहारता रहता था। कल्पना में वे बादल मुझे बर्फ से ढकी पहाड़ियों जैसे लगते

थे, जो खोजे जाने को तत्पर थीं। बहुत बाद में जब मैंने एक कॉफी टेबल किताब में हिमालय के चित्र देखे, तो मुझे लगा–'अरे इन्हें तो मैं पहले बादलों में देख चुका हूँ, अपने घर के पिछवाड़े, जब मैं लगभग छः साल का था'।

इस अध्याय के अन्त में मैं आपको एक कहानी सुनाता हूँ, जो मेरे गुरु ने हिमालय से नीचे उतरती भागीरथी नदी के किनारे मुझे सुनाई थी। मैं समझता हूँ अपनी यात्रा के अगले अध्याय में जाने से पहले उसे यहाँ बताना ठीक रहेगा। साथ ही कहानी सुनाते समय मेरे गुरु ने जो कहा था मैं उसे भी दुहराना चाहूँगा। उन्होंने कहा था – "जो कहानी मैं सुनाने जा रहा हूँ उससे क्या सीखा जा सकता है यह मैं तुम्हारे ऊपर छोड़ता हूँ, परन्तु जल्दी में कोई निर्णय मत लेना।"

"समुद्र तल से 13000 फीट की ऊँचाई पर हिमालय की पवित्र स्थली बद्रीनाथ मंदिर के पीछे अगम्य चट्टानों के बीच कुछ छोटी–बड़ी गुफाएं हैं। तीर्थ यात्रियों के लिए मंदिर केवल गरमी के महीनों में खुलता है। साल के बाकी महीनों में यह सारा क्षेत्र बर्फ से ढका रहता है। आदि शंकराचार्य के समय से ही यहाँ पूजा करते आए केरल के नंबूदरी पुजारी भी बाकी दिनों में जोशी मठ चले जाते हैं और अगले यात्रा–काल का इंतजार करते हैं। केवल कुछ असाधारण व्यक्ति ही जाड़े के दिनों में भी यहाँ रहते हैं और गुफाओं में अपनी ध्यान–साधना करते हैं।

सौ साल पहले ऐसा ही एक असाधारण योगी, नंगे शरीर, केवल एक सूती धोती पहने, अपने अन्तः स्वत्व पर गहरा ध्यान लगाए एक गुफा में बैठा था। वह गौर वर्ण का सुन्दर युवक था। उसके लंबे काले बाल हवा में उड़ रहे थे और उसकी दाढ़ी काली थी। चेहरे पर एक शांत मुस्कान लिए बन्द आँखों से वह अपनी आत्मा से आन्तरिक संलाप का आनंद ले रहा था। केवल उन्नीस साल का यह योगी, पवित्र वाराणसी नगरी के वैदिक परंपरा के विद्वानों के एक प्रतिष्ठित परिवार से था। उसके पूर्वज 'श्री गुरु बाबाजी' के नाम से जाने जाने वाले एक प्रसिद्ध योगी के शिष्य थे। ऐसा माना जाता है कि कई सौ सालों से आज तलक भी बाबाजी ने अपने शरीर को युवा ही बनाए रखा है।

नौ साल की कोमल उम्र में इस युवक के पिता ने अपने पुत्र को इस महान् योगी को सौंप दिया था, जिनका कोई निश्चित निवास स्थान नहीं था। तब से वह अपने गुरु के साथ हिमालय के विस्तृत क्षेत्र में भ्रमण करता रहा था। एक साल पहले, अट्ठारह साल की उम्र में, वह एक स्वतंत्र योगी होने का दर्जा पा गया था। तब से वह केदार और बद्री की बर्फ ढ़की पहाड़ियों में अकेला घूमता रहा था।

एक दिन जब यह युवा योगी एकदम स्थिर, योग की समाधि में बैठा था, उसकी बंद आँखों के सामने एक अजीब घटनाक्रम घट रहा था। एकदम सीधी खड़ी चट्टानी कगार पर किसी तरह हाथ–पैरों से चढ़ता हुआ एक वृद्ध गुफा के सामने के सपाट पत्थर पर अपने को खींच लाया। इस तरह के व्यक्ति इस क्षेत्र में कभी–कभार ही दिखाई पड़ते थे। उसकी गंदी हरी पगड़ी और अब चिंदी–चिंदी हो गए लबादे, गर्दन में पड़ी सुमुरिनी और मेंहदी लगी दाढ़ी से साफ ज़ाहिर था कि वह एक मुसलमान फकीर था।

उसके हाथ–पैरों और शरीर के अन्य खुले अंगों पर चोटों और खरोंचों के निशान थे और उसके घावों से खून रिस रहा था। ठंड और भूख से वह मूर्छित होने की कगार पर था। लेकिन जैसे ही उसकी दृष्टि गुफा में बैठे युवा योगी पर पड़ी, उसके चेहरे का दर्द भरा भाव मुस्कान में बदल गया, जो बढ़ते–बढ़ते खिलखिलाहट में बदल गई। "अल्लाह महान् है" वह चिल्लाया और एक गहरी साँस भर कर अपने सारे दर्द और परेशानियाँ भूलकर उस ध्यान–मग्न योगी की तरफ बढ़ा और दण्डवत् की मुद्रा में उसके सामने गिर पड़ा। उसके बाद उसने कुछ ऐसा कर डाला जो स्वप्न में भी कोई हिन्दू किसी योगी के साथ नहीं कर सकता – वह उसके गले से लिपट गया।

इस अभद्र तरीके से वह योगी अपनी समाधि में से झटके से बाहर आया। उसने आँखे खोलीं और अपने शरीर से लिपटे उस वृद्ध को दूर छिटक दिया। फिर उसने यात्रा से पस्त उस अजीब व्यक्ति के रिसते शरीर से उठती दुर्गन्ध से बचने के लिए अपनी नाक साफ की और गुस्से में उसे फटकारा, "तुम्हारी हिम्मत कैसे पड़ी? दूर हटो।" क्रोध, वह शक्तिशाली विष है, जिसे ऋषि–मुनि भी कभी–कभी अपने वश में नहीं कर पाते, इस युवा योगी का हृदय इसी क्रोध से भर गया था।

"एक बार" फकीर ने विनय पूर्वक कहा, "मुझे अपनी बात कहने का मौका दें।" "चले जाओ" योगी ने कहा "मुझे फिर से ध्यान शुरू करने से पहले नदी में स्नान करना पड़ेगा। तुम्हारे जैसे मांस भक्षी असभ्य के लिए यहाँ कोई जगह नहीं है, चले जाओ।"

फकीर भी छोड़ने वाला नही था "कृपया मेरी बात तो सुनिए, महाराज। मैं एक सूफी हूँ। नक्शबंदिया घराने के एक महान् सूफी सन्त का शागिर्द हूँ। छः महीने पहले मेरे गुरु की मृत्यु हो गई। मरने से पहले उन्होंने मुझसे कहा था, 'दोस्त, आध्यात्म के जिस मुकाम तक मैं तुम्हें ले जा सकता था, वहाँ तुम पहुँच चुके हो। अब मेरा अंत आ चुका है और इस वक्त ऐसा कोई सूफी सन्त नहीं है, जो तुम्हें अगले ऊँचे मुकाम तक ले जा सके। लेकिन चिन्ता मत करो, हिमालय में बद्री के पास एक पहुँचा हुआ युवा योगी रहता है। उसे खोज कर उसकी सहायता माँगो'। जिस योगी के बारे में उन्होंने मुझे बताया है वह आप हैं, और अब केवल आप ही मुझे बचा सकते हैं।"

"पिछले दो महीनों से मैं बेहद दुःखों–तकलीफों से गुज़रा हूँ और थकान के मारे मैं गिर कर मरने वाला हूँ। लेकिन उससे पहले मुझे बस अपना शिष्य स्वीकार कर लीजिए, तो मेरे प्राण शांति से निकल जाएंगे। मैं आपसे भीख माँगता हूँ।"

"मैं तुम्हारे गुरु या जिन्हें तुम सूफी कह रहे हो उनके बारे में कुछ नहीं जानता। मुझे ऐसा कोई निर्देश नहीं मिला है और फिर मैं किसी को शिष्य नहीं बनाता" युवा योगी ने कहा। वह अभी भी गुस्से में था। "मेरा रास्ता छोड़ो और मुझे नदी में स्नान करने के लिए जाने दो। देर मत कराओ। मुझे पुनः ध्यान आरंभ करना है, जिसे तुमने इतने असभ्य ढंग से भंग कर दिया। अब जाओ"।

"अच्छी बात है महाराज!" फकीर ने कहा, "अगर आपका यही अंतिम फैसला है तो मैं अब और ज़िन्दा नहीं रहना चाहता। मेरे जीवन का एकमात्र सपना छिन्न–भिन्न हो गया। मैं नदी में कूद कर अपनी जान दे दूंगा। ब्रह्माण्ड के परम अधिष्ठाता मेरा मार्ग–दर्शन करें।"

"तुम्हें जो करना है करो" योगी ने दृढ़ता से कहा, "लेकिन मैं तुम्हारे लिए कुछ नहीं कर सकता। अपने को सौभाग्यशाली समझो कि क्रोध में मैंने तुम्हें शाप नहीं दिया। अब अपना रास्ता नापो और मुझे अपना काम करने दो"।

फकीर ने योगी के चरणों में साष्टांग प्रणाम कर विदा ली और आँखों में आँसू भरे, नीचे बहती 'अलकनंदा' की तरफ चल पड़ा। होठों पर प्रार्थना लिए और परमात्मा से पथ–प्रदर्शन की याचना करते हुए उसने अपने को हरहराती नदी की धारा में फेंक कर अपनी जीवन लीला समाप्त कर ली।

युवा योगी को विश्वास था कि उसने जो कुछ किया, वह ठीक था और उसे किसी तरह का कोई पश्चाताप नहीं था। वह नीचे उतर कर नदी के किनारे एक रमणीक स्थान पर पहुंचा और शुद्धिकरण के यथोचित मंत्रों का उच्चारण करते हुए उसने पवित्र नदी के अत्यंत ठंडे जल में डुबकी लगाई। फिर वह बाहर निकला और अपने एकमात्र तौलिए से उसने अपने शरीर को पोंछ कर सुखाया। एक चट्टान पर बैठकर उसने अपने शरीर और मन को पवित्र करने के लिए पवित्र नदी को धन्यवाद दिया। वह गुफा की तरफ चढ़ना शुरू करने ही वाला था कि उसे अपने गुरु की जानी–पहचानी मधुर आवाज़ सुनाई पड़ी –"मधु"।

एक पहाड़ी चट्टान के पीछे से उसके 'गुरु बाबाजी' प्रकट हुए। ऐसा लगा मानों घिरती सांझ के झुटपुटे में उनकी उपस्थिति से अचानक उजाला हो गया। लगभग यूरोपीय रंगत वाले लंबे और गोरे बाबाजी के फहराते हुए कत्थई बाल थे। उनके चेहरे पर बहुत कम बाल थे। वे लगभग सोलह साल के लगते थे। एक धोती के अलावा उनका हृष्ट–पुष्ट गठीला शरीर नंगा था। वे नंगे पैर थे और बड़ी ही शालीनता और गरिमामय अंदाज़ में चलते थे।

उनकी चिन्तनशील बड़ी–बड़ी आँखे अपने युवा शिष्य मधु पर पड़ीं। "बच्चे! यह तुमने कैसा भयंकर कृत्य कर डाला।" उन्होंने कोमलता से कहा।

कुछ ही देर पहले जो उसने किया था, उसकी गंभीरता ने मधु पर बिजली की तरह चोट की। "बाबाजी..." वह केवल इतना ही कह सका। तुरंत आँखों से आँसू बह निकले और वह उनके चरणों में गिर पड़ा। "मेरे बच्चे, अपने पर संयम रखो। चलो, हम तुम्हारी गुफा की ओर चलें।" वे तेज़ी से चढ़कर गुफा तक पहुंच गए और एक दूसरे के सामने बैठ गए। "क्या मैंने हमेशा तुम्हें नहीं कहा कि बात करते समय ध्यान रखो कि तुम क्या कहने जा रहे हो, किससे कह रहे हो और किस परिस्थिति में? तुम्हें थोड़ा और धैर्य रखना चाहिए था

और वह वृद्ध जो कहना चाह रहा था, उसे ध्यान से सुन लेना चाहिए था। क्या एक पवित्र व्यक्ति की पहचान उसके बाहरी रंग–रूप से की जा सकती है? जैसा मेरे महान् शिष्य कबीर ने कहा – क्या तुम तलवार से ज्यादा महत्व म्यान को दोगे? तुमने भगवान के एक महान भक्त को दुःख पहुँचाया है। एक क्षण में तुमने इतने सालों के अपने तप के पुण्य को गँवा दिया। करुणा का एक क्षण, सौ साल की कठिन तपस्या से अधिक कीमती है। तुम्हें इसकी भरपाई करनी होगी।''

तब तक उस युवा शिष्य ने स्वयं पर नियंत्रण पा लिया था और वह शांत हो गया था। ''बाबाजी! आप जो भी कहें, मैं करने को तत्पर हूँ'' उसने कहा। ''जहाँ तक उस फकीर का सवाल है'' बाबाजी ने कहा ''उसकी आध्यात्मिक आवश्यकताओं को मैं पूरा करूँगा। परन्तु तुमने अपने अहंकार पूर्ण व्यवहार से अपनी आध्यात्मिक प्रगति को रोक दिया है और फिर से रास्ते पर आने का एक ही उपाय है कि तुम भी उन्हीं दुःख–दर्द और कठिनाइयों–परेशानियों से गुज़रो, जिसका सामना उस फकीर ने किया था। खेचरी मुद्रा की अंतिम क्रिया करने की तैयारी करो और आज्ञा चक्र से अपने प्राणों को निकल जाने दो। हम तुम्हारी आत्मा का पथ–प्रदर्शन करेंगे कि वह ऐसी ही परिस्थितियों में पैदा हो कि तुम्हें उस गरीब आदमी जैसी ही परेशानियों का सामना करना पड़े। अब आगे की क्रिया करो।''

''आपकी इच्छा सदैव मेरे लिए आज्ञा रही है। बाबाजी! मैं तुरन्त आपका कहा करता हूँ। पर मेरी एक अंतिम इच्छा है।''

''बताओ, मेरे बच्चे!'' बाबाजी ने पूछा।

भावावेश से टूटती आवाज़ में, प्रार्थना की मुद्रा में हाथों को जोड़कर उस युवा शिष्य ने कहा, ''मैं अपने पूरे हृदय से आपको प्यार करता हूँ। वचन दीजिए कि आप मुझे छोड़ेंगे नहीं, आप मेरा ध्यान रखेंगे और मुझे सांसारिक विचारों और सरोकारों के भँवर में डूबने नहीं देंगे। मैं आपसे भीख माँगता हूँ कि आप मेरी देखभाल करें और अपने पावन चरणों में वापस ले आएं।''

"मैं वचन देता हूँ", महान् गुरु ने कहा। उनकी चमकती आंखों से मानों कोमल करुणा मूर्त रूप से बह रही थी, "मेरा पट्ट शिष्य महेश्वर नाथ, जिससे तुम नहीं मिले हो, वह तुम्हारे अगले जन्म के प्रारंभिक दिनों में ही तुम्हारे पास आ जाएगा। वही तुम्हारा पथ–प्रदर्शक होगा। भविष्य में तुम मुझसे भी मिलोगे और मुझसे उसी तरह बात करोगे जैसे तुम अभी कर रहे हो। लेकिन अब जल्दी करो, क्योंकि जाने के लिए यह समय अच्छा है"।

तब तक सूरज डूब चुका था और होने वाली पवित्र घटना को देखने के लिए सुन्दर रुपहला चाँद बादलों के पर्दे को हटाकर निकल आया था। आँसू भरी आँखों से युवा शिष्य ने गुरु को एक बार फिर साष्टांग प्रणाम किया। बाबाजी ने अपना दायाँ हाथ बढ़ाकर उसके सिर पर रख दिया, उसे आशीर्वाद दिया और क्षण भर में वे रात्रि में समा गए। अब मधु अकेला था। वह पद्मासन में बैठ गया। उसने कुछ गहरी साँसें लीं, खेचरी मुद्रा धारण की, जिससे साँस की प्रक्रिया ज़बरदस्ती रुक जाती है और भ्रूमध्य में ध्यान लगाकर अपना शरीर छोड़ दिया।

इस तरह यह कहानी समाप्त होती है, जो मेरे गुरु महेश्वर नाथ ने मुझे सुनाई थी।

2. हिमालयवासी गुरु का आगमन

अब आपको यह बताने का समय आ गया है कि किस प्रकार एक बिल्कुल ही अद्भुत ढंग से मेरे गुरु ने मुझसे संपर्क किया और उस टूटी कड़ी को फिर से जोड़ दिया।

उस समय मैं नौ वर्ष से कुछ अधिक उम्र का था। हम लोग – मेरे माता–पिता, छोटी बहिन, मेरी नानी और मैं – अंबुजाविलासम् रोड पर एक काफी बड़े मकान में रहते थे। उस शांत–से मुहल्ले का नाम वंचियूर था, हालाँकि मुख्य सड़क से वह ज़्यादा दूर नहीं था। हमारे घर का नाम पल्लिवीड़ था। मेरे पिता उन दिनों के हिसाब से चालीस रुपये महीने का राजसी किराया देते थे।

सड़क पर खुलने वाले फाटक और घर के मुख्य दरवाज़े के बीच कोई ज्यादा जगह नहीं थी, लेकिन हमारा पिछवाड़े का अहाता काफी बड़ा था, लगभग आधे एकड़ का। इसमें बहुत सारे नारियल और कटहल के पेड़ थे, साथ ही फूल वाली बहुत सारी झाड़ियाँ भी। मेरी माँ अहाते में मुर्गियाँ भी रखती थीं। गुलाबी रंग से रंगे कोमल रोएंदार चूजों को अपनी माताओं के साथ चलते देखना बहुत मज़ेदार लगता था। उन्हें इसलिए रंग दिया जाता था ताकि चीलें न उठा ले जाँयें। हमारे पास कुछ बकरियाँ भी थीं।

मेरे पिता इमारतें बनाने के ठेकेदार होने के साथ–साथ रद्दी कागज़ का भी कोई व्यापार करते थे। प्रकाशकों के यहाँ से इकट्ठा किए हुए रद्दी कागज़ों के बंडलों को रखने के लिए पिछले अहाते में एक तरफ एक बड़ा शेड बनाया गया था। मेरी ढ़ाई साल छोटी बहिन और मैं यहीं आँख–मिचौली खेलते थे या मज़े में बंडलों पर बैठकर नए–नए शब्द खोजते या बेमानी तुकें बनाते थे। यह हमारी बड़ी पसंदीदा जगह थी।

अहाते को घेर कर बनाई गई दीवार मिट्टी की थी और काफी नीची भी, ले–देकर तीन फुट ऊँची। अहाते के लगभग बीचों–बीच एक पुराने कटहल के पेड़ की डाल पर

एक मज़बूत झूला पड़ा रहता था। हमें झूले पर झूलने में बहुत मज़ा आता था। अक्सर पड़ोस के बच्चे उस नीची चहारदीवारी को लांघकर आसानी से अंदर आ जाते थे। अहाते के पूरबी तरफ दाहिनी ओर के कोने में एक और कटहल का पेड़ था, उससे बड़ा और शायद अधिक पुराना भी। यही वह पेड़ है जिसके नीचे वह घटना घटी, जिसने मेरी ज़िंदगी को एकदम बदल दिया।

मेरी बहिन और मैं 'होली एंजिल्स कॉन्वेन्ट' में पढ़ने जाते थे, जो घर के पास ही पैदल चलने की दूरी पर था। हम रोज़ ही स्कूल से वापस आकर हाथ–मुँह धोकर कुछ हल्का नाश्ता करने के बाद पिछवाड़े के अहाते में सूरज डूबने तक खेलते। सूरज डूबने पर हमें फिर हाथ–मुँह–पैर धोने होते और थोड़ी देर अपनी नानी के साथ अरबी और उर्दू में प्रार्थना के लिए बैठना होता था। उसके बाद स्कूल का काम, रात का खाना, कभी–कभी अरेबियन नाइट्स की कुछ कहानियाँ या नानी के अपने अनुभव और फिर सोना।

उस दिन मेरी पढ़ाकू बहिन, (कोई आश्चर्य नहीं कि आज वह भारतीय प्रशासनिक सेवा की वरिष्ठ अधिकारी है), अपने खेलने के समय को कुछ कम कर रोज़ाना से जल्दी ही घर के अंदर चली गई। मैं बिना किसी विशेष उद्देश्य के यूँ ही अहाते में घूमता रहा। शाम होने वाली थी। सूरज की रोशनी हल्के सुनहले रंग की हो गई थी। मैंने सोचा मैं भी अंदर रसोई में जाकर कुछ खाने के लिए खोजता हूँ। इस विचार से मैं घर की तरफ मुड़ा। लेकिन पता नहीं क्यों, मैं मुड़कर अहाते के परली तरफ वाले कटहल के पेड़ की तरफ चल पड़ा। इसका कारण मैं आज तक नहीं बता सकता। मैंने पाया कि वहाँ उस पेड़ के नीचे कोई था, जो मुझे अपने पास आने का इशारा कर रहा था।

होना तो यही चाहिए था कि मैं वहाँ से भाग खड़ा होता, पर आश्चर्य की बात तो यह है कि मुझे किसी तरह का डर नहीं लगा। बल्कि उस अजनबी से मिलने की एक अजीब–सी उत्सुकता मेरे दिल में भर गई। मैंने जल्दी–जल्दी कदम बढ़ाए और शीघ्र ही उसके सामने जा खड़ा हुआ। अब मैंने उन्हें ठीक से देखा। वह व्यक्ति लंबे कद का था, बहुत गोरा और उसका हृष्ट–पुष्ट मांसपेशियों वाला शरीर नंगा था। केवल एक सफेद धोती उसकी कमर पर बंधी थी जो मुश्किल से उसके घुटनों तक पहुंच रही थी और वह नंगे पैर था।

मैं इस अजीब व्यक्ति को देखकर कौतूहल से भर गया। उसकी कुछ–कुछ कत्थई रंग की लंबी और मोटी जटाएं उसके सिर पर एक बड़े जूड़े की तरह एक ऊंचे टोप के रूप में बंधी हुई थीं। उसके कानों में बड़ी–बड़ी तांबे की बालियाँ थीं। उसके दाहिने हाथ में चमकता हुआ एक काला कमंडल था। उसके चेहरे–मोहरे में सबसे अधिक विलक्षण थीं उसकी आँखें; बड़ी–बड़ी, कत्थइया काली, चमकती हुईं और स्नेह–वात्सल्य से छलकती हुईं। उसने निस्संकोच अपना दाहिना हाथ मेरे सिर पर रख दिया और सौम्य आवाज़ में हिंदी में कहा – ''कुछ याद आया?''

हालाँकि हमारा परिवार कई पीढ़ियों से केरल में बसा हुआ था, परन्तु फिर भी मैंने उस अजनबी की बात पूरी तरह समझ ली क्योंकि हम उर्दू की एक विशिष्ट बोली बोलते थे, जिसे दक्खिनी कहा जाता है और जो हिंदी से काफी मिलती है। मैंने जवाब दिया –''नहीं''।

तब उन्होंने मेरे सिर पर से अपना हाथ हटा लिया और मेरे सीने का मध्य भाग थपथपाते हुए बोले, ''बाद में मालूम हो जाएगा। अब घर जाओ''। मैं फिर भी समझ नहीं पाया कि वे क्या कहना चाहते थे। लेकिन घर वापस जाने की आज्ञा का मैंने फौरन पालन किया। जब मैं जल्दी–जल्दी घर की तरफ जा रहा था, उस समय मुझे ऐसा लगा जैसे उनके स्पर्श से मेरा हृदय हल्का हो गया था। घर के पिछले दरवाज़े की सीढ़ी पर पहुँच कर मैंने उस कटहल के पेड़ के नीचे बैठे उस अजनबी की अन्तिम झलक पाने के लिए पीछे मुड़कर देखा। लेकिन तब तक वे जा चुके थे। वहाँ कोई नहीं था।

अब अंधेरा हो चला था। मैं उतावला होकर रसोई की तरफ दौड़ा। मैंने सोचा माँ को बताने और बहिन को डहकाने के लिए यह एक अपूर्व घटना थी। रसोई से बहुत उम्दा खुशबू आ रही थी। माँ रात के खाने के लिए झींगाकरी बना रही थीं। मैंने अपनी कहानी बताने के लिए मुँह खोला, लेकिन मेरे मुँह से कोई शब्द नहीं निकला। ऐसा लग रहा था मानों किसी ने मेरी जुबान पर ताला लगा दिया हो। मैंने एक बार और कोशिश की और फिर हार मान ली। तब तक मेरी साँसें ज़ोरों से चल रहीं थीं। ''तुम्हारी साँस उखड़ रही है'', माँ ने कहा। ''क्या हुआ? बहुत तेज़ दौड़कर आए हो?'' मैंने पाया कि मैं ''हां'' कह

रहा था और मैं उसी समय समझ गया कि मेरे मुंह से केवल तब तक ही बोली नहीं फूट रही थी, जब तक मैं उस असाधारण घटना के बारे में बताने की कोशिश कर रहा था।

मैंने कई बार उस घटना का ज़िक्र करने की कोशिश की, पर असफल रहा। तब मुझे इस बात पर विश्वास हो गया कि कोई अनजान शक्ति मुझे उस घटना को उजागर करने से रोक रही है। मैंने सारे प्रयत्न बन्द कर दिए। दस साल तक मैं किसी से भी इस घटना के बारे में बात नहीं कर सका। पहली बार मैंने जिस व्यक्ति से इसके बारे में बात की वह कोई और नहीं, वही अजनबी था, जिससे मैं कटहल के पेड़ के नीचे मिला था – मेरे गुरु, जिनसे बिल्कुल दूसरी परिस्थितियों में मैं दुबारा हिमालय में मिला। उस भेंट में उन्होंने मुझे विधिवत् शिष्य के रूप में स्वीकार किया। परन्तु उसके बारे में मैं आपको बाद में बताऊँगा।

कटहल के पेड़ वाली घटना के बाद, ऊपर से तो मैं अपने हम–उम्र किसी भी और लड़के की तरह ही लगता था, लेकिन मेरे व्यक्तित्व में एक गहरा परिवर्तन आ चुका था। दैनिक जीवन के आम क्रियाकलापों के साथ ही मेरा एक गुप्त जीवन चल निकला था। अन्तर्यात्रा शुरू हो गई थी और इसका पहला संकेत था कि 'ध्यान' शब्द को बिना जाने ही मैं ध्यान लगाने लगा था।

यह कुछ इस तरह हुआ – यद्यपि उस असाधारण घटना के बारे में किसी को भी बताने में मैं असमर्थ रहा, परन्तु वे स्नेहमयी आँखें मेरे हृदय में घर कर गईं थीं। रोज़ाना की तरह एक दिन, सौम्य दृष्टि वाले इस व्यक्ति के बारे में सोचता–सोचता मैं अपनी माँ और बहिन के पास सो गया। साधारणतः मैं गहरी नींद सोता था और सुबह कई बार पुकारे जाने पर ही जागता था। लेकिन वह रात अलग थी। लगभग आधी रात को मैं अचानक जग गया और सीने के मध्य भाग में मैंने एक आनंदानुभूति महसूस की। ऐसा लग रहा था मानों कोई नरम पंख से मेरे हृदय को गुदगुदा रहा हो। एक सनसनाहट की अनुभूति मेरी रीढ़ में ऊपर उठने लगी। मैं उठ कर बैठना चाहता था, पर सोचा कि माँ जाग जाएंगी और सवाल पूछेगी। सो मैं लेटा रहा और आँखें बन्द कर अपने अन्दर देखने की कोशिश करने लगा।

पहले वे स्नेहमयी आँखें उभरी, फिर वे गायब हो गईं और उनकी जगह एक ठंडे चाँदी के रंग के प्रकाश ने ले ली, जो मेरी रीढ़ में ऊपर उठकर मेरे हृदय में भर गया। अगर मुझे उस समय मालूम होता कि कामोत्ताप कैसा लगता है तो मैं इस अनुभव को बिना किसी यौनीय अर्थ के हृदय का कामोत्ताप ही कहता। लेकिन उस उम्र में मैं इस तरह की तुलना करने मे असमर्थ था। मैं केवल इतना ही समझ सका कि उस आनन्दानुभूति से मानों मुझे नशा हो गया था।

मुझे नहीं मालूम कि समाधि के इस पहले अनुभव की स्थिति कितने समय तक रही। सुबह माँ की आवाज़ ने मुझे जगाया। "उठो बेटे, तैयार होकर स्कूल जाने का समय हो गया।" कुछ हल्के टहोकों के बाद मैंने आँखें खोली और उठ बैठा। न कोई आनन्दानुभूति, न कोई प्रकाश, न सनसनाहट। एक क्षण में सब कुछ गायब हो गया। मैंने हाथ–मुँह धोए, नाश्ता किया और ड्रेस पहनकर स्कूल जाने की तैयारी करने लगा, लेकिन वे आँखें मेरा पीछा करती रहीं।

उसके बाद, हर रात मेरा ध्यान चालू रहा। मुझे कुछ असाधारण अनुभव हुए, जिनके बारे में मैं आपको बताऊँगा। लेकिन अधिक महत्वपूर्ण बात यह है कि सन्त, और अन्य पहुँचे हुए लोग मेरी ज़िंदगी में आते गए और जो–जो ग्रन्थ मुझे पढ़ने चाहिए थे, वे सब अपने आप मेरे हाथों में पहुँचते गए, मानों यह सब पहले से ही निर्धारित हो।

3. गायत्री मंत्र

अब मैं आपको अपने पहले असाधारण अनुभव के बारे में बताता हूँ।

मेरे व्यक्तित्व में जो परिवर्तन हो रहे थे, उन पर किसी का ध्यान नहीं गया, सिवाय कुछ लोगों के, जो मेरे बहुत निकट थे, जैसे मेरी माँ और दादी। मैं पहले से अधिक अन्तर्मुखी हो गया था। मेरी माँ अक्सर मुझे कटहल के पेड़ के नीचे बैठे हुए या खड़े हुए आसमान की ओर निहारते या ऐसे ही खाली–खाली शून्य में देखते पाती थीं। वे बताया करती थीं कि मैं कभी–कभी नींद में किसी अजीब भाषा में बोला करता था। लेकिन वे इस बात से संतुष्ट थीं कि अब मैं उस विचित्र बीमारी से पीड़ित नहीं था, जिसका ज़िक्र मैंने पहले अध्याय में किया था–चीखना और नींद में घर से बाहर भागना। जिस दिन मैं उस अजनबी से कटहल के पेड़ के नीचे मिला था, उस दिन से जो प्रेतात्मा नींद में मुझे दौड़ाया करती थी और दबोचने की कोशिश किया करती थी, वह बिना किसी नामो–निशान के गायब हो गई। उसके बाद मैं अक्सर अपनी दादी से सन्तों–सूफियों की कहानियाँ सुनाने की ज़िद किया करता। अगर उनकी कहानियों का पिटारा खाली हो जाता, तो फिर–फिर वही कहानियाँ सुनने में भी मुझे एतराज़ नहीं होता था।

रात में ध्यान करते समय मैं बड़ा प्रसन्न महसूस करने लगा। कई बार मैं ध्यान लगाते–लगाते गहरी नींद में चला जाता और जीवंत और लंबे सपने देखता। उनमें से कुछ मैं भूल जाता, लेकिन कुछ मेरे दिमाग पर गहरा असर छोड़ जाते और मेरी आध्यात्मिक यात्रा में आगे घटने वाली महत्वपूर्ण घटनाओं की तरफ इशारा कर जाते। ऐसा ही एक सपना मुझे उस कटहल के पेड़ वाली घटना के तीन महीने बाद आया।

मैंने सपने में एक सुन्दर हरी–भरी घाटी देखी, जिसके चारों तरफ उँची–उँची बर्फ ढकी पहाड़ियाँ थीं। उनमें से एक चोटी की तलहटी में एक गुफा थी। गुफा के अन्दर से एक ऐसी भाषा में सुमधुर मंत्र–गान के स्वर आ रहे थे, जिसे मैं समझ नहीं पा रहा था,

लेकिन फिर भी वह बहुत जानी–पहचानी लगती थी। मैं गुफा के द्वार तक गया और अन्दर झाँकने लगा। वह काफी बड़ी–सी गुफा थी। फर्श के बीचोंबीच अग्नि–कुण्ड था, जिसमें जलती लकड़ियों से नारंगी लपटें निकल रही थीं। गुफा के दूसरे छोर पर मेरी तरफ मुँह किए आग के सामने एक लंबे काले बालों वाला अधेड़, दाढ़ी वाला व्यक्ति एक चबूतरे पर बैठा था। उसके शरीर का निचला हिस्सा बादामी से रंग की पेड़ की छाल से ढका था और उसके सीने पर से एक सफेद डोर–सी गुज़र रही थी, जो सूत की बनी मालूम पड़ती थी। मन्त्रोच्चार की पहल वही कर रहा था और उसके पीछे कई बालक उसे दुहरा रहे थे। उनके बाल भी लंबे थे और वे भी उसी तरह के वस्त्र और उसी तरह का जनेऊ पहने हुए थे। लड़के आग की तरफ मुँह किए अर्द्ध गोलाकार में बैठे थे। मैंने अचानक पाया कि मन्त्रोच्चार से प्रभावित होकर मैं भी ऊँचे स्वर में उनकी नकल करने लगा।

अचानक मन्त्रोच्चार बंद हो गया और चबूतरे पर बैठे व्यक्ति की आँखें मुझ पर आ टिकी। ''बालक, आगे आओ,'' उन्होंने कहा। मुझे आश्चर्य हुआ कि मैं उनकी बात पूरी तरह समझ गया, हालांकि वे किसी विचित्र भाषा में बोल रहे थे। मैं गुफा में घुस गया। अब तक सभी लड़के मेरी तरफ मुड़ चुके थे। मैं शर्मिंदा था कि मैं हाफ पैंट और बिना बाहों की बनियान पहने हुए था और मेरे बाल छोटे–छोटे कटे हुए थे। मुझे देखकर लड़के हँसने लगे और आपस में खुसफुसाने लगे।

''चुप'' उस व्यक्ति ने कहा तो लड़के एकदम शांत हो गए। उन्होंने मेरी तरफ मुड़ते हुए कहा, ''तुम गाओ'', मैं जानता था कि मैं एकदम बेसुरा था, फिर भी मैंने रुकते–रुकते गाया। लड़के फिर हँसने लगे। ''चुप'' गुरु ने उनसे कहा। और फिर मुझसे बोले ''तुम ठीक तरह से गाना भूल गए हो। घर वापस जाओ और फिर से सीखो।'' इससे पहले कि मैं यह कहता ''लेकिन कैसे?'', मेरा सपना समाप्त हो गया और मैंने अपनी माँ की आवाज़ सुनी, ''उठो, उठो''।

मैं सपने के बारे में सोचते हुए जागा। आज इतवार था और मैं खुश था क्योंकि स्कूल नहीं जाना था। मैं आराम से पिछवाड़े के आंगन में मटरगश्ती कर सकता था या बैठकर रेखाचित्र बना सकता था, चित्रकारी कर सकता था अथवा अटारी में पड़ी पुरानी घड़ियों और

अन्य कल–पुर्ज़ों से खेल सकता था। अप्पम, आलू स्ट्यू और ऑमलेट के स्वादिष्ट नाश्ते के बाद मैं हॉल में पड़ी बेंत की बड़ी कुर्सी पर जा बैठा और विचार करने लगा कि अब आगे क्या किया जाये।

हॉल के एक हिस्से को मेरे पिता जी ने अपना कार्यालय बना लिया था। उस हिस्से के एक कोने में पक्के शीशम की एक बड़ी मेज थी, जिसकी दराज़ पर पिता जी हमेशा ताला लगाकर रखते थे। मेरी नज़र उस मेज की तरफ गई और मैंने देखा कि उस दिन दराज़ की चाबी ताले में ही लगी हुई थी। मैंने सोचा, ''शायद ताला बन्द नहीं है।'' मुझे हमेशा यह जिज्ञासा रहती थी कि आखिर इसके अन्दर क्या है। यह मेरे लिए सुनहरा मौका था। पिता जी सुबह डॉक्टर के पास चैकअप के लिए गए थे। मेज तो मानो मुझे न्यौता दे रही थी।

पलक झपकते ही मैं अपने पिता जी की कुर्सी पर जा बैठा और चाबी से खेलने लगा। दराज़ खुल गई और मैंने अन्दर झाँका। उसमें तरह–तरह की फाइलें थीं, हिसाब लिखने के मोटे रजिस्टर, कैशमेमो, मुहर लगाने की स्याही के डिब्बे, एक पुराना सुन्दर पार्कर कलम और कुछ बहुत बढ़िया पेन्सिलें। मैंने इधर–उधर झाँका कि कोई देख तो नहीं रहा, फिर और अंदर टटोला। मोटी फाइलों के नीचे मैंने दो किताबें पाईं। एक तो नारंगी रंग की छोटी पुस्तिका थी, जिसका नाम था ''जप योग और गायत्री'' और दूसरी बहुत सारे चित्रों वाली पुस्तक थी। इसमें एक पकी उम्र के व्यक्ति के विभिन्न आसनों में बहुत से चित्र थे। मैंने सोचा कि वे जिम्नास्टिक व्यायाम के फोटो थे। बाद में मुझे पता चला कि वह छोटी पस्तिका वेदान्त के जाने–माने व्याख्याता स्वामी चिन्मयानंद द्वारा लिखी गई थी और दूसरी योगासनों की एक शास्त्रीय पुस्तक थी। लेकिन उस समय तो मैं उन पुस्तकों को पाकर प्रसन्न हो गया था और कोई ऐसा रास्ता खोज निकालना चाहता था, जिससे वे पुस्तकें मेरी हो जायें और पिता जी को उनके गायब हो जाने का पता भी न चले।

यहाँ मुझे अपने पिता जी के बारे में कुछ बताना चाहिए। जीविकोपार्जन के अलावा वे मकान बनाने की ठेकेदारी का काम करते थे और उन्हें विशेष रूप से शरीर को सुडौल

बनाने के लिए व्यायाम, कलरी पयटु (आत्म–सुरक्षा और बिना हथियार लडाई का मलयाली रूप), हिन्दू दर्शन और सिनेमा का शौक था। उन्होंने केरल विश्वविद्यालय से भारतीय दर्शन शास्त्र के वैकल्पिक विषय के साथ मलयालम साहित्य में स्नातक की उपाधि प्राप्त की हुई थी। वेदान्त में उनकी लम्बे समय से गहरी रूचि थी और इस विषय पर उन्होंने अनेक विशेषज्ञों के भाषण सुने थे। वे खुले तौर पर बहुत धार्मिक नहीं थे। उनकी मुसलमानी जड़ों का एक ही खुला उदाहरण था कि वे साल में दो बार – रमज़ान और बकरीद के मौकों पर – मस्जिद की जुमे की नमाज़ में शामिल होते थे। इसके अलावा वे हरफन मौला थे, जो नई से नई फिल्मों को देखना कभी नहीं छोड़ते थे और तब तक सिगरेट बहुत पीते थे, जब तक उन्होंने नियमित रूप से योगाभ्यास करना शुरू नहीं किया था। योगासन शुरू करने से पहले भी वे सुबह जल्दी उठते थे और डेढ़ घंटे तक कड़ा शारीरिक व्यायाम करते थे। कभी–कभी वे मुझे भी जगा देते और कुछ सादा व्यायाम सिखाते।

उस दिन पिता जी की मेज की दराज में जो दो किताबें मिली थीं, उनमें से आसनों वाली पुस्तक की तुलना में छोटी नारंगी पुस्तिका मुझे अधिक रूचिकर लगी। लेकिन मैंने उन दोनों को निकाल लेने का निर्णय लिया। उसके बाद मैंने दराज़ बन्द कर दी, ताला लगा दिया और चाबी को ताले में वैसे ही लटका दिया जैसे वह पहले थी। फिर मैं दबे पाँव सोने के कमरे में चला गया, जहाँ मेरा स्कूल का बस्ता रखा था। उन किताबों को मैंने उसमें ठूंसा और फिर हॉल में आ गया। उसके बाद मैं यह सोचते हुए खेलता रहा और समय बिताता रहा कि कब अनुकूल अवसर आए और कब मैं वह पुस्तिका पढ़ूँ।

दोपहर के खाने के थोड़ी देर बाद मैंने स्कूल के बस्ते में से एक पुस्तिका निकाली और पिछवाड़े भाग गया। जाते वक्त मैंने देखा कि मेरी बहिन अपना होमवर्क कर रही थी – तो उससे तो कोई परेशानी होने वाली नहीं थी। कटहल के पेड़ के पास पहुँच कर मैं उसके नीचे बैठ गया और मैंने वह पुस्तिका खोली। और वहाँ था वह मंत्र, जिसे मैंने अपने सपने में गाना चाहा था, यद्यपि मैं उसे सही तरीके से नहीं गा पाया था। मैं मूल देवनागरी लिपि को ठीक से नहीं पढ़ सका क्योंकि स्कूल में हमने अभी–अभी हिंदी सीखना शुरू किया था, लेकिन अँगरेज़ी माध्यम का विद्यार्थी होने के नाते मैं उसके सुन्दर अँगरेज़ी अनुवाद को आसानी से पढ़ सका:

ओम् भूः भुवः स्वः

तत् सवितुर्वरेणयम् ।

भर्गो देवस्य धीमहि

धियो यो नः प्रचोदयात् ।।

पिछली रात के सपने की अनुगूंज मेरे मस्तिष्क में अब भी थी, इसलिए अब यह मंत्र पढ़ते समय मैं उसका सही सुर, ताल और लय भी पकड़ सका। शीघ्र ही मैं इसे उतनी ही मधुरता और संगीतात्मकता के साथ गा रहा था जितनी कि सपने में वे गुफावासी, और मुझे इसमें बहुत मज़ा आ रहा था। जब भी कभी मुझे अकेले होने का अवसर मिलता, मैं इसका अभ्यास करने लगता। जब आसपास लोग होते तो मैं मन ही मन इसका पाठ करता। पुस्तिका में लिखा था यह बुद्धि को प्रखर करने के लिए सूर्य देव से प्रार्थना थी। बहुत सालों बाद मेरे गुरु ने इस मंत्र का अर्थ मुझे समझाया। उन्होंने बताया कि सूर्य अन्तर्आत्मा है, हमारी चेतना का केंद्र और अंतिम पंक्ति का अधिक सटीक अनुवाद होगा ''मेरी बुद्धि को और जागृत करो''।

दूसरी पुस्तक में केवल एक चीज़ ने मेरा ध्यान आकर्षित किया और वह था 'पद्मासन' नामक आसन का चित्र। चित्रों वाली बच्चों की इतिहास की पुस्तक में 'बुद्ध' का इसी आसन में एक चित्र मैंने देखा था। मैंने पाया कि इस आसन को करना बहुत आसान था। मैं अकेले में इस आसन में बैठ जाता और अपने 'बुद्ध' होने की कल्पना करता। एक दिन मेरी माँ ने स्टोर रूम में लकड़ी के पुराने संदूक पर मुझे 'पद्मासन' में बैठे देख लिया। ''यह तुम्हें किसने सिखाया''। उन्होंने पूछा, ''किसी ने नहीं,'' मैंने कहा। ''यह योग है,'' उन्होंने कहा और चली गईं।

क्योंकि मेरे पिता जी ने कभी भी उन पुस्तकों का ज़िक्र नहीं किया, तो मैंने सोचा कि चोरी पकड़ी नहीं गई। लेकिन अब मैं पुस्तकें वापस वहीं रख देने के अवसर की तलाश में था क्योंकि अब मुझे उनकी ज़रूरत नहीं थी। दोबारा अवसर मिला, जब एक दिन मैंने देखा कि चाबी फिर ताले में लटक रही थी। जब मैंने देखा कि कोई आसपास नहीं है, तो मैंने

पुस्तकें ठीक वैसे ही वापस रख दीं, जैसे वे पहले थीं और राहत की साँस ली। लेकिन मेरा यह सोचना कि पिता जी को मालूम नहीं था, गलत साबित हुआ। एक दिन नाश्ते के समय उन्होंने कहा – वे किताबें जो तुमने मेरी मेज से ली थीं, वे किसी गुरु की सहायता से ही समझी जा सकती हैं। बिना सही मार्ग–दर्शन के अपने आप कुछ करने की कोशिश मत करना। अगर तुम योगाभ्यास करना चाहते हो तो ईस्ट फोर्ट वाले शर्मा जी से मिल सकते हो। वे मुझे मेरे योगासनों के अभ्यास में सहायता करने कल सुबह यहाँ आ रहे हैं''। मैं बहुत खुश हुआ। और बोला, ''ज़रूर।''

तो अगले दिन मैं शर्मा जी से मिला। वे अधेड़ उम्र के सफा–चट्ट दाढ़ी–मूंछ वाले ब्राह्मण थे, जो मुझे योगासन और प्राणायाम सिखाने के लिए फौरन तैयार हो गए। कुछ ही महीनों में मैं आसानी से इनका अभ्यास करने लगा। एक दिन मैंने उन्हें पिता जी से कहते सुना, ''लड़का तेज़ है। अगर यह रोज़ अभ्यास करता रहे तो बहुत आगे पहुँचेगा।'' तब से मैं योगाभ्यास करता आया हूँ। आज भी लगभग आधे घंटे कुछ योगासन और प्राणायाम ज़रूर करता हूँ। मैं अपने अच्छे स्वास्थ्य, दम–खम और प्रफुल्लता को योगाभ्यास की ही देन मानता हूँ।

4. योगी गोपालस्वामी से भेंट

अब मैं आपको एक अत्यन्त उन्नत आत्मा के धनी व्यक्ति से अपनी भेंट के बारे में बताता हूँ। वे मेरे घर से बहुत दूर नहीं रहते थे। अब तक मैं पाँचवी कक्षा पास कर चुका था और क्योंकि 'होली एंजेल्स कॉन्वेन्ट' में पाँचवीं कक्षा के बाद लड़कों को नहीं पढ़ाया जाता था, इसलिए मैं 'द मॉडल हाई स्कूल' में दाखिला ले चुका था।

'द मॉडल हाई स्कूल' की नींव श्री क्लार्क नामक एक अँगरेज़ ने डाली थी। स्वतंत्रता के बाद इसका सरकार ने अधिग्रहण कर लिया था। यह पुराने अँगरेज़ी पब्लिक स्कूलों की तरह लाल ईंट और ग्रेनाइट से बना हुआ था। इसमें बड़े–बड़े मैदान थे। यह केवल लड़कों का स्कूल था और यह अपनी पढ़ाई–लिखाई के उच्च स्तर के लिए ही नहीं, बल्कि यह अपने संगीत, नाटक, कला और शिल्प विभागों के लिए भी प्रसिद्ध था।

स्कूल मेरे घर से तीन–चार किलोमीटर दूर था। मैं रोज़ पैदल स्कूल जाने वाले लड़कों के एक बड़े झुण्ड के साथ जाता था। हम लोग आपस में खूब हँसी–मज़ाक करते। उनमें से दो लड़के मुझसे सीनियर थे और मेरे घर से आधे किलोमीटर की दूरी पर रहते थे। ये दोनों भाई–भाई थे और अच्छे लोग थे, हालाँकि पढ़ाई के मामले में कुछ ज्यादा ही गंभीर। वे पड़ोसी राज्य तमिलनाडु से आकर बसे एक तमिलभाषी परिवार से थे।

उनके पिता जी का नाम अनंतनारायण पिल्लई था। वे पुलिस विभाग में एक छोटे अधि कारी थे और अब अवकाश प्राप्त कर चुके थे। उनकी माता जी का नाम कमलम्मा था। वे बड़ी स्नेहमयी थीं। भाइयों में से बड़ा 'मार्तण्ड पिल्लई' था और घर में पेरिय तंबी (बड़ा मुन्ना) कहलाता था और छोटा वाला, शिवानंद पिल्लई, चिन्न तंबी (छोटा मुन्ना) कहलाता था। मार्तण्ड पिल्लई बड़ा पढ़ाकू था। वह बाद में तंत्रिका विशेषज्ञ (न्यूरोलोजिस्ट) बना और अपने समय में त्रिवेन्द्रम मेडिकल कॉलिज और अस्पताल के तंत्रिका–विज्ञान विभाग का विभागाध्यक्ष रहा। त्रिवेन्द्रम के बाहरी सिरे पर अब उसका खुद का 'अनंतपुरी' नामक

बहु–विशेषज्ञी अस्पताल है। शिवानंद इंजीनियर बना और तमिलनाडु सरकार के बिजली विभाग के एक वरिष्ठ इंजीनियर के ओहदे से रिटायर हुआ। अगर इस बात को ध्यान में रखा जाय कि उनके घर बिजली भी नहीं थी और वे अपना होमवर्क मिट्टी के तेल की लालटेन के उजाले में करते थे, तो ये बड़ी उपलब्धियाँ थीं।

पेरिय तंबी और चिन्न तंबी का परिवार एक बड़े अहाते वाले छोटे मकान में रहता था। अहाते के एक हिस्से को लकड़ी की टाल में परिवर्तित कर दिया गया था, जहाँ चूल्हा जलाने के लिए लकड़ियाँ बेची जाती थीं। श्री अनंतनारायण ने अवकाश प्राप्त करने के बाद लकड़ियों की टाल की दुकान खोल ली थी क्योंकि उन दिनों सभी घरों में खाना पकाने के लिए लकड़ियाँ जलाई जाती थीं। शुरूआत में हमारी उनसे जान–पहचान इसीलिए हुई कि हम उन्हीं की टाल से लकड़ियाँ खरीदते थे। लेकिन बाद में हमें पता चला कि वह परिवार तमिलनाडु के कन्याकुमारी जिले की एक ऐसी जगह से यहाँ आ बसा था, जहाँ से मेरी माँ के दादा भी थे और दोनों परिवार एक दूसरे को जानते थे।

हमारी दोस्ती और पुख्ता हो गई क्योंकि मैं लगभग रोज़ाना तंबियों से मिलने उनके घर जाता था और उन्हीं के साथ स्कूल आता–जाता था। उनकी माँ कमलम्मा बड़ी स्नेहमयी थीं। वे मुझे बहुत प्यार करती थीं। उन दिनों मेरा रंग बहुत गोरा था और मेरे भरे–भरे गाल थे। मुझे अब भी याद है कि सुबह पैदल चलकर उनके घर पहुँचने पर मेरे लाल हुए गालों को देखकर वे कैसे चिंतित हो जाती थीं और उँगलियों से उन्हें थपथपाते हुए अपनी बेटी से कहती थीं – "अइय्यो, देखो इसके गाल कैसे टमाटर जैसे लाल हो गए हैं, बेचारा लड़का!"

उनका परिवार बड़ा था। तीन लड़कों के अलावा (सबसे छोटे का नाम गोपाल था) उस छोटे घर में उनके माता–पिता और उनकी दो बहिनें श्यामला और तंगम भी रहते थे। बच्चों में सबसे बड़ी बहिन शांता की शादी कोलसु पिल्लई से हुई थी और वे सुचिन्द्रम में रहती थीं। बड़ी श्यामला एक निजी उद्यम में टाइपिस्ट की नौकरी करती थीं और तंगम अभी कॉलेज में थीं। श्यामला की शादी उनके रिश्तेदार रामास्वामी से हुई, जो केरल सरकार के जनगणना विभाग में काम करते थे। वे तंबियों के घर ही रहते थे। वे गणित

में एम.एससी. थे। एक तरह से रामास्वामी जी के माध्यम से ही 'गोपालस्वामी जी' से मेरी भेंट हुई थी।

जब मैं 'द होली एंजेल्स कॉन्वेन्ट' में पढ़ता था, तो अँगरेज़ी, इतिहास और विज्ञान पर तो मेरी अच्छी पकड़ थी, लेकिन गणित में मेरी उतनी रुचि नहीं थी। नए स्कूल में जब पाठयक्रम और कठिन हो गया, तो गणित में मुझे मुश्किलों का सामना करना पड़ रहा था।

रामास्वामी जी मुझे गणित पढ़ाने को तैयार हो गए, परन्तु उस छोटी फीस के कारण नहीं, बल्कि अपने गणित प्रेम के कारण। वह फीस तो वे अनमने मन से अपनी आमदनी में थोड़ी–सी बढ़ोत्तरी के लिए लेने को तैयार हुए थे। तय हुआ कि हफ्ते में तीन बार शाम को मैं उनके घर टयूशन के लिए जाऊँगा। एक शाम जब मैं किताबें लेकर टयूशन पढ़ने गया, तो मैंने श्री रामास्वामी को दरवाज़े पर ही खड़ा पाया। उन्होंने मुझसे कहा कि आज पढ़ाई नहीं होगी। उन्हें कुछ और काम था। फिर उन्होंने पूछा कि क्या मैं अगले दिन आ सकता था? ''ज़रूर'' मैंने कहा। मैं खुश हुआ कि घर लौटकर खेलूँगा। ''लेकिन पेरिय तंबी और चिन्न तंबी कहाँ हैं?'' मैंने पूछा। ''वे अन्दर कुछ कर रहे हैं।'' इससे मुझे लगा कि कुछ विचित्र घट रहा है। घर के अन्दर से अगरबत्ती की तेज़ सुगंध आ रही थी। तभी श्यामला, उनके माता–पिता और चिन्न तंबी घर से बाहर आए। सभी दबी ज़ुबान में बात कर रहे थे। मैंने सीधे–सीधे पूछ लिया, ''अगरबत्तियाँ? बात क्या है?'' मौन। सबने एक दूसरे की तरफ देखा। अंत में माता जी बोलीं, ''स्वामी आए हैं? मिलना चाहोगे?''

साधारणतः ब्राह्मणों को 'स्वामी' शब्द से संबोधित किया जाता था। इसके अलावा, जो लोग व्रत लेकर, काले वस्त्र पहनकर तीर्थाटन के लिए सबरी मलय (पहाड़ी) जाते थे, उन्हें भी 'स्वामी' कहा जाता था, अयय्पा 'स्वामी'। मुझे मालमू नहीं था कि ये किस तरह के स्वामी थे, लेकिन फिर भी मैंने मिलने का निश्चय किया। ''हाँ, मैं उनसे मिलना चाहता हूँ'', मैंने कहा।

श्री अनंतनारायण बोले, ''रुको'', और वे अन्दर चले गए। कुछ ही मिनटों बाद वे वापस आकर बोले, ''आओ''। मैं अन्दर गया। उनके छोटे से कमरे के बीच में आराम कुर्सी

पर एक बड़े डील–डौल वाले वृद्ध बैठे थे, उनके पैर एक पादपीठ पर रखे थे। उन्होंने आध ी बाँहों की नीली और सफेद धारीदार कमीज़ पहन रखी थी और एक सादा बिना बार्डर का मुण्डु (धोती)। मैंने खड़े–खड़े उन्हें ध्यान से देखा। उनके सफेद बाल बहुत छोटे कटे हुए थे और उनके चौकोर जबड़ों वाले आकर्षक चेहरे को देखकर लगता था कि उन्होंने कई दिनों से दाढ़ी नहीं बनाई थी। कुछ हफ्तों के बढ़े सफेद बालों से उनकी दाढ़ी, कनपटियाँ और ऊपरी होंठ ढके हुए थे। सब कुछ बिल्कुल साधारण लगता था, सिवाय उनकी एकदम सीधी और तेजस्वी भंगिमा के। और तब मैंने उनकी आँखें देखीं। मैंने उस तरह की भेदती हुई आँखें कभी नहीं देखी थीं। अनजाने में मैंने अपने कपड़ों को टटोला कि क्या मेरे शरीर पर कपड़े थे क्योंकि मुझे ऐसा लग रहा था जैसे मेरा एक्सरे लिया जा रहा हो। वे आँखें मेरे अन्दर देख रही थीं, मेरे आर–पार देख रही थीं। मुझे लगा, "हे भगवान्! ये आदमी तो मेरे सारे रहस्य जानता है"। तभी वे मुस्कराए और इशारे से मुझे पास बुलाया। "वरु, इधर आओ।" उनकी आवाज़ अनपेक्षित रूप से कोमल थी। मैं पास गया और आराम कुर्सी के हत्थे से सटकर खड़ा हो गया। वे मुस्कराते रहे। फिर उन्होंने अपना दायाँ हाथ बढ़ाकर क्षण भर के लिए मेरा माथा छुआ और तुरंत अपना हाथ समेट लिया।

परमानंद की ऐसी तरंगें मेरे माथे से उठी, जिनका वर्णन नहीं किया जा सकता और मेरे सारे शरीर पर छा गईं। हर रात जो अनुभव मुझे होता था, यह उससे भिन्न था। इस अनुभव के बारे में मैं केवल यही कह सकता हूँ कि मुझे लगा मानों सागर की शोर मचाती लहरें अचानक शांत हो गई हों, ऐसी शांत जैसे किसी झील की सतह। कोई भी बाहरी आवाज़ मुझे नहीं सुनाई दे रही थी। मेरे मन की गहराइयों से एक मन्त्रोच्चार उठा, जिसे मैं समझ नहीं सका। मेरी आँखों से आँसू बह निकले। मुझे लगा जैसे मुझे बाहर जाकर कहीं अकेले में बैठ जाना चाहिए। मैं मुड़ा और गिरता–पड़ता कमरे से बाहर निकला। अचानक किसी के इन शब्दों से शांति भंग हुई, "झुककर प्रणाम करो, उनके पैर छुओ"। तब तक मैं दरवाज़े तक पहुँच चुका था। सो जल्दी से देहरी को छूकर अपना मस्तक छुआ, जैसा मैंने औरों को करते हुए देखा था और वहाँ से भाग खड़ा हुआ।

मैंने उस व्यक्ति को फिर कभी नहीं देखा। मुझे याद है कि मैं तेज़ी से भागता हुआ कुछ ही मिनटों में घर पहुँच गया। किसी ने मुझे अन्दर आते नहीं देखा। अहाते की दीवार के किनारे वाले रास्ते के सहारे मैं जल्दी से अपने कटहल के पेड़ के पास जा पहुँचा और उसके नीचे बैठ गया। तब तक परमानंद की लहरें दब चुकी थीं, लेकिन कुछ समय के लिए एक अजीब सी शांति बनी रही, जो मेरी माँ की आवाज़ से टूटी। वे पिछले दरवाज़े से चिल्लाकर पूछ रही थीं, ''क्या हुआ? आज टयूशन नहीं हुआ?'' ''नहीं,'' मैंने चिल्लाकर जबाव दिया। ''आकर कुछ खा लो'', उन्होंने कहा। ''आता हूँ,'' मैंने कहा। माँ को मुझे खिलाने का बहुत शौक था।

अगले दिन जब मैं टयूशन के लिए गया तो श्री रामास्वामी और अन्य सभी पूछते रह गए कि पिछले दिन क्या हुआ था, लेकिन मैंने कुछ नहीं कहा। मुझे ऐसा लगा कि इस तरह के रहस्यों को प्रेमियों की गोपनीय बातों की तरह, सोने और बेशकीमती हीरे–जवाहरातों की तरह पिटारी में बंद ही रखना चाहिए। जब तक कि उन्हें उजागर करने का सही समय न आ जाय।

पिल्लई परिवार से मुझे पता चला कि उनका नाम 'गोपाल पिल्लई' था और आदरवश वे उन्हें 'गोपालस्वामी' कहते थे। कई सालों बाद मैंने उनके उपदेशों का एक संग्रह देखा, जिसे किसी श्री प्रभु ने 'अरुल मोड़िगल'– ज्ञान की मधुर वाणी – के नाम से छापा और प्रकाशित किया था। जब मैंने उस पुस्तक के पृष्ठ पलटे तो सबसे पहले जिस पृष्ठ पर मेरी नज़र पड़ी, उस पर 'गोपालस्वामी' के प्रिय शब्द अंकित थे, जिसे वे अक्सर दुहराया करते थे, 'आनन्दोहम्, आनन्दोहम्, अचल परोहम्, अचल परोहम्'!

तब मुझे मालूम हुआ कि यही वह मंत्र था, जिसे मैंने लगभग छः साल पहले उनसे भेंट के दौरान सुना था। उस समय मैं शब्दों को ठीक से नहीं समझ सका था। लेकिन जब मुझे उन शब्दों का अर्थ मालूम हुआ तो मैंने महसूस किया कि मैंने यही अनुभव किया था, हालाँकि वह कुछ ही समय के लिए था – आनन्दोहम्, आनन्दोहम्, अचल परोहम्, अचल परोहम्–'आनंद हूँ मैं', 'आनंद हूँ मैं', 'अचल हूँ मैं', 'अचल हूँ मैं'!

'गोपालस्वामी' का जन्म दक्षिण त्रावणकोर में वर्ष 1900 के अगस्त माह में कोल्लमकोड में हुआ था। उनकी माताश्री का नाम कुन्नी परंबा वीटिल कोच्चु कुन्जम्मा और पिता जी का नाम श्री नारायण पिल्लई था। उनके दो भाई और दो बहिनें थीं, वे सब उनसे बड़े थे। बाद में वह परिवार तिरुवनंतपुरम आ गया था। घर की देखभाल उनके सबसे बड़े भाई शंकर पिल्लई किया करते थे।

गोपाल पिल्लई के बचपन के दोस्त– विद्वान श्रीवराहम ई.वी. पिल्लई हैड मास्टर के पद से रिटायर हुए थे। उनके अनुसार 'फोर्ट हाईस्कूल' के विद्यार्थी काल में ही गोपाल पिल्लई का व्यवहार कुछ विचित्र हुआ करता था। वे आँखें खोले–खोले ही ध्यान में घंटों तक बैठे रहते और अक्सर समाधि में चले जाते थे। बारह साल की उम्र में एक बार उन्हें पालथी मारे सीधे दोपहर के सूरज की ओर टकटकी लगाए बैठा पाया गया। उनकी पीठ धनुष की तरह मुड़ी हुई थी। जब उनके बड़े भाई शंकर पिल्लई को इसके बारे में खबर दी गई तो उन्होंने लिख भेजा, ''उसे छेड़ो मत। जो कर रहा है, करने दो''।

बीस साल का होने पर भी जब वे सेकेण्डरी स्कूल पास नहीं कर सके, तो उनकी माँ उन्हें पढ़ाई में अधिक ध्यान देने के लिए समझाने लगी। इस पर 'गोपालस्वामी' का उत्तर था ''अगर मैं चाहूँ तो परीक्षा में आसानी से उत्तीर्ण हो सकता हूँ, लेकिन क्यों? वैसे भी मैंने निश्चय कर लिया है कि पैसे या लाभ के लिए कोई काम नहीं करूँगा। कोई न कोई मेरी देखभाल कर ही लेगा।'' उसके बाद उन्होंने स्कूल जाना भी बंद कर दिया।

युवावस्था में 'गोपालस्वामी' को अजीब–अजीब जगहों पर जाने का शौक था। उनके प्रिय स्थानों में से एक था 'मुट्टतरा'। उनसे पहले 'श्री नारायण गुरु' और 'चटुंबी स्वामी' 'मुट्टतरा' आया करते थे। 'मुट्टतरा' में पहले तो धूप में चमकते हरे धान के कई एकड़ खेतों के बीच में से गुज़रना पड़ता था और जहाँ धान के खेत समाप्त होते थे, वहाँ से बहुत सारे टिब्बों वाली समुद्री तट की सफेद बालू शुरू हो जाती थी। उसके बाद गहरा नीला अरब सागर दिखाई देता था। कभी–कभी तो उसकी लहरें बहुत ऊँची, शोर मचाती हुई तट से टकरातीं और कभी–कभी वे बालू से अठखेलियाँ करतीं और तट पर तरह–तरह के शंख–घोंघे छोड़ जातीं।

उनके प्रिय मित्र ई.वी. पिल्लई ने बताया कि वे कई बार 'गोपालस्वामी' के साथ 'मुट्टतरा' गए थे। धान के खेतों के बीच चलते–चलते 'गोपालस्वामी' वेदांत के बारे में काफी बातें करते थे। पर बालू के टिब्बों के पास आकर वे चुप पड़ जाते और वीरासन की मुद्रा में आँखें खोले बिना हिले–डुले लंबे समय तक बैठे रहते। समाधि से बाहर आते समय वे कुछ बड़बड़ाते और कभी–कभी अकारण ज़ोर से हँसने लगते, जिससे ई.वी. पिल्लई डर जाते थे।

ई.वी. पिल्लई लिखते हैं कि 'मुट्टतरा' से आगे, 'पून्तरा' के पास, एक बिल्कुल ही निर्जन जंगल था, जिसका नाम था 'ओट्टप्पनमूडु'। किसी समय यहाँ केंद्रीय कारागार में फाँसी पर लटकाए गए हत्यारों के शवों को दफनाया जाता था। इस जगह का उपयोग सरकारी शव–गृह की लावारिस सड़ती लाशों को निपटाने के लिए भी किया जाता था। वे फिर एक दिन दोपहर में 'गोपालस्वामी' के साथ वहाँ गए और एक सूखे झुर्रीदार बूढ़े आदमी को देखा, जिसके बाल जटाएं बन चुके थे। वह निचाट नंगा था और तपती बालू पर बैठा हुआ था। 'गोपाल पिल्लई' और उस विचित्र आदमी ने एक दूसरे को गले लगाया और ई.वी. पिल्लई को एक इमली के पेड़ के नीचे इंतज़ार करने को कहकर वे दोनों दूर, ताड़ के पेड़ों के झुरमुट में ओझल हो गए।

एक घंटे बाद, थके हुए और चिंतित ई.वी. पिल्लई उस झुरमुट के पास गए तो वहाँ दोनों को एक–दूसरे के पास लेटा हुआ पाया, मानों वे गहरी नींद में हों। जब पिल्लई निकट पहुँचे तो वे दोनों चौंक कर एकदम उठ खड़े हुए। फिर 'गोपाल पिल्लई' ई.वी. पिल्लई के साथ घर वापस चले आए। ई.वी. पिल्लई के अनुसार 'गोपालस्वामी' और वह विचित्र व्यक्ति अक्सर मिलते थे। परन्तु बूढ़े आदमी के बारे में कोई सवाल पूछे जाने पर 'गोपालस्वामी' चुप्पी साध लेते।

कई सालों बाद अध्यात्मिक जिज्ञासुओं का एक छोटा समूह 'गोपाल पिल्लई' को 'गोपालस्वामी' कहने लगा था। वे आधी रात को शहर के होमियोपैथी क्लीनिक में कक्षाएं लेने लगे थे। यहाँ वेदान्त के गूढ़ तत्वों का विवेचन किया जाता था। इन्हीं चर्चाओं को बाद में 'अरुल मोड़ीगल' के नाम से प्रकाशित किया गया।

'गोपालस्वामी' का एक और अड्डा था 'समाधि तोटम्'। यह जगह 'श्री रामदास स्वामी' की समाधि थी, जो जलंधर योगी 'हरिहर ब्रह्म शास्त्री' के गुरु थे और त्रावणकोर के महाराजा आइल्यम तिरुनाल (1805–1880) के काल में हुए थे। इसे 'जीव समाधि' माना जाता है अर्थात् एक ऐसी जगह, जहाँ जीवित योगी स्वेच्छा से गड्ढे में प्रवेश कर जाता है और उसके अनुयायी उसके निर्देश के अनुसार गड्ढे को पाट देते हैं। 'समाधि तोटम्' वह अन्तिम जगह थी, जहाँ 'गोपालस्वामी' ने कोई विधिवत् पूजा संपन्न की थी। उन्होंने अपने निकटतम अनुयायियों को बताया कि वे वहाँ अंतिम बार जा रहे थे। अगले दिन उन्हें पेट में दर्द उठा और तीसरे दिन शल्य चिकित्सा की गई। बहुत समझाने पर वे शल्य चिकित्सा के लिए तैयार हुए थे। पर उन्होंने कहा था कि अगर शल्य चिकित्सा हुई तो वह फिर दोबारा भी करनी पड़ेगी। बिल्कुल वही हुआ जो उन्होंने कहा था, डॉक्टर बोला कि फिर से शल्य चिकित्सा करनी पड़ेगी।

कहा जाता है कि दूसरी शल्य चिकित्सा का इंतज़ार करते हुए 'गोपालस्वामी' अपने बिस्तर पर बैठ गए, एक गहरी सांस ली और पीछे की ओर गिर गए। उनकी देखभाल के लिए आए हुए लोगों ने समझा कि वे समाधि में चले गए हैं। जब उन्हें ऑपरेशन थिएटर ले जाया गया, तो शल्य चिकित्सक और अनेस्थेटिस्ट ने उन्हें 'मृत' घोषित कर दिया। यह घटना 8 मार्च, 1960 की है।

5. भगवत् प्रेम में मदहोश एक सूफी

'गोपालस्वामी' से मिलने के एक महीने बाद, मेरी माँ के चाचा, मेरी दादी और एक दूर की मौसी मुझे अपने साथ बीमापल्ली ले गए।

बीमापल्ली एक मुसलमान स्त्री संत 'बीमा बीवी' की समाधि है, जो त्रिवेंद्रम हवाई अड्डे के पास है। यह भूत–प्रेत निकालने के लिए मशहूर है। जिन्हें प्रेताविष्ट कहा जाता है, ऐसे लोगों को दूर–दूर से यहाँ लाकर कुछ समय के लिए रखा जाता है। जो हिंसात्मक होते हैं, उन्हें पत्थर या लकड़ी के खंभे से सांकल से बाँध दिया जाता है। साधारणतः बृहस्पतिवार और शुक्रवार को ये बेचारे लोग एक तरह की बेहोशी की हालत में पहुँच जाते हैं, जिसे ज्यादा से ज्यादा 'उन्माद' कहा जा सकता है। वे तेज़ी से अपने सिरों और आँखों को गोल–गोल घुमाते, चीखते–चिल्लाते और 'बीमा बीवी' से दया की भीख माँगते दीखते हैं कि उन्हें और न सताया जाय। वे उस शरीर को छोड़ने का वादा करते हैं, जिस में वे प्रविष्ट थे। अंत में वे मकबरे की देहरी पर सिर पटकते–पटकते मूर्छित हो जाते हैं। माना जाता है कि ये सब क्रिया कलाप पीड़ित व्यक्ति के शरीर में घुसे प्रेत करते हैं। ऐसा व्यक्ति प्रेतात्मा से स्वतंत्र होकर, होश आने पर आम आदमियों जैसा सामान्य हो जाता है।

ऐसी मान्यता है कि लोग 'बीमा बीवी' के सीधे हस्तक्षेप के कारण ही ठीक होते थे। किंवदन्ती यह भी है कि 'संत बीवी' और उनके बेटे के ताबूत अरब सागर की लहरों ने समुद्र के किनारे वहाँ लाकर लगा दिए थे, जिसके पास आज उनका मकबरा है। स्थानीय लोगों ने जब देखा कि प्रेताविष्ट माने जाने वाले लोग बीवी का ताबूत छूने भर से ठीक हो जाते थे, तो उन्होंने उनके लिए वहाँ मकबरा बना दिया। उस क्षेत्र में रहने वाले मुसलमान मछुआरों का ये मानना था कि 'बीमा बीवी' एक अरब मुसलमान संत थीं। उनके मकबरे के साथ एक मस्जिद भी है।

यह एक शुक्रवार की शाम थी। सफेद बालू तब भी गर्म थी, जब हम उस पर चल कर उनकी दरगाह तक पहुँचे। अहाते में रोगियों और उनकी देखभाल करने वाले लोगों के रहने के लिए बेतरतीव अनगढ़ कमरे बने हुए थे। यहाँ–वहाँ कुछ नारियल के पेड़, पत्थर और लकड़ी के खंभे थे। हमने देखा कि कुछ रोगियों को नारियल के पेड़ों और खंभों से बाँधा हुआ था, उनमें से कुछ तो बहुत ही बुरी हालत में थे, बिल्कुल कंकाल हो चुके थे और उनकी निरीह आँखें कोटर में से झाँक रही थीं। ऐसे ही बँधी हुई एक स्त्री के पास से जब हम गुज़रे, तो उसने अपनी आँखें घुमाईं और अपने पीले दांत निकालकर हम पर गुर्राई। मेरी मौसी चीखती हुई कूद कर एक तरफ हट गईं। मेरे सिवाय सब लोग हँस पड़े। मैं यह तो नहीं कहूँगा कि मुझे डर नहीं लगा, पर इन अभागे व्यक्तियों को देखकर डर से ज़्यादा मेरा दिल एक गहरे अवसाद से भर आया था।

इसके बाद हम दरगाह में घुसे। कब्र के सामने वाला हॉल लोगों से खचाखच भरा था। एक तरफ का हिस्सा बीमारों के लिए था और दूसरी तरफ का भक्तों के लिए। हम कब्र की तरफ बढ़े और दरवाज़े पर इंतज़ार करने लगे। कब्र चमकीली हरी मखमल से ढकी हुई थी और बगल में लाल मखमल के पर्दे थे। अहाते का अंदरूनी हिस्सा हरे और नीले बल्बों से प्रकाशित था, जिससे वहाँ का वातावरण अलौकिक–सा लग रहा था।

मुल्ला ने (जिसे हिन्दू पुजारी का प्रतिरूप कहा जा सकता है) हमारे द्वारा लाए गए केलों को स्वीकार किया और कुरान की आयतें पढ़ीं। हम सब अपने सिरों को कपड़े से ढके, प्रार्थना में हाथ जोड़े, उसके समाप्त होने तक 'आमीन, आमीन' कहते खड़े रहे। उसके बाद हम लोगों ने अपने चेहरों को अपने हाथों से मला और मुल्ला से मिली पवित्र सूखी गुलाब की पत्तियों के टुकड़ों को पाया। हमारे झुके हुऐ सिरों पर मोरपंखी का झाड़ा भी लगाया गया, जिसके माध्यम से मुल्ला 'बीमा बीवी' के आशीर्वाद को हम तक पहुँचाता था। हमने वहाँ रखे गए एक डिब्बे में कुछ पैसे डाले और तब हम उस हिस्से में जाकर बैठ गए, जिसमें स्वस्थ लोग बैठते थे।

पास की मस्जिद से जैसे ही अज़ान की आवाज़ आई, तथाकथित प्रेताविष्ट लोगों में से अनेक एकदम से उठ खड़े हुए, जैसे उनमें बिजली का करंट लगा हो। वे अजीब–अजीब सी आवाज़ें और हरकतें करने लगे। वातावरण बिल्कुल असह्य हो गया।

सामान्य सा लगने वाला एक अधेड़ उम्र का आदमी हमारे पास ही बैठा था। वह यकायक खड़े होकर अजीब–सा व्यवहार करने लगा। वह अपने शरीर को गोल–गोल झुलाने लगा और दूसरी तरफ बैठे लोगों की भांति ही 'हूम, हूम' करने लगा। फिर वह रुक गया और मेरी ओर मुखातिब होकर बोला ''तुमने, तुमने मुझे पहचान लिया, तुमने मुझे जलाने की कोशिश की, लेकिन मैं नहीं जाऊँगा।'' फिर वह कूद कर सामने आ गया और मकबरे वाले अहाते के दरवाज़े की तरफ भागा। वहाँ उसने दरवाज़े पर अपना सिर पटका और चीखने लगा, ''अच्छा, मैं चला जाता हूँ। उस लड़के ने मुझे पहचान लिया, बीवी, मैं चला जाऊँगा, मुझे जलाओ मत, मैं जल रहा हूँ''। उसके साथ ही उसने एक भयानक चीख मारी और बेहोश हो गया। पहली बार मैं डर और जुगुप्सा से भर गया।

यह मेरी दादी की बर्दाश्त के बाहर था। ''साहब जान'' उन्होंने दबी ज़ुबान से अपने भाई से कहा, ''अब हमें यहाँ से निकल लेना चाहिए''। और हम वहाँ से बाहर निकल आए। मेरी दादी ज़ोर से मेरा हाथ पकड़े हुए थीं, मानों कोई मुझे छीन कर ले जाएगा। बाहर आकर हमने एक और विचित्र नज़ारा देखा, सफेद बाल और थोड़ी–थोड़ी दाढ़ी वाला एक नंगा बूढ़ा बालू पर से दौड़ता हुआ हमारी तरफ बढ़ता आ रहा था। वह अपने आप ही मुस्कुरा रहा था और कभी–कभी अपने हाथों से आसमान की तरफ इशारा करता हुआ हँस पड़ता था। उसका सिर ऊपर–नीचे हिचकोले खा रहा था और उसका शरीर बालू से सना हुआ था। काले शरीर पर सफेद बालू!

कोई भी उसे प्रेताविष्टों में से एक मान सकता था, पर फर्क यह था कि कई स्त्री–पुरुष उसके पीछे–पीछे उसकी गति से गति मिलाने की कोशिश करते, आदर सहित हाथ जोड़े चल रहे थे। वह हमारे पास से गुज़र गया। फिर अचानक रुका और वापस आकर ठीक मेरे सामने ठहर गया। एक क्षण के लिए उसका चेहरा गंभीर हो गया, लगभग घोर। खून सी लाल आँखों से उसने मुझे घूरा। फिर वह हँस पड़ा मानों मैं हास्यास्पद दिख रहा था और तमिल में कहा, ''सेरी सेरी, पो पो, अपरो वा डा' (अच्छा, अच्छा, अब जाओ, बाद में आना, लड़के)। पता नहीं क्यों, इस बार मुझे डर नहीं लगा।

सच यह है कि मैंने उसे पागल समझा। उस समय मुझे मालूम नहीं था कि पागलपन और धार्मिक आनन्दातिरेक के बीच एक बहुत पतली रेखा ही होती है। मेरी माँ के चाचा ने बाद में बताया कि उस व्यक्ति को 'कलडी मस्तान' कहते थे और उनके पास अनेक सिद्धियाँ थीं। वे भगवत् प्रेम में मदहोश थे और उन्हें बाहरी संसार का पूरी तरह होश नहीं था। "कुछ साधु–सन्त ऐसे होते हैं," उन्होंने इस तरह कहा मानों इतना बताने से ही सारी चीज़ें स्पष्ट हो जाती हैं। पर मेरी समझ में कुछ नहीं आया। मैंने पूछा, "लेकिन वे नंगे क्यों थे?" नाना बोले, "मालूम नहीं, बीच–बीच में कोई न कोई एक नई धोती उनकी कमर में पहना देता है, पर कुछ ही देर में वे उसे किसी गरीब भिखारी को देकर फिर नंगे हो जाते हैं।"

यह बात मेरी समझ में आ गई। खुद मुझे कपड़े पहनना पसंद नहीं था, विशेष रूप से गर्मियों में। मुझे अपने कपड़े किसी गरीब भिखारी को देकर स्वतंत्र नंगे घूमने में बड़ा मज़ा आता। लेकिन मैं जानता था कि मैं ऐसा नहीं कर सकता, क्योंकि मुझसे उम्मीद की जाती थी कि मैं एक सभ्य नागरिक की तरह व्यवहार करूं।

उनके द्वारा कहे गए शब्द, 'अच्छा, फिर आना लड़के!', कई सालों बाद सत्य साबित हुए। लेकिन वह कहानी मैं किसी और अध्याय में सुनाऊँगा।

6. सुब्रमण्यम् के मंदिर में

मेरा एक सहपाठी था—श्रीनिवास राव और मेरी उससे अच्छी दोस्ती थी। उसी की बदौलत मैं पहली बार किसी हिंदू मंदिर के अंदर गया था।

स्कूल जाने के दो रास्ते थे—एक रास्ता मुख्य सड़क से जाता था, जो छोटा था, पर उस पर भारी यातायात रहता था और दूसरा रास्ता चक्कर काट कर जाती हुई गली वाला था, जो लंबा था, पर जिस पर ट्रैफिक लगभग न के बराबर था। मेरे कुछ दोस्त और मैं लंबे, पर अपेक्षाकृत शांत रास्ते को पसंद करते थे। हम लोग आराम से आम तोड़ने के लिए पत्थर फेंकते और सामान्यतः जिंदगी के नए अनुभवों का आनंद लेते चलते थे।

इस रास्ते पर चढ़ाई चढ़ने के बाद, दाएं हाथ की तरफ के मोड़ पर सुब्रमण्यस्वामी का मंदिर था। खपरैल की छत वाली केरल शैली में बना हुआ वह मंदिर एक पहाड़ी पर था। मंदिर से सटा हुआ एक बड़ा—सा हरा तालाब था, जिसके चारों तरफ ग्रेनाइट की सीढियाँ थीं। भक्त लोग तालाब में स्नान करते थे और त्यौहार के दिन तो देवता की मूर्ति को भी इसमें नहलाया जाता था। तालाब के पास ही खपरैल का घर था, जिसमें पुजारी अपने परिवार के साथ रहता था। श्रीनिवास पुजारी का बेटा था और उस घर में अपने माता—पिता और अपनी सुन्दर बहिन के साथ रहता था।

पुजारी श्री राव कर्नाटक के एक तुडु ब्राह्मण थे। तुडु लोगों की अपनी एक बोली होती है, जिसकी कोई अपनी लिपि नहीं है और जो साधारणतः कर्नाटक की भाषा कन्नड़ की लिपि में लिखी जाती है। तुडु ब्राह्मणों को केरल में 'पोटी' कहा जाता है। वे खाना बहुत अच्छा पकाते हैं। 'पोटी होटल' शाकाहारी रेस्त्राँ का पर्याय था।

एक दिन जब केवल श्रीनिवास और मैं स्कूल से पैर घसीटते वापस आ रहे थे, तो उसने मुझे अपने घर चलने को कहा। वह बोला, ''आओ, मेरे घर में मोर दिखेंगें तुम्हें''। सचमुच उनके घर के अहाते में बहुत सारे पेड़ और मोर थे, तो मैं उसके साथ चला गया।

उनका उद्यान बहुत सुंदर था और वहाँ हरे रंग के साफ पानी वाला एक अद्‌भुत तालाब भी था। वास्तव में वहाँ झिलमिलाती पूँछों वाले अनेक मोर थे। कुछ पेड़ों पर बैठे थे, कुछ घास में चोंच मारते अहाते में टहल रहे थे। एक अपनी बहुरंगी पूँछ को पँखे की तरह फैला कर नाच रहा था।

घर में से श्रीनिवास के पिता जी बाहर आए। वे सुडौल देह वाले, गोरे, नंगे सीने पर जनेऊ धारण किए और क्रीम रंग की रेशम की धोती पहने हुए थे। उनके बाल लंबे और काले थे, जिन्हें उन्होंने जूड़े की तरह बांध कर गर्दन के पीछे लटकाया हुआ था। लेकिन उनकी आकृति का सबसे प्रभावशाली अंग थी उनकी नाक – मुड़ी हुई, गरुड़ीय, जैसी कि जूलियस सीजर की बताई जाती है। उनकी तेज़ आँखें किसी तानाशाह की आँखों से कम सख्त नहीं थीं। असल बात तो यह है कि उन्हें देखकर मैं थोड़ा सहम गया था।

मेरे दोस्त श्रीनिवास ने तुडु में उन से कुछ कहा। मैं केवल अपना नाम समझ सका। तब उसके पिता जी ने मुझे ध्यान से देखते हुए पूछा, ''मुसलमान?''

''हाँ।''

''हूँ... तुम्हें मोर अच्छे लगते हैं?''

''हाँ।''

''भगवान् सुब्रमण्यम् मोर की सवारी करते हैं। वे मोर पर बैठकर उड़ते हैं''

''आपने उन्हें उड़ते देखा है?''

थोड़ा रुककर वे बोले, ''हर कोई नहीं देख सकता। अच्छे और पवित्र लोग ही देख सकते हैं उन्हें। हम मंदिर में उनकी मूर्ति की पूजा करते हैं।''

''क्या मैं उन्हें देख सकता हूँ?''

इस बार उनकी भंगिमा और गंभीर हो गई और मुझे लगा कि वे मना कर देंगे। थोड़ी देर बाद उन्होंने गहरी साँस ली और मुस्कुराकर बोले, ''मैं वहीं जा रहा हूँ, आओ, लेकिन तुम गर्भगुड़ी के बाहर से ही देख लेना। मेरे अलावा किसी को अन्दर जाने की आज्ञा नहीं है, ठीक?''

श्रीनिवास घर के अंदर चला गया और मैं पुजारी के साथ चल दिया, जो मुझे हॉल में छोड़कर गर्भगुड़ी में गायब हो गए। थोड़ी देर बाद उन्होंने भारी दरवाज़े को खोल दिया। जहाँ मैं खड़ा था, वहाँ से मैंने एक छोटी–सी मूर्ति देखी, जिसकी अगल बगल में दो और छोटी मूर्तियाँ थीं। जब मेरी आँखें धीमी रोशनी की अभ्यस्त हो गईं, तब मैंने युवा और भरे गालों वाले सुब्रमण्यम् को अपने मोर पर बैठे देखा। उनके एक हाथ में भाला था और दूसरा हाथ आशीर्वाद की मुद्रा में था। उनके दाएं–बाएं सुंदर युवतियों की मूर्तियाँ थीं।

मुझे यह देखकर खुशी हुई कि सुब्रमण्यम् का चेहरा सफाचट और प्रफुल्लित था। बात–बात पर आग उगलने को तैयार, बनावटी गंभीरता और दाढ़ी वाले मेरी कल्पना के भगवान् से बिल्कुल अलग थे वे।

''वे हाथ में कौन सा हथियार लिए हुए हैं?'' मैंने पूछा।

''वेलन्, एक तरह का भाला, मनुष्यों की रक्षा के लिए'' उन्होंने कहा।

''दोनों तरफ वे दो स्त्रियाँ कौन हैं?''

''पत्नियाँ'', उन्होंने कहा और आँखों में चमक लाते हुए जोड़ दिया, ''मुसलमानों की तरह हमारे देवता कई पत्नियाँ रख सकते हैं'' यह अंतिम वाक्य मैं नहीं समझ सका, क्योंकि मुझे नहीं मालूम था कि मुसलमान कई शादियाँ कर सकते थे। लेकिन मैंने बात को वहीं छोड़कर उस केले को खाना शुरू कर दिया, जो उन्होंने मुझे दिया था। फिर में सोचने लगा कि उन्होंने जो विभूति दी थी, उसका क्या किया जाय। ''तुम इसे खा सकते हो,'' उन्होंने कहा, ''मुसलमान लोग इसे अपने माथे पर नहीं मलते।'' मैंने वह चुटकी भर राख खा ली।

बाहर आने पर मैंने श्रीनिवास को स्टील के गिलास में कॉफी लिए खड़ा पाया। ''मेरी माँ ने तुम्हारे लिए बनाई है,'' उसने बताया। मैंने तालाब के किनारे खड़े–खड़े वह सुस्वादु दक्षिण भारतीय कॉफी पी डाली और गिलास श्रीनिवास को देकर घर के रास्ते चल पड़ा। कुछ दूरी पर ही मेरा मित्र शांतिकुमार रहता था। वह अब भी मेरा दोस्त है। उसने मुझे मंदिर से बाहर आते देख लिया था। ''तुम मंदिर गए थे?'' उसने आश्चर्य के साथ पूछा। ''हाँ, श्रीनिवास ने मुझे अपने घर बुलाया था। मैंने भगवान की मूर्ति भी देखी।''

उस दिन शाम को गर्म–गर्म दोसा और सांभर खाते वक्त मैंने माँ से पूछा, "क्या मुसलमानों के कई पत्नियाँ होती हैं?" "हाँ, मुसलमान ऐसा कर सकते हैं," उन्होंने कहा, फिर गर्व से जोड़ा, "लेकिन मेरे परिवार में तीन पीढ़ियों से किसी ने भी एक से ज़्यादा पत्नी नहीं रखी।" मैं खाता रहा और सोचता रहा, दो माताओं का होना कितना उलझन भरा होता होगा।

7. आरोहण की तैयारी

यद्यपि मैं आपको हिमालय की ऊँचाइयों तक ले जाने के लिए बेहद उत्सुक हूँ, परन्तु अपने शुरुआती दौर की घटनाओं के बारे में मैं आपको कुछ और बातें बताना चाहूँगा। मेरे जीवन के ये वर्ष अत्यंत महत्वपूर्ण हैं, क्योंकि उन दिनों मेरे आरोहण की तैयारी चल रही थी।

'मॉडल हाई स्कूल' का अनुभव वास्तव में दिलचस्प था और वहाँ मुझे बहुत कुछ सीखने को मिला। पढ़ाई–लिखाई तो प्रशिक्षित और समर्पित अध्यापकों के हाथ में थी ही, परन्तु उससे भी अधिक मुझे कला, शिल्प और खेलों में रूचि थी।

हमारी एक छोटी सी टोली थी, जिसके सदस्य ड्रॉइंग, पेंटिंग और बढ़ईगिरी में अच्छी प्रगति कर रह थे (रेखांकन और पेंटिंग अभी भी मेरे प्रिय शौक हैं)। हमारे फुटबाल और हॉकी के मैच भी काफी मज़ेदार हुआ करते थे। हममें से कुछ तो अपने को ख़ासा तगड़ा समझते थे और बालू में कबड्डी खेला करते थे। कबड्डी में काफी धर–पकड़ और खींचा–तानी होती है और उस में मुझे कलरी और जू–जित्सू में माहिर अपने पिताजी से सीखी कुश्ती की तकनीकों का इस्तेमाल करने में खूब मज़ा आता था। सही तकनीक से आप अपने से दुगने किसी भी धौंसिए को पछाड़ सकते हैं। सामना करने की मेरी इन क्षमताओं और धौंसियों के खिलाफ स्वभावतः कमज़ोर लोगों का पक्ष लेने की प्रवृत्ति के कारण, मेरे इर्द–गिर्द 'परोपकारियों' और 'संरक्षकों' का एक छोटा सा दल जुड़ने लगा था।

जैसे–जैसे मैं बड़ा हो रहा था, उस दुनिया के बारे में मेरी समझ भी बढ़ रही थी, जिसकी परतें धीरे–धीरे मेरे सामने खुल रहीं थीं। पौराणिक कथाएं और घिसे–पिटे विचार धीरे–धीरे पीछे छूटते जा रहे थे। भोजनावकाश में अधिकतर लड़के स्कूल में ही कक्षा से काफी दूर भोजन–कक्षों में साथ–साथ बैठते थे, सिवाय उनके जिनके घर पास थे। इन कमरों में कई साल पहले कक्षाएं लगतीं थीं, परन्तु समय के साथ अब ये कमरे काफी

जर्जर हो चुके थे। इनके अंदर अक्सर बिच्छू, गिजाई और बड़ी सूड़ियाँ मिलतीं थीं, जो छूने पर एक कसी हुई अंगूठी का रूप धर लेती थीं। दीवारों में यहाँ–वहाँ बड़ी दरारे थीं और फर्श का सीमेंट भी कई जगह से टूटा हुआ था। वहाँ कोई मेज–कुर्सियाँ नहीं थीं, पर बाहर एक कोने में पानी का नल था।

हमारे लिए भोजन के अवकाश का समय बड़ा मज़ेदार हुआ करता था क्योंकि इस समय हम पर अध्यापकों की कोई निगरानी नहीं रहती थी। हम अल्यूमिनियम के टिफिन बक्सों में अपनी माँओं का बनाया हुआ भोजन लाते थे। मेरा डिब्बा तो माँ ब्रेन मसाला, किडनी फ्राई, तली मछली, ऑमलेट इत्यादि से ठूस–ठूस कर भर देती थीं, जिससे कि मुझे पर्याप्त प्रोटीन मिल जाए, ताकि में मज़बूत और कुशाग्र बुद्धि वाला बन सकूँ। उनका यह मानना था कि जहाँ तक पोषण का सवाल है गोश्त और मछली की जगह कोई नहीं ले सकता।

उन दिनों मेरे कई घनिष्ठ मित्र पालघाट के अय्यर थे। ये लोग तमिल मूल के ब्राह्मण थे, जिनके पूर्वज पालघाट के सीमा प्रदेश में आ बसे थे। बाद में वहाँ से ये केरल के अन्य हिस्सों में जाकर बस गए थे। वे अपनी कुशाग्र बुद्धि और कुशलता के लिए जाने जाते थे। पीढ़ियों से वे प्रशासन में ऊँचे ओहदों पर काम करते आए थे। वे जहाँ भी काम करते थे, उस प्रदेश की संस्कृति से इतना तादात्म्य बना लेते थे कि घर में वे जो तमिल बोलते थे, वह भी मलयालम की एक बोली जैसी लगती थी। वे बड़े गर्व से कहते थे कि वे मलयाली थे।

मेरे इन दोस्तों–शंकरनारायणन्, अनंतनारायणन्, विश्वनाथ अय्यर, वेंकटेश, कृष्णमणि इत्यादि, ने मुझे अपना लिया था। हम भोजनावकाश में अपने–अपने टिफिन लेकर साथ–साथ बैठते, एक दूसरे को कहानियां सुनाते और खाना खाते–खाते अच्छी ख़ासी मस्ती करते। मेरे टिफिन बॉक्स से उठती मनमोहक खुशबू से आकर्षित हो कर वे उसमें झाँकते, लेकिन जब मैं समझाता कि उसमें क्या–क्या था, तो डर कर पीछे हट जाते। मैं बताना चाहूँगा कि मेरे माँसाहारी होने के बावजूद उनके मन में मेरे खिलाफ कुछ नहीं था। हम इतने घनिष्ठ मित्र थे कि वे मेरे साथ बैठकर आराम से अपना सादा भोजन खाते रहते थे।

मैं आश्चर्य से देखता था कि उनका भोजन हमेशा एक–सा, शुद्ध शाकाहारी होता था–वही दही–भात, सब्जियाँ और अचार, कभी इडली और चटनी या सांभर। हर दिन वही सादा शाकाहारी भोजन। परन्तु जब अर्ध वार्षिक या वार्षिक परीक्षा के परिणाम आते, तो ये लड़के गणित और विज्ञान में अधिकतम अंक पाते और मैं तथा मेरा एक और दोस्त सिद्दीकी, हम तो बस किसी तरह पास हो जाते थे।

एक सुबह जब माँ तली हुई मछली, मछली करी, चावल आदि की अधिक से अधिक मात्रा टिफिन बॉक्स में ठूस रही थी, तो मैंने कहा, ''माँ, खुराक के बारे में तुम्हारे सब विचार बेकार हैं। दही–भात और अचार से भी उतनी ही दिमाग़ी ताकत मिलती है, जितनी तुम्हारी मछली और गोश्त से।'' ज़ाहिर है, वे मानने को तैयार नहीं थीं। जब मैं तर्क करता रहा, तो उन्होंने कहा कि हमारे पख्तून पूर्वज मज़बूत थे, क्योंकि वे गोश्त खाते थे।

मैं उनसे सहमत नहीं हुआ और तब से खुराक के बारे में मेरे विचार बदल गए। अच्छा पोषण आवश्यक है, पर मैं मानता हूँ कि शाकाहारी भोजन काफी होता है। अगर आप चाहें तो गोश्त खा सकते हैं, परन्तु यह सोचना कि मानवीय शरीर का इसके बिना काम नहीं चलेगा, यह बेवकूफी है।

मैं अपने उन अध्यापकों के बारे में आपको ज़रूर बताना चाहता हूँ, जिन्होंने मेरे जीवन को प्रभावित किया। सूची में सबसे ऊपर हैं टाइगर कुट्टन पिल्लई, हमारे प्रधानाचार्य, जिन्होंने हमें अनुशासन सिखाया। वे संटी में विश्वास रखते थे। उनके अलावा ऑक्सफोर्ड से प्रशिक्षित श्री जॉर्ज, जिन्होंने हमें अँगरेज़ी भाषा की बारीकियों से परिचित कराया और हरिहरन, जो थे तो विज्ञान के अध्यापक, लेकिन उनका कॉनन डॉयल के 'हाउन्ड् ऑफ बास्करविलेस' का नाटकीय पाठ मेरी स्मृति में आज भी अंकित है। गोपालकृष्ण अय्यर ने तो मेरे जैसे गणित एकदम न समझने वाले मस्तिष्क में भी कुछ गणित डाल ही दिया। हमारे जीवविज्ञान के अध्यापक टार्ज़न दामोदरन पिल्लई ने तो इस तथ्य को बताकर हमारी आँखें ही खोल डालीं कि इतने जटिल और पेचीदा दिखने वाले जीवन (लाइफ) की शुरूआत हुई एक–कोषीय जीव से। एन.सी.सी. के कमांडर और समाज विज्ञान

के अध्यापक माधवन नायर हमेशा ऐसे कलफ लगे और एकदम बढ़िया इस्तरी किए हुए सफेद बुर्राक कपड़े पहनते थे कि उनका नाम ही इस्तरी (आयरन बॉक्स) रख दिया गया था। श्री नायकम् कक्षा नौ में हमारी कक्षा के अध्यापक हुए। उन्होंने तो भविष्यवाणी ही कर दी थी कि ज़िंदगी में मेरी मुख्य रुचि सत्य की खोज रहेगी, चाहे उसे भगवान् की खोज कहो या कुछ और।

कक्षा अध्यापक के रूप में पहले दिन श्री नायकम् ने हमें अपना संक्षिप्त परिचय दिया। पर हम में से कुछ तो अपनी मेजों के पीछे हँसी–ठट्ठा करने में लगे रहे क्योंकि हमने पहली बार ऐसा अध्यापक देखा था, जिसके माथे पर विभूति की भूरी रेखाएं लगी हुई थीं। उन्होंने कहा कि वे भगवान शिव में विश्वास करते थे और विभूति शिव का एक प्रतीक थी। शीघ्र ही चर्चा धर्म की तरफ मुड़ गई। उन्होंने हम सभी को एक के एक बाद खड़ा होकर यह बताने को कहा कि हमारा भगवान् में विश्वास था कि नहीं। एक को छोड़ कर सभी ने कहा कि उनका भगवान् में विश्वास था। वह अपवाद मैं था। ''मेरा भगवान् में विश्वास नहीं है।'' ''क्यों?'' श्री नायकम ने पछा। ''क्यों नहीं, सर? मैंने भगवान् को देखा नहीं है और उसके अस्तित्व का प्रमाण नहीं है। यदि प्रमाण मिल जाएगा, तब मुझे विश्वास करने की आवश्यकता ही नहीं रह जाएगी। तथ्य किसी के विश्वास के मोहताज नहीं होते।''

थोड़ी देर चुप रहने के बाद उन्होंने कहा, ''मेरा एक सहपाठी था। उसका भगवान में विश्वास नहीं था। तीस साल बाद मैंने उसे सिर घुटाए, भगवा वस्त्र पहने हुए देखा। वह रामकृष्ण मिशन का सन्यासी हो गया था। तो देखते हैं, हो सकता है भगवान् की खोज में यह तुम्हारी शुरूआत हो। मुझे प्रसन्नता है कि तुम ईमानदार हो। तुम्हारा नाम क्या है?'' जब मैंने अपना नाम बताया तो वे हैरान हो गए। उन्हें शायद मेरे धर्म के किसी लड़के से यह अपेक्षा नहीं थी कि वह अल्लाह में विश्वास नहीं करता। मैं उनसे वह सब बताना चाहता था जो रोज़ रात को मेरे साथ घट रहा था, लेकिन किसी अनजानी शक्ति ने मुझे रोक दिया।

और अंत में श्री कुट्टन आचारी के बारे में बताना चाहता हूँ, जो ड्राइंग, पेंटिंग और कभी–कभी बढ़ईगिरी सिखाते थे और मेरे लिए इन चीज़ों का बहुत महत्व था। लेकिन इस

सबसे बढ़कर वे स्कूल की नाटक मंडलियों के प्रेरणास्रोत थे। उन्हीं के मार्ग–दर्शन में मलयालम और अँगरेज़ी के नाटकों का मंचन किया जाता था। हम अँगरेज़ी माध्यम में शिक्षा पाने वालों ने शेक्सपियर के 'मर्चेंट ऑफ वेनिस' के एक कोर्ट दृश्य को अभिनीत किया। मैंने एंटोनियों का पात्र निभाया। केविन फर्नांडीज़ ने शाइलॉक के पात्र का इतना अच्छा अभिनय किया कि हमारे नाटक को राज्य स्तर के युवा मेला के लिए चुन लिया गया और कई पुरस्कार भी मिले। केविन फर्नांडीज़ बाद में सेना के मेडिकल कॉलेज में काम करने लगा और एअर कमाडोर होकर रिटायर हुआ।

स्नेही प्रकृति का होने के कारण स्कूल में मेरे बहुत सारे दोस्त थे, लेकिन कुछ के साथ मेरे विशेष संबंध थे। उनमें से एक था गुजराती बोलने वाला मेमन सिद्दिकी, जिसके पूर्वज पोरबंदर से आए थे। उसके दादा अब्दुल्ला इब्राहीम अपनी फहराती सफेद दाढ़ी और गंभीर मुखाकृति के कारण ओल्ड टेस्टामेंट के पैगंबर जैसे दिखते थे। उनकी त्रिवेन्द्रम के चालै बाज़ार में थोक में कपड़े बेचने की सबसे बड़ी दूकान थी। खुद सिद्दिकी दुबला, कमज़ोर और अस्वस्थ–सा था। उस समय ही उसे आँखों की कोई बीमारी थी, जिससे वह एक आँख से लगभग अँधा होता जा रहा था। मेरी उससे निकटता इसलिए हो गई क्योंकि मुझे लगा कि उसे स्कूल के धोंसुओं से बचाना पड़ेगा।

उसका घर मेरे घर से बहुत दूर नहीं था। वहाँ वह अपने माता–पिता और बड़ी बहिन के साथ रहता था। मैं अक्सर उसके घर जाया करता था। उसकी माँ मुझसे बहुत स्नेह करती थीं और बहुत खिलाया–पिलाया करती थीं। हालाँकि मैंने इस विषय में उनसे कभी कोई बात नहीं कही, पर उन्होंने मेरी आंतरिक मनोस्थिति को सही–सही भाँप लिया था। वे सूफी संतो और बीमारों को ठीक करने वालों की कहानियाँ सुना–सुना कर मुझे मुग्ध कर देती थीं।

छुट्टियों में सिद्दीकी अक्सर बंबई जाया करता था। मैं उससे इस बड़े और लुभावने शहर के वर्जित आकर्षणों की कहानियाँ सुनने के लिए उसके वापस आने का इंतजार किया करता था। वह ऐसी कहानियाँ सुनाने की कला में बड़ा माहिर था। हिंदी सिनेमा के नायक और नायिकाएं, पैसों के लिए साथ सोने के लिए तैयार औरतें, आलीशान

ताजमहल होटल, गेटवे ऑफ इंडिया, सिद्दीक़ी के कछ पसंदीदा विषय थे और ये कहाँनियां अनंतनारायण और मेरी किशोर कल्पना के लिए बड़ी उत्तेजक होतीं थीं।

अनंतनारायण, सिद्दिक़ी और मेरी दोस्ती के पीछे एक और छोटा–सा, लेकिन महत्वपूर्ण कारण था। सिद्दीक़ी और मुझे, दोनों को इडली–सांभर बहुत पसंद थे। हालाँकि मेरी माँ भी बहुत अच्छे इडली–सांभर बनाती थीं, पर हमने पाया कि मित्र अनंतनारायण की माँ शाकाहारी और ब्राह्मण होने के कारण अधिक निपुण थीं। वे बहुत अच्छी मेज़बान भी थीं। अपने पुत्र के हम दो मुसलमान दोस्तों का अपने रूढ़िवादी ब्राह्मण घर में वे हमेशा एक मुस्कान के साथ स्वागत करतीं और हमें हमारे पसंदीदा पकवान भरपूर खिलातीं, ऊपर से स्टील के गिलासों में भाप निकलती फिल्टर कॉफी।

विश्वनाथ अय्यर के पुत्र अनंतनारायण का भी बंबई से संबंध था। वह छठवीं कक्षा तक बंबई में पढ़ा था क्योंकि उस समय उसके पिताजी वहाँ भारतीय जीवन बीमा निगम में काम करते थे। तबादला होने पर विश्वनाथ अय्यर अपने परिवार के साथ त्रिवेन्द्रम आ गए थे।

मालूम नहीं यह स्वादिष्ट भोजन का आकर्षण था या उसकी बड़ी बहिन सुवर्णा का, जिनका बड़ा ही सटीक नाम था, या दोनों ही बातें, क्योंकि मैं बार–बार अनंतनारायण के घर जाता रहता था। मैंने उनके यहाँ से ब्राह्मण परिवारों के बारे में काफी कुछ सीखा, जैसे यह कि माहवारी के दिनों में अनंतनारायण की माँ रसोई में नहीं जा सकती थीं। भोजन तब और भी स्वादिष्ट होता था क्योंकि विश्वनाथ अय्यर उनसे भी अच्छे रसोइए थे।

इस सबसे अधिक उल्लेखनीय बात यह है कि भारतीय जीवन बीमा निगम में टाइपिस्ट के रूप में काम करने वाले श्री विश्वनाथ अय्यर के उस छोटे से घर में एक ऐसी घटना घटी, जो बाद में मेरे आध्यात्मिक जीवन के लिए बहुत ही महत्वपूर्ण सिद्ध हुई। उनके घर में एक कमरा केवल पूजा का कमरा था। उसमें अनेक हिंदू देवी–देवताओं के चित्र थे। बड़े धैर्य के साथ मुझे उनके बारे में बताया गया था। उनमें से सबसे बड़ा और दीवार पर मुख्य स्थान पर एक व्यक्ति का चित्र था, जो फटे कपड़े पहने, सिर पर अपनी ही शैली में कपड़ा लपेटे, एक मुसलमान फकीर लगता था।

मैंने यहाँ पहली बार शिर्डी के साँईं बाबा का चित्र देखा। 1918 में उनका देहान्त हो चुका था। यहाँ इस ब्राह्मण परिवार में उस फकीर को हिंदू देवताओं का दर्जा दिया जा रहा था। वे उनकी स्तुति करते, भजन गाते, घंटी बजाते और आरती करते। मुझे कौतूहल हुआ। कई बृहस्पतिवारों को मैं भी गान में शामिल हो जाता। यह शिर्डी के साँई बाबा का विशेष दिन माना जाता है। यहाँ तक कि तभी मैंने हिंदी में अपना पहला भजन लिखा – 'हे प्रभु, हे साँईंनाथ'। श्री विश्वनाथ अय्यर ने मुझे शिर्डी के साँईं बाबा के जीवन का संक्षिप्त परिचय दिया और अपना विश्वास जताया कि उनके अनुसार साँईं बाबा भगवान् थे। मैंने उनकी बात सुनी और आश्चर्य चकित हो गया।

एक रात जब मैं अपने रोज़मर्रा के गुप्त आशु–ध्यान में था, मेरे हृदय में प्रकट होने वाले प्रकाश में से साँईं बाबा की आकृति उभरी और मेरे सामने आकर खड़ी हो गई। फिर वह उस अनोखे योगी के रूप में परिवर्तित हो गई, जिन्हें मैंने कटहल के पेड़ के नीचे देखा था। इस घटना के बारे में किसी को नहीं मालूम क्योंकि मैं यह घटना किसी को बता नहीं सका। मैं शिर्डी साँईं बाबा से अपने संबंध के बारे में और अपने पहले शिर्डी प्रयाण के बारे में आपको अभी तो नहीं, पर उचित अवसर आने पर बताऊँगा।

विश्वनाथ अय्यर ने त्रिचूर के पास स्थित गुरवायुर मंदिर में मेरे पदार्पण में भी महत्वपूर्ण भूमिका निभाई थी।

8. श्री नारायण गुरु

मेरे और भी कई नज़दीकी दोस्त थे, जैसे नारायण प्रसाद, जो डॉक्टर बन गया तथा ज़कारिया और उसका भाई मॉमेन ज़कारिया। ज़कारिया के पिता इसाई धर्म के प्रवचक थे। ज़कारिया भी डॉक्टर बना और अमेरिका चला गया, जहाँ वह पूर्व राष्ट्रपति जॉर्ज बुश का व्यक्तिगत हृदयरोग–विशेषज्ञ बन गया तथा रिपब्लिकन् पार्टी के लिए चंदा भी एकत्र करने लगा। फिर मोहनदास, सुधीर, वेंकटेश्वर जो उस समय भी अपने को एक वैज्ञानिक समझता था और कुछ अन्य। लेकिन मुझे जिससे विशेष प्रेम था, वह था रंजीत सदाशिवन्।

कक्षा नौ में रंजीत ने 'मॉडल हाईस्कूल' मे प्रवेश लिया। वह कक्षा नौ 'बी' में था और मैं नौ 'ए' में। लेकिन पहली भेंट से ही हम दोनों में परस्पर स्नेह पैदा हो गया था और हम एक दूसरे को समझने लगे थे। हमारा यह परस्पर लगाव वर्ष–दर–वर्ष बढ़ता गया। वह हट्टा–कट्टा हिम्मती लड़का था, किसी से नहीं डरता था और अन्याय के खिलाफ लड़ने को हमेशा तैयार रहता था। वह सेना द्वारा संचालित 'सैनिक स्कूल' से 'मॉडल स्कूल' आया था। उसी के माध्यम से मेरी मैत्री हुई वेलायुधन् नायर से, जो एक एअर कमाडोर बना और माधवन् नायर से, जो वाइस एडमिरल बना। राधाकृष्णन् एअर वाइस मार्शल बना और मोहन चंद विंग कमांडर का पद पाने के बाद स्वेच्छा से सेवानिवृत्त हो गया और बाद में उसने भारतीय सेना अकादमी में प्रवेश पाने के इच्छुक युवाओं को प्रशिक्षण देने के लिए स्कूल खोल लिया।

रंजीत इड़वा जाति का था, जो करीब पचास वर्ष पहले तक समाज के निचले स्तर पर मानी जाती थी। महान् 'श्री नारायण गुरु स्वामी' के कार्यों और आशीर्वाद से इड़वा जाति ने अपना निचला स्तर त्याग कर सफलता की सीढ़ी चढ़ना प्रारंभ किया। जिस समय की मैं बात कर रहा हूँ, वे लोग धनवान् और पढ़े–लिखे हो चुके थे तथा सामाजिक एवं राजनैतिक रूप से भी ईर्ष्यास्पद स्थिति में थे।

'श्री नारायण गुरु' का जन्म 1854 के आसपास त्रिवेंद्रम शहर के बाहर 'पलन्ती' नामक गांव में एक इड़वा परिवार में हुआ था। उनके पिता 'मदन आसन' केवल किसान ही नहीं अपितु एक विद्वान थे, जो खगोल शास्त्र और आयुर्वेदिक दवाइयों के अच्छे जानकार थे। गाँव में वे एक अध्यापक के रूप में मान्य थे। गाँव के लोग उन्हें 'आसन' कह कर पुकारते थे, जो कि संस्कृत शब्द आचार्य का अपभ्रंश है। वे 'रामायण' और 'महाभारत' की व्याख्या करते थे।

यहाँ हमें याद रखना चाहिए कि उन दिनों संस्कृत भाषा के ज्ञान पर नंबूदरी ब्राह्मणों की कड़ी पहरेदारी थी और गैरब्राह्मणों को वेदों का अध्ययन करने का अधिकार नहीं था। गैरब्राह्मणों में केवल लोगों के इलाज के लिए वैद्यों को संस्कृत सीख कर आयुर्वेद के ग्रंथ जैसे 'चरक संहिता', 'सुश्रूत संहिता', इत्यादि का अध्ययन करने का अधिकार था। लेकिन उन्हें संस्कृत के शास्त्रों इत्यादि के अध्ययन की मनाही थी।

जब 'नारायण' लगभग पंद्रह साल के थे, तब उनकी माँ का देहान्त हो गया और पिता के देहान्त के समय वे तीस साल के थे। तब तक 'नारायण', जिन्हें 'नानू' कहा जाता था, 'नानू आसन' कह कर पुकारे जाने लगे अर्थात् 'नानू आचार्य'। कुछ समय बाद वे घुमन्तू साधू हो गए, जो भिक्षा पर निर्भर करते थे और कई–कई महीनों में घर आते थे।

उन्होंने आयुर्वेद के अध्ययन से आगे बढ़ने का साहस किया। वेद और वेदान्तिक ग्रंथों का गहरा अध्ययन किया और कुछ विद्यार्थियों को संस्कृत पढ़ाई। यद्यपि रूढ़िवादी, तथाकथित निचली जातियों को अलग ही रखना चाहते थे, परन्तु 'नानू' को 'रमन पिल्लई' नाम के उच्च वर्ग के एक विरले संस्कृत शिक्षक मिल गए, जो सबको बराबर मानते थे। शीघ्र ही 'नानू' ने काव्य, नाटक, साहित्यिक आलोचना और अलंकार शास्त्र का अध्ययन कर लिया। 'उपनिषद्' तो वे अपने आप पढ़ ही रहे थे। वे दक्षिण में कन्याकुमारी से लेकर उत्तर में मेंगलोर तक अध्ययन करते, ध्यान करते और अपनी चेतना की गवेषणा करते दूर–दूर तक घूमते रहते थे।

दो और शिक्षकों का 'नानू' पर बहुत प्रभाव पड़ा। एक थे 'कुंजन पिल्लई', जो 'चटंबी स्वामी' के नाम से भी जाने जाते थे। 'रमन पिल्लई' की अलंकार शास्त्र की कक्षा में वे

मोनीटर होते थे। बाद में वे 'नानू' के भ्रमणों में उनके साथ हो लिए। दूसरे, एक तमिल मूल के 'तैकाड अय्यावू' नामक व्यक्ति थे, जो त्रिवेंद्रम में ब्रिटिश रेज़िडेंट के बंगले के मैनेजर थे। उनसे 'नानू' ने तमिल आध्यात्मिक परंपरा में सुरक्षित गोप्य योग सूत्रों को सीखा। संक्षेप में कहा जाय तो 'नारायण गुरु' एक ऐसे व्यक्ति के रूप में सामने आए, जो अपनी चेतना की गहराइयों में गोता लगा चुके थे और सर्वव्यापी आत्मन् से साक्षात्कार कर चुके थे, जिसका उल्लेख 'उपनिषदों' में पाया जाता है।

एक तरफ तो उनके आंतरिक अनुभव आध्यात्मिक ज्ञान के रूप में प्रस्फुटित हुए और दूसरी ओर सामाजिक सुधारों के रूप में। अपनी पत्नी की मृत्यु के बाद 'नानू' पूर्णरूप से घुमक्कड़ सन्यासी हो गए, जिनके काफी अनुयायी हो गए थे। उनका वैसे भी अपनी पत्नी से नाम मात्र का ही संबंध था। समय के साथ लोग उन्हें 'श्री नारायण गुरु' कहने लगे थे। उन्होंने पुराने त्यक्त मंदिरों का जीर्णोद्धार कर उनमें प्रथानुसार ब्राह्मणों को न बुलाकर खुद ही देव–मूर्तियों की स्थापना की। एक मंदिर में, जहाँ मूर्ति नहीं थी, उन्होंने एक शीशा स्थापित कर दिया। वह उपनिषद् और सुकरात की एक उक्ति को दर्शाता था 'मानव, तू अपने को समझ'।

उन्होंने अपना एक आश्रम 'आलवै' के पास स्थापित किया और दूसरा 'वर्कला' में, और एक पहाड़ी के ऊपर, जिसे शिवगिरि नाम दिया। यह 'त्रिवेंद्रम' से ज्यादा दूर नहीं है। केरल में पहली बार 'शिवगिरि' के आश्रम में वैदिक शास्त्रों का अध्ययन ब्राह्मणों के साथ सभी जातियों के लिए खोल दिया गया।

मैंने भी अपने भ्रमण काल में 'शिवगिरि' आश्रम में दो महीने बिताए थे।

वेदान्त के महत् सत्यों को उन्होंने सरल भाषा में अभिव्यक्त करते हुए गाया, ''मनुष्य की एक ही जाति, एक ही धर्म, एक ही ईश्वर है। सब एक ही कोख से जन्में हैं, एक ही आकार है, कोई भिन्नता है ही नहीं उनमें।'' उन्होंने अपने अनुयायियों से अपनी हीन भावना त्याग कर अनंत ऊँचाइयों को छू लेने के लिए प्रेरित किया। चौहत्तर साल की उम्र में 20 सितंबर, 1928 को उनकी मृत्यु हो गई। अपने पीछे वे एक महान् आध्यात्मिक और सामाजिक संपदा छोड़ गए।

फिर से रंजीत की बात पर लौटते हैं। मुझे रंजीत की एक बात बहुत अच्छी लगती थी कि वह आवश्यकता पड़ने पर दोस्तों की रक्षा के लिए कोई भी खतरा उठाने को तैयार रहता था। जब भी कभी हमें किसी दोस्त को गैर सामाजिक तत्वों के दुर्व्यवहार से बचाने के लिए गलियों में झगड़ा करना पड़ जाता था, तब हर बार यह बात सही सिद्ध हुई।

इसके अलावा रंजीत मेरे लिए 'रामकृष्ण परमहंस' के शब्दों में 'प्रबन्धक' (प्रोवाइडर) भी बन गया था। जब कभी मैं हिमालय या अन्य किसी जगह एकान्तवास के लिए जाना चाहता, तो रंजीत मेरी यात्रा के खर्चे का प्रबंध करता। वही अकेला ऐसा व्यक्ति होता था, जिसे यह पता रहता था कि मैं कहाँ था और मुझसे कैसे संपर्क किया जा सकता था। वह मेरे माता–पिता को यह कह कर सांत्वना दिया करता था कि वह मुझसे संपर्क में था और किसी भी आपात् स्थिति में मुझे वापस बुला सकता था। वह हमेशा बिना कोई प्रश्न पूछे सहायता करने के लिए तैयार रहता था। उसी के घर में मैंने पहले पहल 'श्री नारायण गुरु' का चित्र देखा था।

9. अनोखी और समयोचित मदद

भीतरी परिवर्तन की प्रक्रिया प्रारंभ हो चुकी थी और मेरे अस्तित्व में गहरे कहीं चेतना की नदी कई छोटी–छोटी नदियों को जन्म दे रही थी, जो अन्ततः महा समुद्र में मिलने वाली थीं। इस प्रक्रिया को तेज़ करने के लिए आवश्यक मदद मुझे अनोखे तरीकों से मिल रही थी।

यदि मुझे योगाभ्यास या दर्शन के गहरे सूक्ष्म विचारों को समझने की आवश्यकता होती, तो ऐसी पुस्तकें मुझे जादुई रूप से मिल जातीं, जिनमें ठीक उन्हीं प्रश्नों की चर्चा होती।

बड़ा होने पर जब मुझे अपने आप घूमने–घामने की अनुमति मिलने लगी, तो मैं 'त्रिवेंद्रम' के सार्वजनिक ग्रंथालय जाने लगा। यह एक पुरानी विक्टोरियन इमारत में था और वहाँ दर्शन, धर्म तथा आनुष्ठानिक जादू सहित अनेक विषयों पर प्राचीन पुस्तकों का खज़ाना था। उस पुस्तकालय का अध्यक्ष लंबे बालों और दाढ़ी वाला एक व्यक्ति था। जिनका नाम अब मुझे याद नहीं। उन्होंने अपने आपको मेरा मार्ग–दर्शक मान लिया था और आश्चर्य की बात तो यह है कि वे बिल्कुल सही समय पर सही पुस्तकें पढ़ने की सलाह देते थे। इस तरह मैंने 'स्वामी विवेकानंद' का संपूर्ण साहित्य, 'रामकृष्ण परमहंस' का गोस्पल, 'मदाम ब्लावाट्स्की' के 'आइसिस अनवील्ड', 'द सीक्रेट डॉक्ट्रिन', 'द जोहर', 'द उपनिषदस्', 'द भगवत् गीता', ग्रीक दार्शनिक अरस्तू एवं प्लेटो तथा अन्य अनेक पुस्तकों को पढ़ा।

दो घटनायें इतनी विचित्र थीं कि मैं उन्हें केवल संयोग मानने को तैयार नहीं हूँ। एक सुबह मैं ब्रिटिश कांउन्सिल पुस्तकालय गया, जो मेरे घर से बहुत दूर नहीं थी। 'विद्यारण्य' द्वारा रचित वेदान्त की शास्त्रीय पुस्तक 'पंचदशी' का अध्ययन करते समय मुझे कुछ बातें अन्तर्विरोधी लगीं। मैं पुस्तकालय में ऐसा कुछ ढूंढ़ने जा रहा था, जो मेरी शंकाएं

दूर कर सके। मैंने पुस्तकालय के दर्शन विभाग में पुस्तकें ढूँढ़ी, लेकिन कुछ विशेष न पा सका।

तभी मैंने नीचे के शेल्फ पर डॉ. राधाकृष्णन् द्वारा अनुवादित और उनकी टीका सहित उपनिषदों की एक पुस्तक देखी। मैं उसे निकालने को झुका और ठीक उसी समय ऊपरी शेल्फ से तीन जिल्ददार पुस्तकें मेरी गर्दन पर आ गिरीं। मैंने अपनी गर्दन मलते हुए उन्हें उठाया। उनमे से एक थी अल्डुअस हक्सले की 'द पेरेनियल फिलोसॉफी' और बाकी दो 'जे. कृष्णमूर्ति' की 'द कमेंटरीज़ ऑन लिविंग।' यह मेरा कृष्णमूर्ति से पहला परिचय था। यहाँ मैं कहना चाहूँगा कि हालांकि मैं विभिन्न विषयों पर कृष्णमूर्ति के विचारों से पूरी तरह सहमत नहीं था, परन्तु 'द कमेंटरीज़ ऑन लिविंग' मेरे लिए वेदान्त की कई गुत्थियां सुलझाने में निश्चित रूप से सहायक रही। लेकिन मैं यह बिल्कुल नहीं समझ पाया कि वे पुस्तकें मेरे ऊपर गिरी कैसे? क्योंकि मेरे अलावा कोई और उस बुकशेल्फ के पास था ही नहीं।

दूसरी घटना तो इससे भी अधिक आश्चर्यजनक थी। मैं चौदह साल का था और अब तक योग, दर्शन, धर्म, रहस्यवाद इत्यादि विषयों पर काफी किताबें पढ़ चुका था। सीने के मध्य में प्रगट होने वाले प्रकाश पर अपने आप लग जाने वाला ध्यान भी लगातार चालू था, लेकिन मैं कुछ गंभीर समस्याओं का सामना कर रहा था। विभिन्न गुरु और विभिन्न ग्रंथ, हृदय चक्र को भिन्न–भिन्न स्थानों पर बतलाते थे। 'रमण महर्षि' का कहना था कि हृदय चक्र सीने के दाहिने तरफ था, कबीर पंथी और रामकृष्ण परमहंस बताते थे कि हृदय चक्र सीने के बाँई तरफ वास्तविक हृदय के पास था।

'हठयोग प्रदीपिका' सहित योग शास्त्र के ग्रंथ हृदय चक्र का स्थान सीने के मध्य में मानते थे और इसे 'अनाहत चक्र' कहते थे। (यही वह चक्र है जो मेरे शरीर में अपने आप क्रियान्वित हो गया था।) हैरानी की बात यह थी कि 'रमण महर्षि' और 'रामकृष्ण परमहंस' जैसे धुरंधर, जो हमारी समझ में व्यक्तिगत रूप से महानतम आध्यात्मिक ऊँचाइयों को छू चुके थे, एक महत्वपूर्ण आत्मिक केंद्र के स्थान के विषय में एक दूसरे के विपरीत बात कह रहे थे। अगर एक सही थे, तो दूसरे गलत। मुझे तो इन केंद्रों के होने के बारे में ही गंभीर

संदेह होने लगा था। कहीं यह सब कोरी कल्पना तो नहीं थी? मेरी भी और बाकी लोगों की भी?

मैं समझता हूँ मेरी आध्यात्मिक यात्रा में यह पहला गंभीर संकट था। मैंने निर्णय लिया कि मुझे जल्दी ही उबर जाना चाहिए और इसके लिए मैंने एक योजना बनाई। तब तक मेरे टयूशन टीचर 'श्री रामास्वामी' हमारे घर से काफी दूर 'मनकॉड' में रहने लगे थे। अतः मैंने उनके यहाँ जाना बंद कर दिया था। हमारे स्कूल में पढ़ने वाले उनके साले से मैंने एक दिन कहा कि गणित की किसी समस्या के विषय में मैं 'श्री रामास्वामी' से मिलना चाहता हूँ। घर जाकर मैंने अपने माता–पिता से भी यही बात कही। अगला दिन रविवार था, सो मैंने यह भी कह दिया कि अगर देर हो गई तो मैं वहीं सो जाऊँगा और अगले दिन वापस आ जाऊँगा।

यह पहली बार थी जब मैं अपने घर से बाहर रात बिताने जा रहा था। शुरू में कुछ चिंता जताने के बाद मेरी माँ मान गईं। वास्तव में रेखा गणित की एक समस्या थी, जो मैं जानता था कि 'श्री रामास्वामी' की सहायता से ही सुलझाई जा सकती थी, परन्तु यह केवल आधा सच था।

बाकी आधा सच यह था कि 'मनकॉड' में 'श्री रामास्वामी' के घर से थोड़ी ही दूर एक निर्जन वन था, जिसे 'समाधितोटम' कहा जाता था। मेरी योजना थी कि मैं टयूशन समाप्त कर उनसे यह कह दूँगा कि अपने घर जा रहा हूँ। परन्तु असल में मैं रात 'समाधितोटम' पर बिताना चाहता था। उस रात के अपने साहसिक कारनामे के बारे में बताने से पहले मैं आपको 'समाधितोटम' के बारे में कुछ बताना चाहूँगा। मैं यह भी आपसे साझा करना चाहता हूँ कि आखिर मैं वहाँ जाना क्यों चाहता था।

'मनकॉड' के एक अलग–थलग हिस्से में नारियल और अन्य वृक्षों का एक कुंज था। इसकी देखभाल कोई नहीं करता था और वहाँ प्रायः कुत्ते और सियार घूमा करते थे। यहाँ एक प्राचीन वट वृक्ष के नीचे त्रिवेंद्रम के महाराजा 'आइल्यम तिरुनाल' के शासनकाल (1865–1880) में रहने वाले एक महान् योगी 'रामदास स्वामी' की समाधि है। जैसा कि मैंने पहले बताया था, समाधि एक ऐसी कब्र होती है, जिसमें कुछ महात्मा या

योगी स्वेच्छा से प्रवेश कर जाते हैं। 'जीव समाधि' तो और भी विशेष होती है। एक खोदे गए गड्ढे में योगी अपने आप जाकर बुद्धमुद्रा में बैठ जाते हैं और अपने शिष्यों को गड्ढा पाट देने का निर्देश दे देते हैं।

'मनकॉड' की समाधि 'जीव समाधि' मानी जाती है। मैंने सुन रखा था कि 'श्री गोपाल स्वामी' सहित अनेक बड़े–बड़े योगी रात को 'समाधितोटम्' में ध्यान लगा चुके थे और उन्हें वहाँ प्रबुद्ध करने वाले आध्यात्मिक अनुभव भी हुए थे। मैं भी वही करना चाहता था। शायद मेरे संदेहों का समाधान हो जाय। ज़ाहिर है मैंने 'समाधितोटम्' जाने के बारे में न तो अपने घर में किसी को बताया और न ही टयूशन अध्यापक को।

मैं एक बस में चढ़ गया और ईस्ट फोर्ट बस अड्डे पर उतर गया। वहाँ से पैदल चल कर मैं 'श्री रामास्वामी' के घर लगभग सात बजे पहुँच गया। टयूशन खत्म होने तक आठ बज चुके थे। 'श्री रामास्वामी' के घर वालों ने काफी ज़ोर डाला कि रात में उनके यहाँ ही रह जाऊँ। लेकिन मैंने कहा कि मुझे वापस जाने के लिए बस मिल जाएगी और किसी तरह उनके यहाँ से निकल आया। मैं आश्वस्त था कि 'श्री रामास्वामी' के घर में फोन नहीं था और मेरे माता–पिता को यह पता चलने वाला नहीं था कि मैंने रात उनके यहाँ नहीं बिताई थी।

अचानक मुझे मेरा दोस्त मार्तण्ड पिल्लई मिल गया और कुछ दूर तक मेरे साथ चला। लेकिन मैं किसी तरह से उससे छुटकारा पाकर अकेला ही 'समाधितोटम्' की तरफ बढ़ चला। एक–दो जगह रास्ता पूछते हुए मैं समाधि तक पहुँच गया। तब लगभग साढ़े नौ बजे होंगे, लेकिन मैं ठीक से नहीं कह सकता क्योंकि मेरे पास घड़ी नहीं थी।

वहाँ एक छोटा–सा फाटक था, जो खुला हुआ था। अंदर कोई रोशनी नहीं थी, केवल समाधि के ऊपर बनी मठिया के सामने तेल का एक दिया जल रहा था। उसकी लौ हवा में काँप रही थी और मुझे काफी डर लगने लगा। थोड़ी दूर से सियारों के हुहुआने की आवाज़ें आ रही थीं। कोई मनुष्य आसपास नहीं था। उस मद्धिम रोशनी में मैं हवा में झूमते वृक्षों और झाड़ियों में विचित्र जानवरों की कल्पना करने लगा। मैं समाधि के पीछे की तरफ बैठ गया, जहाँ हवा कुछ कम लगती थी। अचानक हवा तेज़ी से बहने लगी। आधा चाँद

बादलों में से बाहर निकल आया और एक पारलौकिक शांति मेरे तन–मन पर छा गई। मैं समाधि से टिक कर बैठ गया और शीघ्र ही सो गया क्योंकि काफी थका हुआ भी था।

कह नहीं सकता मैं कितने देर सोता रहा। अचानक मेरी नींद टूटी, लगा जैसे कोई मेरी टाँग ज़ोर से हिला रहा हो। मैं उठकर बैठ गया। मेरे रोंगटे खड़े हो गए और सारा शरीर रोमांचित था। मैं डर से जम गया था। मेरे पास कोई बैठा था, जिसे विकृत और डरावना ही कहा जा सकता है। वह लंबी जटाओं और दाढ़ी वाला एक दुबला–पतला व्यक्ति था, जो अपनी धंसी हुई आँखों के कारण कंकाल सा लगता था। वह बिल्कुल नंगा और काला था। हैरानी की बात केवल यह थी कि उसके गंदे शरीर से तेज़ सुगंध आ रही थी।

"डरो मत" उसने अपनी पतली–पतली लंबे नाखूनों वाली उँगलियों से मेरा कंधा थपथपाते हुए मलयालम में कहा और अपने पीले दांत दिखाता हुआ अजीब–सी हँसी हँसने लगा। उसके मैत्रीपूर्ण व्यवहार से उत्साहित होकर मैंने पूछा "आप कौन हैं?" "मैं? हा! हा! कोई नहीं, कोई नहीं, केवल धुंआ और भाप"। मैं चुप रहा। "तो तुम्हारी एक समस्या है, हां? मालूम नहीं हृदय चक्र कहाँ है, हाँ? वह सब जगह है, यहाँ, वहाँ, सब जगह, हा! हा! अलग–अलग व्यक्तियों में अलग–अलग जगह प्रकट होता है। कोई विवाद नहीं।" उसके बाद उसने मेरे सीने के मध्य भाग को थपथपाया। "तुम्हारा, ठीक यहाँ, अनाहत, तुम इसी पर स्थिर रहो, बाबाजी की आज्ञा"।

एक बैंगनी रोशनी से मेरा हृदय चक्र भर गया। ऐसी रोशनी मैंने पहले कभी नहीं देखी थी। खुली आँखों से भी मैं उसे महसूस कर सकता था। इससे पहले कि मैं उसके शब्दों का कुछ उत्तर दे सकता, वह अचानक उठ खड़ा हुआ और अंधकार में भाग गया। मुझे लगा कि दूर धरती पर एक लौ कौंध उठी या वह मेरी कल्पना थी?

मेरी आँखें अभी भी खुली हुई थीं। मैं बैंगनी प्रकाश के आनंद में सराबोर हो गया। अब कहीं कोई डर नहीं था। धीरे–धीरे भोर ने रात के अंधेरे को मिटा दिया। उसके साथ ही बैंगनी प्रकाश भी लुप्तप्राय हो गया। मैं उठ खड़ा हुआ। कहीं कोई दिखाई नहीं दे रहा

था। मैं लगभग तीन किलोमीटर पैदल चला। सौभाग्य से मुझे एक बस मिल गई। इमली के पेड़ वाले बस स्टाप पर उतर कर मैं घर पहुँच गया।

मेरी माँ के सिवाय किसी ने कोई सवाल नहीं पूछे, ''टयूशन कैसा रहा?'' ''ठीक'' मैंने कहा। ''अब जाकर नहा लो और नाश्ता करो। मैंने इडिअप्पम और आलू की सब्जी बनाई है''।

नाश्ता करते समय भी मेरा मन रात के एडवेन्चर में ही खोया हुआ था।

10. मस्तान का आशीर्वाद

साढ़े चौदह साल की उम्र में मैंने दसवीं कक्षा पास कर ली। प्रथम श्रेणी नौ अंकों से रह गई, क्योंकि गणित और हिंदी की कठिन पढ़ाई करने की बजाय मैं वेदान्त पर विद्यारण्य के प्रबंध 'पँचदशी' का अँगरेज़ी अनुवाद पढ़ने में डूबा रहा।

मैं उन कुछ लड़कों में से एक था, जिनके माँ–बाप ने उन्हें 'लॉयला कॉलेज' भेजने का निश्चय किया था। यह कॉलेज 'त्रिवेंद्रम' के बाहरी किनारे पर कुछ ही दिनों पहले श्रीकार्यम् में खोला गया था। मेरे कुछ साथी सरकारी माध्यमिक विद्यालय गए, कुछ 'मार इवेनियस' और 'महात्मा गांधी विद्यालय'। इस तरह कुछ पुरानी दोस्तियाँ छूट गईं और कुछ नई बनीं। मेरे कुछ दोस्त 'लॉयला कॉलेज' के छात्रावास में रहते थे। मैं केवल पढ़ाई के लिए दिन के समय ही कॉलेज जाता था। मुझे बस से कॉलेज जाने में एक घंटे से ज़्यादा लगता था।

मुझे कॉलेज के अपने दोस्तों–थॉमस कुरियन, राजा वर्मा, जॉनी जोसेफ और नारायणन् को नहीं भूलना चाहिए। यह वह समय था, जब मैं धीरे–धीरे स्वतंत्र होता जा रहा था। अब मैं ज़रूरत होने पर थोड़े समय के लिए जिस–तिस बहाने घर से बाहर रह सकता था। चौदह साल से उन्नीस साल की उम्र की इस अवधि के बीच मुझे अनेक साधारण और असाधारण अनुभव हुए।

पीछे मुड़कर देखने पर मुझे लगता है कि निश्चित रूप से वे सब अनुभव ऊँचे आध्यात्मिक आयामों तक पहुँचने के लिए मेरे मस्तिष्क को परिपक्व और मज़बूत बनाने के लिए आवश्यक थे। जिसके लिए साधारण परिस्थितियों में दर्जनों साल लग जाते हैं, ऐसे अनुभव मेरे जीवन में सान्द्रित रूप में पांच वर्षों में ही घट गए।

सांसारिक स्तर पर मुझे उन सब चीज़ों का स्वाद चखा दिया गया था, जो वर्जित थीं, जैसे ड्रग, शराब और बहुत सी चीज़ें जो उस उम्र के बहुत सारे नवयुवक लेते हैं।

लेकिन मुझे सही समय पर उन सबमें डूबने से बचा भी लिया जाता था। कोई व्यक्ति या कोई चीज़ मेरे ऊपर नज़र रखे हुए थी और मुझे संरक्षण दे रही थी। बाद में मेरे गुरु इस काल को मेरा 'तांत्रिक चरण' कहते थे।

आज भी मैं उस समय के उन सभी दोस्तों और जान–पहचान वालों को पूरे दिल से धन्यवाद देता हूँ, जिनका मेरे अनुभवों में योगदान था और जिन्हें मैं अपना उप–गुरु मानता हूँ।

मुझे उस समय नहीं मालूम था कि बाद में शराबी, ड्रग लेने वाले, लंपट और तरह–तरह के पथ–भ्रष्ट लोग मेरे पास सहायता के लिए आएंगे। अगर उन पाँच सालों में मुझे इन चीज़ों की इतनी गहरी जानकारी नहीं होती, तो मैं उनकी समस्याओं को समझने और उनकी सहायता करने में सर्वथा असमर्थ रहता। यह भी हो सकता था कि मैं स्वयं ही उनकी दयनीय और भयंकर जिन्दगी की ओर आकर्षित हो जाता।

आध्यात्मिक स्तर पर जो हुआ, उसके बारे में मैं कुछ विस्तार से बताना चाहूँगा, क्योंकि यह पुस्तक मेरा आध्यात्मिक जीवन–चरित्र है।

सबसे पहले मैं आपको 'कलडी मस्तान' से अपनी भेंट के बारे में बताता हूँ। अगर आपको याद हो, तो मैंने पाँचवें अध्याय में ज़िक्र किया था कि कैसे मैं समुद्र के किनारे एक सूफी संत–बीमा बीवी की समाधि के पास एक व्यक्ति से मिला था, जो पागल जैसा दिखता था, उन्होंने मेरा चेहरा देखा था, हँसे थे और कहा था, ''अच्छा, अच्छा, जाओ, बाद में आना, लड़के!'' उस वक्त मैंने इस बात को अधिक महत्व नहीं दिया था, लेकिन अब, पाँच–छः साल बाद, मैं फिर उस व्यक्ति के सामने था। यह मेरी उनसे दूसरी मुलाकात थी।

सोलह साल की उम्र में, कॉलेज में लगभग एक साल बीत जाने पर, मैं एन.सी.सी. में शामिल हो गया और मुझे महात्मा गांधी कॉलेज के प्रांगण में सेना के साथ संयोजित कैंप के लिए चुन लिया गया। कैंप में तीन दिन रहने के बाद मैंने बुखार, सरदर्द और जोड़ों के दर्द की शिकायत की वजह से बीमारी के आधार पर छुट्टी का प्रार्थना पत्र दिया। कैंप से

बाहर आते ही मैं आश्चर्य चकित रह गया, जब मैंने पाया कि मैं बिल्कुल स्वस्थ था। घर पर सभी लोग समझते थे कि मैं एक हफ्ते बाद वापस आऊँगा। अतः मेरे पास काफी समय था और मैंने यूँ ही घूमने की ठानी। दो बसें बदल कर दोपहर के बाद मैं समुद्र के किनारे बीमापल्ली के मकबरे और दरगाह पहुँच गया।

दरगाह के प्रवेश द्वार पर ही मैंने देखा कि संगठित धर्म का प्रभाव सागर तट के उस छोटे गाँव में भी घुस चुका था। दरगाह के पास की छोटी मस्जिद की जगह एक बहुत बड़ी रंगीन मस्जिद खड़ी थी, जो शायद प्रवासियों की सहायता से बनी थी। आज शुक्रवार था और अंदर अपने को प्रेताविष्ट मानने वालों के शोर–गुल को देखकर, मैंने अंदर न जाने का निर्णय लिया और सैनिकों जैसे अपने होल्डॉल को लेकर बालू के ऊपर चलता हुआ सड़क पार कर, चाय की दुकान ढूंढने लगा। मुझे लगा पहले मुझे एक कड़क चाय की ज़रूरत है।

बिल्कुल सामने ही एक दूकान थी, जिसका नाम था 'दरगाह टी स्टाल'। इसकी छत छप्पर की थी, जिसके सामने थोड़ा ऊँचा बरामदा था। जब मैं उसकी तरफ बढ़ रहा था तो मैंने देखा कि लगभग एक दर्जन लोग बरामदे के पास खड़े थे। उन सब की पीठ मेरी तरफ थी। मैं भी उन लोगो में शामिल हो गया। देखा तो पाया कि वे सब एक कुरूप, कमजोर, नंगे आदमी को देख रहे थे, जो फर्श पर झुका बैठा था और अपने आप ही हँस रहा था।

उसके सफेद बाल छोटे–छोटे कटे हुए थे और उसके काले चेहरे पर कतरी हुई सफेद दाढ़ी चौखट सी दिखती थी। परन्तु उनकी बड़ी–बड़ी स्नेहभरी आकर्षक आँखें अब मेरी ओर देख रही थीं और एक दृश्य मेरी आँखों के सामने अचानक कौंध गया। सहसा मैं समझ गया कि यह वही व्यक्ति है, जिनकी भविष्यवाणी के अनुसार मैं फिर उनके सामने था।

उन्होंने जो पहले शब्द मुझसे कहे, उनसे यह बात और पक्की हो गई। मेरी आँखों में झाँकते हुए उन्होंने कहा, "वन्दितान्, सोन्न मादिरि, वन्दितान्..." "आ गया, जैसा मैंने कहा था, आ गया", और ज़ोर से हँस पड़े। "चोर कहीं का", उन्होंने हँसते हुए कहा, "मेरा खज़ाना चुराने आया है"। इस झटके से उबरते ही मैंने देखा कि वे गिलास से चाय पी

रहे थे और सिगरेट भी, जिसे किसी ने सुलगा कर उन्हें पकड़ा दिया था। उन्होंने सिगरेट फेंक दी और इशारे से कहा, ''यहाँ बैठो''।

मैं होल्डॉल को बरामदे में फेंक कर फर्श पर बैठ गया। ''चलो, सब जाओ,'' उन्होंने तमिल में कहा और भीड़ फौरन गायब हो गई। चाय वाले ने उन्हें एक और प्याला चाय दी। ''उसे पैसे दो,'' बूढ़े ने कहा। मैंने उसे एक अठन्नी दी। उन्होंने आधी चाय पी और बाकी मुझे दे दी, ''पियो,'' उन्होंने कहा। उनके पीले दांतों को देखकर मैं झिझका। उन्हें देखकर लगता था, जैसे वे कभी साफ नहीं किए गए थे। दुकानदार फुसफुसाया, ''पी लो, पी लो, तुम्हें नहीं मालूम तुम कितने भाग्यशाली हो। ऐसा ये विरले ही करते हैं''। ''आख़िर क्यों नहीं''? मैंने खुद से कहा और उन स्नेहमयी आँखों के मोह में अपनी आँखें बंद कर चाय पी गया। अब झुटपुटा होने लगा था। अचानक वह बूढ़ा आदमी एकदम कूद कर खड़ा हो गया, और चिल्लाया ''आओ, चलो'' और दौड़ने लगा। मैं अपने हॉल्डॉल के बारे में सब कुछ भूलकर उनके पीछे दौड़ने लगा।

हम शीघ्र ही समुद्र के किनारे पहुँच गए। वे मछुआरों की एक त्यक्त झोपड़ी के सामने रुक गए, जिसकी आधी छत उड़ चुकी थी और समुद्र की ओर मुँह करके बैठ गए। ''बैठो'' उन्होंने कहा। मैं पालथी मार कर उनके पास बैठ गया। हम दोनों के चेहरे अरब सागर की तरफ थे। ''वे हिमालय से आए थे, न?'' उन्होंने कहा।

''कौन?''

''उन्होंने तेरा सिर छुआ था, बहुत गोरे, जटाओं वाले''

''हाँ'', मैंने कहा। मैं भौंचक्का था कि उन्हें कैसे मालूम हुआ।

''अच्छा, अब मैं तेरा सिर छुऊँगा। चोर कहीं का! खज़ाना चुराने आया है मेरा''।

''माफ करें'', मैं अब की बार गुस्से से बोला, ''मैं चोर नहीं हूँ, मैंने कुछ नहीं चुराया।''

''कन्नन (कान्हा) की तरह, कृष्णन्, मक्खन चुराता, गोपियों के दिल चुराता, प्यार भरी नज़रें चुराता। चोरी करता है, महा चोर!''

''तो?''

"अहा, अहा," उन्होंने कहा और अपने दाए हाथ की उँगलियों से मेरे सीने को छुआ, फिर मेरे मस्तक को छुआ।

पहले तो एक रुपहले प्रकाश की बाढ़ ने मेरे हृदय को सराबोर कर दिया और फिर मेरे सिर में उसका विस्फोट हो गया। मैं सब कुछ भूल गया सिवाय उस रोशनी के, जो मेरे माथे और हृदय के बीच ऊपर–नीचे बह रही थी। हर्षोन्माद की लहरों से मेरा हृदय भर गया और फिर वो सारे शरीर में फेल गईं। मेरे रोंगटे खड़े हो गए। मैं सारे संसार को गले लगा लेना चाहता था। मुझे नहीं मालूम मैं कितनी देर वहाँ बैठा रहा और बाहर के संसार में क्या हो रहा था।

जब आनंदातिरेक का असर कुछ कम हुआ तो मैंने आँखें खोली और अपने को मछुआरे की उस झोपड़ी के अंदर बैठा पाया। वह बूढ़ा आदमी मेरे पास बैठा एक बाल्टी से मेरे सिर पर बालू डालते हुए कह रहा था, "बस, बस, काफी है। वापस आओ, बेचारा बालक।"

अपने चेहरे से बालू पोंछता हुआ मैं खड़ा हो गया और मैंने पाया कि मैं नंगा था। शर्माते हुए मैंने पूछा "मेरे कपड़े कहाँ हैं?"

"सब यहीं हैं, तुम जाकर नहा आओ," चाय की दुकान वाले ने कहा, जो मेरे पास खड़ा था। उसने मुझे लपेटने के लिए एक तौलिया दिया और नहाने के लिए अपने घर ले गया। पौ फट रही थी और जब मैं नहा रहा था, तो मैंने तब भी अपने हृदयचक्र में आनंदातिरेक की हल्की लहरों को महसूस किया। उसके बाद चाय की दुकान वाले हमीद ने मेरे कपड़े दिए जो उसने धोकर इस्तरी कर दिए थे। मैंने उन्हें पहन लिया।

हमीद ने बताया कि मैं चार दिन तक पागलों की तरह आनंदातिरेक में था और मुझे नंगे घूमने से रोकने के लिए बाक़ाइदा पकड़ना पड़ता था। बूढ़े आदमी की आज्ञानुसार उसने मेरा होल्डॉल और मेरी जेब के पैसों को सुरक्षित रखा था। "मस्तान साहब बाहर इंतजार कर रहे हैं", उसने कहा, "जल्दी करो।"

हमीद उन्हें 'कलडी मस्तान' साहब कहता था, वे बाहर चाय की दुकान के बरामदे में बैठे थे। वे कभी किसी दुकान या मकान में नहीं जाते थे। मुझे देखते ही वे ज़ोर–ज़ोर

से हँसने लगे और बोले "पुदु मापलै! (नई दुल्हन!), चोर कहीं के, यहाँ वापस मत आना। कोई खज़ाना नहीं है यहाँ, जाओ"। मैंने झुक कर उनके गंदे पवित्र पैरों को चूमा। हमेशा की तरह वे नंगे ही उठ खड़े हुए और चले गए। परिस्थितियों ने मुझे फिर से 'कलडी मस्तान' के पास जाने से रोका और अंत में कई सालों बाद, जब मैं वहाँ जा पाया तो केवल उनकी मज़ार ही थी।

मुझे नाश्ता देने के बाद हमीद ने मुझे सब कुछ बताया, जो कुछ भी वह 'कलडी मस्तान' के बारे में जानता था। वैसे वो ज़्यादा कुछ नहीं था। वे एक दिन अचानक प्रकट हुए थे, नंगे और गंदे, नवजात शिशु की तरह, और लंबे समय तक उन्हें पागल ही समझा जाता रहा। एक बार बड़ा तूफान आया और हाईटेंशन बिजली के तार टूट कर पानी भरी सड़क पर गिर पड़े। सारा यातायात बंद हो गया। कोई सड़क पार नहीं कर सकता था। पानी के संपर्क में आते ही व्यक्ति का बिजली के आघात से मर जाना तय था। दो लोग तब तक मर चुके थे। पुलिस और सेना ने लोगों को उस निश्चित मृत्यु के मुँह में चले जाने से रोकने के लिए बैरिकेड लगा दिए थे, जिससे लोग या जानवर उधर न जा सकें।

वहाँ खड़ी भीड़ यह देखकर चकित रह गई कि कोई उन्हें टोक सके उससे पहले ही 'कलडी मस्तान' तेज़ दौड़ते हुए बैरिकेड को कूद कर पार करते हुए, घुटने तक के पानी में चलकर निकल गए। उन्हें कोई विद्युताघात नहीं हुआ, कोई नुकसान नहीं हुआ। उल्टे वे आराम से समुद्र की तरफ टहलते चले गए। सबसे पहले एक सैनिक ने उनके पैर छुए और साष्टांग प्रणाम किया।

उसके बाद वे स्थानीय लोगों में काफी लोकप्रिय हो गए और लोग उन्हें चाय देने लगे जो वे बहुत पीते थे। वे शायद ही कभी कुछ खाते थे। कभी–कभी सिगरेट ज़रूर पीते थे और कपड़े पहनाने की सभी कोशिशों को नाकाम कर देते थे। कट्टर मुसलमान उनसे दूर रहते थे क्योंकि इस्लाम में नंगे घूमने की मनाही है। जिन लोगों को सूफी मत की कुछ जानकारी थी, वे उनकी तुलना राबिया और नंगे मंसूर हल्लाज से करते थे और उन्हें एक संत तुल्य आदर देते थे। हिंदू मछुआरे उन्हें अवधूत मानते थे। अवधूत आनंदातिरेक में डूबा वह संत होता है, जो सारे सांसारिक रीति रिवाज़ों को तोड़ चुका होता है।

साधारणतः उस छोटे गाँव के लोगों का विश्वास था कि 'मस्तान' को कुछ खिलाने से उनका अपना भाग्य खुलता है। हमीद का दावा था कि 'मस्तान' साहब अर्थात् भगवत् प्रेम में मदहोश संत, एक महान् सूफी संत थे और वे तमिलनाडु से आए थे। हालाँकि लोगों को इस बात की जानकारी नहीं थी, परन्तु उनका एक बड़ा अनुयायी समूह था और वह भी उसका सदस्य था। उसका विश्वास था कि 'मस्तान' ने और अधिक आध्यात्मिक प्रगति की तैयारी के लिए मुझे विशेष रूप से आशीर्वाद दिया था। इस घटना के एक साल बाद हमीद की मृत्यु हो गई।

11. तीन सन्यासी

अब मैं आपको कुछ और विशिष्ट व्यक्तियों से अपने संबंधों के बारे में बताता हूँ। उनमें से तीन सन्यासी थे, एक दूसरे से बिल्कुल भिन्न। उनके नाम हैं स्वामी 'अभेदानंद', 'चेंपलन्ती स्वामी' और रामकृष्ण मिशन के 'स्वामी तपस्यानंद'।

अगर आपको याद हो तो पहले अध्याय में ही मैं हिंदू भक्ति प्रथाओं से अपने शुरूआती परिचय के बारे में बता चुका हूँ। और यह भी बताया था कि कैसे मृदंग और मंजीरे के ताल से अभिभूत होकर मैं घर से बाहर खिंचा चला आया था और कुछ लोगों को एक झुण्ड में एक ऊँचे कद के, फहराती दाढ़ी वाले सुंदर व्यक्ति के इर्द–गिर्द नाचते–गाते देखा था। वे 'स्वामी अभेदानंद' थे।

'स्वामी अभेदानंद' का आश्रम ईस्ट फोर्ट इलाके में था। अब मेरे पास एक साइकिल थी। मैं अक्सर ईस्ट फोर्ट इलाके तक मस्ती करता हुआ साइकिल से पहुँच जाता था। ईस्ट फोर्ट इलाका त्रावणकोर के महाराजा ने श्री पद्मनाभस्वामी मंदिर की सुरक्षा की दृष्टि से बसाया था। यहाँ ब्राह्मणों के रहने का स्थान था, जिसे 'अग्रहारम्' कहा जाता था। समय के साथ यह दुकानों, रेस्त्राँ, और आभूषणों के बड़े शोरूम वाला एक छोटा–सा नगर–क्षेत्र बन गया। सौभाग्य से मंदिर का तालाब आज भी बचा हुआ है।

तालाब के पश्चिमी किनारे पर अभेदानंद आश्रम था। उन दिनों आश्रम में केवल ये ही कुछ इमारतें थीं – स्वामी जी के रहने की एक छोटी कुटिया, आश्रम के थोड़े–से स्थाई निवासियों के कुछ कमरे, एक खुला सभा भवन और कीर्तन के लिए एक छोटे हॉल के सामने राधा–कृष्ण का मंदिर।

'स्वामी अभेदानंद' सन्यासी थे, जो अपना सब कुछ त्याग चुके थे, यहाँ तक कि अधिकांश कपड़े भी। वे एक लंगोट मात्र पहनते थे, जिसे परंपरागत भाषा में 'कौपीन' कहा जाता है। जब मैं उनसे मिलने गया, तो उस समय वे लगभग पचपन साल के थे और

हिमालय में स्थित कई मंदिरों सहित भारत के तमाम तीर्थ–स्थलों का भ्रमण कर अब वे यहाँ रहने लगे थे।

वे ऊँचे कद के थे, गोरे और बहुत खूबसूरत। उनके घुंघराले बाल कंधों तक थे और उनकी काली–सफेद सी दाढ़ी उन्हें एक राजसी रूप प्रदान करती थी। मैं जितने लोगों से मिला हूँ, वे उनमें सबसे अधिक कोमल–हृदय थे। उनकी वाणी हमेशा मृदुल और स्नेह–सिक्त रहती थी। वे कोई बुद्धिवादी वेदान्ती नहीं थे, अपितु भक्ति में सराबोर एक भक्त थे, जिन्हें गोपाल कृष्ण बहुत प्यारे थे और जो उनके प्रति पूर्णतः समर्पित थे।

उनसे मैंने 'मधुरा भाव' के बारे में जाना। 'मधुरा भाव' अर्थात् स्वयं को वृंदावन की गोपियों की तरह ही कृष्ण की प्रेमिका मान लेना। जब वे भजन गाते थे, तो उनकी आवाज़ में स्त्रियों जैसा स्वर और ध्वनि होती थी और भक्ति के आँसुओं में सराबोर वे समाधि की स्थिति में पहुँच जाते थे।

जब भी मैं उनके आश्रम जाता, मुझे उनसे मिलने की खुली छूट रहती, सिवाय उस समय के जब वे आराम कर रहे होते थे। भक्तों के छोटे समूह के साथ बैठ कर उनके प्रवचन सुनना मुझे बड़ा अच्छा लगता था। उनका मुख्य विषय भक्ति ही हुआ करता था। स्वामी जी हमेशा मुस्कुराते हुए मेरा स्वागत करते और दोपहर का भोजन अपने साथ करावाए बिना वापस न आने देते।

एक शुक्रवार को मैं लगभग ग्यारह बजे आश्रम पहुँचा और स्वामी जी को बिल्कुल अकेला पाया। उन्होंने इस तरह से मेरा स्वागत किया, मानों मेरी ही प्रतीक्षा कर रहे हों।

वे आराम कुर्सी से उठ कर मेरे बहुत पास फर्श पर बैठ गए। स्नेह भरी आँखों से उन्होंने मेरी ठोड़ी छुई और कहा, ''केवल प्रेम होना चाहिए। चर्चाएं और तर्क उस परम तक नहीं पहुँचा सकते। केवल प्रेम पहुँचाता है। अपना हृदय खोलो और कृष्ण को देखो, उनसे गोपियों की तरह प्रेम करो।''

फिर मेरे कंधे पर हाथ रख कर वे समाधि मे चले गए। गालों पर अश्रु धाराएं बहने लगी। थोड़ी देर बाद, एकाएक उनका शरीर थरथराने लगा और उसके साथ ही वे सामान्य

चेतना में वापस आ गए। ''तुम दूर हिमालय तक जाओगे,'' उन्होंने कहा, ''गुरु तुम्हारी प्रतीक्षा कर रहे हैं। अपना ध्यान रखो। राधा–कृष्ण तुम्हारी रक्षा करें।'' मेरे सिर पर हाथ रखकर वे रोए और मुझे आशीर्वाद दिया। वही मेरी उनसे अंतिम मुलाकात थी।

उस रात अपने रोज़ाना के ध्यान में समय मुझे एक अनोखा दृश्य दिखा। मैं एक सुंदर वन प्रांत में था, जहाँ एक नदी हौले–हौले बह रही थी। बांसुरी की अत्यधिक मधुर ध्वनि कहीं बहुत दूर से आ रही थी। स्त्रियों के हँसने की आवाज़ सुनकर मैंने आस–पास देखा, तो पाया कि रंग–बिरंगे वस्त्रों और आभूषणों में कुछ सुंदर किशोरियाँ मेरे पास खड़ी हैं। ''जाओ, जाओ'' उनमें से एक ने चिढ़ाते हुए मुझसे कहा, ''प्रेम का देवता बांसुरी बजाकर तुम्हें पुकार रहा है''। बाकी सब मौज में ठीं–ठीं करने लगीं। इतने मैं मेरी नज़र अपनी चूड़ियों वाली कलाइयों और झनझनाती पाजेब पर पड़ी और सहसा मैंने पाया कि मैं भी उन युवतियों में से एक हूँ।

''लो,'' मेरी सहेलियों में से एक ने कहा, ''दर्पण देखो और अपना श्रृंगार संभाल लो''। उसने मुझे एक गोलाकार दर्पण दे दिया। मैंने दर्पण में देखा तो उसमें से एक सुंदर, सजी–धजी किशोरी मुस्कुरा रही थी। मैं एकदम लजा गयी। दर्पण में मैंने अपने गाल लाल होते देखे। ''ये तो शरमा रही है,'' मेरी सहेली ने हँसते हुए कहा। मैंने अपनी कमानीदार भौंहों, भारी पलकों को और लाल होठों को देखा, सब ठीक ठाक था। मैं अपने प्रियतम से मिलने को तैयार थी।

मैं लज्जा और उत्तेजना से काँप रही थी। तभी संगीत बन्द हो गया और चन्दन के लेप की सुगन्ध हवा में भर गई। किसी ने मेरे कंधे पीछे से पकड़े तो अपनी चूड़ियाँ और पाजेब खनकाती लड़कियाँ भाग गईं। मैं मुड़ी और अपने प्रियतम कृष्ण के कमल–नयनों में झाँका। उनसे नज़रें मिलते ही मैं बेहोश हो गई। जब मैं जागी तो सुबह हो चुकी थी। केवल एक बार और जीवन में ऐसा अनुभव हुआ था–वृंदावन में, बहुत सालों बाद।

'स्वामी अभेदानंद' ने त्रिवेंद्रम शहर में पहली बार नगर संकीर्तन की प्रथा को चलाया, जिसमें सामूहिक गान किया जाता है। उन्होंने ही पहले पहल 'अखंड नाम संकीर्तन' को शुरू किया, जिसमें देवता के पवित्र नाम बिना रुके लगातार गाये जाते हैं। यह प्रथा आज

भी चालू है। लोग बारी–बारी से अभेदानंद आश्रम में गाते रहते हैं। वहाँ नामोच्चार कभी नहीं रुकता।

हमारे लिए यह उचित नहीं है कि ऐसी प्रथाओं के गुण–दोषों के बारे में चर्चा करें, शायद यह कुछ लोगों के लिए उपयोगी हो। जो भी हो, स्वामी अभेदानंद के सरल, बच्चों जैसे भक्तिमय स्वभाव ने मुझमें एक गहरा भक्तिभाव जगा दिया, जो मेरी चेतना की परतों में इतना गहरे कहीं छुपा था कि मैं स्वयं इससे अनभिज्ञ था।

'चेंपलन्ती स्वामी' भिन्न थे, वह देखने में सुंदर नहीं थे। उनका शरीर दुबला था, लगभग हड्डियाँ–हड्डियाँ और उनकी जटाएं एक विचित्र टोपे की तरह सिर के ऊपर समेटी हुई रहती थीं। वे बहुत कम बोलते थे। अगर कोई उन्हें गली में देखता तो पागल समझता। वे साधारणतः अपनी कमर पर एक सफेद तौलिया बाँधे रहते और छप्पर वाले एक छोटे शेड में उकड़ूँ बैठे रहते।

त्रिवेंद्रम नगर के किनारे एक छोटे गाँव का नाम है–चेंपलन्ती। यह पहले से ही 'श्री नारायण गुरु' के जन्म–स्थान के रूप में विख्यात था। 'लॉयला कॉलेज' चेंपलन्ती के पास ही था, जहाँ मैंने अपनी डिग्री से पहले की पढ़ाई की थी। तो एक दिन मैं यह पता लगाने के लिए वहाँ पहुँच गया कि क्या मैं स्वामी से मिल सकता था।

हम घर बदल चुके थे और हमारे एक नए पड़ोसी ने मुझे स्वामी के बारे में बताया था। इस पड़ोसी का नाम मैं अब भूल रहा हूँ। उन्हीं से यह जानकारी भी मिली कि चेंपलन्ती में ही स्वामी पहले चाय की दुकान चलाते थे। एक रात उत्तर के एक घुमन्तू साधु ने उन्हें श्री राम के मंत्र की दीक्षा दी। 'नाम' लगातार जपते–जपते स्वामी ने शीघ्र ही पाया कि वह 'नाम' उनके ऊपर हावी हो गया है और वे इतने मदहोश हो गए कि कोई शारीरिक काम नहीं कर पाते थे। उन्होंने चाय की दुकान छोड़ दी और एक लंबा समय पास के जंगल में बिताया।

कभी–कभी राम भक्त कपिदेव 'हनुमान' का भाव उन पर हावी हो जाता था और वे बन्दर की तरह व्यवहार करने लगते थे। वे शाखों पर रहने लगते, फल फूल खाते और एक पेड़ से दूसरे पेड़ पर कूदते फांदते। ऐसा कहा जाता है कि एक बार अपने इष्ट देवता राम

का दर्शन (विज़न) होने पर वे नीचे उतर आए और राम के एक छोटे मंदिर के पास झोपड़ी में रहने लगे। मैं वहीं उनसे मिलने गया था।

झोंपड़ी के बाहर केवल एक आदमी था। जब मैंने उसे अपने मन की बात बताई तो वह झोपड़ी में अंदर गया और फौरन वापस आ गया। "तुम अंदर जा सकते हो," उसने सहजता से कहा। गोबर और मिट्टी से पुते एक चबूतरे पर मैंने कमजोर, जटाओं वाले स्वामी को बैठे देखा। वह बाँस की चटाई पर बैठे थे।

"आओ," उन्होंने इशारा किया। मैं उनके पास चला गया।

"बैठो," उन्होंने कहा तो मैं उनके सामने बैठ गया।

"रामायणम्?" उन्होंने मुझे घूर कर देखते हुए कहा।

"मैंने पढ़ी है," मैंने कहा, "लेकिन..."

"पर्याप्त नहीं है," उन्होंने मुझे काटते हुए कहा।

"तो फिर?"

"रा...मा...यणम्" उन्होंने कहा।

इस बार मैं समझ गया। ज़ोर स्पष्ट था। वे महाकाव्य रामायण की बात नहीं कर रहे थे। उन्होंने शब्द को दो हिस्सों में बाँट दिया था– रा और मा यणम। फिर उन्होंने कहा, "रा का अर्थ है रात, अँधेरा। इर्टु। उस अंधेरे को हटना चाहिए। तब तुम्हें राम दिखाई देंगे।"

मुझे अपने कानों पर विश्वास नहीं हुआ। यह एक अशिक्षित चाय बेचने वाला था, जो वेदान्त के महासत्य को इतनी सरल भाषा में समझा रहा था। अज्ञान का अँधकार हटना चाहिए, इससे पहले कि कोई राम अर्थात् सत्य को देख सके। क्या यह वही व्यक्ति है जो पेड़ों पर रहता था, दौल–फली खाता था और बन्दर की तरह कूदता फांदता था?

वे मौन हो गए। मैंने आधे घंटे से ज़्यादा इंतज़ार किया, फिर मैं जाने के लिए उठ खड़ा हुआ और उनके पैर छुए। उन्होंने बिल्कुल बंदर की तरह आवाज़ की और अपने सीधे हाथ की उँगली से मेरा माथा छुआ। बाहर आकर मैं जल्दी–जल्दी बस स्टैंड पहुँच

गया क्योंकि काफी देर हो चुकी थी। बस में बैठे–बैठे मैं सोचता रहा, अंधकार हटना चाहिए, हाँ, अँधेरे को दूर होना ही चाहिए।

'स्वामी तपस्यानंद' इन दोनों महान् आत्माओं से भिन्न थे। वे उस समय शस्त मंगलम में स्थित रामकृष्ण मिशन के अध्यक्ष थे। रामकृष्ण मिशन एक निःशुल्क अस्पताल भी चलाता था। मैंने महान् संत 'रामकृष्ण परमहंस' और उनके यशस्वी शिष्य अतुलनीय 'विवेकानंद' के बारे में पढ़ रखा था, लेकिन मुझे त्रिवेंद्रम में रामकृष्ण मिशन की शाखा होने की जानकारी नहीं थी। मुझे उसके बारे में यूँ पता चला–

त्रिवेंद्रम पब्लिक लाइब्रेरी में ही मैंने पहले पहल अद्भुत पुस्तकों का वह सैट 'द कंप्लीट वर्क्स ऑफ स्वामी विवेकानंद' (स्वामी विवेकानंद का समग्र साहित्य) पढ़ा था। उसके पास ही 'म्युज़ियम गार्डन' नामक एक सुंदर उद्यान है। मेरी आदत थी कि मैं पुस्तकालय से पैदल उद्यान चला जाता था और वहाँ पड़ी बैंचों में से एक पर चुपचाप बैठ जाता था। एक दिन मैंने गेरुआ वस्त्र पहने दमकते चेहरे वाले एक युवक सन्यासी को वहाँ बैठे देखा। जिज्ञासा वश मैंने उनसे पूछा कि वे कौन थे। वे बच्चों की तरह हँसे और बोले कि वे रामकृष्ण मिशन से थे। वह वहाँ से दूर नहीं था। मैंने उनसे पूछा कि क्या मैं आश्रम आ सकता था? "अवश्य, बल्कि तुम्हें वहाँ आना चाहिए" उन्होंने फिर हँसते हुए कहा, "और तुम्हें हमारे अध्यक्ष महान् आत्मा 'स्वामी तपस्यानंद' से मिलना चाहिए। आओ कभी, मेरा नाम गोलकानंद है।"

सो मैं एक इतवार की सुबह वहाँ पहुँच गया, जहाँ 'स्वामी गोलकानंद' ने 'स्वामी तपस्यानंद' जी से मेरा परिचय कराया। रामकृष्ण पंथ के सभी सन्यासियों की तरह वे भी गेरुआ कुर्ता और धोती पहने हुए थे। उनको देखकर पहली बात जो मन में आती है वह है, अनुशासन और कठोरता। कुछ समय बाद मैंने उनके जानबूझ कर खड़े किए गए उस फसाद के पीछे की कोमलता और स्नेह को महसूस किया।

मैंने उनसे बहुत कुछ सीखा। विशेष रूप से 'रामकृष्ण परमहंस' के बारे में, 'विवेकानंद आंदोलन' के बारे में और मैं पहली बार 'विवेकानंद' के इस कथन का अर्थ समझ सका कि 'मानवता की सेवा भगवान् की सेवा है'। मैंने जाना कि मानवता की पीड़ा

को देखकर किस प्रकार महान् सन्यासी 'विवेकानंद' का स्नेहमय हृदय खून के आँसू बहाता था। 'तपस्यानंद' जी ने मुझे रामकृष्ण आंदोलन के बारे में बहुत कुछ जानकारी दी और उन निर्भीक पुरुषों के बारे में भी बताया, जो 'रामकृष्ण' के शिष्यों में से महानतम, 'स्वामी विवेकानंद' के निर्देशानुसार अथक परिश्रम कर रहे थे। वे खुद 'स्वामी शिवानंद' के शिष्य थे, जिन्हें 'महापुरुष महाराज' के नाम से ज़्यादा जाना जाता था। 'शिवानंद' जी 'श्री रामकृष्ण परमहंस' के प्रत्यक्ष शिष्य थे। 'श्री तपस्यानंद' ने रामकृष्ण की पत्नी 'शारदा देवी' की भी कई सालों तक सेवा की थी और उनका बहुत आशीर्वाद पाया था।

'स्वामी तपस्यानंद' जी ने मेरा परिचय प्रोफेसर बालकृष्णन् नायर से कराया। उनके अनुसार वे पत्नी और बच्चों के साथ पारिवारिक जीवन बिताते हुए भी वेदान्त की सर्वोच्च ऊँचाइयों तक पहुँच चुके थे। कलरी सीखने के लिए शंगुमुखम् समुद्र तट जाते वक्त मैं किसी भी रविवार को प्रोफेसर बालकृष्णन् नायर के घर पहुँत जाता और रामकृष्ण परमहंस की कहानियों के माध्यम से, वेदान्त के बारे में सरल भाषा में कही गई उनकी बातें सुनता।

बहुत सालों बाद, जब 'स्वामी तपस्यानंद' रामकृष्ण मिशन की चेन्नई शाखा के अध्यक्ष हुए और रामकृष्ण पंथ के उपाध्यक्ष भी, तब उन्होंने कृपा कर के मुझे रामकृष्ण मंत्र की दीक्षा दी। तब तक रामकृष्ण पंथ के विभिन्न केंद्रों में काम करने के बावजूद मैं इससे वंचित रह गया था। मैं इसके लिए उनका चिर ऋणी हूँ।

12. माई माँ

अब मैं आपको हमेशा निर्वस्त्र रहने वाली एक अनोखी हस्ती, माई माँ, के बारे में बताना चाहूँगा, और उनसे अपनी भेंट के बारे में भी। 'श्री अनंतनारायण' से मैंने पहली बार 'माई माँ' के बारे में सुना था। अगर आपको याद हो कि मैं 'श्री अनंतनारायण' के घर में ही 'श्री गोपालस्वामी' से मिला था। उन्होंने बताया कि 'माई माँ' आध्यात्मिक रूप से पहुँची हुईं एक अवधूत थीं, जिनका सामाजिक शिष्टाचार से कोई लेना–देना नहीं था। वे कन्या कुमारी के सागर तट की बालू पर रहती थीं और उनके साथी थे बहुत सारे आवारा कुत्ते।

यह सूचना मिलने के दो दिन बाद ही मैंने सुबह–सुबह 'त्रिवेंद्रम' से 'कन्याकुमारी' जाने वाली बस पकड़ ली। उस दिन रविवार था। दोपहर से थोड़ा पहले बस 'कन्याकुमारी' पहुँच गई। यह गर्मीयों का एक बेहद गर्म दिन था। केप कोमरिन यानि 'कन्याकुमारी' भारत के दक्षिणतम किनारे पर है। यहाँ बंगाल की खाड़ी, हिंदी महासागर और अरब सागर मिलते हैं।

यह एक बहुत सुन्दर जगह है। विशेष रूप से सूर्यास्त, सूर्योदय और पूर्णिमा की रात को तो यह अत्यंत सुन्दर लगती है। मैं उन दिनों की बात कर रहा हूँ, जब यहाँ सीमेंट और ईंटों के बड़े–बड़े ढाँचे नहीं बने थे। ये तो किसी भी जगह के प्राकृतिक सौंदर्य और पवित्रता को लूट लेते हैं। उन दिनों भाटे के समय (लो टाइड) तैर कर उस विशाल पत्थर तक पहुँचा जा सकता था, जिसे 'विवेकानंद रॉक' कहा जाता है। उन दिनों वहाँ गरजती लहरों के वैभव के बीच ध्यान में बैठा जा सकता था। 'स्वामी विवेकानंद' को गरीब और पिछड़े लोगों के लिए काम करने की प्रेरणा यहीं ध्यान में बैठे–बैठे मिली थी।

यहाँ समुद्र की ओर मुख किए बैठी 'कुमारी देवी' कन्याकुमारी का पौराणिक मंदिर है। ऐसा कहा जाता है कि प्राचीन काल में देवी की नथ का एक हीरा आकाश दीप का काम करता था, जिससे नाविकों को अपने जहाजों के मार्गनिर्देशन में सहायता मिलती थी।

सभी पौराणिक कथाओं की तरह इसे भी न सत्य साबित किया जा सकता है, न झूठ। शायद तब ऐसा बेशकीमती हीरा था, जो अब नहीं है। देवियाँ भी मानवीय धनलिप्सा का शिकार हो जाती हैं।

मैंने पहले मंदिर जाने का निश्चय किया क्योंकि मैं जानता था कि दोपहर को वह बंद कर दिया जाता था। मुझे देवी बहुत सुंदर लगी, हालांकि अब उनकी नथ में कोई सस्ता नकली हीरा था। जैसा कि आमतौर पर होता है, पुजारी ने मेरी जेब के पैसे देखे और मूर्ति के सामने दीप फिराने लगा। दीप के साथ थाली मेरे सामने लाई गई तो उसमें मैंने एक रुपया डाल दिया। फिर जमन्ती फूल एवं चन्दन के लेप को उठाया, झुक कर प्रणाम किया और बाहर निकल आया।

अब मुझे 'माई माँ' का पता लगाना था। लेकिन तब मुझे अचानक भूख लगने लगी क्योंकि मैंने नाश्ता नहीं किया था। मैंने सोचा कि पहले किसी रेस्त्राँ में जाकर खाना खाया जाये, फिर 'माई माँ' का पता लगाऊँगा। जो रेस्त्राँ मुझे पहले–पहल दिखा, मैं उसी में घुस गया और कैश काउंटर के सबसे पास वाली मेज पर बैठ गया। उसका नाम था होटल मुरुगविलास। स्वादिष्ट दोसा खाते–खाते मैंने काउंटर पर चश्मा पहने बैठे रेस्त्राँ के मालिक जैसे लगने वाले वालरस मूंछों और सोने की घड़ी वाले आदमी से पूछा। उसने कहा, ''हाँ, मैं 'माई माँ' को जानता हूँ''। मैंने उससे पूछा कि वे कहाँ से आई थीं। ''किसी को नहीं मालूम,'' उसने कहा, ''तीस साल पहले वे अचानक कन्याकुमारी में प्रकट हुईं थीं,'' उसने बताया कि जब उसने पहली बार उन्हें देखा था, यानि उसके बचपन से आज तक वे वैसी ही थीं, वे कभी–कभार ही कंपड़े पहनती थीं और हमेशा कुत्तों से घिरी रहती थीं जिनके साथ वे अपना खाना बाँट कर खाती थीं।

तभी एक अधेड़ वेटर हमारी बातचीत में शामिल हो गया। उसका मानना था कि वे इंसान के रूप में ब्रह्माण्ड की माता थीं। जब मैंने उससे पूछा कि उसे कैसे मालूम, तो उसने कहा कि उसे ऐसे बहुत सारे अनुभव हुए थे, जिन्हें वह नज़रअंदाज़ नहीं कर सकता था। ''उन्हें खाना कहाँ से मिलता है?'' मैंने पूछा। पता चला शुरूआत में लोगों ने उन्हें पागल समझा और खाना देने से इन्कार कर दिया। कहा जाता है कि तब वे समुद्र के

किनारे गईं, खाली हाथों से मछलियाँ पकड़ीं, गीली समुद्री घास को इकट्ठा किया और उसे फूंका। देखते ही देखते आग जल उठी और मछलियाँ भुनकर खाने लायक हो गईं। इस घटना के बाद कुछ लोग उन्हें खाना देने लगे। कई रेस्त्राँ मालिकों का अब यह विश्वास था कि यदि 'माई माँ' किसी रेस्त्राँ में जाकर खाना माँगें तो पक्की बात है कि यह अच्छा शगुन था। वे उन्हें भरपूर खिलाते। लेकिन वे ऐसा शायद ही कभी करती थीं।

"कहाँ मिलेंगी वे?" मैंने पूछा तो मुझे मंदिर के पार वाली कगार के नीचे जाने को कहा गया। साधारणतः वे सागर के किनारे बिखरे पत्थरों के बीच अपने कुत्तों से घिरी बैठी पाई जाती थीं। मैंने खाना खत्म किया, सूचना देने वाले की सलाह के मुताबिक कुछ दोसे बँधवाए और मुश्किल से मिलने वाली 'माई माँ' को खोजने निकल पड़ा। अब तक बालू बेहद गर्म हो चुकी थी। मैंने खैर मनाई कि मैं सैंडल पहने हुए था।

मैं समुद्र के किनारे–किनारे चलता रहा, कभी बालू पर और कभी पत्थरों पर। जब मैंने कुत्तों के गुर्राने की आवाज़ सुनी तो रुक गया। तरह–तरह के रंग और कद के क़रीब आधे दर्जन कुत्ते एक बड़े पत्थर के सामने अर्द्ध चंद्राकार खड़े थे और दांत निकालते हुए मुझे घूर रहे थे। मैं और कुछ तो नहीं कर सका, बस रुक गया और उनकी तरफ इस आशा से घूरने लगा कि वे मुझ पर झपट न पड़ें। पत्थर के पीछे से एक संगीत्मक और गाती हुई सी, स्त्री की आवाज़ आई। मैं शब्द तो नहीं समझ सका, परन्तु आवाज़ सुकूनदायक थी। कुत्तों ने गुर्राना बंद कर दिया और पत्थरों के पीछे खिसक गए। इससे मेरी हिम्मत बढ़ी और मैंने आगे बढ़कर पत्थर के पीछे देखा।

वहाँ वे पत्थर के सहारे बैठीं थीं एक शिशु की तरह नंगी। मैं अपने को यह सोचने से नहीं रोक सका कि कभी वह धूप से जला हुआ काला पड़ा चेहरा कितना सुंदर रहा होगा। उनके बिना धुले सफेद बाल घने और भरपूर थे। जब वे मुस्कराईं तो उनका चेहरा खिल उठा। उनकी आँखें..., उनकी आँखे... मैं कैसे उनका वर्णन करूँ? "आऊ" उन्होंने अपने बच्चे को दुलराती माँ की तरह कहा।

मुझे आश्चर्य हुआ कि अचानक से मेरे आँसू बह निकले और मैं एक बच्चे की तरह ज़ोर–ज़ोर से रोने लगा। मेरा सारा शरीर हिल रहा था। रुलाई मेरे हृदय के किसी गहरे

गहवर से फूटती हुई लग रही थी। मैं उन स्तनों से मानवीय करुणा का दूध पीना चाहता था। लेकिन मेरे सभ्य लालन–पालन के तरीकों ने मुझे ऐसा करने से रोक दिया।

'माई माँ' ने हाथ बढ़ाकर मेरे शरीर के पोर–पोर को प्यार से सहलाया। वे अपनी उस संगीतमय आवाज़ में कुछ कहती जातीं जो मेरी समझ में नहीं आया, पर कुछ देर बाद मैं हल्का महसूस करने लगा। मानों आँसुओं से मेरे सारे बोझ ढह गए। मैंने अपने को संभाला तो याद आया कि मैं दोसे लाया था, जो मैंने उनकी तरफ बढ़ा दिए।

'माई माँ' ने पैकेट खोला, एक दोसा अपने लिए रखा और बाकी अपने साथी कुत्तों में बाँट दिए। एक निवाला उन्होंने मेरे मुँह में रखकर मेरे चेहरे को थपथपाया और तब एक ऐसा शब्द कहा जो मेरी समझ में आ गया। 'जाओ, जाओ', इसे अब जाने का इशारा समझकर मैंने उनके पैरों पर पूरा लेट कर साष्टांग प्रणाम किया और उठकर चल पड़ा।

जब मैं बस अड्डे की तरफ जा रहा था तो मैंने दूर से 'विवेकानंद रॉक' को देखा, जिसे तीनों सागरों की लहरें लगातार धो रहीं थीं। मैंने सोचा अपने प्यारे गुरु 'रामकृष्ण' से मिलने पर क्या 'विवेकानंद' को भी ऐसी ही भावनाओं का अनुभव हुआ होगा। एक बस 'त्रिवेंद्रम' जाने के लिए तैयार खड़ी थी। मैं उसमें बैठा और 'त्रिवेंद्रम' पहुँच गया।

घर काफी देर से पहुँचा। माँ अभी तक जाग रहीं थीं। उन्होंने खाना गर्म कर मेज पर रख दिया और वापस अपने कमरे में चली गईं। कोई सवाल नहीं पूछा गया। जाने से पहले उन्होंने केवल इतना कहा, "काफी देर हो चुकी है, खाना खाकर सो जाओ।"

उस रात मैंने एक सपना (विज़न) देखा। एक चौराहे के बीच एक विशालकाय बरगद का पेड़ खड़ा था। पेड़ के नीचे बुद्ध की तरह पालथी मारे मैं बैठा था। मैं काफी दुबला और नंगे शरीर था। मैं केवल एक कौपीन पहने हुए था। मेरे बाल जटाओं जैसे और दाढ़ी काली थी।

एक सड़क पर कोई एक अनगढ़ छड़ी लिए आता दिखाई दिया। पास आने पर मैंने उनको पहचान लिया। वे 'माई माँ' थीं परन्तु अब वे जामुनी रंग की साड़ी पहने हुए थीं। मेरे देखते–देखते उनका कद बढ़ने लगा। वे लगभग बरगद के पेड़ जितनी ऊँची हो गईं।

उन्होंने नीचे मेरी तरफ देखा, मुस्कुराईं और बोलीं, "मुझे भूख लगी है, कुछ खाने को दो।" मैं पशोपेश में पड़ गया क्योंकि जहाँ तक मुझे याद मेरे पास खाने की कोई चीज़ नहीं थी।

"अपने भिक्षा–पात्र में देखो," उन्होंने कहा। मैंने देखा उसमें चावल का एक दाना था। अफसोस के साथ मैंने वह दाना उन्हें दे दिया। उन्होंने उसे बड़े चाव से खाया। फिर अपने दाहिने हाथ से मेरा माथा छू कर बोलीं, "आँखें बन्द करो"। एक अनिर्वचनीय आनंदातिरेक मेरे मस्तक से उठा और शरीर के पोर–पोर में फेल गया। फिर मैं जाग गया। सुबह काफी देर पहले हो चुकी थी। मेरा शरीर अब भी आनंदातिरेक से सिहर रहा था, यहाँ तक कि नशे में धुत किसी व्यक्ति की तरह मैं अपने पैरों पर ठीक से खड़ा भी नहीं हो पा रहा था।

लड़खड़ाता हुआ मैं किसी तरह बाथरूम गया, पेशाब किया और बिस्तर पर जाकर फिर सो गया। माँ से मैंने कह दिया कि मेरी तबीयत ठीक नहीं थी और मैं कॉलेज नहीं जा सकूँगा। उन्होंने मेरे माथे पर हाथ रखा और पाया कि मुझे तेज़ बुखार था। मुझे नाश्ते में उस दिन केवल कन्जी (बहुत सारे पानी के साथ उबाले गए लाल चावल) खाने को मिली। शाम तक वह अनुभूति उतर गई और मैं सामान्य हो गया। लेकिन उसकी याद हमेशा के लिए रह गई।

13. दिव्य उन्माद की समझ

आगे बढ़ने से पहले मैं एक और अजीब मुलाकात के बारे में बताना चाहूँगा। जान–पहचान के एक बढ़ई से मुझे 'पून्तरा' में लोगों को लात मारने वाले एक अजीब साधु के बारे में पता चला। 'पून्तरा' 'बीमापल्ली' से बहुत दूर नहीं है, जहां मेरी भेंट 'कलडी मस्तान' से हुई थी। क्रिसमस की छुट्टियों के दौरान एक शुक्रवार को आख़िर मेरी जिज्ञासा ने इस सनकी से मिलने की मेरी झिझक को धकेल दिया और मैंने सुबह 'पून्तरा' जाने की बस पकड़ ली। वहाँ पहुँच कर मैंने देखा कि लोगों की भीड़ बालू पर बैठे एक अजीबोगरीब आदमी के पास खड़ी थी।

उसके कमज़ोर काले शरीर पर मैल की पर्तें थीं। वह धोती के सिवाय कुछ भी नहीं पहने था। उसकी जटाएं और दाढ़ी इतनी लंबी थीं कि ज़मीन छू रही थी और उसकी आँखें बेहद डरावनी थीं। वे क्षण भर को भी स्थिर नहीं रहती थीं और जाल में फँसे किसी जानवर की आँखों की तरह जंगली थीं। मैं भी भीड़ में जा मिला और थोड़ी देर बाद जब मैं सोच रहा था कि यहाँ से निकलने में ही समझदारी है, तभी उस विचित्र आदमी ने इशारा कर के मुझे पास बुला लिया। मैं ठिठका। मेरे पास खड़े किसी आदमी ने कहा, ''जाओ, भाग्यवान हो।''

हिचकता हुआ मैं आगे बढ़ा और उसके पास जा खड़ा हुआ। उसने इशारे से मुझे झुकने के लिए कहा। मैंने घुटनों के बल बैठ कर अपने सिर को उसके चेहरे की तरफ झुकाया। मैं ज़बरदस्त बदबू की उम्मीद कर रहा था, लेकिन वहाँ थी हवन–सामग्री की सुगन्ध। लेकिन ठोकर तो मुझे लगी, तगड़ी ठोकर।

बिना किसी चेतावनी के उस अजीब आदमी ने बैठे–बैठे कोहनियों का सहारा लेकर मेरी सीधी कनपटी पर तगड़ी लात मारी। मुझे एक कौंध दिखाई दी, मैं ज़मीन पर गिर पड़ा, फिर एक पल्टी खाई। उसके बाद मैं उठ खड़ा हुआ और अपनी कनपटी सहलाने

लगा। हमारे बीच शब्दों का कोई आदान–प्रदान नहीं हुआ। स्वामी की मुझमें अब कोई दिलचस्पी नहीं रह गई थी और वे अन्यत्र देख रहे थे। अतः वहाँ टिके रहने का कोई मतलब नहीं था। मैं बस अड्डे की तरफ चल पड़ा।

बस में चढ़ जाने के बाद मुझे महसूस हुआ कि कुछ महीनों पहले शीर्षासन करते समय गिर जाने से पीठ के निचले दाहिने भाग में जो दर्द होने लगा था, वह एकदम काफूर हो गया है। मैं सोच ही रहा था कि वापस जाकर उन्हें धन्यवाद दूँ या नहीं कि इतने में बस चल पड़ी। मैंने उस अजीब व्यक्ति को मन ही मन धन्यवाद दिया। उससे मैं फिर कभी नहीं मिला। 'पून्तरा स्वामी' का मेरे आध्यात्मिक विकास पर क्या प्रभाव पड़ा, यह तो मैं नहीं कह सकता परन्तु स्वभाव से संशयी होने पर भी मैं सोचता हूँ कि पीठ के दर्द का जाना क्या केवल संयोग था।

इस प्रकार की मेरी मुलाकातों के बारे में पढ़कर शायद आप सोचेंगे कि बहुत सारे महान् व्यक्तियों का जीवन असामान्य क्यों होता था – नंगे, गंदे और अजीब सा व्यवहार करने वाले। हिन्दू परंपरा में ऐसे पागल से दिखने वाले सन्तों को 'अवधूत' कहा जाता है, सूफी परंपरा में उन्हें 'मस्त' या 'मस्तान' कहते है।

'अवधूतों' और 'मस्तानों' को आध्यात्मिक रूप से पहुँचे हुए व्यक्तियों की उस श्रेणी में माना जाता है जो उस परम् सत्य से अपने साक्षात्कार के कारण तथाकथित सभ्य समाज के बन्धनों से अपने को स्वतंत्र महसूस करते हैं। सामान्य सामाजिक व्यवहार से मुक्त हो जाने के कारण वे अधिकतर पागल लगते हैं। उनमें से एक से जब उसकी पागलों की सी हरकतों के बारे में पूछा गया तो उसने कहा कि उसे तो इस पृथ्वी पर कहीं कोई समझदार व्यक्ति मिला ही नहीं। उसने कहा, "हर कोई किसी न किसी चीज़ के पीछे पागल है"। उसके अनुसार पागलखाने के अंदर और बाहर वालों में इतना ही फर्क है कि कुछ अंदर हैं और दूसरे बाहर।

कुछ इस तरह के भी साधु होते हैं जो 'अवधूतों' की सहज स्थिति की नकल कर नंगे घूमने लगते हैं और विचित्र व्यवहार करते हैं। 'नागा साधुओं' और 'दिगंबर जैन मुनियों'

के अनुसार कपड़ों सहित सब कुछ त्यागना शिशु की प्राकृतिक सरलता का प्रतीक है।

सूफी परंपरा के कुछ संत 'मस्त' इसलिए कहलाते हैं क्योंकि वे हमेशा अपने प्यारे के इश्क और उससे मिलन के आनंदातिरेक के नशे में मस्त रहते हैं। आप देख सकते हैं कि एक साधारण पागल और सन्त पागल में इतना कम फर्क होता है कि कई बार 'सन्त' को 'पागल' और 'पागल' को 'सन्त' समझने की गलती हो सकती है। ऐसा वास्तव में कई बार हो जाता है। ऐसे बहुत कम सूचक हैं जिनके अनुसार, एक से दूसरे को अलग किया जा सके। साधकों के लिए यही बेहतर है कि वे किसी ऐसे व्यक्ति से मार्ग–दर्शन लें, जो देखने में पागल न लगे।

संतों की एक और श्रेणी होती है, जो विचित्र व्यवहार करती है। ये लोग अकेले में बिल्कुल सामान्य होते हैं, लेकिन बेकार के चिपकुओं को भगाने के लिए विचित्र और लज्जा जनक व्यवहार करने लगते हैं। ऐसे लोगों का एक समूह है सूफियों का 'मलामती समुदाय'।

अब मैं जाने–पहचाने बंधनों को तोड़कर विशालतर परिदृश्यों की खोज में जाने के लिए उत्सुक था। केवल दो ही ऐसी बातें थीं, जो मुझे यह निर्णय लेने से रोक सकती थीं या मुझे गलत रास्ते की तरफ मोड़ सकती थीं। मेरी समझ से उन दोनों का संतोषजनक समाधान हो चुका था। मैं इसे समझाने की कोशिश करता हूँ।

पहली बात थी कि रुढ़िवादी मुसलमान मेरे रहस्यात्मक व्यवहार पर नाक–भौं सिकोड़ते थे। अगर मैं वहाबी परंपरा में शिक्षित किया गया होता, तो मैं घर छोड़ने और अपनी सामाजिक जिम्मेदारियों से थोड़े समय के लिए भी भागने की सोच नहीं सकता था। सौभाग्यवश, जो मौलवी मेरी बहिन और मुझे कुरान और शेरियत पढ़ाने के लिए लगाए गए थे, वे सूफी निकले। सूफी शिक्षाओं के रहस्यों को उजागर करने के लिए मैं हमेशा उनका ऋणी रहूँगा। कई बार, जब कभी मेरी बहिन किसी कारणवश पढ़ाई से अनुपस्थित होती थी, तब वे विशेष रूप से आध्यात्मिक रास्ते पर चलने वाले यात्रियों की शिक्षाओं को

बहुत सुंदर तरीके से समझाते। इससे मुझे खुद आध्यात्मिक खज़ाने को खोजने की प्रेरणा और प्रोत्साहन मिलता, चाहे इसके लिए मुझे कोई भी बलिदान क्यों न करना पड़े।

दूसरी बात यह कि पहुँचे हुए संत हमेशा सभी साधकों को एक महत्वपूर्ण चेतावनी देते रहे हैं कि वे तथाकथित चमत्कारिक सिद्धियों के आकर्षण और उन्हें पाने की इच्छा से बचें। 'रामकृष्ण परमहंस' ने तो यहाँ तक कहा है कि अगर कोई महात्मा जादूगरी शक्तियों का प्रदर्शन करता है, तो उससे दूर भाग जाओ। बचपन से ही जादू और तथाकथित अलौकिक शक्तियों में रुचि होने के कारण मैं चतुर युक्तियों और अनुष्ठानिक जादू से संबंधित साहित्य से अच्छी तरह परिचित था। इतना ही नहीं, मैं बहुत सारे जादूगरों से मिला भी था और खुद उनसे जादू की करामातें सीख चुका था, यहाँ तक कि कॉलेज और अन्य छोटे–मोटे समारोहों में मैं हवा में उठना, एक युवती को दो में चीरना, प्रसिद्ध भारतीय रस्सी की युक्ति इत्यादि से जादू का पूरा शो कर सकता था।

छोटी–मोटी करामातें, जैसे हवा में से विभूति पैदा करना, सोने की अंगूठी और स्फटिक का शिवलिंग पैदा करना मेरे लिए बच्चों का खेल था। मैंने बहुत सारे संतों को उनके शिष्यों के सामने ये करामातें दिखा कर उन्हें नाराज़ कर दिया था। यहाँ प्रासंगिक बात यह है कि जादू और तथाकथित चमत्कारों का गहरा अध्ययन कर लेने के कारण मैं उनसे अभिभूत नहीं था और उनके प्रदर्शन को कोई बड़ी बात नहीं मानता था। अतः इनका उपयोग कर भोले–भाले लोगों को आकर्षित कर उनका शोषण करने वाले तथाकथित महात्माओं के चंगुल में फँस जाने के खतरे से मैं मुक्त था। मैं एक वास्तविक आध्यात्मिक गुरु को खोजने के लिए उत्सुक था, वह खोज चाहे जितनी भी कठिन क्यों न हो। अब भगवा वस्त्र वाले जादूगर मुझे उल्लू नहीं बना सकते थे।

14. पूर्वाभ्यास

अब मैं निकल पड़ने के लिए बेचैन हो गया था। हिमालय का आकर्षण अब असहनीय हो गया था। जब भी मैं बादलों के बड़े–बड़े झुण्ड देखता, मेरी कल्पना में बर्फ की चोटियाँ तिर आती। नंगे पहाड़ों को भी मैं अपने हिमाविष्ट मन से सफेद रंग देता। दूर से हिम का आलय मुझे बुला रहा था। मैं सपनों में चाँदी–सी उँची–उँची पहाड़ियों की गुफाओं में योगियों को ध्यान में बैठा देखता। मुझे पूरा विश्वास है कि एक सपने में मैंने उस योगी को देखा, जिसे मैंने साढ़े नौ साल की उम्र में कटहल के पेड़ के नीचे देखा था। वे हिमालय में एक गुफा के पास खड़े मेरी प्रतीक्षा कर रहे थे।

और बस! मैंने हिमालय के बारे में बहुत सारा साहित्य पढ़ डाला, यात्रा वृतान्त और रेलवे गाइड भी पढ़ डाले और एक योजना बना ली।

मेरी व्यावहारिक बुद्धि ने हस्तक्षेप कर मुझे सलाह दी कि असली अभियान से पहले एक बार घर छोड़कर देखा तो जाय। सोचा, इस उद्देश्य से दस दिन की एक छोटी यात्रा के लिए घर छोड़कर कहीं जाना ठीक रहेगा। एक तो मुझे यह पता चल जाएगा कि क्या मैं इतने दिनों तक अकेले रह सकता हूँ। दूसरे, दस दिन के बाद वापस आने पर मुझे मालूम हो जाएगा कि अगर मैं वास्तव में चला ही जाऊँ तो मेरे माता–पिता को कैसा लगेगा, विशेष रूप से मेरी माँ को, जो मुझे बहुत प्यार करती थीं। और तीसरे यह भी पता लग जाएगा कि अपनी साढ़े पाँच साल की छोटी बहिन से बिछुड़ने का मुझ पर क्या असर होगा, क्योंकि उसे मैं बहुत प्यार करता था।

अपने एक अवकाश प्राप्त मजिस्ट्रेट रिश्तेदार से मैंने सुन रखा था कि 'तिरुनलवेली' के निकट 'ताम्रपर्णी नदी' के किनारे 'पोट्टलपुतूर' नामक छोटे गाँव में एक मकबरा था जिसमें चप्पलों का एक जोड़ा रखा गया था। ऐसा माना जाता था कि ये चप्पल महान्

सूफी संत 'अब्दुल खादर जिलानी' के थे। 'कादरिया संप्रदाय' के सूफी फकीरों की एक छोटी जमात वहाँ रहती थी।

मुझे यह भी बताया गया कि उसके पास ही घने जंगल में पहाड़ी पर एक गुफा थी, जहाँ किसी गुमनाम संत की समाधि थी। इस सूफी जमात के लोग वहाँ जाया करते थे। अफवाह थी कि कुछ विशेष रातों को कुछ अजीब जीव गुफा में आते थे।

मैंने 'पोट्टलपुतूर' जाने का निश्चय किया। वह 'त्रिवेंद्रम' से बहुत दूर नहीं था। मेरे पास जेब खर्च से बचा काफी पैसा था, जिससे मैं टिकट खरीद सकता था, फिर भी ऊपरी खर्चे के लिए कुछ पैसे बचे रहते। मैंने पहले 'नागरकोइल' जाने वाली बस पकड़ी और वहाँ पहुँच कर 'तिरुनलवेली' को जाने वाली। शाम तक मैं 'पोट्टलपुतूर' पहुँच गया। मेरे पास केवल वही कपड़े थे, जो मैं पहने था – सफेद कमीज़ और सफेद धोती और एक बड़ा सफेद तौलिया, जो मैंने गर्दन पर लपेट रखा था। घर पर किसी को पता नहीं था कि मैं कहाँ जा रहा था।

'पोट्टलपुतूर' पहुँचते ही बिना समय गंवाए मैंने यह पता लगाने की कोशिश की कि जिन सूफियों के बारे में मैंने सुन रखा था, वे कहाँ रहते थे। मुझे बताया गया कि मकबरे और उससे लगी मस्जिद के पास वाला विशालकाय सफेद बंगला जमात के पुश्तैनी मुखिया शेख साहब का निवास स्थान था। उन्हें 'इनामदार' कहा जाता था। मैं शेख के बंगले पर पहुँच गया और थोड़ी देर इंतजार करने के बाद मुझे उनके सामने ले जाया गया। उन्हें देखकर मुझे आश्चर्य हुआ; वे सामान्य व्यक्तियों जैसे ही लगे, जो सामान्य कपड़े पहने हुए थे – सफेद कमीज और सफेद पैंट। वे अधेड़ थे और गोरे। उनकी अच्छी तराशी हुई काली दाढ़ी थी और पतली मूँछे, कोई साफा नहीं, यहाँ तक कि टोपी भी नहीं।

उनकी कुर्सी के पीछे दीवार पर हरे चोगे में, केसरिया साफा पहने लंबी दाढ़ी वाले विशिष्ट–से एक व्यक्ति का फोटो था। "मेरे पिता जी," यह देखकर उन्होंने कहा कि मैं फोटो को निहार रहा था। हमने अनौपचारिक रूप से कई एक विषयों पर चर्चा की। उन्होंने शिष्टता से मेरे इस अनुरोध को अस्वीकार कर दिया कि वे मुझे सूफी मत की दीक्षा दे दें। उन्होंने उसके दो कारण बताए। पहला – साधक के चालीस साल का हो जाने पर

ही दीक्षा दी जा सकती थी। दूसरा – एक सूफी जिंदगी को पूरी तरह जीता है, अतः शादी–शुदा होने का अनुभव आवश्यक था। मेरी शादी नहीं हुई थी, अतः मुझे इंतज़ार करना पड़ेगा। दीक्षा को छोड़कर वे सूफी मत के बारे में सब बातों पर चर्चा करने को तैयार थे। वे इस बात के लिए अनिच्छा से तैयार हुए कि मैं मस्जिद से लगी डॉर्मिटरी मे रात बिताऊँ। लेकिन उन्होंने आग्रह किया कि रात का खाना मैं उनके साथ ही खाऊँ।

मैं रात को अच्छी तरह सोया। अगले दिन बड़े सबेरे नमाज़ के लिए मुअज्जिन की अज़ान सुन कर मेरी नींद टूटी। हालांकि औपचारिक नमाज़ में मेरा खास विश्वास नहीं था, परन्तु मैं भी वहाँ इकट्ठे हुए लोगों की पंक्ति में शामिल हो गया। उसके बाद मैंने वज्रासन में बैठकर ध्यान लगाया। मस्जिद की छत पर रहने वाले कबूतर लगातार गुटरगूं करते हुए सहगान करते रहे।

मैंने शेख के साथ नाश्ता किया और उसके बाद कुछ फकीरों से मिला। वे लोग सूफी फकीरों के परंपरागत चोगे पहने हुए थे, केसरिया साफे और लंबी दाढियों के साथ। शेख ने उनसे मेरा परिचय कराया और हमारी पिछले दिन की चर्चा के बारे में बताया।

खाने के वक्त मैं फिर शेख साहब से मिला और सूफी सिद्धांतों और प्रक्रियाओं के बारे में काफी जानकारी हासिल की। उन्होंने मुझे सूफी सिद्धांतों के बारे में अली बिन उस्मान अल हुजविरी द्वारा लिखित शास्त्रीय पुस्तक 'कस्फ अल–महजूब' (पर्दानशीं का रहस्योद्घाटन) का अँगरेज़ी अनुवाद दिया और साथ ही सरदार इकबाल अली शाह की 'द सूफीज'। उन्होंने जमात के एक काफी वरिष्ठ सदस्य से निवेदन किया कि वे मुझसे सूफी सिद्धांतों के बारे में खुलकर चर्चा करें। इस तरह वहाँ आनंदमय ध्यान करते हुए मेरा अच्छा समय बीता। वहाँ का खाना भी अच्छा था।

सात दिन बाद मैंने जंगल वाली गुफा की तरफ जाने की बात चलाई और उनसे मार्ग दर्शन माँगा। मार्ग–दर्शन तो मिला, लेकिन शेख ने मुझे अकेले जाने देने से साफ इंकार कर दिया। उन्होंने कहा कि जंगल घना था, वहाँ तेंदुए भी पाए जाते थे और गुफा का रास्ता खोजना आसान नहीं था। अतः इंतजाम किया गया। हलके (जमात) के इब्राहिम नाम के लंबे हृष्ट–पुष्ट सदस्य को मेरे साथ जाने के लिए कहा गया। इब्राहिम की दाढ़ी

सफेद बकरों जैसी थी। वे वहाँ कई बार जा चुके थे। उनके साथ उनका काला नाटा युवा सहायक भी था, जो बहुत ही कम बोलता था।

अगले दिन दोपहर के बाद हम लोगों ने एक बस पकड़ी, जिसने एक घंटे बाद हमें एक सुनसान गाँव के पास छोड़ दिया। शेख की बात सही थी। वह जंगल वास्तव में घना था और कई जगह तो युवा सहायक को रास्ता बनाने के लिए कंटीली झाड़ियों को काटना पड़ता था। रास्ते में एकाध जगह हमने बड़ी–बड़ी भयंकर मूर्तियाँ देखीं, वहाँ रहने वाले जनजातीय लोग जिनकी पूजा करते थे। ये लोग काले जादू में निपुण माने जाते थे। कुछ जगहों पर हमें वन देवताओं को बलि चढ़ाए गए जानवरों के सिर, आंते इत्यादि मिलीं। बड़ा ही डरावना दृश्य था।

शाम ढलते–ढलते हम पहाड़ी पर पहुँच गए। पत्थरों को काटकर सीढियां बनी हुई थीं और हम दस मिनट में गुफा तक पहुँच गए। चारों ओर विशालकाय पेड़ खड़े थे मानो गुफा की रक्षा कर रहे हों। अँधियारा तेज़ी से घिरता आ रहा था। युवा हसन जलाने के लिए लकड़ियाँ बटोरने लगा। इस बीच मैंने गुफा का मुआयना किया, जो खास बड़ी नहीं थी। गुफा खाली थी पर एकदम साफ। ऐसा लगता था जैसे किसी ने फिलहाल ही उसकी सफाई की हो।

गुफा के मुहाने पर एक समाधि थी। इब्राहिम साहब ने बताया कि वह 'मलंग बाबा' नाम के एक घुमन्तू सूफी संत की थी। इब्राहिम साहब ने अगरबत्तियाँ जलाईं और प्रार्थना में अपनी आँखें मूंद ली। गुफा के पास के विशाल समतल पत्थर पर तब तक बड़ी आग जला ली गई थी। गुफा के उस पार थोड़ी दूर पर बहते चश्मे से हसन पीने का पानी भर लाया था। मेरे साथी कपड़ों के थैलों में कुछ सामान लाये थे। जब तक हसन सीधे आग पर चपाती सेंकने और इमली, प्याज, नारियल, लाल मिर्च और नमक को पीस कर चटनी बनाने में व्यस्त रहा, इब्राहिम साहब और मैंने हाथ–मुँह धोए और ध्यान में बैठ गए।

थोड़ी देर बाद साथ बैठकर हम लोगों ने भर पेट रोटियों और चटनी का भोजन किया, जो भूख की वजह से अत्यंत सुस्वादु लग रहा था।

खाने के बाद इब्राहिम साहब और हसन ने अपने तंबूरे निकाले और प्यार के इज़हार और प्यारे से मिलने की आतुरता में दो सूफी गीत गाए। उसके बाद हम लोग घास की चटाई पर लेट गए, जो वे दोनों अपने साथ लाए थे। आग अभी भी तेज़ी से जल रही थी।

जैसे ही मुझे नींद आने लगी, इब्राहिम साहब ने मुझसे कहा, "अगर रात में हमारे अलावा कोई और तुम्हें जगाए तो मुझे बुला लेना। अँधेरे में जंगल में जाने की गलती मत करना। अगर पेशाब करनी हो तो पत्थर की कगार तक ही जाना।"

इसके बाद डर के मारे कुछ देर तक मुझे नींद ही नहीं आई। लेकिन अन्ततः थकान और ठण्डी हवा ने मुझे गहरी नींद में सुला दिया। मुझे नहीं पता कि मै कितनी देर सोया, लेकिन भोर से पहले किसी ने मेरी दाहिनी बाँह खींची और मैं जाग गया। सबसे पहला विचार मन में आया कि शायद कोई जंगली जानवर मेरी उँगलियाँ चबाने की कोशिश कर रहा था। लेकिन जब मैंने दाँएं मुड़कर ध्यान से देखा, तो उसे देखकर डर के मारे मैं जम गया और रोंगटे खड़े हो गए।

मेरी बगल में, अपनी काँख में झाडू दबाए दुखी चेहरे और बिना दातों वाली एक बुढ़िया घुटनों के बल बैठी थी। अपनी हड्डियों जैसी उँगलियों से वह मेरी दाहिनी बाँह को खींचती हुई दुःखी आवाज में फुसफुसा रही थी, "आओ बेटे! मेरे साथ आओ। मैं एक बूढ़ी बीमार औरत हूँ। आओ, मेरी सहायता करो, आओ... आओ..."

इब्राहिम साहब की चेतावनी मेरे दिमाग में कौंध गई, लेकिन न तो मैं अपने बाँएं हाथ से इब्राहिम साहब को छू सका, जो मेरे बिल्कुल पास ही सो रहे थे और न सहायता के लिए चिल्ला सका। ऐसा लगता था जैसे मेरे सारे शरीर को लकवा मार गया हो, वाक् तन्तुओं को भी। यह बड़ा ही डरावना था। बूढ़ी औरत अपना चेहरा मेरे चेहरे के पास लाती जा रही थी और सड़ते माँस की दुर्गन्ध मेरे नथुनों पर प्रहार करने लगी। मैंने आँखें बंद कर लीं और अंतिम बार करो या मरो सोचकर एक बार और प्रयास करने का निर्णय लिया।

मैंने अपना ध्यान अपने हृदय केंद्र पर केंद्रित किया और कल्पना की कि वहाँ से चाँदी जैसे प्रकाश की एक डोर सहायता माँगने के लिए इब्राहिम साहब की तरफ जा रही है। यह काम कर गया। मैंने अपनी बाँई तरफ से एक पुकार सुनी। इब्राहिम साहब जलती लकड़ियों में से एक को उठाकर कूदकर खड़े हो गए। जलती लकड़ी को उन्होंने उस प्रेत की तरफ किया, जिसका मतलब वे भी उसे देख पा रहे थे। वे ज़ोर–ज़ोर से तमिल में कोई मन्त्रोच्चार भी करने लगे।

वह एकदम ग़ायब हो गई और मैं उठकर बैठ गया। अब मैं अपने हाथ–पैर चला सकता था। हसन भी जाग गया था और थोड़ा भयभीत था। जब मैंने पूछा कि अभी–अभी ये क्या घटा था, तो इब्राहिम साहब ने केवल इतना ही कहा, "जंगल का कोई अशरीरी जीव। दुष्ट!" वे और कुछ भी कहने को तैयार नहीं थे।

सुबह हम लोगों ने हाथ–मुँह धोए, ध्यान लगाया और वापस चल पड़े। वैसे तो मैं दो रात रहना चाहता था, परन्तु रात के डराव़ने अनुभव से मामला साफ हो गया था। मैं इब्राहिम साहब और हसन के साथ वापस चला आया।

एक और दिन 'पोट्टलपुतूर' में बिताकर मैंने 'इनामदार' से बिदा ली और बस पकड़ कर शाम तक त्रिवेंद्रम पहुँच गया। क्योंकि मेरे पास लोकल बस के किराये के लिए पैसे बाकी नहीं बचे थे, इसलिए मैं पैदल उन्हीं कपड़ों को पहने ही घर पहुंचा, जिन में मैंने घर छोड़ा था। कपड़े काफी गंदे हो चुके थे और मेरी दाढ़ी ख़ासी बढ गई थी। नीचे से ऊपर तक मैं आवारा लग रहा था।

सबसे पहले मेरी माँ ने मुझे देखा। देखते ही उन्होंने मुझे सीने से लगा लिया और रोने लगीं। मेरी छोटी बहिन मुझे देखकर बहुत ही खुश हो गई। अब वह फिर से मेरे कमरे में आकर मेरे साथ खेल सकती थी। मेरी दूसरी बहिन ने ऊपरी तौर पर तो कोई प्रतिक्रिया नहीं जताई, पर मैं समझता हूँ, वह भी खुश थी। मेरे पिताजी एक महीने तक मुझसे नहीं बोले, पर फिर नरम हो गए।

अब मैं अपना अधिकाधिक समय अपने नए घर की पहली मंजिल की अटारी में ध्यान में बैठ कर बिताने लगा। इस घर का नाम था 'चन्द्र विलास'। यहाँ ध्यान में मुझे कई नए अनुभव हुए।

अब जबकि मैं घर से दूर रहने का स्वाद ले चुका था और परिवार तथा दोस्तों से भावात्मक लगाव से स्वतंत्र होने की अपनी परीक्षा में भी पास हो चुका था, तब मैं दूरस्थ हिमालय की तरफ उड़ जाने को बेचैन हो गया। कोई मेरी प्रतीक्षा कर रहा था। यह टेर दिन–ब–दिन बढ़ती जा रही थी और मैं अनुकूल अवसर की तलाश में था।

अवसर परीक्षा शुल्क के लिए मुझे दिए गए पैसों के रूप में आया। मैंने निर्णय लिया कि इन पैसों का इस्तेमाल एक और परीक्षा, और मेरी दृष्टि से अधिक महत्वपूर्ण परीक्षा के लिए किया जा सकता था। केवल मेरे दोस्त रंजीत को मालूम था कि मैं लंबी यात्रा की योजना बना रहा था। उसने भी कुछ पैसे दिए और मैं प्रस्थान के लिए तैयार हो गया।

15. हिमालय की ओर

फरवरी की एक सुंदर शाम को मैंने चेन्नई एक्सप्रेस पकड़ी। हिमालय की ओर मेरी यात्रा शुरू हो चुकी थी। मेरी उम्र उस समय लगभग बीस साल की थी।

उन दिनों 'त्रिवेंद्रम' से 'चेन्नई' पहुँचने में चौबीस घंटे से ज्यादा लगते थे। यात्रा के दौरान, मैं यथासंभव अपने सहयात्रियों से बातें करने से बचता रहा। गाड़ी अगले दिन शाम को एग्मोर स्टेशन पहुंची। मेरे नाना 'चेन्नई' में रहते थे और छुट्टियों में मैं तीन बार यहाँ आ चुका था। अतः इस जगह से काफी परिचित था। 'चेन्नई' में बस सेवाएं काफी अच्छी थीं। मुझे यह पता था कि थियोसोफिकल सोसाइटी, रामकृष्ण मिशन और मैलापुर के कपालीश्वर मंदिर कैसे पहुँचा जाय। लेकिन सबसे पहले, हिमालय पहुँचने के लिए मुझे 'दिल्ली' का टिकट खरीदना था।

एग्मोर स्टेशन से मैंने चेन्नई सेंट्रल के लिए बस पकड़ी। वहाँ बुकिंग कार्यालय से 'दिल्ली' जाने के लिए दो दिन बाद द्वितीय श्रेणी का स्लीपर का टिकट मिल गया। उसके बाद मैंने एक छोटे, सस्ते–से होटल में एक कमरा लिया। कमरे में जाने के बाद मैंने स्नान किया और तैयार होकर एक मसाला दोसा खाया। फिर बिस्तर पर ही ध्यान लगाया। थक जाने के कारण मैं तुरंत सो गया। अगला दिन मैंने रामकृष्ण मिशन, कपालीश्वर मंदिर और थियोसोफिकल सोसाइटी में बिताया।

मैंने 'जे. कृष्णमूर्ति' की जीवनी और शिक्षाओं को पढ़ा था। वे अब 'थियोसोफिकल सोसाइटी' के साथ अपने सारे रिश्ते तोड़ चुके थे और थियोसोफिकल गुरुओं को थियोसाफिस्टों की महज़ कल्पना की उड़ान कहकर खारिज कर चुके थे। फिर भी मेरा दृढ़ व्यक्तिगत विश्वास था कि निश्चित रूप से महान् आध्यात्मिक गुरुओं का अस्तित्व है। पहले एक बार समुद्र के निकट 'थियोसोफिकल सोसाइटी' के विशाल परिसर में घूमते समय, मैंने वहाँ एक ठोस उपस्थिति और अद्‌भुत शांति का अनुभव किया था।

इस बार 'थियोसोफिकल सोसाइटी' के परिसर के विशाल वट वृक्ष के निकट बेंच पर बैठे–बैठे मैं अंदर के एक गहरे विस्तार और शांति से अभिभूत हो गया। इस अनुभूति ने मुझे आश्वस्त किया। मैं अपनी उस साहसिक यात्रा के बारे में सारी चिंताओं से मुक्त हो गया, जो अब शुरू हो चुकी थी।

उसके बाद मैं प्रसिद्ध सूफी संत 'मोती बाबा' की कब्र देखने गया और शाम तक होटल लौट आया। मुझे भूख लगी थी, अतः भरपेट दक्षिण भारतीय भोजन किया। फिर कपड़े बदले और ध्यान में बैठने से पहले थोड़े समय तक 'स्वामी विवेकानंद' के संपूर्ण साहित्य का द्वितीय भाग पढ़ा, जिसे मैं अपने साथ ले आया था।

ध्यान के समय हमेशा मेरे हृदय–केंद्र में जो चाँदी के रंग का प्रकाश दिखाई देता था, उस रात वह नारंगी रंग में बदल गया और फिर गहरे बैंगनी रंग में। अचानक बैंगनी चक्र का विस्तार होने लगा, जो बीच में विभाजित हो गया और उसके बीचों–बीच हिमालय का एक दृश्य प्रकट हुआ। हिमाच्छादित पर्वत शिखर की तलहटी में एक छोटी–सी गुफा दिखी। उसके बाहर मैंने किसी को खड़े देखा। मैं उस आकृति को स्पष्ट रूप से नहीं देख पाया, वहाँ धुंधलका था। मुझे लगा जैसे कोई मुझे किसी अजीब नाम से पुकार रहा है, जिसे मैं समझ नहीं सका। उसके बाद मैं सो गया।

अगले दिन सुबह सवेरे मैं नई दिल्ली एक्सप्रेस के तीन टियर स्लीपर में बैठ गया। इस यात्रा में कोई विशेष घटना नहीं घटी और मैं ज़्यादातर खुद में ही खोया रहा। लगभग अड़तालीस घंटे बाद, भोर के समय रेलगाड़ी नई दिल्ली पहुँची। दिल्ली की यह मेरी पहली यात्रा थी। पांडवों की प्राचीन नगरी इन्द्रप्रस्थ के इस आधुनिक संस्करण से मैं विशेष प्रभावित नहीं हुआ।

पूछताछ के दौरान पता चला कि 'हरिद्वार' के लिए जाने वाली गाड़ी पुरानी दिल्ली रेलवे स्टेशन से निकलती है। मैं एक साइकिल रिक्शा से जल्द ही पुरानी दिल्ली स्टेशन पहुँच गया। यह 'दिल्ली' का पुराना और गंदा हिस्सा था। यहाँ बहुत सी ऐसी इमारतें थीं, और हाँ, भव्य लाल किला और जामा मस्जिद भी थे, जो इस्लामी शासन के अवशेष थे।

यह वही लाल किला था, जहाँ से दिल्ली के तत्कालीन अंतिम मुगल बादशाह वृद्ध और कमज़ोर बहादुर शाह ज़फर ने अँगरेज़ों के खिलाफ सिपाही विद्रोह का नेतृत्व किया था और उसमें बुरी तरह विफल हुए थे।

दूसरे दिन सुबह आठ बजे मैंने देहरादून की रेलगाड़ी पकड़ी, जो 'हरिद्वार' में रुकती थी। आठ घंटे से अधिक लंबी अवधि के बाद मैं शाम को 'हरिद्वार' पहुँचा। मुझे बताया गया कि 'ऋषिकेश' को रेलगाड़ी सुबह जाती है, तो मैंने 'हरिद्वार' में ही कुछ समय बिताने का फैसला किया।

'हरिद्वार' को 'हरिद्वार' इसलिए कहा जाता है क्योंकि इसी द्वार से होकर ऊपरी हिमालय का रास्ता जाता है, जहाँ बद्रीनाथ के देवता 'हरि' और केदारनाथ के देवता 'हर' के मंदिर हैं। पहली बार मैंने महान् 'गंगा नदी' को देखा, जो हरि की पौड़ी पर अपनी पूरी भव्यता से बह रही थी। यह दृश्य बहुत ही लुभावना और मनमोहक था। ज़ाहिर है वहाँ बहुत सारे पर्यटक और तीर्थयात्री इधर–उधर घूम रहे थे और अपने–अपने कामों में व्यस्त थे, लेकिन ये सब उस निर्मल, ठंडे और लगातार बहते पानी पर एकटक लगे मेरे ध्यान को भटका नहीं सके।

फिर मैंने कुछ ऐसा कर डाला जो मुझे अचानक ही सूझ पड़ा था। मैंने अपने लिए एक पीले रंग की धोती, घुटने तक की लंबाई का छोटी बाहों वाला पीला कुर्ता और एक पीले रंग का झोला खरीद लिया। फिर मैं नाई की दुकान में गया और सिर के पीछे बालों का एक छोटा गुच्छा (शिखा) छोड़कर सब बाल और मूंछें मुंडवा लीं। एक वही पिगटेल जैसी शिखा थी, जिसे हिंदू परंपरा के नव–साधक सैकड़ों वर्षों से धारण करते आए हैं।

नाई के शीशे में जब मैंने खुद को देखा तो बड़ा अच्छा लगा; वहाँ था उज्ज्वल चेहरे वाला एक युवा ब्रह्मचारी, हिमाच्छादित पर्वत श्रेणियों में एक महान् गुरु की तलाश में सुदूर और दुर्गम यात्रा के लिए तैयार। उसका विश्वास था कि उसके गुरु वहीं रहते हैं।

हरि की पौड़ी पर मैंने 'गंगा' में स्नान किया और पीली धोती और कुर्ता पहन लिया। पैरों में रबर की चप्पले ठीक जान पड़ीं, क्योंकि मैंने कई साधुओं को ऐसी चप्पलें पहने हुए देखा था। अपने तात्कालिक अतीत के निशान जो मैं अब तक पहने हुए था अर्थात्

कमीज और पैंट, मैंने अपने एअरबैग में डालकर वहीं घाट के पास इस उम्मीद में छोड़ दिये कि कोई ज़रूरतमंद व्यक्ति उसे ले लेगा।

अब मैं बाकी साधुओं की तरह ही दिखाई दे रहा था। मेरे दाएं कंधे पर लटके कपड़े के झोले में कुछ किताबें, एक तौलिया, एक पेंसिल और एक टुथब्रश था। मेरे बाँएं कंधे पर एक ऊनी कंबल था, जिसे मैं सोने और ध्यान के लिए इस्तेमाल कर सकता था। अब मुझे ज़रूरत थी एक पीतल के सुन्दर कमंडल की, जिसे मैंने पास की दुकान से खरीद लिया। फिर मैंने बाकी बचे पैसों को गिना। काफी पैसे बाकी बचे थे। मैंने उन्हें अपने कुर्ते की जेब में रख लिया।

तभी मेरी नज़र पड़ी अपनी एनिकार (Enicar) घड़ी पर, जो मेरे दादा ने दो साल पहले मुझे तोहफे में दी थी। सत्य के एक घुमंतू खोजी की सामान्य भंगिमा से वह कितनी बेमेल दिख रही थी! मैंने उसे निकाल कर चुपचाप वहीं स्नान–घाट की सीढ़ियों पर छोड़ दिया। अब हरिद्वार घूमने का समय था, शायद मुझे वहाँ कोई महान् योगी मिल जाए।

हरि की पौड़ी से मैं शिवालिक पहाड़ियों और अनेक मंदिरों और आश्रमों की छतों को देख सकता था। जब मैं ऊपर की ओर चला तो हनुमान जी का एक छोटा–सा मंदिर दिखा। मंदिर के वृद्ध ब्राह्मण पुजारी ने मेरे माथे पर लाल तिलक लगाया और जब मैंने उसे प्रथागत दक्षिणा नहीं दी, तो वह निराश–सा दिखा। परन्तु जैसे ही मैंने उसे एक रुपया दिया, तो उसने मुझे लंबे और सुखी जीवन का आशीर्वाद दिया।

उसके बाद मैं कई मंदिरों और आश्रमों में गया और वहाँ तरह–तरह के साधु और साधकों को देखा– खड़े तिलक वाले वैष्णव, विभूति की आड़ी धारियों वाले शैव, लाल तिलक वाले शाक्त और दूसरे अजीबोगरीब चिह्नों वाले, जो मैंने पहले कभी नहीं देखे थे। कुछ आकर्षक वस्त्र धारण किए हुए थे, कुछ अजीबोगरीब, कुछ अन्य साधारण भगवा धोती पहने हुए थे और कुछ लोग तो केवल लंगोटी में ही थे।

मैंने वहाँ जटाओं वाले नागा साधुओं को देखा, जो 'दिगम्बर' यानी निरे नग्न थे। वे त्रिशूल पकड़े हुए बेपरवाह घूम रहे थे और अपने ऊपर जनता के ध्यान से प्रसन्न लगते थे।

'निर्वाणी परमहंस अखाड़ा' के महामन्डलेश्वर (प्रमुख मठाधीश) की अध्यक्षता में चल रहे एक आश्रम में मुझे केरल का एक आदमी मिला, जो मठाधीश का करीबी शिष्य होने

का दावा कर रहा था। शायद मेरे लहज़े से उसे पता चल गया था कि मैं भी केरल का हूँ। वह मुझे भोजन कक्ष (डायनिंग हाल) में ले गया। वहाँ उसने मुझे एक बड़ा गिलास गाय का गर्म दूध दिया। फिर हम दोनों ने बड़े लंबे समय तक बातें की। वह भारत सरकार से सेवानिवृत्त था और तब से आश्रम में ही अपने गुरु के पास बस गया था। उसकी पत्नी मर चुकी थी और वह अपनी सुंदर बेटी के साथ रहता था, जो वहीं आश्रम के स्कूल में पढ़ाती थी।

जब मैंने उसे अपना असली नाम बताया तो वह अचंभे में पड़ गया। लेकिन मुझसे थोड़ी देर बात करने के बाद, वह मेरे वास्तविक ध्येय और हिंदू दर्शन के प्रति मेरी गंभीर रुचि से काफी खुश और आश्वस्त हो गया। ''गंभीर साधक लगते हो'' उसने कहा, ''परन्तु साधुओं को अगर तुम्हारे असली नाम का पता चला तो तुम अपने इस अध्ययन को आगे नहीं बढ़ा सकोगे और न ही आध्यात्मिक साधना की दीक्षा ले पाओगे, क्योंकि दुर्भाग्यवश कट्टरपंथी लोग अभी भी मौजूद हैं इस दुनिया में। मेरा सुझाव है कि तुम एक हिंदू नाम अपना लो। दीक्षा लेने के बाद हिंदू भी अपने नाम बदल लेते हैं। कौन से हिंदू देवता तुम्हें प्रिय हैं?'' 'शिव' मैंने कहा, ''ध्यानस्थ योगीश्वर जो कैलाश पर्वत पर विराजमान हैं''। ''बहुत अच्छा'' उसने कहा, ''मेरे विचार से 'शिवप्रसाद' बड़ा उत्तम नाम है। इसे तुरंत अपना लो और जब तुम स्वामी जी से मिलोगे, तब मैं तुम्हारा परिचय 'शिवप्रसाद' कह कर ही कराऊँगा, ठीक है न?''

मैंने पूछा ''क्या आपको सचमुच लगता है कि मेरी आध्यात्मिक खोज में इससे मदद मिलेगी?'' ''बिल्कुल'' उसने कहा, और अपनी सुंदर बेटी श्रीदेवी को बुलाकर मेरा परिचय करवाया, वे बोले, ''यह ब्रह्मचारी शिवप्रसाद है''। उसके बाद मैं अपनी आध्यात्मिक यात्रा में ज़्यादातर इसी नाम का उपयोग करता रहा और वास्तव में 'शिवप्रसाद' नाम ने कई तरह से मेरी बड़ी सहायता की।

शाम को मेरी महंत जी (मैं उनका नाम नहीं लूंगा) से मुलाकात हुई। मेरे दोस्त, श्री अय्यर ने ही मेरा परिचय उनसे करवाया। उन्होंने सुझाव दिया कि मैं आश्रम में रहने के लिए स्कूल में थोड़ा बहुत काम करूँ और अपनी ध्यान–साधना भी करता रहूँ। उन्होंने कहा कि अगर मैं चाहूँ तो वे अगले दिन मुझे दीक्षा दे देंगे। ''हरिद्वार एक पवित्र स्थान है'',

उन्होंने कहा, ''तुम यहाँ आश्रम में रह कर अपनी आध्यात्मिक साधना को जारी रख सकते हो। हाँ, जब कभी बाहर जाओ तो सावधान रहना। यह कलियुग है और अधिकांश साधु और सन्यासी धोखेबाज़ हैं। वे तुम्हें शार्टकट से सत्य का साक्षात्कार कराने के प्रलोभन देंगे, लेकिन उससे होगा कुछ नहीं और आखिर में तुम निराश हो जाओगे। कुछ 'आधुनिक' साधु, जो अपने हेलीकॉप्टर रखते हैं और अपने विदेशी शिष्यों के लिए वातानुकूलित ध्यान–कुटीर बनवाते हैं, वे सबसे निकृष्ट हैं। वे युवा, शिक्षित चेलों की तलाश में रहते हैं और इससे पहले कि तुम समझ पाओ, तुम उनके जाल में फँस जाओगे। कुछ गाँजा–भाँग नशीली चीज़ों का सेवन करने के आदी, साधु होने का नाटक करके अपनी कमाई करते हैं। तुम उनसे क्या सीख पाओगे? खैर, अब तुम जाओ। श्री अय्यर तुम्हें तुम्हारा कमरा दिखा देंगे।''

अय्यर साहब ने मुझे मेरा कमरा दिखाया। इस कमरे की एक खिड़की से 'गंगा नदी' दिखाई देती थी। मैं वहाँ कुछ दिन आनंद से रहा। आश्रम काफी बड़ी संस्था थी। वहाँ साठ से अधिक गायें थीं। भोजन, दूध, फल और घी सहित सब कुछ बहुत ही अच्छा था। श्री अय्यर और उनकी बेटी श्रीदेवी का मेरे प्रति बहुत मैत्रीपूर्ण व्यवहार रहता था। जल्द ही मुझे एहसास हुआ कि सुंदर श्रीदेवी मेरे करीब होती जा रही है और मैं उसके।

संबंधों के और उलझने से पहले ही मैंने वहाँ से हट जाने का निर्णय लिया और ऊपरी हिमालय की तरफ जाने की अपनी असली योजना पर डटे रहने का फैसला कर लिया। मैं किसी भी कारण से विचलित होना नहीं चाहता था। तो, एक सुबह अपना सामान उठाकर में 'ऋषिकेश' की ओर चल दिया।

रेलगाड़ी से 'ऋषिकेश' तक की यात्रा काफी रोमांचक थी। अधिकांश यात्री अलग–अलग पंथों से संबंधित साधु थे। शायद मैं ही एक अकेला यात्री था, जो टिकट लेकर बैठा था। टिकट निरीक्षक साधुओं को श्रद्धा पूर्वक प्रणाम करते हुए गाड़ी में आगे–पीछे घूमता रहा, पर उसने टिकट किसी से नहीं पूछी। जब अपने पास बैठे एक बैरागी बाबाजी से मैंने पूछा कि टिकट निरीक्षक किसी से टिकट क्यों नहीं पूछ रहा, तो वह खिलखिलाकर हँसा और बोला, ''बेटा, लगता है तुम इस जगह के लिए नए हो। यह तो भगवान् की ट्रेन है और हमारे लिए ही है। टिकट के लिए हमें कौन पूछ सकता है?''

रेलगाड़ी से बाहर निकल कर मैं अन्य साधुओं के पीछे–पीछे 'मुनि की रेती' चला गया, जहाँ 'गंगा नदी' के दोनों तरफ आश्रम ही आश्रम थे। शाम हो चुकी थी और लगभग सौ सीढियाँ चढ़कर मैंने 'स्वामी शिवानंद सरस्वती' द्वारा स्थापित प्रसिद्ध 'डिवाइन लाइफ सोसाइटी' के प्रांगण में प्रवेश किया। 'स्वामी शिवानंद' जी का देहांत हो चुका था और आश्रम 'चिदानन्द स्वामी' चला रहे थे, जो 'स्वामी शिवानंद' जी के सबसे महत्वपूर्ण शिष्यों में से एक थे। खुली हवा के सभागार में एक सत्संग चल रहा था।

'स्वामी चिदानन्द' सुखासन में एक ऊँचे पीठ पर विराजमान थे। वे लंबे और दुबले थे और एकदम सीधे बैठे हुए थे। वहाँ लगभग पचास व्यक्ति उपस्थित थे, जिनमें से कुछ पश्चिमी देशों के भी थे। वे किसी सवाल का अंगरेज़ी में जवाब दे रहे थे। मैं चुपचाप जाकर एक कोने में बैठ गया।

स्वामी जी अपने सवाल–जवाब का सिलसिला बीच में ही रोक कर मेरी ओर मुड़े और उन्होंने सहज मुस्कान से एक पुराने दोस्त की तरह पूछा, ''तुम कब आए?'' अचानक उनके इस प्रश्न ने मुझे अचम्भे में डाल दिया। मैंने तुतलाते हुए कहा, ''अभी–अभी''। तब उन्होंने कहा ''मुझे लगता है कि तुम्हें स्नान और आराम करना चाहिए, सत्संग में तो तुम कल भी शामिल हो सकते हो।''

उनकी बगल में एक युवा ब्रह्मचारी खड़ा था। उन्होंने फुसफुसाकर उससे कुछ कहा। वह ब्रह्मचारी मेरे पास आया और मुझसे बोला ''आओ''। मैं स्वामी जी को नमन कर उस ब्रह्मचारी के साथ चला गया। स्वामी जी बहुत ही मधुर आवाज़ में बोले ''हरि ओम्।''

मुझे थोड़ा ऊपर, पहाड़ी की तलहटी के पास एक कमरा दिखाया गया। यह कमरा साधारण, लेकिन साफ और स्वच्छ था। वह ब्रह्मचारी 'तमिलनाडु' का निकला और उसे यह जानकर खुशी हुई कि मैं भी तमिल भाषा में बात कर सकता था। उसने मुझे दो सूती तौलिए दिये और बताया कि भोजन कक्ष कहाँ है। 7:30 बजे रात के खाने का समय था। मुझ से वहाँ मिलने को कह कर वह जल्दी से चला गया।

मैं ठंडे पानी से नहाया और जब कँपकँपी समाप्त हुई तो अपनी पीले रंग की धोती और आधी बाँहों का कुर्ता पहन कर नीचे चला आया। भोजन कक्ष सड़क के उस पार था। मेरे पास समय बहुत था, इसलिए मैं घाट की तरफ चला गया और एक सीढ़ी पर बैठकर 'गंगा नदी' को बहते हुए देखने लगा। नदी में दिनभर बहुत सारी नावें चलती थीं। नदी के उस पार कई आश्रम थे, जिनमें सबसे पुराना 'स्वर्ग आश्रम' 'बाबा काली कंबली वाले' का था।

गोधूलि की बेला थी। नदी के दोनों तरफ लोग आरती कर रहे थे। वे छोटे–छोटे दीपों को जलाकर पानी की सतह पर छोड़कर नदी देवी की पूजा कर रहे थे और भजन गा रहे थे। वह संध्या अत्यंत सुंदर थी। नदी के उस पार के आश्रमों से प्राचीन संस्कृत भाषा में अत्यंत मधुर और सम्मोहक ध्वनि में मंत्रोच्चार की आवाज़ें आ रही थीं।

अचानक भोजन कक्ष का घंटा बजा और मैं एकदम सीढ़ी से उठ खड़ा हुआ। वास्तव में आत्मा तो तृप्त थी, लेकिन शरीर को भूख लगी हुई थी। एक बड़े–से भोजन कक्ष के अंदर साधु और दंडी स्वामी एक तरफ बैठे थे और बाकी सब दूसरी तरफ। सबके सब पालथी मारकर ज़मीन पर बैठे थे और अपनी स्टील की प्लेटों में खाना खा रहे थे। 'तमिलनाडु' का वह ब्रह्मचारी कुछ अन्य लोगों के साथ भोजन परोस रहा था। वहाँ दक्षिण भारतीय पद्धति का भोजन था, जिसमें चावल, सब्जी, सांभर और एक–एक लड्डू भी था। मुझे बहुत भूख लगी थी, इसलिए पेटभर खाना खाया।

पेट भर जाने पर अचानक मुझे बहुत थकान महसूस हुई और नींद भी आने लगी। उसी ब्रह्मचारी से रोज़ की दिनचर्या के बारे में पूछने के बाद मैं अपने कमरे में चला आया और थोड़ी देर खिड़की खोलकर चारपाई पर ध्यान लगाकर बैठा। उसके बाद मैं बिस्तर पर लेट गया और तुरंत सो गया।

उस रात मैंने एक सपना देखा कि मैं एक घाटी में एक पगडंडी पर चल रहा था जहाँ शुद्ध, स्फटिक की भांति स्वच्छ जल की धारा बह रही थी। धारा के किनारे एक फूँस की छोटी–सी झोपड़ी थी। जब मैं झोपड़ी के पास पहुँचा, तो एक व्यक्ति बाहर आया जिसका चेहरा एक सफेद पर्दे से छिपा हुआ था। उसे देखकर मैं कुछ भयभीत हुआ और डर से वहीं जम गया।

उसने कहा, ''डरो मत, मैं तुम्हारा दोस्त हूँ। लोग मुझे 'एम' के नाम से पुकारते हैं और इसी नाम से तुम्हें भी बुलाया जाएगा। संतुष्ट मत हो जाना और तलहटी में मत पड़े रहना। आगे चलो, पहाड़ों पर बढ़ चलो, वे तुम्हारी प्रतीक्षा कर रहे हैं''। इसके बाद सब कुछ गायब हो गया–वह घाटी, वह धारा, झोपड़ी और पर्दे में छुपा हुआ वह व्यक्ति भी। मैं अकेला था और मेरे चारों तरफ ग्लेशियर था। मौसम ठंडा था और मैं काँपने लगा। ''हे प्रभु, मेरी सहायता करो,'' मैं चिल्लाया और उठकर बैठ गया। वास्तव में मुझे ठंड लग रही थी क्योंकि मैंने रजाई से खुद को ठीक से ढँका नहीं था। सूर्योदय होने को ही था और तभी शंख बजने की आवाज़ आई।

आश्रम में सुबह की दिनचर्या काफी जल्दी शुरू हो जाती थी। सुबह की पूजा के बाद, योगासनों का अभ्यास प्रातः 6 बजे शुरू हो जाता था, फिर आधे घंटे का ध्यान और उसके बाद स्नान। फिर सुबह आठ बजे हल्का नाश्ता। उसके बाद करीबन 10:30 बजे तक पुस्तकालय में या अपने कमरे में ही स्वाध्याय। ठीक 10:30 बजे महासचिव 'स्वामी कृष्णानंद' जी उपनिषदों पर प्रवचन करते थे। स्वामी कृष्णनंद जी 'डिवाइन लाइफ सोसाइटी' के संस्थापक स्वामी शिवानंद के प्रमुख शिष्य थे। दोपहर के भोजन के बाद 3:00 बजे तक आराम। और उसके पश्चात शाम का सत्संग शाम 6:30 बजे होता था। 7:30 बजे रात के खाने के बाद आश्रम के अंदर रहने वाले लोगों को बाहर जाकर निरुद्देश्य भटकने से हतोत्साहित किया जाता था।

अगली सुबह 9:30 बजे उस ब्रह्मचारी ने बताया कि 10:30 बजे 'स्वामी चिदानन्द' जी अपने निवास पर मुझसे बात करना चाहेंगे। अब तक वह ब्रह्मचारी मेरा अच्छा दोस्त बन गया था। मैं उत्साहित था और ब्रह्मचारी की उत्सुकता से प्रतीक्षा करता रहा ताकि वह मुझे अध्यक्ष महाराज के निवास पर ले जाएं। मैं उपनिषदों पर 'स्वामी कृष्णानंदजी' का प्रवचन सुनने से वंचित होने वाला था, लेकिन 'स्वामी चिदानंदजी' से मिलना अधिक महत्वपूर्ण था और यह मेरे लिए सौभाग्य की बात भी थी। ठीक 10:20 पर ब्रह्मचारी मुझे ले जाने के लिए आया। उसने कहा कि जब मैं स्वामी महाराज से मिलूँ तो दंडवत् अवश्य करूँ।

स्वामी जी ने प्रारंभिक बात–चीत के बाद मेरी उम्र पूछी और यह भी पूछा कि मैं कहाँ से आया था, मेरे कितने भाई–बहन थे और जो कमरा मुझे दिया गया था, वह ठीक था या नहीं। फिर अचानक उन्होंने मुझसे पूछा, ''तुम्हारा नाम क्या है?''

''शिवप्रसाद'' मैंने अपने इसी नए नाम का उपयोग करते हुए कहा।

''इससे पहले कभी योगाभ्यास किया है?''

''हाँ महाराज, आठ साल की उम्र से।''

''संस्कृत जानते हो?''

''ज़्यादा नहीं, लेकिन मैं देवनागरी पढ़ सकता हूँ। हिंदी मेरी दूसरी भाषा थी।''

''हम्म... और ध्यान?''

''एक तरह का ध्यान मुझे सहज ही लग जाता है। मैं बताना चाहूँगा महाराज कि बचपन में मेरी भेंट एक योगी से हुई थी। उन्होंने मुझे आशीर्वाद दिया था और...'' मैं हैरान हुआ कि मैं इतना कुछ स्वामी जी को कैसे बता पाया, कैसे मेरी जीभ पर ताला नहीं लगा जैसा कि इस घटना को बताने की कोशिश करते समय पहले हमेशा हुआ करता था। लेकिन आज भी इतना बताने के बाद मेरी जिव्हा पर जैसे फिर से ताला लग गया और मैंने आगे बताने की कोशिश करना बंद कर दिया।

'स्वामी चिदानंद' जी मेरी आँखों में बहुत ही ध्यान से झाँककर देख रहे थे। उन्होंने एक गहरी साँस ली और अपनी गहरी आवाज़ में बोले ''हरि ओम्'' और मेरे सिर को थपथपाया। ''हूँ, शायद पिछले जन्म का प्रभाव हो। भगवान् तुम्हें आशीर्वाद दें। और जन्म के समय तुम्हें क्या नाम दिया गया था?'' इससे पहले कि मैं उस दिन के इस दूसरे धक्के से उबर पाता, उन्होंने खुद ही कहा ''कोई बात नहीं। बताने की जरूरत नहीं। आसन और प्राणायम थोड़ा और सीखो हमारे योगाचार्य से, और जितने दिन भी चाहो तुम यहाँ रह सकते हो। मुझे पता है कि ऊपरी हिमालय तुम्हें सम्मोहक रूप से आकर्षित कर रहा है। जब भी तुम चाहो जाने के लिए स्वतंत्र हो। शायद तुम्हारा भाग्य पहाड़ों से जुड़ा है। यदि कोई समस्या हो, तो मुझे बेझिझक बताना। भगवान् तुम्हें आशीर्वाद दें। हरि ओम्।''

मैंने उस आश्रम में एक अद्‌भुत महीना बिताया। योग की कक्षा में शामिल हुआ और 'स्वामी कृष्णानंद' जी के विचारोत्तेजक उपनिषद् सत्रों में भाग लेता रहा, उनके अच्छे पुस्तकालय का इस्तेमाल किया और 'स्वामी चिदानंद' जी के शाम के अधिकांश सत्संगों में सम्मिलित होता रहा। इसके बावजूद मेरे पास ऋषिकेश में भ्रमण के लिए समय रहता था। अक्सर मैं नाव द्वारा दूसरे किनारे जाकर वहाँ स्थित अनेक आश्रमों में चला जाता। उनमें से सबसे पुराना 'स्वर्ग आश्रम' महान् 'बाबा काली कम्बली वाले' ने शुरू किया था। उनका यह नाम इसलिए पड़ा कि बाबाजी के पास केवल एक काले रंग का ऊनी कम्बल था। घुमन्तू साधुओं के लिए खाने और रहने की सस्ती सुविधाएं इन्हीं विलक्षण तपस्वी की देन हैं, जो बीसवीं शताब्दी की शुरुआत में हुए थे। इन क्षेत्रों को 'काली कंबली वाले क्षेत्र' कहा जाता है और जो हिमालय के तीर्थ–मार्गों पर सभी जगह पाए जाते हैं। 'काली कम्बली वाले बाबा' के बारे में अनेक कहानियाँ प्रचलित हैं। मैं उनमें से सिर्फ एक ही आपको बताना चाहूँगा।

कुख्यात सुल्ताना नामक गुज्जर डकैत इसी इलाके में रहता था। वह अमीर तीर्थ यात्रियों के कारवाँ और अमीर आश्रमों को लूटा करता था। यह कहा जाता है कि अमीर आदमी उसके नाम से ही डर से काँपते थे। लूटने की उसकी अनोखी तकनीक यह थी कि वह पहले ही चेतावनी भेज देता था और दिन के उजाले में निर्धारित समय पर लूटा करता था। एक बार उसने 'काली कम्बली वाले बाबा' को कहलवा भेजा कि वह एक निश्चित दिन नियुक्त समय पर बाबाजी के 'स्वर्ग आश्रम' का कोष लूटने आएगा। आश्रम के सभी कर्मचारी और भक्त अत्यधिक भयभीत हो गए। बाबा निश्चिंत थे। निश्चित दिन उन्होंने सुल्ताना और उसके गिरोह के लिए दोपहर के लिए खास भोजन का बंदोबस्त किया और अपनी कुटिया के चबूतरे पर बैठकर उसका इंतज़ार करने लगे। डाकू अपने गिरोह के छह हथियार बंद डकैतों को लेकर सही समय पर आ धमका। उनके पास तलवारें और बंदूकें थीं।

जैसे ही वह डाकू अपने घोड़े से उतरा बाबा खुद उसकी ओर गए और उसका स्वागत किया। बाबा ने उसे और उसके साथियों को चबूतरे पर बैठने को आमंत्रित किया।

पीने को पानी दिया और कहा कि आप सब थोड़ा आराम कर लीजिए। बाबा ने फिर उस डाकू को कोष की चाबियाँ सौंपकर कहा, ''तुम्हारी जो इच्छा हो, ले लो। लेकिन मैं हिंसा और रक्तपात नहीं चाहता। अगर आप हिंसा करना ही चाहें तो मेरा निवेदन है कि बाकी सबको छोड़कर, सिर्फ मेरी हत्या कर डालें। मेरे लिए जीवन और मृत्यु एक समान है। इस इलाके के प्रमुख पुलिस अधिकारी मेरे ख़ास भक्त हैं, और मैं चाहता तो उनसे बड़ी आसानी से मदद माँग सकता था, लेकिन फिर यहाँ हिंसा और रक्तपात हो जाता, और कई लोग अपना जीवन खो देते, जो मैं कदापि नहीं चाहता। खज़ाने को लूटने के बाद आप सब तुरंत चले न जायें। मैंने आप सबके लिए एक दावत की व्यवस्था की है। आप और आपके साथी शांति और आनंद से दोपहर का भोजन स्वीकार करें और थोड़ी देर आराम करें, तत्पश्चात जायें। मेरी आपसे और अन्य किसी भी जीवित प्राणी से किसी प्रकार की कोई दुश्मनी नहीं है। अब आपको जो उचित लगे, सो करिये''।

डाकू का सामना अब तक इस तरह के आदमी से कभी नहीं हुआ था। उसने अपना सिर सादर झुकाया और कहा जाता है कि उसने बाबा से माफी माँगी और ख़ज़ाना लूटने के बजाय सोने के सिक्कों की एक छोटी राशि का योगदान दिया और दोपहर के शानदार भोजन के लिए बाबा को बहुत–बहुत धन्यवाद देकर वापस चला गया।

मैं कई आश्रमों में गया, जिनमें मुख्य योग निकेतन, परमार्थ निकेतन, गीता भवन और वातानुकूलित गुफाएं थीं। इन गुफाओं का निर्माण 'महेश योगी' बाबा ने अपने खास शिष्यों 'बीटल्स्' के लिए करवाया था। इन्हीं वातानुकूलित गुफाओं के पीछे से घने जंगलों के बीच से पहाड़ी की चोटी पर स्थित नीलकंठ महादेव मंदिर जाने का रास्ता शुरू होता है।

जंगल में से एक संकरा रास्ता 'लक्ष्मण झूले' की तरफ जाता है। उसके दोनों तरफ छोटे–छोटे कुटीर और झोपड़ियों में साधु, योगी और भिक्षु 'गंगा' के लगातार बहते पानी के पास एकांतवास करते थे। वहीं बड़े–बड़े पत्थरों से घिरी एक आरामदायक छोटी–सी गुफा थी, जहाँ 'मस्त राम बाबा' रहते थे। वे मोटे–से थे। हमेशा परमानंद में तल्लीन रहते और उसी के नशे में मग्न दिखाई देते थे। उनके भक्तगण इसी गुफा के पास लकड़ी के अहाते में एकत्र हो कर भजन गाया करते थे। 'मस्त राम बाबा' शायद ही कभी कुछ बोलते होंगे।

वहीं से थोड़ी दूर, अगर आप पत्थरों पर चलकर पहाड़ी को पार करें तो एक छोटा–सा रेतीला समुद्र तट–सा है, जो सड़क से दिखाई नहीं देता। 'ऋषिकेश' में यह जगह मेरे बाबाजी को बहुत प्रिय थी। इसी आकर्षक स्थान पर निर्मल जल के प्रवाह को देखते हुए, या गंभीर चर्चा में तल्लीन या शांति पूर्वक ध्यान करते हुए मैंने बाबाजी के साथ कई शामें बिताईं थीं।

'लक्ष्मण झूले' के आसपास भी कई आश्रम थे, जो भाँति–भाँति के साधुओं से भरे रहते थे। 'लक्ष्मण झूले' का नाम रामायण के नायक राम के छोटे भाई लक्ष्मण के नाम पर रखा गया है। यह पुल एक झूले के समान है जो गंगा के दोनों किनारों को जोड़ता है। पुल को पार करने पर गंगा के पश्चिमी किनारे पर एक सड़क है, जो आपको 'ऋषिकेश' से ऊपरी हिमालय में 'बद्रीनाथ' की ओर ले जाती है।

'लक्ष्मण झूले' के पास ही मैं लंबी–लंबी जटाओं वाले 'टाटवाले बाबा' से मिला। वे वहीं जंगल के पास एक गुफा में लगभग नग्न रहा करते थे। उनके भक्तों में से कई लोगों ने दावा किया कि वह मृत्युहीन महाअवतार बाबाजी थे, लेकिन मैं इस बात से कोई खास प्रभावित नहीं हुआ। कुछ साल बाद मैंने सुना कि एक दिन जब वे अपनी गुफा में जा रहे थे, तो किसी ने गोली मारकर उनकी हत्या कर दी। उन दिनों यह एक भीषण काण्ड था, परन्तु एक अनसुलझी हत्या का मामला बनकर ही रह गया। उस समय बड़े पैमाने पर अखबारों में यह खबर छपी थी।

तीर्थ यात्राओं की अवधि को छोड़कर 'ऋषिकेश' उन दिनों आध्यात्मिक साधकों के लिए बड़ी ही उपयुक्त जगह थी। उन दिनों तीर्थ यात्री भारी संख्या में पवित्र चार धाम – बद्रीनाथ, केदारनाथ, गंगोत्री और यमनोत्री–की यात्रा के लिए जा रहे होते थे। तब यह भीड़ आकर यहाँ की पवित्रता भंग कर जाती। विभिन्न जगहों से आए हुए लोग वातावरण को कोलाहल से भर देते थे। तथापि यहाँ आप कितने ही आश्रमों में जा सकते थे, भिन्न–भिन्न साधुओं और घुमन्तू सन्यासियों से मिल सकते थे और हिंदू संस्कृति की मनोरम विशालता में से बहुत कुछ आत्मसात् कर सकते थे।

मेरे इस प्रवास के समय यह जगह अभी भी साफ–सुथरी थी। कोई भी व्यक्ति नदी में स्नान करते समय साबुन इस्तेमाल नहीं करता था। पानी स्वच्छ और साफ था। उन दिनों नदी के किनारे आज के समान 'रिसॉर्ट्स' नहीं हुआ करते थे, उन दिनों प्लास्टिक के कप और अन्य ऐसी चीज़ें, जो पर्यावरण में घुल–मिल न पाएं मुश्किल से ही दिखाई पड़ती थीं। आज इन चीज़ों के ढेर नदी किनारे फेंके हुए होते हैं और यहाँ के पवित्र वातावरण और परिसर को दूषित करते हैं। उन दिनों कुछ विदेशी, जो नज़र आते थे वे या तो गंभीर आध्यात्मिक जिज्ञासु होते थे यानि कि 'स्पिरिचुअल सीकर्स' या हिमालय की ऊँचाइयों से मोहित, पर्वतारोही। फिर भी मैं संतुष्ट नहीं था। आखिर थी तो यह तलहटी ही, भले कितनी भी सुंदर सही। मेरी अंतरात्मा तो बर्फ से ढकी चोटियों के लिए लालायित हो रही थी।

मैं कितने ही साधु और सन्यासियों से मिला था, लेकिन कोई भी मुझे एक महान् हिमालयी योगी जैसा नहीं लगा। उनमें से कुछ वास्तव में बड़े विद्वान थे, कुछ बड़े–बड़े मठों के अध्यक्ष थे, तो कुछ योग विद्या के विशेषज्ञ थे और कुछ घुमन्तू, भाँग के आदी बैरागी, जिनमें से कई तो केवल पवित्र भिखारी ही थे। आम तौर पर ये लोग हिन्दू धर्म और दर्शन के वास्तविक गहरे पहलुओं से अनभिज्ञ थे। मैं इस तरह के साधुओं से बुरी तरह निराश और दुखी था।

फिर भी उसकी तलाश करते–करते, जिसे अभी मैं भी ठीक से परिभाषित नहीं कर पा रहा था, मैंने कुछ और समय यहाँ ध्यान–क्रिया में और घंटों गंगा को निहारते, योगाभ्यास में और ज़्यादा से ज़्यादा पढ़ने में बिताया।

पूर्णिमा की रातें नदी के किनारे विशेष रूप से मनमोहक और सुंदर होती थीं। एक रात जब मैं नदी के प्रवाह की ध्वनि पर मन्त्रमुग्ध बैठा हुआ था, एक दक्षिण भारतीय पुराना परिचित भिक्षु मेरी बगल में आकर बैठ गया। उस मनमोहक दृश्य की सुंदरता के विषय पर मेरे साथ सहमत होने के बाद उसने कहा, "तुम्हें पता है कि मैं बहुत लंबे समय से तुमसे बात करना चाहता था? क्या मैं अब बात कर सकता हूँ?" "हाँ" मैंने अनिच्छा से इस एहसास से दुःखित होते हुए कहा कि इस सुन्दर रात का जादू अब इस नश्वर भाषण से नष्ट होने वाला है।

"देखो, मैं यहाँ कई वर्षों से हूँ, शुरूआत में तो यह सब बड़ा रोमांचक लगता था, सत्संग, भावनाओं से भरे भजन, भगवा कपड़ों वाले भिक्षु, नदी, पहाड़ और अन्य कई आकर्षक बातें। त्याग की एक बुलंद तस्वीर से मोहित होकर मैं एक अच्छी नौकरी, पत्नी और बच्चों को छोड़–छाड़ कर यहाँ चला आया, जिसका चित्रण मेरे स्वामी जी ने किया था, जो अब इस दुनिया में नहीं रहे। "और फिर धीरे–धीरे वह पर्दा हट गया, जब मैंने आश्रमों में पाखंड और सत्ता का संघर्ष देखा और आश्रमों में रहने वालों में एक अजीब–सी घुटन। लेकिन अब बहुत देर हो चुकी है। मेरे बच्चों को मुझसे नफरत है और मेरी पत्नी ने खुशी–खुशी किसी और से शादी कर ली है। मैं ध्यान में कुछ भी नहीं देख पाता। मैं अभी भी वही कामनाओं से भरा हुआ नाराज़ व्यक्ति हूँ, जो मैं पहले था। मैंने सन्यास ले लिया है और अब मैं इस भूमिका को छोड़ भी नहीं सकता। मैं सामाजिक रूप से एक बेकार व्यक्ति, एक 'मिसफिट' हो गया हूँ। मैं अब सिर्फ इस उम्मीद पर जी रहा हूँ कि एक दिन मर जाऊँगा। लेकिन कम से कम मेरे पास भोजन और आश्रय तो है।"

मैंने पूछा, "तुम मुझे यह सब क्यों बता रहे हो?" मैं उसके शब्दों से हिल गया था। मेरी नज़रों में अब तक वह पुराना भिक्षु, किसी महान् स्वामी का एक वरिष्ठ और पहुँचा हुआ शिष्य था। उसने कहा, "तुम जवान हो, सुंदर और शिक्षित हो। मुझे लगा इससे पहले कि बहुत देर हो जाए, तुम्हें चेतावनी दे देनी चाहिए। हिमालय की थोड़ी जोखिम भरी यात्रा के अलावा यहाँ कुछ नहीं है, अतः यहाँ कुछ समय घूम लो और उसके बाद वापस चले जाओ और एक किताब लिख डालो। एक और विकल्प है–

"अगर तुम एक साधारण जीवन नहीं जीना चाहते और 9 से 5 का काम नहीं करना चाहते, तो तुम अपने आपको एक गुरु के रूप में स्थापित कर सकते हो और लाखों कमा सकते हो। तुममें वे सब गुण हैं, जिससे तुम विदेशियों को आकर्षित कर सको, खूब कमाई है इसमें। बस उन्हें एक साधारण सा ध्यान का मंत्र या सूत्र दे दो, वे तुम्हारे हो जाँयेंगे। तुमने उन वातानुकूलित गुफाओं को देखा है?"

इस बार मैं क्रोध से भर गया। अब मुझे इस बूढ़े आदमी से डर लग रहा था। यह व्यक्ति शैतान के एक अवतार के रूप में मुझे गुमराह करने के लिए आया है। मैंने गुस्से

में उससे कहा, "चुप हो जाइए, मैं अब आपसे एक शब्द भी नहीं सुनना चाहता।" "अहा, योगीराज! अपने क्रोध पर नियंत्रण नहीं कर सके! बहुत अच्छा, जाओ मरो। मैं तो सिर्फ मदद करने की कोशिश कर रहा था।" इतना कहकर वह उठकर चला गया और मुझे मेरे हाल पर छोड़ गया। लेकिन उसने जो भी कुछ कहा था, उसने मुझे बहुत परेशान कर दिया। इस घटना के बाद मैं किसी भी साधु और सन्यासी को यूँ ही स्वीकार नहीं कर पाया। संदेह ने मेरे सीधे–सच्चे मन को अस्थिर करना शुरू कर दिया। पर मुझे लगा कि मुझे आगे अवश्य जाना है, एक तीर्थ–यात्री की तरह। शायद मेरी एक सच्चे ऋषि से मुलाकात हो ही जाए, जो किसी भी संस्था और उसकी फँसावटों का हिस्सा न हों।

मैंने 'स्वामी चिदानन्द' जी के साथ एक और साक्षात्कार का अनरोध किया, जो मुझे आसानी से मिल गया। मैंने उनसे उस साधु से हुई बातचीत का कोई ज़िक्र नहीं किया। लेकिन मैंने उन्हें बताया कि मैं खुश नहीं था और 'बद्रीनाथ' तथा 'हिमालय' में स्थित अन्य स्थलों की तरफ जाना चाहता था और अगले ही दिन यह यात्रा शुरू करना चाहता था। इसके लिए मुझे उनके आशीर्वाद की ज़रूरत थी। 'स्वामी चिदानन्दजी' ने मेरे सिर को छुआ और मुझे आशीर्वाद दिया। उन्होंने कहा कि वे शुरू से ही यह महसूस कर रहे थे कि मैं आश्रम छोड़ दूँगा। शायद महत्तर अनुभव मेरी प्रतीक्षा कर रहे हैं। वे बोले, "कम से कम दो कंबल ले लो। पैसों की जरूरत है?" मैंने पैसे लेने से इन्कार कर दिया, क्योंकि मेरे पास अभी भी कुछ रुपये बाकी थे। मैं उनके सम्मान में झुका और वहाँ से स्वतंत्र और प्रसन्नचित्त हो कर निकल पड़ा।

16. वशिष्ठ गुफा

अगले दिन सुबह साढ़े पाँच बजे मैं निकल पड़ा। रात में मैंने निश्चय कर लिया था कि किसी भी तरह की सवारी का उपयोग नहीं करूँगा, बद्रीनाथ तक पैदल ही जाऊँगा जैसा कि कुछ घुमन्तू साधु करते हैं। मैं ऐसे साधुओं से मिल चुका था।

'बद्रीनाथ' जाने वाली सड़क 'देवप्रयाग' तक खूबसूरत 'गंगा नदी' के किनारे–किनारे घूमते–फिरते आगे बढ़ती है। नदी के दूसरे किनारे पर पथरीले पहाड़ और जंगल थे। उन दिनों पेड़ों के बीच मोरों को नाचते देखा जा सकता था और उनकी तेज़ केकार भी सुनाई देती थी। यह उत्तराखंड में बाँध बनाने, नदियों को नियंत्रित कर बिजली–घर बनाने और नागरिकों को 'प्रबुद्ध' बनाने के लिए बिजली देने से पहले की बात है। मोर तो वहाँ से अब लगभग गायब हो चुके हैं।

बिना किसी चिंता के अकेले सफर की स्वतंत्रता से मैं आनंदित था। मेरे पास केवल एक कंबल और एक तौलिया था, जो मैंने पीठ से बांध रखे थे और एक छोटा कमंडल। कंधे पर कपड़े का झोला था, जिसमें माचिस की एक डिब्बी, एक राइटिंग पैड, एक छोटा चाकू और दो पेंसिलें थीं। मैंने ब्राह्मण शैली में कांची हुई पीली धोती पहन रखी थी। मुड़े हुए सिर पर शिखा और नुकीली छड़ी के साथ मैं हर दृष्टि से उत्कृष्ट जिज्ञासु (सत्य का खोजी) लगता था।

मैं रात होने से पहले 'वशिष्ठ गुफा' पहुँचना चाहता था। 'वशिष्ठ गुफा' बाइस किलोमीटर दूर थी। मैं चाहता था कि रोज़ इतनी दूरी तय हो जाए। 'बद्रीनाथ' 'ऋषिकेश' से दौ सौ चालीस किलोमीटर दूर है।

जैसे–जैसे दिन चढ़ता गया और धूप तेज़ होती गई, मेरा उत्साह कम होता गया। पहले मेरे पैरों ने समस्या खड़ी कर दी। रबर की जो चप्पलें मैंने पहन रखी थीं, उनमें से एक की पट्टी टूट गई और मुझे चप्पलें छोड़नी पड़ गईं। दोपहर तक सड़क तपने

लगी और मेरे पैर जलने लगे। मुझे नंगे पांव चलने की आदत भी नहीं थी, अतः ऊबड़–खाबड़ रास्ते पर चलना बड़ा कष्टप्रद हो रहा था। बिना किसी दया के सूरज तेज़ चमक रहा था। मैंने तौलिये से अपना सिर ढक लिया और चलता रहा। मैं उन साधुओं के साथ नहीं हुआ जो नंगे पांव खुशी–खुशी चलते जा रहे थे। वे बीच–बीच में पेड़ की छाँव में बैठ जाते और चिलम पीते। मुझे शक है वे चरस या इसी तरह का कोई मादक द्रव्य पी रहे थे। वे मुझे भी शामिल होने को बुलाते, लेकिन मैं मना कर देता। मैं व्यसनी होने के लिए हिमालय नहीं आया था।

अब मुझे भूख ने धर दबोचा। मेरे पास अभी भी कुछ पैसे थे। सड़क के किनारे एक ढाबा देखकर मैंने फौरन अपनी शारीरिक आवश्यकता को पूरा किया। ढाबे के गढ़वाली मालिक के मन में साधुओं के लिए कोई आदर नहीं था और उसने दो चपातियों और आलू की सब्जी के लिए काफी पैसे ले लिए। अब मेरे पास तीस रुपये बचे थे।

लेकिन वह जगह छायादार थी। इसलिए मैंने चारपाई पर कुछ देर सोने का निर्णय लिया। ये चारपाइयाँ ट्रक ड्राइवरों को पांच रुपये प्रति घंटे के हिसाब से किराए पर दी जाती थीं। मैं गहरी नींद सोया।

जब मैं जागा तो धूप उतनी तेज़ नहीं थी और छायाएं लंबी होने लगी थीं। मैंने नल के ठंडे और आरामदायक जल से अपने पैर धोए और फिर चल पड़ा। जब सूरज डूबने लगा तो मुझे चिंता ने आ घेरा, 'वशिष्ठ गुफा' कहीं दिखाई नहीं दे रही थी और हर कदम उत्तरोत्तर अधिक पीड़ाजनक होता जा रहा था। पैरों के तलुवे लहू–लुहान हो गए थे। मेरी पिंडलियाँ और जाँघे बुरी तरह दर्द कर रही थीं।

अंततः जब मुझे लगा कि मैं और आगे नहीं जा सकता, तो मैं सहायता के लिए प्रार्थना करने लगा। अचानक 'ऋषिकेश' की तरफ से आने वाली एक जीप मेरे पास आकर रुकी। "कहाँ जाएंगे महाराज?", ड्राइवर ने हिंदी में पूछा। "बद्रीनारायण", मैंने कहा, "लेकिन अभी तो 'वशिष्ठ गुफा' पहुँचना है।" "दो किलोमीटर," उसने कहा, "चढ़ लीजिए, मैं पाँच मिनट में पहुँचा देता हूँ। वहाँ बिजली नहीं है और अब अँधेरा होता जा रहा है। कोई साइन बोर्ड भी नहीं है।"

मैंने एक क्षण के लिए सोचा। चलना मुश्किल होता जा रहा था। सच है कि मैंने किसी तरह की सवारी न लेने की प्रतिज्ञा की थी, लेकिन अब परिस्थितियाँ बदल चुकी थीं। मुझे 'रामकृष्ण परमहंस' के ये शब्द याद आए – 'धार्मिक होने का अर्थ मूर्ख होना नहीं है।' "ठीक है," मैंने कहा और जीप में चढ़ गया।

यह एक पुरानी विलीज़ जीप थी। खड़खड़ाती हुई वह काफी तेज़ चल रही थी। युवा ड्राइवर पहाड़ी सड़कों पर वाहन चलाने में माहिर लगता था। शीघ्र ही जीप सड़क के एक किनारे खड़ी हो गई। "उतरिए महाराज," ड्राइवर ने कहा। "मैं आपको आश्रम तक पहुँचा देता हूँ। वहाँ केरल के एक युवा ब्रह्मचारी महाराज हैं। बड़े स्वामी का कई साल पहले देहान्त हो चुका। चलिए।"

मैं जीप से उतरा और युवक के निर्देशानुसार आश्रम को जाने वाली ढलान पर तक़लीफ़ के साथ चलने लगा। वहाँ बिजली नहीं थी। लालटेन के मद्धिम प्रकाश में मैं कुछ भी साफ–साफ नहीं देख सका। ब्रह्मचारियों की शिखा वाला, सफेद कपड़ों में एक युवा कमरे से बाहर आया और बोला, "हरि ओम्! मैं ब्रह्मचारी आत्मचैतन्य हूँ। आप?"

"महाराज" मेरे साथी (ड्राइवर) राजेश ने कहा, "मैंने इस नौजवान साधु को सड़क पर लंगड़ाते पाया। ये 'बद्रीनाथ' जा रहे हैं। मैंने इन्हें अपनी जीप में लिफ्ट दे दी। इन्होंने कहा कि ये 'वशिष्ठ गुफा' पहुँचना चाहते थे।"

"हरि ओम् महाराज", मैंने कहा। उनके उच्चारण से मैं समझ गया कि मेरा साथी जिस केरल के ब्रह्मचारी की बात कर रहा था, वे यही हैं। मैंने मलयालम में कहा, "बद्रीनाथ जा रहा हूँ। 'वशिष्ठ गुफा' के बारे में सुन रखा था और दर्शन की इच्छा थी। लेकिन अँधेरा हो गया और मेरे पैर काफी घायल हो गए। मैं...।"

ब्रह्मचारी दयालु थे। "ठीक है।" उन्होंने मलयालम में कहा, "परेशानी की कोई बात नहीं। तुम रात को यहीं ठहरो। कहाँ से हो?"

"मैं आज्ञा चाहूँगा, महाराज", युवा गढ़वाली ने कहा। "मैं व्यासी में रहता हूँ। थोड़ी ही दूर है। वहाँ मेरी एक छोटी दूकान और ढाबा है। आप जब चाहें वहाँ पधारें" फिर उसने

पहले ब्रह्मचारी के पैर छुए, फिर मेरे, और चला गया। कुछ देर बाद रात की निस्तब्धता में हमने उसकी जीप को भर्रा कर जाते सुना।

"तुम थक गए होगे," ब्रह्मचारी ने कहा, "मैं तुम्हें तुम्हारा छोटा कमरा दिखाता हूँ। बाथरूम बाहर है। नहा कर पहले थोड़ा आराम करो। आधे घंटे बाद वहाँ उस बरामदे में खाना दिया जाएगा। सुबह मैं तुम्हें 'वशिष्ठ गुफा' दिखाऊँगा।" वे मुझे एक छोटे कमरे में ले गए, जिसमें एक चारपाई और कुछ कंबल थे। वहाँ उन्होंने एक और लालटेन जला कर मेरे लिए छोड़ दी और यह कह कर चले गए, "खाने के समय मिलेंगे।"

भोजन सादा था – चपाती, दाल, चावल और आलू की सब्जी। खाने के बाद हमने थोड़ी देर बातचीत की। लगा कि ब्रह्मचारी को कोई संदेह नहीं था कि मैं सच्चा साधक था। "अब तुम सो जाओ", उन्होंने कहा, "हम सुबह मिलेंगे।" मुझे लगा कि शायद वे भी किसी केरलवासी से मिलकर खुश थे।

तब तक हवा में खुनक पैदा हो गई थी। मैंने अपने को कंबलों में लपेटा और थका हुआ होने के कारण मैं शीघ्र ही गहरी नींद में सो गया। नींद में खो जाने से पहले जो अंतिम आवाज़ें मैंने सुनी, वे थीं झींगरों की झनझनाहट। वे कुछ अपनी ही तरह का संगीत बजा रहे थे। मैं घोड़े बेचकर सो गया।

अगले दिन उठा तो पाया कि सुबह बहुत देर पहले हो चुकी थी। मैं कूद कर उठ खड़ा हुआ और दर्द से चिल्ला उठा। मेरे तलवे फफोलों से भरे थे और मेरे टखने सूजे हुए थे। कुछ फफोले फूट गए थे और तेज़ दर्द हो रहा था। मैंने महसूस किया कि मेरे सारे शरीर में दर्द हो रहा था, विशेष रूप से पिंडलियों में, लेकिन मैं उठकर बाहर जाने के लिए दृढ़ निश्चय था।

लंगड़ाता हुआ मैं अपने छोटे कमरे से बाहर आया। पास ही एक नल और संडास को देखकर, जो असल में ज़मीन में एक छेद भर था, मेरी चिंता कम हुई। दैनिक क्रिया समाप्त करने के बाद मैं धीरे–धीरे उस कमरे की तरफ चल पड़ा, जो मेरी समझ से ब्रह्मचारी का कमरा था। ब्रह्मचारी अपने कमरे में थे। चिउड़ा और गाय के दूध के हल्के

नाश्ते के बाद कुछ समय तक हमने मलयालम में बातचीत की। वे इस निष्कर्ष पर पहुँच गए कि मैं एक सच्चा आध्यात्मिक खोजी था।

मेरी शारीरिक हालत से चिंतित होकर उन्होंने कहा कि ठीक होकर पैदल चलने की हालत में आने तक मैं वहीं रहूँ। मैं खुशी–खुशी मान गया। फिर वे मुझे 'वशिष्ठ गुफा' ले गए। उन्होंने मुझे अपने गुरु की समाधि, नदी के चट्टानी किनारे, पथरीली कगार पर 'अरुंधती गुफा' नामक छोटी गुफा दिखाई। उस समय मुझे इसका कोई भान नहीं था कि मैं 'अरुंधती गुफा' में बाबाजी के साथ कुछ समय बिताऊँगा।

'वशिष्ठ गुफा' एक बड़ी प्राकृतिक सुरंग है, जिसके अंत में एक बड़ी–सी गुफा है। अन्दर घना अँधेरा रहता है, जब तक कि आँखें प्रवेश द्वार से छन कर आने वाले मद्धिम प्रकाश की अभ्यस्त न हो जायें। गुफा के अंतिम सिरे पर एक छोटे शिवलिंग की स्थापना कर दी गई है। किंवदन्ति है कि पहले सुरंग गुफा से आगे जाकर नदी के पास खुलती थी। इस गुफा में आदमी बाहर की सभी आवाज़ों और क्रियाकलापों से कट जाता है। गहरी शांति कभी–कभी केवल झींगरों की आवाज़ से भंग होती है। इससे उनकी उपस्थिति ज़ाहिर होती है। कोई वहाँ चुपचाप बैठे, तो मन अपने आप ध्यान में लग जाता है।

वैसे तो यह गुफा प्राचीन मानी जाती है और कहा जाता है कि वशिष्ठ ने यहाँ तपस्या की थी, पर कुछ साल पहले इसे 'स्वामी पुरुषोत्तमानंद' ने अपना निवास बना लिया था। ये मलयाली ब्रह्मचारी कई वर्षों तक उनकी सेवा कर चुके थे। 'स्वामी पुरुषोत्तमानंद' भी केरल से थे और 'स्वामी निर्मलानंद' के शिष्य रह चुके थे। 'स्वामी निर्मलानंद' 'रामकृष्ण' परंपरा के एक वरिष्ठ सन्यासी थे और श्री 'रामकृष्ण परमहंस' के सीधे शिष्य (डाइरेक्ट डिसाइपल) थे। बाद में रामकृष्ण मिशन से कुछ मतभेद होने के कारण केरल में 'ओट्टपालम' में उन्होंने अपना स्वतंत्र 'रामकृष्ण आश्रम' खोला था।

'स्वामी पुरुषोत्तमानंद' का जन्म तेईस नवंबर अट्ठारह सौ उन्यासी (23.11.1879) में हुआ था। 'स्वामी निर्मलानंद' ने सन् 1916 में उन्हें रामकृष्ण संप्रदाय के पहले अध्यक्ष 'स्वामी ब्रह्मानंद' से दीक्षा लेने को कहा। फिर 1923 में रामकृष्ण के एक और शिष्य 'स्वामी शिवानंद' ने उन्हें सन्यास की दीक्षा दी। 'स्वामी शिवानंद' को 'महापुरुष महाराज' भी कहा

जाता था। 1928 में 'वशिष्ठ गुफा' आकर उन्होंने कई साल वहाँ बिताए। उनकी समाधि गुफा के बाहर खुले में स्थित है। स्वामी जी की मृत्यु 82 साल की उम्र में महाशिवरात्रि के शुभ दिन, 13 फरवरी, 1961 को दस बजकर पचास मिनट पर हुई।

जब मैं आश्रम में रह रहा था, तब वहाँ कुछ ही कुटीर (साधकों द्वारा उपयोग किए जाने वाले सादा कमरे) थे और एक छोटा रसोई घर था। ब्रह्मचारी, रसोइया, उसका सहायक और कुछ आगन्तुकों के अलावा, जगह सामान्यतः निर्जन और चिन्तन–मनन के लिए उपयुक्त थी। मैंने वहाँ पन्द्रह दिन बिताए। रोज़ गंगा के ठंडे पानी में नहाता, योगाभ्यास करता और गुफा में बैठकर ध्यान लगाता।

भोजन सादा, परन्तु पर्याप्त होता था। सब कुछ एकदम सुचारु रूप से चल रहा था। ब्रह्मचारी कभी–कभी मुझसे मलयालम में बात कर के प्रसन्न हो जाते थे। वे मुझे अपने गुरु के साथ बीते अपने जीवन की कहानियाँ सुनाते। वे अन्य साधु–सन्यासियों के बारे में भी बताते, जो वहाँ आते थे और कभी–कभी रहते भी थे।

पन्द्रह दिन में मेरे फफोले ठीक हो गए। मैं एक दिन भी और यहाँ नहीं रहना चाहता था। जगह वास्तव में बहुत अच्छी थी, लेकिन मुझे अपना रास्ता ढूँढ़ना था। शंकाएं मुझे सताती थीं। बूढ़े सन्यासी के व्यंग्यात्मक शब्द बार–बार मेरे मन में चोट करते। मुझे एक सच्चे गुरु को खोज निकालना था, जो मेरी शंकाओं को दूर कर सके और मेरे प्रश्नों का उत्तर दे सके। क्या ऐसे गुरु कहीं थे?

"खोज अभी शुरू ही तो हुई है," मैंने अपने को समझाया, "धैर्य रखो, हताश न होओ। रास्ते पर चलते रहो।" एक दिन बड़े सवेरे मैंने ब्रह्मचारी को धन्यवाद दिया, विदा ली और फिर 'बद्रीनाथ' की तरफ चल पड़ा।

17. नागा का महामंत्र

ऋषिकेश से 'बद्रीनाथ' का रास्ता पाँच प्रयागों से होता हुआ जाता है, जहाँ भारत की कई पवित्र नदियों का संगम होता है। 'देवप्रयाग' में गंगोत्री से नीचे उतरती 'भागीरथी' 'अलकनंदा' से मिलती है, जो 'बद्रीनाथ' से आती है। संगम के अलावा उस छोटे से कस्बे में एक राम मंदिर है। माना जाता है कि वृद्धावस्था में राम ने वहाँ तपस्या की थी। यहाँ गरजती बहती आती इन दो नदियों का संगम बड़ा मनोहारी है।

आगे चल कर 'रूद्रप्रयाग' है, जहाँ 'केदारनाथ' से आती 'मन्दाकिनी नदी' 'अलकनंदा' से मिलती है। उससे आगे 'कर्णप्रयाग' है, जहाँ 'पिन्डारा नदी' 'अलकनंदा' से मिलती है। उसके बाद 'नंदप्रयाग' और 'विष्णुप्रयाग' आते हैं। 'विष्णुप्रयाग' के पास एक प्रसिद्ध ज्योतिर्मठ है, जिसे 'जोशी मठ' के नाम से जाना जाता है। महान् वेदान्ती 'आदिशंकराचार्य' को 'जोशी मठ' का संस्थापक कहा जाता है। यह उनके द्वारा स्थापित सबसे उत्तरी मठ है। 'शंकराचार्य' द्वारा स्थापित अन्य मठ हैं – द्वारका, पुरी और श्रृंगेरी जो क्रमशः भारत के पश्चिम, पूर्व और दक्षिण में हैं।

उससे ऊपर जाने पर 'पाण्डुकेश्वर' से 'फूलों की घाटी' और 'हेमकुण्ड साहिब' के लिए पैदल का रास्ता शुरू होता है। 'हेमकुण्ड साहिब' समुद्र तल से 15000 फीट की ऊंचाई पर स्थित सिखों की पवित्र झील है। 'पाण्डुकेश्वर' की दूसरी ओर 'बद्रीनाथ' का पवित्र मंदिर है। 'बद्रीनाथ' के पुजारी जाड़े के छः महीने 'जोशी मठ' में बिताते हैं।

'वशिष्ठ गुफा' से 'बद्रीनाथ' तक कुल दो सौ बीस किलोमीटर की दूरी मैंने पच्चीस दिनों में पूरी की। मुझे गर्व था कि मैंने रास्ता पैदल ही तय किया और कभी कोई सवारी नहीं ली। अब मैं अनुभवी घुमन्तू साधु हो चुका था। कभी–कभी खाना मिलने में कठिनाइयाँ होने के बावजूद, खाली और टूटे–फूटे बाड़ों में सोने की मजबूरी और ठंड से सिकुड़ने पर भी यात्रा जारी रखने के मेरे उत्साह में कोई कमी नहीं आई।

शारीरिक कष्ट मेरी समस्या नहीं थी। समस्या थी मेरा मन, जो एकाकीपन के क्षणों में उद्विग्न हो जाता था और कभी–कभी मोह–भंग की स्थिति में पहुँच जाता था। पर्वतों और नदियों की सुंदरता, और इस आशा ने मुझे आगे बढ़ते रहने की प्रेरणा दी कि वहाँ बर्फीली ऊँचाइयों पर कोई था, जो मेरे प्रश्नों के उत्तर ढूँढ़ने में मेरी सहायता करेगा।

अपनी यात्रा के दौरान मुझे दो अनुभव हुए, जिनके बारे में मैं आपको बताना चाहूँगा।

'देवप्रयाग' में एक निचाट नंगे 'नागा साधु' ने मुझे घेर लिया। जब मैं 'देवप्रयाग' पहुँचा तो अंधेरा तेज़ी से घिरता आ रहा था। मैं सोच रहा था कि खाना और रहने की जगह कहाँ मिलेगी, तभी यह लंबा, काला, जटाधारी मेरे पास आया और बोला, ''अगर तुम रहने की जगह ढूँढ़ रहे हो तो मेरे साथ आओ''।

एक नागा के साथ रहना बिल्कुल नया अनुभव होगा। मैं राज़ी हो गया और उसके साथ चला गया। वह एक छोटी कुटिया में राम मंदिर के पास गंगा के किनारे रहता था। कुटिया के सामने एक धूनी तेज़ी से जल रही थी। मैंने नदी में हाथ–पैर धोए। वापस आने पर मैंने उसे धूनी के सामने बैठा पाया। ''बैठो,'' उसने कहा, ''अग्नि देवता से प्रार्थना करो और झुक कर नमन करो। हम भोजन करेंगे, फिर सिद्धि पाएंगे।'' ''सिद्धि?'' मैंने पूछा, क्योंकि सिद्धि तो उन अलौकिक शक्तियों को कहते हैं, जो योगियों के पास होती हैं। ''हाँ, हाँ, तुम्हें पता चलेगा।''

गर्म चपातियाँ और आलू की सब्जी खाते हुए, उसने मेरे जीवन के बारे में पूछा और यह भी कि मैं कहाँ जा रहा था। मैंने कहा कि मैं एक आध्यात्मिक खोजी था और मेरा नाम शिवप्रसाद था। और मैं उपयुक्त गुरु की खोज में 'बद्रीनाथ' जा रहा था। मैंने सोचा वह मुझे भाँपने की कोशिश कर रहा था। मेरा अन्दाजा ठीक था। भोजन समाप्त होने के फौरन बाद वह अंदर गया और मिट्टी की चिलम लेकर बाहर आया। उसने गाँजा और तंबाकू के मिश्रण से चिलम भरी और सुलगा ली। फिर वह पालथी मार कर बैठ गया और ज़ोर से बोला, ''बम भोले, हर हर महादेव शंभू'', और एक गहरा कश लिया। फिर उसने धीरे–धीरे धुंआँ निकाला और चिलम मेरी तरफ बढ़ाई। ''सिद्धि,'' उसने कहा, ''इससे तुम

शिवलोक पहुँच जाओगे और सब सिद्धियाँ प्राप्त कर लोगे। हो सकता है मैं ही तुम्हारा गुरु हूँ। शिव महादेव ने मुझे सुंदर शिष्य भेजा है। पियो, पियो, जानते हो कैसे?''

धुएँ से उठती महक से मैं समझ गया कि यह गाँजा था। 'त्रिवेंद्रम' में मेरे कुछ दोस्त गाँजा पीते थे और मैंने भी एकाध बार कोशिश की थी, लेकिन मुझे कुछ जँचा नहीं था। यह आपको ध्यान जैसी स्थिति में पहुँचाता तो है, परन्तु थोड़े समय के लिए और इसका आदी हो जाने का बड़ा खतरा है। मैंने मना कर दिया। वह बहुत नाराज़ हो गया। ''धूनी के सामने नागा द्वारा दी गई सिद्धि को कोई मना नहीं करता,'' वह ज़ोर से चिल्लाया, ''लो।''

अनिच्छा से मैंने उससे चिलम ली और कुछ कश लगाए। कुछ मिनटों बाद वह अचानक बोला, ''दक्षिणा? दक्षिणा दो। मैंने तुम्हें ध्यान के रहस्यों की दीक्षा दी है। चलो निकालो।'' मैं उससे बहस नहीं करना चाहता था। दस रुपये निकाल कर मैंने उसे दे दिए। ''और,'' वह गरजा।

मैंने उसे दस रुपये और दिए और कहा, ''मेरे पास इतने ही हैं।'' उसने खुशी से खीसें निपोरीं। ''काफी है,'' उसने कहा, ''अब तुम्हें मंत्र सिद्ध हो गया है।'' उसने अपना हाथ मेरे सिर पर रख दिया। ''कुछ और सिद्धि पाओ।'' मैंने मना कर दिया। ''तुम चाहो तो अंदर सो सकते हो, चाहो तो बरामदे में,'' उसने कहा। मैं थका हुआ था और गाँजे ने मुझे उनींदा कर दिया था। मैंने खुद को अपने कंबलों में लपेटा, अपने झोले को तकिये की तरह रखा और सो गया। मेरे झोले में कुछ और पैसे थे। मैं चिंतित था कि कहीं नागा उन्हें चुराने की कोशिश न करे। उस रात सोने से पहले मेरा रोज़ाना का ध्यान उतना मधुर और उज्ज्वल नहीं था। ऐसा महसूस हुआ मानों मेरा अस्तित्व अंधकार से ढका हुआ था और मेरी आत्मा मोटी, भारी रस्सियों से बंधी थी। नागा अभी भी दम लगा रहा था।

सुबह मैं जल्दी उठ गया और यह देखकर आश्वस्त हुआ कि नागा अभी भी कुटीर के भीतर ज़ोर–ज़ोर से खर्राटे भर रहा था। बिना कोई आवाज़ किए मैंने अपने कंबल लपेटे, झोला, कमंडल और छड़ी उठाई और झुटपुटे में चुपचाप निकल पड़ा। धूप निकलते–निकलते मैं 'देवप्रयाग' और नागा सिद्ध से काफी दूर निकल गया था।

कुछ दिनों बाद 'रुद्रप्रयाग' के पास मैं घने जंगल में भटक गया। शीघ्र ही समझ में आ गया कि मैं रास्ता भूल गया हूँ। अँधेरा होता जा रहा था। मैं फिर इस चिंता में था कि रात कहाँ बिताई जाय कि इतने में एक अधेड़ व्यक्ति को मैंने अपनी ओर आते देखा। वह अपनी पीठ पर लकड़ियों का गट्ठर ढोए हुए था। ''महाराज, कहाँ जा रहे हैं?'' उसने पूछा। ''बद्रीनाथ,'' मैंने कहा, ''लेकिन मुझे लगता है कि मैं रास्ता भूल गया हूँ। क्या आप कोई जगह बता सकते हैं जहाँ खाना मिल सकता हो और मैं रात बिता सकूँ।'' ''मेरे साथ आइए'' उसने कहा, ''बाबाजी का आश्रम पास ही है। वे मेरे गुरु हैं। आइए''।

मैंने बाबाजी नाम के एक रहस्यमय 'चिरायु योगी' के बारे में सुन रखा था, जो हिमालय में ही कहीं रहते थे। इसलिए मैं बड़ा उत्तेजित हो गया। ''तुम्हारा मतलब है कि महान् बाबाजी तम्हारे गुरु हैं?'' मेरे मुँह से निकल गया।

उसे मालूम नहीं था कि मैं किस बाबाजी की बात कर रहा था। उसके गुरु एक वैष्णव बाबा थे। वैष्णव साधुओं को बाबाजी कहा जाता है।

हम एक खड़ी चट्टान से नीचे उतरे और नदी के किनारे पहुँच गए। नदी के एकदम किनारे फलदार वृक्षों से घिरा ग्रेनाइट का बना हुआ एक छोटा मंदिर था। मंदिर के आस–पास कुछ कुटियाएं थीं, एक रसोई थी और एक हॉल, जो मुझे भोजन–कक्ष जैसा लगा। वहाँ घंटियाँ और शंख बजाए जा रहे थे। मैं समझ गया कि मंदिर में शाम की आरती चल रही है।

पूजा में स्त्रियाँ भी थीं और पुरुष भी। एक लंबा, हृष्ट–पुष्ट, बिना दाढ़ी–मूंछ वाला व्यक्ति, जो धोती के अलावा नग्न शरीर था, राधा और कृष्ण की सुंदर मूर्तियों के सामने दीप से आरती कर रहा था और साथ ही एक घंटी बजाता जा रहा था। उसने जनेऊ धारण किया हुआ था और आधे मुंडे हुए सिर पर एक लंबी और मोटी शिखा को जूड़े के रूप में बांधे हुए था।

आरती समाप्त करने के बाद जब वह दीप को औरों के सामने ले जा रहा था ताकि वे भी नमन कर सकें, तो मैंने देखा कि उस व्यक्ति ने 'यू' के आकार का वैष्णवों का द्योतक

चिन्ह चंदन के लेप से अपने माथे, गर्दन और ऊपरी बांहों पर लगा रखा था। उनके गले में तुलसी के मनकों की एक छोटी माला थी। जो आदमी मुझे वहाँ लाया था, उसने उनके पैर छुए और कुछ कहा। बाबाजी मुस्कुराए और मेरी तरफ आए। मैंने परंपरानुसार उनके पैर छुए। ''जय श्री कृष्ण, आशीर्वाद,'' उन्होंने कहा। ''अब जाकर गंगा मैय्या में स्नान करो और वापस आओ। हम पहले प्रसाद पाएंगे (भगवान् को समर्पित किया हुआ भोजन, जो अत्यंत पवित्र माना जाता है), फिर बात करेंगे। नमो नारायण।''

भोजन कक्ष में बाबाजी एक पट्टे पर पालथी मार कर बैठे और बाकी हम सब लोग फर्श पर बैठे। सबने गीता के पंद्रहवें अध्याय को समवेत रूप से गाया। फिर हमें सादा, पर स्वादिष्ट शाकाहारी भोजन दिया गया। पुरुष एक पंक्ति में बैठे और स्त्रियाँ अलग एक पंक्ति में। छः युवतियाँ और चार अधेड़ उम्र के पुरुष सफेद कपड़े पहने हुए थे और उन्होंने भी 'यू' के आकार का तिलक लगाया हुआ था। केवल बाबाजी भगवा धोती पहने थे।

भोजन के बाद बाबाजी ने मुझे बातचीत करने के लिए अपनी कुटिया में बुलाया। उन्होंने मेरे बाल्यकाल और आध्यात्मिक खोज के बारे में कई प्रश्न पूछे। मैंने यथाशक्ति उत्तर दिए। एक बार भी उन्होंने मेरे जन्मजात धर्म के बारे में नहीं पूछा। इससे मुझे थोड़ा आश्चर्य हुआ क्योंकि मेरी समझ में वे सब रूढ़िवादी ब्राह्मण थे। बाद में मुझे पता चला कि वे कृष्ण भक्त समुदाय से थे और 'श्री कृष्ण चैतन्य' के अनुयायी थे।

उनका मानना था कि भक्ति भगवत् सेवा का एकमात्र उपाय था और कृष्ण सर्व शक्तिमान भगवान् थे। वे कृष्ण और राधा की मूर्तियों के सामने नाचते गाते और नियमित रूप से उनकी पूजा करते थे। वे शाकाहारी थे। उनका मत था कि कोई भी उनके पंथ में दीक्षित होते ही ब्राह्मण हो जाता था। वे 'शंकराचार्य' की परंपरा के अद्वैत वेदान्तियों को नापसंद करते थे और उन्हें मायावादी कहते थे, अर्थात् ऐसे लोग जो संसार को भ्रम (माया) मानते थे। वैष्णवों के अनुसार संसार भ्रम नहीं था, वह वास्तविक था और 'कृष्ण' इसके परम अधिष्ठाता तथा नियंत्रक थे।

संसार त्यागने और सन्यासी हो जाने के बारे में बाबाजी के विचार मुझे काफी तर्क संगत लगे। ''मुझे मालूम है।'' उन्होंने कहा, ''कि तुम संसार त्यागने के लिए उत्सुक हो,

भगवा पहनना चाहते हो और शीघ्रातिशीघ्र मुक्ति की स्थिति में पहुँचना चाहते हो, लेकिन नौजवान, सावधान! अगर तुम कम ऊँचाई से गिरो तो चोट ज्यादा नहीं लगती। तुम उठ कर खड़े हो सकते हो, चिकित्सा करा कर फिर चल–फिर सकते हो। लेकिन अगर तुम सन्यास की ऊँची ऊँचाइयों से गिरोगे, तो काफी घातक चोट लग सकती है। हो सकता है तुम फिर खड़े भी न हो सको। इसलिए कोई भी निर्णय लेने से पहले बड़ी सावधानी से विचार करो। जहाँ तक हमारा सवाल है, हम सन्यास से पहले गृहस्थाश्रम से गुज़रने वाले वैदिक सिद्धांत का अनुसरण करते हैं। हम सभी शादी–शुदा हैं। भगवान की कृपा से एक गृहस्थ भी भगवान् को पा सकता है और अगर भगवान् की कृपा न हो तो, सन्यासी भी भगवान् को नहीं पा सकता। मेरी भी शादी हुई थी। पत्नी के मृत्यु के बाद मैंने सब कुछ त्याग दिया।''

''एक और बात, गँजेड़ी साधुओं से कभी संसर्ग मत करना, वे चाहे कितने भी विद्वान क्यों न हों। मैं जानता हूँ तुम्हारी आँखें ऊपरी हिमालय पर लगी हैं, ये लोग तुम्हें वहाँ भी मिल सकते हैं। मुझे बड़ी खुशी होती अगर तुम हमारे साथ भक्ति–साधना में लगते, मगर मुझे मालूम है तुम आगे बढ़ना चाहते हो। जैसी हरि इच्छा... तुम एक पवित्र आत्मा हो और अगर चाहो तो मैं तुम्हें हमारा महामंत्र दे सकता हूँ। उसका नियमित रूप से पाठ करो और जब तुम्हारा जी चाहे, हमारे पास वापस आ सकते हो। भगवान् तुम्हारा भला करे। जय श्री कृष्ण!''

मैंने उनके चरण स्पर्श कर उन्हें धन्यवाद दिया और उनसे अनुरोध किया कि वे मुझे 'ओम् नमो भगवते वासुदेवाय' मंत्र की दीक्षा दें। उसके बाद मैं अपने कमरे में गया, थोड़ी देर चुपचाप मंत्र पाठ किया और सो गया। मैं शांत और गहरी नींद सोया।

सुबह जल्दी उठा, अलकनंदा के बर्फ जैसे ठंडे पानी में स्नान किया और बाबाजी का आशीर्वाद लेने गया। उन्होंने मेरे सिर पर हाथ रखकर अत्यंत स्नेह से आशीर्वाद दिया, ''श्री कृष्ण तुम्हें आध्यात्मिक पूर्णता तक पहुँचाएं। जय श्री कृष्ण!'' फिर मैंने अपने मित्र दामोदर से विदा ली, जो मुझे बाबाजी तक लाया था और 'बद्रीनाथ' की तरफ चल दिया।

18. मोची और सन्यासी

कुछ दिनों बाद एक ठंडी शाम को मैं 'कर्णप्रयाग' पहुँचा। उस छोटे कस्बे के बाहर नदी के किनारे मैंने एक शिव–मंदिर देखा। उसमें से एक ब्राह्मण पुजारी बाहर निकला। मैंने उनसे रात को रहने के लिए कोई उचित जगह बताने को कहा। उन्होंने मंदिर के प्रांगण में रुक जाने की सलाह दी। यात्रियों के लिए वहाँ एक अच्छा कमरा था, जिसमें उस दिन कोई नहीं था। समस्या केवल यह थी कि भोजन के रूप में मुझे दो केले और कुछ गुड़ से काम चलाना पड़ेगा क्योंकि उनके पास और कुछ नहीं था, उन्होंने कहा, वे अब कस्बे में अपने घर जा रहे थे और बोले कि सुबह खाना ले आएंगे।

मैं पहले ही से थका–माँदा था, अतः राज़ी हो गया। वह ब्राह्मण चला गया। मैंने लालटेन जलाई और लकड़ी के तख्ते पर बिछी चटाई पर बैठ गया। जैसे ही मैंने केला खाना शुरू किया, बाहर से आवाज़ आई, ''राम–राम, महाराज!'' दरवाज़े के बाहर नाटे कद का एक गहरे रंग का आदमी खड़ा था। वह एक लंबा सफेद कुर्ता और पैजामा पहने हुए था और उसके सिर पर सफेद गांधी टोपी थी। उसने 'नमस्ते' की मुद्रा में हाथ जोड़े हुए थे।

''महाराज!'' उसने दबी हुई मुलायम आवाज़ में कहा, ''मैं रामप्रसाद हूँ, मोची। इसी कस्बे में रहता हूँ। कल रात मेरी पत्नी को सपना आया कि कोई महात्मा हमारे घर आकर भोजन करेंगे। मैं अछूत हूँ। आप जानते हैं, यह ब्राह्मणों का मंदिर है। मुझे यहाँ आने की अनुमति नहीं है। लेकिन मैंने आपको यहाँ आते और ब्राह्मण को यहाँ से जाते देखा, तो मैं हिम्मत बाँध कर चला आया। कृपया नाराज़ होकर मुझे कोई शाप न दें, महाराज! क्या मैं आपके लिए खाना ला सकता हूँ? मेरी पत्नी ने लूची, दाल और हलवा बनाकर रखे हैं और सपने वाले महात्मा की प्रतीक्षा कर रही है। आपको अपने घर ले जाना तो उचित नहीं होगा, पर हम खाना यहाँ ला सकते हैं।''

वह रोने की कगार पर था। मैं उठ खड़ा हुआ और बोला, ''मैं तुम्हारे साथ तुम्हारे घर चलूँगा। तुम्हारी पत्नी ही मुझे खाना परोसेंगी।'' उसे अपने कानों पर विश्वास नहीं हुआ। वह मुझे बाकी गांव से दूर बसी हुई हरिजन बस्ती में अपने घर ले गया। ''महाराज! कृपया यहाँ रुकें'', उसने अपने घर के बरामदे की तरफ इशारा करते हुए कहा और जल्दी से अंदर घुस गया। वह उत्साहित हो कर ज़ोर से अपनी पत्नी से बोला, ''लीलावती! महात्मा जी आ गए हैं।''

मेरे मना करने के बावजूद उन दोनों ने मिलकर मेरे पैर धोए और स्वादिष्ट लूची, दाल और घी में बनी हुई सब्जियाँ परोसी। जब तक मैं आनंद के साथ खाना खाता रहा, वे दोनों खुशी के आँसू बहाते हुए वहीं खड़े रहे। रामप्रसाद बार–बार सिर हिलाकर अपनी पत्नी से कहता रहा, ''लीलावती! मुझे विश्वास नहीं हो रहा कि यह सच में हो रहा है। तुम्हारा सपना सच हो गया। हम बड़े भाग्यशाली हैं। अब तुम्हारे अवश्य बच्चा होगा। महाराज! आशीर्वाद दें कि हमारे बच्चा हो जाए।''

गर्म और मीठा हलवा खाने के बाद मैं मंदिर वापस चला आया। रामप्रसाद टार्च लेकर मेरे साथ आया। क्षुधा शांत करने के बाद मैं कुछ देर ध्यान में बैठा, फिर सो गया।

सुबह तड़के ही मैं ब्राह्मण की चीख–पुकार सुनकर जागा। वह गुस्से से लाल–पीला हो रहा था। ''तुम कैसे विचित्र साधु हो?'' वह चिल्लाया, ''अस्पृश्य के घर में भोजन करते हो। तुमसे सुबह तक इंतजार करते नहीं बना? कैसे ब्रह्मचारी हो, एक मोची के घर में बैठते हो, नीची जाति के हाथ का बना खाना खाते हो? तुमने अपने को तो दूषित किया ही, मंदिर को भी प्रदूषित कर दिया। इससे पहले कि मैं किसी को बुलाकर तुम्हें पिटवा कर बाहर फेंकू, यहाँ से निकल जाओ। जाकर पवित्र नदी में डुबकी लगाकर अपने को शुद्ध करो। अब यह कमरा मुझे पवित्र जल से धोना पड़ेगा। चलो, भागो यहाँ से।''

बिना कुछ कहे मैंने अपना सामान समेटा और वह जगह छोड़ दी। उनसे बात करने का कोई मतलब नहीं था। मेरे दिल को बड़ा धक्का लगा था। एक मनुष्य दूसरे को अस्पृश्य कैसे कह सकता है? क्या यही महान् योगियों की पवित्र निवास स्थली है? संशयों ने मुझे

फिर आ घेरा। लेकिन मैं पूरा रास्ता तय कर खुद उत्तर पाना चाहता था। क्या मुझे कोई महान् योगी मिलेंगे, जो मुझे अज्ञान के इस अंधकार को दूर करने वाला प्रकाश दिखाएंगे?

'बद्रीनाथ' से पहले अंतिम महत्वपूर्ण धार्मिक स्थल था, 'जोशी मठ'। एक शाम को चार बजे मैं 'जोशी मठ' पहुँचा। ठंड काफी थी। पास की 'औली' से हिमालय की बर्फ ढकी चोटियाँ दिखती थीं। मुझे बताया गया कि 'शंकर मठ' में रहने की सुविधा केवल ब्राह्मण ब्रह्मचारियों और सन्यासियों को ही उपलब्ध थी। मठ के पास ही एक धर्मशाला थी। मैंने वहाँ एक कमरा ले लिया, फिर 'जोशी मठ' गया।

मैंने 'शंकराचार्य' की गुफा, स्फटिक का बड़ा लिंग और तथाकथित इच्छापूर्ति करने वाला वृक्ष देखा। वहाँ बहुत सारे ब्रह्मचारी और सन्यासी रहते थे, जो संस्कृत और वेदांत का अध्ययन करते थे। उन्हीं में से कोई एक विद्यार्थी एक दिन अगला शंकराचार्य बनेगा। 'दण्डी' कहलाने वाले ब्राह्मण सन्यासी दण्ड (छड़ी जैसी लकड़ी) लेकर घूमा करते थे। जब मैं जाति प्रथा जैसी कुप्रथाओं और इंसानों की विकृत सोच के बारे में विचार कर रहा था, तब एक लंबा, आडंबरहीन, घुटे हुए सिर वाला सन्यासी मेरी तरफ आया और बोलाः–

''कहाँ जा रहे हो?''

''बद्रीनाथ, सर!''

''कहाँ रुके हो?''

''धर्मशाला में, सर! मुझे बताया गया था कि सिर्फ ब्राह्मण ही यहाँ रुक सकते हैं।''

''तुम जन्म से ब्राह्मण न होते हुए भी बिल्कुल एक ब्राह्मण जैसे दिखते हो।''

''नहीं सर! मैं ब्राह्मण नहीं हूँ''

''तुम्हें इन सब बातों पर बड़ा संदेह होता होगा। व्यक्तिगत रूप से मैं समझता हूँ यह सब बकवास है। मैं स्वयं एक 'दण्डी स्वामी' था, एक ब्राह्मण सन्यासी। लेकिन मैंने अपनी 'दण्डी' गंगा में फेंक दी और अब स्वतंत्र हूँ। जब मैं आता हूँ, तो मुझे यहाँ रुकने दिया जाता है क्योंकि महन्त जी मुझे तब से जानते हैं, जब मैं 'दण्डी स्वामी' था।

''यह मठ 'दशनामी संप्रदाय' का ही है। 'दशनामी संप्रदाय' के प्रवर्तक, 'आदिशंकराचार्य' एक बार नदी में नहाकर वापस आ रहे थे कि उनके रास्ते में जनजाति का एक शिकारी आ गया, जिसके साथ कई आवारा कुत्ते थे। 'मेरे रास्ते से हटो। मेरे सामने खड़े होने की तुम्हारी हिम्मत कैसे हुई, अरे नीची जाति के अस्पृश्य?' शंकराचार्य चिल्लाए। कहानी ये है कि वास्तव में स्वयं महान् योगी शिव ही वह शिकारी थे। सहसा वे अपने असली रूप में आ गए और उन्होंने शंकराचार्य को जाति के आधार पर मनुष्यों में कभी भी भेद न करने की चेतावनी दी।

''सभी में वही आत्मा, वही परमात्मा निवास करता है,'' वृद्ध सन्यासी ने कहा, ''और इस तरह के स्थलों पर जो होता है, उसे देखकर मुझे बड़ा दुःख होता है। लेकिन मैं इस वृहद तंत्र व्यवस्था को बदलने में असमर्थ हूँ।''

मैंने वेदान्त के बारे में चर्चा करते हुए उनके साथ कुछ और समय बिताया और फिर खाना खाकर सोने के लिए अपने कमरे में चला गया। अगली सुबह मैं फिर सड़क पर था। मुझे 'पीपल कोटी', 'गोविंद घाट' और 'पाण्डुकेश्वर' होकर 'बद्रीनाथ' जाने में चार दिन लगे। रास्ते में बताने लायक कुछ नहीं घटा। परन्तु मेरा मन परेशान और अशांत था। यात्रा की कठिनाइयाँ भी अब शरीर पर अपना असर दिखाने लगीं थीं। मैं थक गया था।

19. जिज्ञासु का बद्रीनाथ में पदार्पण

जब मैं 'बद्रीनाथ' पहुँचा, तो दोपहर हो चुकी थी। 'नर नारायण पर्वत' और 'हिमाच्छादित नील कण्ठ' की झलक पाते ही, और 'बद्रीनाथ' मंदिर के पास वेग से बहती निर्मल 'अलकनंदा' के दृष्यों ने कुछ क्षणों के लिए मेरे सारे मानसिक और शारीरिक कष्टों को धो डाला। मैं शांत, समाहित और प्रफुल्लित महसूस करने लगा।

'बद्रीनाथ' में घूमने से पहले मैंने मंदिर के मुख्य पुजारी रावल जी से मिलने का निश्चय किया। मुझे बताया गया था कि प्राचीन काल से ही रावल जी हमेशा केरल के नंबूदरी ब्राह्मण होते थे। विख्यात 'शंकराचार्य' जी ने 'ब्रदीनारायण' को बौद्ध प्रभाव से स्वतंत्र कर के यह नियम बना दिया था कि मुख्य पुजारी केरल का नंबूदरी ही होगा। मुझे मलयालम में बोलने की ललक हो रही थी और मलियाली रावल जी से बात करने को मैं उत्सुक था।

प्राकृतिक रूप से लगातार बहने वाले गर्म पानी के स्रोते 'तप्तकुण्ड' में स्नान करने के पश्चात् मैंने साफ कपड़े पहन लिए। मैंने प्रवेश द्वार से 'बद्रीनारायण' को नमन किया और सड़क पार कर रावल जी के निवास स्थान की ओर चला पड़ा। कुछ देर इंतज़ार और रावल जी के सहायक से मलयालम में बात करने के पश्चात् मुझे रावल जी के पास ले जाया गया। मैंने पता लगा लिया था कि उनका नाम केशव नंबूदरी था। रावल जी बहुत विनम्र, गोरे और खुशमिजाज़ थे। उनके साथ ज्यादातर बातचीत मलयालम में कुछ इस प्रकार हुई:

"तुम्हारा नाम क्या है?"

"शिवप्रसाद," मैंने कहा। मैं डर रहा था कि एक रूढ़िवादी नंबूदरी ब्राह्मण की क्या प्रतिक्रिया होगी, अगर मैंने उसे अपना असली नाम बता दिया।

"तो तुम इतनी कम उम्र में यहाँ क्यों आए हो?" मैंने अपनी आध्यात्मिक पिपासा के बारे में उन्हें बताया और यह भी, कि कैसे मैं बचपन से ही साधु–महात्माओं से मिलता रहा हूँ। कटहल के पेड़ के नीचे उस रहस्यमय योगी से भेंट की घटना, मैंने इस भय से छोड़ दी कि उसके बारे में बात करने की कोशिश बेकार होगी। क्योंकि हमेशा की तरह मेरी वाक्नलियाँ मेरा साथ नहीं देंगी। मैंने उन्हें बताया कि कैसे बचपन से ही मैं अत्यन्त सम्मोहक रूप से हिमालय की ओर आकर्षित होता रहा हूँ और अब अपने आध्यात्मिक गुरु की खोज में आया हूँ। मैंने सुन रखा था कि अनेक महान् योगी हिमालय में एकान्तवास करते हैं। क्या वे मुझे किसी योगी के बारे में बता सकते थे?

रावल जी दिल खोलकर हँसे "बेचारा," उन्होंने कहा, "तुम्हें मालमू है कि बद्रीनारायण की स्थापना के लिए एक महान् योगी को दूरदराज़ केरल से यहाँ आना पड़ा, और तुम, उसी केरल से उसी 'बद्रीनाथ' में गुरु की तलाश में आए हो? वाह!"

"ख़ैर, मैं यहाँ ऐसे किसी व्यक्ति को नहीं जानता। वैसे साधु–सन्यासी तो हैं ही, जो पर्यटन काल में यहाँ आते हैं और कड़े जाड़े में वापस चले जाते हैं। हम भी नीचे जाकर 'जोशी मठ' में रहने लगते हैं। 'ब्रदीनाथ' समुद्र तल से ग्यारह हजार फीट की ऊंचाई पर है और जाड़ों में यहाँ सब कुछ जम जाता है।"

"मैंने सुना है कि कुछ रहस्यमय महात्मा 'व्यास गुहा' और 'मुचकुंद गुहा' जैसी जगहों में वर्ष पर्यन्त रहते हैं। पर व्यक्तिगत रूप से मैं समझता हूँ ये केवल अफवाहें हैं, जो बद्रीनारायण के जादुई प्रभाव को बढ़ा दती हैं।"

"अगर तुम मार्ग–दर्शन चाहते हो, तो बहतर होगा कि तुम किसी वैदिक विद्वान की देख–रेख में शंकराचार्य की पुस्तकें पढ़ो, उपनिषदों पर उनकी व्याख्या, विवेक चूणामणि इत्यादि। संस्कृत जानते हो?"

"थोड़ी बहुत," मैंने कहा, "लेकिन मैंने आपके द्वारा बताई गई पुस्तकों के अँगरेज़ी अनुवाद पढ़े हैं।"

"नहीं, वह पर्याप्त नहीं है। अनुवादों में वो बात कहाँ। तुम्हें रहने के लिए जगह की आवश्यकता तो है न? यहाँ आवास बहुत सीमित है लेकिन मैं तुम्हें 'अलकनंदा' के पार एक छोटा कुटीर दिला सकता हूँ, जो यहाँ से ज़्यादा दूर नहीं है। दिन में दो बार भोजन तुम यहाँ आकर कर सकते हो। अपने सहायक को मैं बता दूँगा। अगर तुम्हें भूख लगी है, तो बाहरी कमरे में जाकर कुछ खा सकते हो। बद्रीनारायण की कृपा से प्रसाद की यहाँ कभी कमी नहीं होती।"

"मेरी तो तुम्हें यही सलाह है कि कुछ दिन यहीं रहो, घूमो–फिरो और फिर केरल वापस चले जाओ। आगे पढ़ो, और हो सके तो भारतीय दर्शन शास्त्र में पी.एच.डी. करो, माता–पिता की देखभाल करो और सुखी जीवन बिताओ। कभी कभी तुम यहाँ आकर कुछ समय बिता सकते हो। अतः किसी गुरु इत्यादि की तलाश में अपना समय और शक्ति बर्बाद मत करो। हो सकता है तुम्हारा मोह–भंग हो जाए, पर तब तक वापस लौटने के लिए देर हो चुकी होगी।"

"मैं तुम्हें विशेष रूप से चेतावनी दे रहा हूँ क्योंकि यहाँ पर कुछ नकली सन्त भी हैं, जो शिक्षित युवा शिष्यों की तलाश में रहते हैं। तुम उनके लिए एक अच्छा शिकार हो। कुछ गाँजा साधु भी तुम्हें मिलेंगे। अधिकांश साधु मादक द्रव्यों के व्यसनी हैं। मादक द्रव्य के प्रभाव में वे जो नज़ारे (विज़न) देखते हैं, उसे असली समझने लगते हैं। सतर्क रहना और प्लेग की तरह उनसे बच कर रहना।"

"अब तुम कुछ खा लो। फिर मेरा सहायक तुम्हें तुम्हारा कुटीर दिखा देगा। मुझे 'बद्रीनारायण' की साँझ की पूजा की तैयारी करनी है। मंदिर में आरती के लिए आ जाना। फिर उसके बाद हम कुछ और बातचीत कर सकेंगें। ठीक है?"

मुझे केरल का अच्छा खाना खिला कर पुल पार 'काली कंबली वाले कुटीर' मे ले जाया गया। वहाँ से गरजती 'अलकनंदा' को दिन–रात देखना बहुत आनंददायी था। आरती के समय मैं नियमित रूप से मंदिर जाता और रावल जी के यहाँ खाना खाता। वे बहुत व्यस्त रहते थे, बहुत से लोगों से मिलना–जुलना होता था। परन्तु दो–तीन दिन

में एक बार वे मुझे समय ज़रूर देते। उनसे मैंने 'बद्रीनाथ' और आसपास की जगहों के बारे में काफी जानकारी प्राप्त की।

'बद्रीनाथ' केदार खण्ड में पड़ता है। माना जाता है कि यहीं नर और नारायण ने तपस्या की थी। 'अलकनंदा नदी' की घाटी में यह मंदिर उन्हीं नामों के दो पर्वतों के बीच में स्थित है। यहां नहाने के दो पवित्र घाट हैं, 'तप्तकुण्ड', गर्म पानी का स्रोता और 'ब्रह्मकपाली'। ऐसी मान्यता है कि यहाँ से 'बुद्ध' की प्रतिमा को हटा कर 'आदिशंकराचार्य' ने 'नारायण' की मूल प्रतिमा को स्थापित कर 'बद्रीनारायण मंदिर' की पुनः स्थापना की थी। कहते हैं कि मूल प्रतिमा को बौद्धों ने पुराने कुँए में फेंक दिया था। वैसे इसका कोई ऐतिहासिक प्रमाण तो नहीं है, परन्तु एक समय में 'बद्री' के 'बौद्ध केंद्र' होने की संभावना को नकारा भी नहीं जा सकता, क्योंकि तिब्बत की सीमा यहाँ से पास ही है।

'अलकनंदा' के किनारे–किनारे छः–सात किलोमीटर दूर 'माना गांव' है, जो भारत की भूमि पर अंतिम गाँव है। इस गाँव में तिब्बती मूल की जनजाति के लोग बसते हैं।

'बद्रीनाथ मंदिर' के उत्तर में दो किलोमीटर दूर एक शिला है, जिसे 'गौडपाद शिला' कहा जाता है। यह 'अलकनंदा' के बाँएं किनारे पर है और शुकदेव के शिष्य महान ऋषि गौडपाद की स्थली है। कहा जाता है कि गौडपाद ने 'माण्डूक्य उपनिषद्' पर अपनी टीका यहीं लिखी थी। ऐसा भी कहा जाता है कि 'शंकराचार्य' की भेंट गौडपाद से हुई थी और गौडपाद ने उन्हें अपनी टीका पर व्याख्या लिखने का काम सौंपा था।

वेदों का संकलन 'व्यास ऋषि' ने 'व्यास गुफा' में किया था, जो 'माना गांव' के पास है। 'व्यास ऋषि' को 'बादरायण' (वह व्यक्ति जो बद्री वृक्षों के वन में रहता हो) भी कहा जाता है। मुझे बताया गया कि ग्रीष्मकाल में अनेक पहुँचे हुए महात्मा 'व्यास गुफा' व आसपास की अन्य गुफाओं में आते रहते हैं। 'अलकनंदा नदी' 'केशव प्रयाग' में 'सरस्वती नदी' से मिलती है, जो भूगर्भ में से एक सुरंग से निकलती है। वहाँ से तिब्बत का रास्ता शुरू होता है और समुद्र तल से अट्ठारह हजार फीट की ऊंचाई पर 'माना दर्रे' से होकर ऊपर वसुन्धरा प्रपात और 'स्वर्गारोहिणी' को जाता है। महाभारत के अनुसार, यहाँ से ही विख़्यात राजा युधिष्ठिर को इंद्र के रथ में स्वर्ग ले जाया गया था।

'बद्रीनारायण' बड़ा ही रमणीक स्थल है। यह एक ओर हिमाच्छादित पर्वत श्रेणियों से घिरा हुआ है और दूसरी ओर इससे अठखेलियाँ करता 'अलकनंदा नदी' का वेग से बहता हुआ जल है। यह जगह उन लोगों के लिए आदर्श थी, जो एकान्त में चिंतन–मनन करना चाहते थे। मैं इसलिए 'था' कह रहा हूँ, क्योंकि उत्तरदायित्व न समझने वाली पर्यटकों की बाढ़ ने अब सब कुछ बिगाड़ डाला है। इस भीड़ को पवित्रता की कोई समझ नहीं है। लालची दुकानदारों की अनगिनत दूकानें हर तरफ फैल गई हैं। वे असावधान यात्रियों की घात में बैठे रहते हैं। हाल ही की अपनी एक यात्रा के दौरान मैंने एक आदमी को रात भर के लिए एक सुंदर गढ़वाली युवती को बेचने का प्रयास करते देखा।

'बद्रीनाथ' के मेरे प्रवास के दौरान जिस दिन पहली बार वहाँ बर्फ पड़ी, वह एक ऐसा अविस्मरणीय अनुभव था, जो हमेशा मेरे हृदय को खुशी से भर देता है। वह पूर्णिमा की रात थी और सारा स्थल ऐसे चमक रहा था मानों पिघली हुई चाँदी का बना हो।

लेकिन उन सुंदर दृश्यों ने भी मुझे कोई ख़ास राहत नहीं दी। रावल जी की इस टिप्पणी ने मेरी शंकाओं को और भी बढ़ा दिया कि मुझ जैसे शिक्षित व्यक्ति को यहाँ कुछ भी मिलने वाला नहीं था और मुझे केरल वापस चले जाना चाहिए। उन्होंने मेरे पहले से ही हिले हुए मन को और झकझोर दिया था। एक दिन कुटीर के सामने बैठे–बैठे मैंने निर्णय लिया कि 'माना गाँव' जाकर उन गुफाओं में किसी महान् योगी को तलाशूँगा और अगर वहाँ कोई असली महात्मा नहीं मिला, तो 'अलकनंदा' में कूद कर आत्महत्या कर लूँगा। शायद मेरा पुनर्जन्म बेहतर परिस्थितियों में हो। मैं संदेहों और विषादों के अत्याचार को अब और सहन नहीं कर पर रहा था।

20. बाबाजी से भेंट

अगली सुबह मैं 'माना गाँव' की ओर निकल पड़ा। दोपहर तक मैं वहाँ पहुँच गया था। यहाँ तिब्बती मूल के चरवाहे बसे हुए थे। वे लोग अपने हथकरघों पर रंगीन और जटिल डिजाइन वाले ऊनी कालीनों का निर्माण करते हैं। वे सभी बौद्ध थे। मैं चलते–चलते 'व्यास गुहा' तक पहुँच गया। यह मध्यम आकार की एक प्राकृतिक गुफा थी।

मैंने आसपास के क्षेत्र में अन्य गुफाओं का पता लगाने का फैसला किया और चट्टानों पर आगे चलने लगा। एक सुरंग से मैंने 'सरस्वती नदी' की तेज़ धारा को निकलते देखा, जो आगे 'अलकनन्दा नदी' में मिल रही थी। चट्टानी इलाके से होकर, मैं एक घंटे तक चलता रहा। आखिर 'वसुंधरा प्रपात' पहुँच गया। मेरा विचार था कि मैं 'स्वर्गारोहिणी' तक जाऊँगा, जिसका उल्लेख महाभारत की कथा में है। शायद वहाँ असाधारण योगी निवास करते हों।

तभी अचानक मुझे एहसास हुआ कि अब जल्द ही अँधेरा बढ़ेगा। हवा तो पहले से ही बर्फीली ठंडी थी। वहाँ आसपास कोई नज़र नहीं आ रहा था। मुझे बड़ी तेज़ भूख लग रही थी। मैंने कम से कम 'माना गाँव' तक वापस आने का फैसला किया। मुझे किसी ऐसे कृपालु व्यक्ति को ढूँढ़ना था, जो मुझे रात में सोने की जगह, और हो सके तो कुछ खाना दे दे। मैं अनिश्चितता, भय, भूख और असफलता की भावना से अंदर तक भर गया। मैंने जो यात्रा एक अभियान स्वरूप शुरू की थी, उसमें अब तक सिर्फ असफलता ही हाथ लगी थी। मुझे लगने लगा कि महात्मा तो सिर्फ ऐसे कथाकारों की कल्पना होते हैं, जो तथ्यात्मक होने का दावा करते हैं। इस तरह के जीने से तो मर जाना ही बेहतर है, ऐसा सोचकर मैंने 'अलकनन्दा नदी' में कूद कर आत्महत्या करने का फैसला कर लिया।

तब तक वहाँ लगभग पूरी तरह अँधेरा छा गया था और बर्फीली हवाएं गरजने लगीं थीं। चलते–चलते मैं फिर 'व्यास गुहा' तक पहुँच गया। उस समय मेरे आश्चर्य का ठिकाना

न रहा, जब मैंने देखा कि गुफा के मुँह पर एक धूनी प्रज्वलित थी। तेज़ी से जलती लकड़ियों से उछलती, नाचती लपटें निकल रहीं थीं। बर्फीली ठंड में लपटों की उष्णता जैसे मुझे अंदर आने का निमंत्रण दे रही थी। मैं आश्चर्य और जिज्ञासा के साथ यह सोचते हुए गुफा की तरफ बढ़ा कि यह धूनी किसने जलाई होगी। शायद किसी चरवाहे ने, या मुझे सचमुच कोई योगी ही मिलने वाला था?

तभी गुफा के अंदर से एक मधुर आवाज़ आई। क्या ये कोई जानी पहचानी आवाज़ थी? कहीं यह वही आवाज़ तो नहीं थी, जो मेरे मन की कन्दराओं में वर्षों से थी और अब सुनाई पड़ रही थी? काँपते हुए मैं गुफा की ओर बढ़ा। अंदर से एक लंबे बालों वाला, निर्वस्त्र, लंबा आदमी निकला। ''आओ''। स्पष्ट हिंदुस्तानी में आवाज़ आई, ''तुम कहाँ भटकते रहे मधु?''

''मधु?'' क्या इस नाम को मैंने किसी पुराने विस्मृत सपने में सुना था? यह व्यक्ति कौन है?

''मैं 'मधु' नहीं हूँ,'' मैंने कहा, ''मेरा नाम मुम...''

''बस–बस, जानता हूँ। वान्चियूर में कटहल के पेड़ के नीचे से सुदूर उत्तर में व्यास गुफा तक... आओ, यहाँ बैठो, आग के पास। पहले मैं तुम्हारे लिए कुछ खाना लाता हूँ। उसके बाद तुम सो जाओ। हम लोग कल बात करेंगे।'' अपने दाएं हाथ से उन्होंने बड़े स्नेह से मेरा बाँया कंधा थपथपाया। ''यहाँ बैठो।''

उस एक क्षण में मैं सहसा समझ गया कि यह वही व्यक्ति है, जिससे नौ साल की उम्र में मैं कटहल के पेड़ के नीचे मिला था। हाँ, वही। आवाज़ भी एकदम वही। मुझे अपने गुरु मिल गए थे, मेरे पिता, मेरी माता, मेरे शिक्षक, सब कुछ वही। और फिर वही हुआ... अगले साढ़े तीन साल तक मैं उनका साथ छोड़ने वाला नहीं था।

वे गुफा के भीतर गए और अपना कमंडल लेकर बाहर आए। उसमें गेहूँ की दो ताज़ा रोटियाँ और आलू की गर्म सब्जी थी। उसे मेरे सामने रख कर बोले ''खाओ''। मैंने झुककर उनके पैर छुए। ''मैं आपको 'बाबाजी' कहूँगा'' मैंने कहा, ''मैं किसी और 'बाबाजी'

को नहीं जानता। आप मेरे बाबा हैं, पिता। मैं ज़िदगी भर के लिए आपका ऋणी हूँ। जब मैं अपनी निराशा के अंतिम चरण में था, तब आपने मुझे खोज लिया", यह कहते हुए आँसुओं से मेरी दृष्टि धुंधली हो गई।

"अच्छा, अच्छा, ठीक है, अब तुम बैठकर खाना खाओ," उन्होंने प्यार से कहा। चारों तरफ हिमालय की पर्वत श्रेणियों से घिरी उस जगह अपने गुरु की प्रेम–भरी दृष्टि की छत्र छाया में आग के सामने बैठकर मैंने बड़ा स्वाद लेकर वह खाना खाया। वे फिर अंदर गए और इस बार एक जलेबी लेकर आए। वे तब तक उसे अपने हाथ में पकड़े रहे, जब तक मैंने पूरा खाना नहीं खा लिया। खाने के बाद मैंने 'बाबाजी' का दिया 'अलकनन्दा' का साफ और शुद्ध जल पिया और फिर मुझे फौरन नींद आने लगी। ऐसा लग रहा था मानो कई युगों से मैं सोया नहीं था।

'बाबाजी' मुझे गुफा में अंदर ले गए। आग के मद्धिम प्रकाश में मैंने देखा कि उन्होंने सूखे पत्तों और फूँस के ऊपर कंबल बिछाकर मेरे लिए बिस्तर तैयार किया हुआ था। मद्धिम बयार आग की गर्मी को गुफा के भीतर तक ला रही थी। कम से कम मुझे तो ऐसा ही लगा। मैं क्षण भर में सो गया, इस विचार से आश्वस्त कि 'बाबाजी' मेरी देखभाल करेंगे। नींद में खो जाने से पहले का अंतिम दृश्य था – तह किए हुए कंबल पर, आग की तरफ मुँह किए, पालथी मारे सीधे और स्थिर बैठे बाबाजी।

21. मेरी पहली दीक्षा

यह मेरे स्नेहमय पथ–प्रदर्शक के साथ मेरे नए जीवन की एक नई यात्रा की शुरूआत थी।

अगली सुबह बाबाजी ने मुझे भोर से कई घंटे पहले ही जगा दिया। ''ब्रह्म मुहूर्त,'' बाबाजी ने कहा, ''इस समय वायु ध्यान लगाने के लिए स्वच्छ होती है। तुम्हें 'अलकनंदा' के बर्फीले पानी में डुबकी लगाने की मूर्खता नहीं करनी है। उससे तुम्हें कहीं न्यूमोनिया न हो जाए और यहाँ तो आसपास कोई अच्छा अस्पताल भी नहीं है। मेरे कमंडल से पानी लो और अपना मुँह और चेहरा साफ कर लो। दाँत साफ करने का ब्रश है?''

''हाँ, बाबाजी।''

''तो उसे निकालो और धूनी से थोड़ी राख लेकर मंजन के रूप में इस्तेमाल करो।''

आग अभी भी तेज़ी से जल रही थी। मैंने सोचा कि क्या बाबाजी सारी रात जागकर उसमें लकड़ियाँ डालते रहे? मैंने पहली बार देखा कि वे कितने व्यावहारिक थे। वे कतई घिसे पिटे पुराने विचारों वाले नहीं थे, जैसे कि ध्यान में बैठने से पहले स्नान करना आवश्यक है, चाहे उसका परिणाम मृत्यु ही क्यों न हो। मुझे याद आए जेरूसलम की गलियों में घूमने वाले एक महान् आध्यात्मिक गुरु के शब्द, जिनके पास अपना सिर टिकाने की भी जगह नहीं थी, 'कानून मनुष्य के लिए बनाए गए हैं, मनुष्य कानून के लिए नहीं।'

जब मैं मुँह धोकर वापस आया तो उन्होंने मुझे एक तह किया हुआ कंबल दिया और कहा, ''आज से इस कंबल का उपयोग करो। कोई और इसका उपयोग न करे। यह तुम्हारा है।''

फिर उन्होंने मेरी भंगिमा में सुधार कर 'पद्मासन' में ठीक से बैठना सिखाया और 'क्रिया–योग' के रहस्यों की दीक्षा दी। 'क्रिया–योग' की तकनीक उन्हें उनके गुरु ने

सिखाई थी, जो और कोई नहीं, स्वयं 'महावतार बाबाजी' थे। यह जानकर मैं फूला नहीं समाया। जब मैं ध्यान करने लगा तो उन्होंने हल्के से मेरा सीना व मस्तक छू दिए और मैं गहरे और आनंददायी ध्यान में चला गया। मेरे मस्तिष्क ने उन आयामों की यात्रा की, जिनकी मैंने कभी कल्पना भी नहीं की थी और मेरी चेतना का अकूत विस्तार होने लगा। मैं बाबाजी के ये शब्द सुनकर जागा, "वापस आओ, वापस आओ, एक बार में ही सब कुछ नहीं, मधु!"

सूर्य अभी–अभी निकला था। मैंने अपनी आँखों के सामने उस अविश्वसनीय सुंदर दृश्य को देखा – दूर बर्फ से ढ़की चोटियाँ, नदी की अनवरत कल–कल करती ध्वनि और शांत धुंधला प्रकाश। बाबाजी प्रेम से मुस्करा रहे थे। मैंने पहली बार स्पष्ट रूप से उनकी आकृति देखी। वे बहुत गोरे थे, लगभग यूरोपियन रंगत वाले, लंबे, हल्की कत्थई आँखें और कत्थई काले लंबे बाल, जिन्हें उन्होंने जूड़े के रूप में अपने सिर पर बाँध रखा था। उनका चेहरा–मोहरा कुछ–कुछ नेपालियों जैसा था और बहुत हल्की दाढ़ी और मूंछें थीं। उनके कान छिदे थे और उन्होंने ताँबे की बड़ी–बड़ी बालियाँ पहन रखी थीं। उनके गले में बड़े–बड़े रुद्राक्षों की माला थी।

उस कँपकँपाती ठंड में भी उनकी हृष्ट–पुष्ट देह नंगी थी। बस कमर पर वे एक मोटा सूती कपड़ा लपेटे हुऐ थे, जो घुटनों के ऊपर तक लटक रहा था। वे नंगे पैर थे। उनकी जमा–पूँजी थी एक लकड़ी का काला कमंडल, ध्यान में बैठने के लिए एक कंबल और एक छोटी कुल्हाड़ी, जिसे वे अपनी पीठ पर बाँध कर चलते थे।

"यह जगह कुछ जानी–पहचानी–सी लगती है" मैंने कहा, "मानो मैं पहले यहाँ आ चुका हूँ। क्या उस समय आप मेरे साथ थे" "मैं नहीं, पर मेरे महान् गुरु तुम्हारे साथ थे, जिनके बारे में अनेक कथाएं प्रचलित हैं, वे 'श्री गुरु बाबाजी' तब तुम्हारे गुरु थे। मैं उनके शिष्यों में से एक हूँ और मेरा नाम 'महेश्वर नाथ' है। कभी आगे चल कर लोग तम्हें 'एम' के नाम से पुकारेंगे, जो तुम्हें बराबर मेरी याद दिलाता रहेगा। जब तक तुम तैयार नहीं हो जाते 'श्री गुरु' ने तुम्हें मेरे सुपुर्द किया है।"

"क्या मैं भी कभी उन महान् 'श्री गुरु बाबाजी' को देख पाऊँगा?" मैंने उत्सुकता से पूछा। मैं अपनी उत्तेजना छिपा नहीं पा रहा था। "आवश्यकता होने पर," बाबाजी ने कहा, "लेकिन याद रखो, ध्यान और क्रिया का अभ्यास 'श्री गुरु बाबाजी' से मिलने के लिए नहीं किया जाता, अपितु चेतना की उच्चतर स्थिति को पाने के लिए किया जाता है, जिससे यह महसूस किया जा सके कि बाबाजी की शिक्षाओं का उद्देश्य क्या है। चलो, देखते हैं।"

"चलो, आगे बढ़ें। मैं ज्यादातर यहाँ 'व्यास गुहा' नहीं आता। कल मैं यहाँ केवल तुम्हें लेने आया था। बद्री में, साधारणतः मैं मंदिर के पार 'नारायण पर्वत' के पीछे, 'चरण पादुका' के पास एक गुफा में रहता हूँ। वहाँ पहुँच कर हम तुम्हारा पाठ शुरू करेंगे। चलो।"

इस तरह हम निकल पड़े – युवा शिष्य और गुरु, जो स्वयं पौराणिक दक्षिणामूर्ति की भाँति युवा दिखते थे। मैंने देखा बाबाजी कितना तेज़ चलते थे। उनके साथ चलने के लिए मुझे बड़ी कोशिश करनी पड़ रही थी। वे बीच–बीच में मुझे आराम करने देते और उत्साहित करते। "नौजवान!" वे कहते "थोड़ा और तेज़ चलो। तुममें तो भरपूर ऊर्जा है। बहुत अच्छे।"

'बद्रीनाथ' पहुँचकर हम नें मंदिर के पीछे का रास्ता पकड़ा और तब तक ऊपर चढ़ते गए, जब तक 'चरण पादुका' नहीं पहुँच गए। जैन लोग इसे अत्यंत पवित्र स्थल मानते हैं, यहाँ उनके एक तीर्थंकर आए थे। इस स्थान के बाद एक घास का मैदान था और फिर दोनों तरफ गुफाओं वाली एक संकरी घाटी। यहाँ कुछ गुफाओं में योगी रह रहे थे। उन्होंने 'बाबाजी' को प्रणाम किया। हम ऊपर जाकर एक बड़ी गुफा के सामने रुक गए। गुफा के मुँहाने पर अनगढ़ पत्थरों से बना अग्निकुण्ड अब तक सुलग रहा था।

"कुछ समय के लिए यह हमारा निवास स्थान रहेगा," बाबाजी ने कहा, "अंदर जाकर अपना कंबल और झोला रख दो। अंदर एक मोटा ऊनी चोगा होगा। उसे पहन लो। मैं तुम्हें बीमार नहीं होने देना चाहता। अपने सिर को भी ठीक से ढक लो। बेंत की टोकरी में एक नीला साफा होगा, उससे अपने कान बाँध लो। फिर आराम करो। हमारा पहला पाठ शाम को शुरू होगा"।

यद्यपि औपचारिक पाठों और चर्चाओं के लिए समय नियमित था, परन्तु बाबाजी के साथ रहना ही अपने आप में एक पूरी संपन्न प्रक्रिया थी। मैंने गुफा को झाड़ना बुहारना सीखा, पास के झरने से पानी भर लाना सीखा, जो कभी–कभी बर्फ के टुकड़ों से भरा होता था। मैंने लकड़ियाँ इकट्ठा करना भी सीखा, जिसके लिए कुल्हाड़ी चलाना सीखना पड़ा। मंदिर के पास बाज़ार के दूकानदारों से और अन्य क्षेत्रों से तरकारी, गेहूँ का आटा और अन्य सामान माँग लाना सीखा और गुज्जरों से भैंस का दूध भी।

भीख माँगना मेरे अहंकार को ठेस पहुँचाता था, हालाँकि दूकानदार ये जानकर खुशी–खुशी दे देते थे कि मैं 'बाबाजी' का चेला हूँ। मैंने देखा कि लोग 'बाबाजी' का कितना आदर करते थे। जब वे बाज़ार से गुज़रते, तो अनेक दूकानदार खड़े हो जाते और हाथ जोड़कर "राम, राम, महाराज!" कह कर उनका अभिवादन करते। बाबाजी हमेशा झुककर अपना दाँया हाथ सीने पर रखकर उनके अभिवादन का उत्तर देते।

मैंने सही रूप में खाने के महत्व को समझा और पहली बार मुझे खाना पकाना सिखाया गया। भोजन चाहे बिल्कुल सादा हो, लेकिन सही होना चाहिए। सब्जियाँ काटने से लेकर उचित समय तक उबालने तक, कहीं भी समझौते को स्थान नहीं। एक बार बाबाजी ने मुझसे कहा, "अगर तुम सब्जी ठीक से नहीं काट सकते या अपने चावल ठीक से नहीं पका सकते, तो अंतिम परिपूर्णता को कैसे प्राप्त कर सकते हो। यह तो वही बात हुई कि कोई दिन–रात झूठ बोले और कहे कि वह अंतिम सत्य खोज रहा है। राजनीतिज्ञ क्या सत्य की कसम नहीं खाते? सत्यमेव जयते! अपने दैनिक जीवन को परिशुद्ध बनाने से आरंभ करो। वही परिपूर्णता का मार्ग है।"

ध्यान, योगासन और दूध तथा फल – अक्सर अमरूद और लीची – के हल्के नाश्ते के बाद सुबह के पाठ शुरू होते थे और लगभग एक घंटा चलते थे। बाबाजी ने कहा, "अभी तुम्हारी एकाग्रता की अवधि केवल एक घंटा है, और फिर, अपने नवअर्जित ज्ञान को अच्छी तरह पचाना भी ज़रूरी है।" अगर आवश्यकता होती, तो पढ़ाई के बाद मैं धूनी के लिए लकड़ियाँ इकट्ठा करता और खाना पकाता। शुरू के कुछ दिन, पाठ के

बाद बाबाजी पहाड़ियों की तरफ घूमने चले जाते और भोजन के समय वापस आते। वे बहुत कम खाते थे।

भोजन के बाद हम थोड़ा आराम करते, उसके बाद कभी–कभी मैं अकेला इधर–उधर घूमने चला जाता और कभी–कभी बाबाजी के साथ। सूर्यास्त का समय ध्यान के लिए था और हम जहाँ कहीं भी होते, ध्यान में बैठ जाते। उसके बाद एक घंटे की पढ़ाई, फिर सादा भोजन। उसके बाद हम धूनी के पास बैठकर अनौपचारिक रूप से बातें करते। कभी–कभी हमारी बातें व चर्चाएं घंटों चलती रहती और नेपथ्य में धूनी की लपटें अपनी मौज में नाचती रहतीं और लकड़ियाँ चटकती रहतीं। जब मुझे नींद आने लगती तो मैं गुफा में लेट जाता और सो जाता। बाबाजी धूनी के पास बैठे रहते और कभी–कभी आँखें बंद कर लेट जाते। मुझे लगता है कि वे वास्तव में सोते नहीं थे।

हमारी चर्चाओं के विषय काफी विस्तृत हुआ करते थे और प्रिय पाठक, हो सकता वे आपके लिए उबाऊ हों। अतः मैं केवल कुछ चर्चाओं के बारे में ही बात करूँगा, जिन्हें मैं महत्वपूर्ण समझता हूँ। लेकिन यह कहना चाहूँगा कि जो भी ज्ञान मेरे पास है, वह मैंने बाबाजी के साथ उन साढ़े तीन सालों में अर्जित किया था।

22. कुण्डलिनी–स्फुरण

बाबाजी के साथ मेरी शिक्षा की शुरूआत संध्या बेला में मेरे पहले पाठ से हुई। उस समय झुटपुटा घिरने लगा था और हम दोनो धूनी की ओर मुँह करके बैठ गए। हमारे सामने अग्नि की लपटें नाच रही थीं।

बाबाजी ने कहा, "अग्नि सारी प्राचीन सभ्यताओं में पवित्र मानी गई है। वैदिक काल में आग के देवता, 'अग्नि' का प्रतिदिन आह्वान किया जाता था। तुमने कभी सोचा कि अग्नि को इतना महत्व क्यों दिया जाता है?"

"खाना पकाने के लिए आग की आवश्यकता होती है," मैंने कहा, "और जाड़ों में आग गर्मी देती है तथा जंगली जानवरों को दूर रखती है, शायद इसीलिए प्राचीन सभ्यताओं ने आग को इतना सम्मान दिया।"

बाबाजी हँस पड़े, "हाँ, हाँ, लेकिन बात केवल इतनी नहीं। प्राचीन काल में दियासलाई नहीं थी। आग जलाने के लिए अग्नि देव की आराधना करते हुए सूखी लकड़ियों को देर तक रगड़ना पड़ता था। जब चिनगारी पैदा होती थी, तो वास्तव में वह एक चमत्कार ही होता था। यह आग, चिन्गारी के रूप में प्रकट होने से पहले कहाँ थी, प्राचीन काल के चिंतकों ने सोचा–अवश्य ही वह पहले ही से लकड़ी में विद्यमान थी, परन्तु इसके प्रकट होने के लिए अनुकूल परिस्थितियों की आवश्यकता थी। इस प्रकार अग्नि 'आत्मा' का प्रतीक बन गई, सर्वत्र विद्यमान, परन्तु विशेष परिस्थितियों में ही रूप धारण करने वाली।"

"अग्नि को आत्मा का प्रतीक क्यों माना गया, इसका एक और कारण यह है कि 'अग्नि' सर्वदा ऊर्ध्वमुखी है। जलती लकड़ी को अधोमुखी करने पर भी लपटें हमेशा ऊपर की तरफ ही उठती हैं। साथ ही एक अकेली चिनगारी विशाल जंगल को जला कर राख

कर देने के लिए पर्याप्त है। तुम एक मोमबत्ती से हजारों मोमबत्तियाँ जला सकते हो, लेकिन मूल मोमबत्ती की लौ में इससे कोई कमी नही आएगी। आत्मा का इससे अधिक सटीक प्रतीक और क्या हो सकता है?''

''जब यह ध्वंसक हो जाती है तो सब कुछ जलाकर राख कर देती है, मिट्टी में मिला देती है। प्रेम और करुणा की पवित्र 'अग्नि' सारे स्वार्थों को जला कर भस्मीभूत कर देती है। सन्यासी अपने शरीर पर विभूति यह जताने के लिए लगाते हैं कि वे बंधनों से मुक्त हैं।''

''जो दृश्टिगोचर है, केवल उसे ही 'अग्नि' नहीं कहा जाता। हर तरह का ज्वलन, 'अग्नि' का ही परिचायक है। अपचय और उपचय की प्रक्रियायें जो हमारे शरीर का पोषण करती हैं, उन्हें भी 'पाचन अग्नि' कहा जाता है, इसी तरह इच्छा–आकांक्षाओं की अग्नि, चाहे वह अधोमुखी हो या ऊर्ध्वमुखी, वह भी अग्नि ही है।''

''प्रेम को भी तो 'प्रेमाग्नि' या 'प्रेम की ज्वाला' कहा जाता है। पुराने प्रेमी को अंग्रेज़ी में 'ओल्ड फ्लेम' यानी 'पुरानी लौ' नहीं कहते क्या? उसे 'पुराना पानी' या 'पुरानी वायु' कोई नहीं कहता। क्योंकि प्रेम, इच्छाएं, प्रेरणाएं ये सब एक तरह की आग हैं। कल्पना शक्ति भी तो एक तरह की 'अग्नि' ही है। इसलिए सदियों से 'अग्नि' की पूजा होती आई है। हम 'नाथ पंथियों' के लिए तो आग हमारे स्वत्व का हिस्सा है। हम धूनी जलाते हैं और घंटों उसकी लपटों को देखते बैठे रहते हैं। देखते–देखते, 'अग्नि' हमारी मित्र और रक्षक हो जाती है। हमारा मन 'अग्नि' में विलीन हो जाता है और हम एक हो जाते हैं। विश्वास करो, सारी प्रकृति की तरह 'अग्नि' का अपना खुद का मानस होता है। हमारा मानस, आग के देवता–अग्नि के मानस से घनिष्ठता से जुड़ा है। यहाँ तक कि इसकी लपटें हमारी किसी भी इच्छा को पूरा कर सकती हैं।''

''इसी तरह हमारी 'अन्तरग्नि', हमारी 'कुंडलिनी', जो वास्तव में ब्रह्मांडीय ज्वलनशीलता का अंग है, बाहर की 'अग्नि' से तादात्म्य स्थापित कर धूनी का रूप धारण कर लेती है। इसमें से लपटें फूटती हैं और सहस्त्र दल कमल तक पहुँचती हैं और मनुष्य भगवान् हो

जाता है। तब चेतना के विस्तृत आयामों तक पहुँचा जा सकता है और उनका उपयोग किया जा सकता है। तब दुःख लुप्त हो जाते हैं। ध्यान से देखो।''

बाबाजी ने फिर गहरे ध्यान से लपटों को देखा और कहा, ''ओ धूनी में नाचती मेरे हृदय की आग! ऊँची, और ऊँची उठो और अपना वैभव दर्शाओ।'' आग की एक लपट ऊँची उठने लगी। मेरा शंकालु मन, उसी समय बह निकली ठंडी हवा को इसका कारण मानना ही चाहता था कि मैंने देखा केवल एक ही लपट बढ़ रही थी। वह लपट एक बलखाते खंभे की तरह ऊँची उठती रही और कुछ दूर खड़े देवदार के वृक्ष जितनी ऊँची उठ गई।

''ओ अग्नि! अब इस बालक की नाभि का स्पर्श करो। मधु की 'अन्तरग्नि' तुम्हारी कृपा से जग जाय।'' ज्यों ही वह लंबी लपट मेरी तरफ झुकी, मैं विस्मय से काँपने लगा। पलक झपकते ही अपनी जीभ से वह मेरी नाभि का स्पर्श कर गई। मेरा सारा शरीर जलने लगा। सारे व्यवधानों को राख करती हुई वह अग्नि ऊपर की ओर बढ़ने लगी और मेरे मस्तिष्क में फटकर अनेक दीप्तियों वाली बहुरंगी चमक बन गई। उससे एक अद्‌भुद शीतल और सुखद भाव जागा, जो मेरी रीढ़ में स्थापित हो गया। रास्ता अब साफ था और बाबाजी के प्रोत्साहन के साथ धैर्य से मुझे उस पर आगे बढ़ना था।

जब मैंने आँखें खोली तो लपटें सामान्य हो चुकी थीं और बाबाजी प्रसन्नचित मुस्करा रहे थे, जैसे कि कोई माँ अपने छौने के पहले कदम पर आल्हादित होती है। ''ठीक है, आज के लिए इतना काफी है,'' उन्होंने कहा। ''अब कुछ देर चुपचाप ध्यान में बैठो, फिर सो जाना।''

''बाबाजी'', मैंने कहा, ''मैं कल ही आपसे यह पूछना चाहता था कि क्या आप कभी सोते भी हैं? मुझे लगता है आप पूरी रात जागते रहे, है न?''

''बेटे, मुझे नींद की आवश्यकता नहीं है। तुम्हें है, क्योंकि तुम्हारा मन और शरीर थक जाते हैं और उन्हें तरोताज़ा होने की आवश्यकता पड़ती है। मुझे कोई थकान नहीं होती।

आगे चलकर तुम इसे समझोगे, कम से कम कुछ हद तक। बहुत सालों बाद जब तुम बहुत सारे काम करोगे, तब तुम्हें इसका रहस्य समझ में आएगा।"

उस रात मेरा ध्यान बहुत गहरा लगा। मेरा मन पहले उन अनजाने आयामों तक पहुँचा और बहुत सारे उन प्रश्नों के उत्तर लेकर लौटा, जो अब तक मुझे सताते रहते थे। फिर मैंने बाबाजी को नमन किया और गुफा में जाकर सो गया। बाबाजी पद्मासन में पत्थर की तरह स्थिर बैठे थे। उनकी आँखें धूनी की अग्नि पर जमीं थीं।

23. वह वृद्ध तिब्बती लामा

एक दिन ध्यान और नाश्ते के बाद बाबाजी ने एक अनपेक्षित बात कही। "आज तुम्हारा कोई कार्यक्रम नहीं है। तुम जहाँ चाहे घूम सकते हो। शायद तुम उन पहाड़ियों तक जाना चाहो और वे गुफाएं देखना चाहो। लेकिन ध्यान रखो कि अँधेरा होने से पहले वापस आ जाना। ठीक है?"

मुझे और कुछ भी इतना पसंद नहीं था, जितना ट्रैकिंग और अनजानी जगहों में घूमना। मैं केवल अपना कमण्डल और छड़ी लेकर निकल पड़ा। मैंने उस खड़ी चढ़ाई का संकरा रास्ता पकड़ा, जिस पर एक दो बार बाबाजी को जाते देखा था। कुछ समय पश्चात चढ़ाई काफी कठिन हो गई और ठण्ड भी बहुत बढ़ गई। साथ ही बूंदाबांदी होने लगी और कुछ देर बाद हल्की बर्फ पड़ने लगी।

रास्ते के दोनों तरफ कुछ प्राकृतिक गुफाएं थीं। बाबाजी ने मुझे आगाह कर दिया था कि कभी–कभी हिमालयी रीछ इन गुफाओं में रहते पाए जाते हैं। इसलिए जब मैंने एक गुफा से आती गुनगुनाहट और बुदबुदाहट की आवाज़ सुनी, तो मैं डर के मारे जम गया। तभी मैंने गुफा से आती अगरबत्ती की खुशबू महसूस की।

सावधानी और उत्तेजना से काँपता हुआ मैं गुफा के मुँह की तरफ बढ़ा और अंदर घुसा। कुछ क्षणों में मेरी आँखें उस मद्धिम प्रकाश की अभ्यस्त हो गईं, जो गुफा के दूरस्थ किनारे पर एक गहरे गड्ढे में जलती आग से आ रहा था। आग की तरफ मुँह करके एक नग्न शरीर व्यक्ति बैठा था, जो उसमें आहूती डाल रहा था और भुनभुनाते स्वर में कुछ जप रहा था जिसका अर्थ मैं नहीं समझ सका। मैं चुपचाप कुछ दूरी पर प्रतीक्षा में बैठ गया, कि कब वह मेरी उपस्थिति का संज्ञान लेगा क्योंकि मुझे विश्वास था कि उसे गुफा में मेरे होने का भान था।

कुछ देर बाद वह मेरी ओर मुड़ा और मुझे पास आने का इशारा किया। मैं आग की तरफ बढ़ा। अब मैं उसका चेहरा साफ देख सकता था। झुर्रियों वाला उसका रूखा चेहरा मंगोल मूल का लगता था। दाढ़ी और पतली मूँछों के नाम पर कुछ सफेद बाल भर थे और वह बिल्कुल गंजा था। मैंने अनुमान लगाया कि वे कोई बौद्ध भिक्षु थे। मुझे आश्चर्य हुआ जब उन्होंने अँगरेज़ी में अटक–अटक कर बोलना शुरू किया। उनकी आवाज़ रूखी थी और टर्राहट जैसी लगती थी। ''नमस्ते'' उन्होंने हाथ जोड़कर कहा, ''अवलोकतेश्वर बुद्ध तुम्हें आशीर्वाद दें।'' मैंने उन्हें साष्टांग प्रणाम किया और बताया कि मैं कौन था और वहाँ क्यों आया था।

''मालूम है, मालूम है,'' उन्होंने कहा, ''मैं तुम्हारे बाबाजी को जानता हूँ। हम अक्सर मिलते हैं। मैं महान् योगी मिलरेप के 'कर्गयुपा संप्रदाय' का घुमन्तू तिब्बती योगी हूँ। मिलरेप का अर्थ है सूत की पट्टी। हम लोग कठिन से कठिन जाड़े में भी केवल एक छोटी लँगोटी पहनते हैं।''

''आप क्या मन्त्रोच्चार कर रहे थे और आपको अँगरेज़ी कैसे आती है?'' ''मैं तुम्हारे दूसरे प्रश्न का उत्तर नहीं दूंगा। समय आने पर तुम्हें अपने आप पता चल जाएगा। जहाँ तक पहला सवाल है, मैं बौद्ध मंत्र 'ओम् मणि पद्मे हून' का उच्चारण कर रहा था।''

''क्या मैं आपसे पूछ सकता हूँ, सर, कि आप भरे जाड़ों में भी नंगे शरीर कैसे रहते हैं? बाबाजी भी आपकी तरह हैं।''

''बच्चे! मैं समझाता हूँ। मिलरेप के अनुयायी हम लोग, मानसदर्शन (विज़ुलाइज़ेशन) के साथ–साथ साँस लेने की 'थुम्मो' नामक एक विशेष तकनीक का उपयोग करते हैं। इससे नाभि अर्थात् मणिपुर चक्र में अन्तरग्नि की गर्मी पैदा होती है और सारे शरीर में फैल जाती है। अगर तुम ध्यान दो, तो पाओगे कि मुझे काफी पसीना आ रहा है। यह आंतरिक गर्मी के कारण है। हमारे कुछ योगी जाड़ों में भी गीली चादर अपनी पीठ पर लपेट कर उसे मिनटों में सुखा सकते हैं।

''मणिपुर वही चक्र है जहाँ कल अग्नि ने तुम्हें छुआ था। ज़रूरत पड़ने पर तुम्हारे बाबाजी 'थुम्मो' जैसी तकनीक तुम्हें सिखाएंगे, जिसका वे स्वयं उपयोग करते हैं।''

''एक मिनट,'' मैंने कहा, ''आपको अग्नि द्वारा मेरी नाभि के स्पर्श की बात कैसे मालूम है? कल की उस घटना के बाद बाबाजी मेरे पास से हटे ही नहीं, सिवाय इसके कि वे रात में आपके पास आए हों और आपसे इसकी चर्चा की हो। लेकिन मैं ऐसा नहीं समझता..."

''मेरे बच्चे! हमारे पास संप्रेषण के ऐसे साधन हैं, जिनके बारे में अधिकांश मनुष्यों को जानकारी नहीं है। पर इसमें रहस्य की कोई बात नहीं है। जब मन शांत हो जाता है और एकाग्रचित्त ध्यान की शक्ति पा लेता है, तो विचारों का विनिमय संभव होता है। क्योंकि मैंने तुमसे यह बात कही है, इसलिए अब तुम अखबारों और पत्रिकाओं में छपे उन विज्ञापनों से प्रभावित मत हो जाना, जिनमें निश्चित शुल्क देने पर टेलीपैथी सिखाने के दावे किए जाते हैं। वह सब बकवास है। असली चीज़ इतनी आसान नहीं।''

''आज्ञा हो, तो क्या मैं दो प्रश्न और पूछ सकता हूँ'' मैंने कहा।

''पूछो।''

''कुछ पुस्तकों में लिखा है कि तिब्बत के कुछ भागों में इस लोक के अलावा अन्य लोकों की प्राचीन सभ्यताओं के अवशेष छिपे हैं, क्या यह सत्य है? दूसरे, क्या हिम मानव 'येती' वास्तव में होता है? क्या आपने उसे देखा है?''

तिब्बती योगी ने कहा, ''तुम्हारे पहले प्रश्न के उत्तर में,'' ''हाँ, तिब्बत में ऐसी कुछ जगहें हैं। मैंने खुद तिब्बत के एक लगभग अगम्य भाग में ऐसी एक गुफा देखी है। वहाँ मैंने छोटे शरीर वाले ह्यूमेनाइड्स के अच्छी तरह परिरक्षित शरीर देखे हैं। उनका सिर हमारे सिर से बड़ा है और उनका रंग गहरा, लगभग धूसर है। लेकिन हमारा विश्वास है कि वे धरती की ही किसी प्राचीन प्रजाति के हैं, न कि किसी और ग्रह या आकाश गंगा से आये हुए। हमारे गुरुओं का कहना है कि यह जाति विशेष, दो विरोधी सभ्यताओं के युद्ध में नष्ट हो गई। दोनों ही मानसिक रूप से अत्यन्त विकसित थीं, परन्तु इन सभ्यताओं में प्रेम और करुणा की भावनाओं की पूरी तरह उपेक्षा की गई थी। जिस तरह आज हमारी सभ्यता आगे बढ़ रही है, उसे देखकर भी चिंता होती है कि हमारा भविष्य क्या होगा।''

''अब 'येती' के बारे में – हाँ, 'येती' होते हैं, यद्यपि 'येती' देखे जाने की बहुत सारी रपटें झूठ हो सकती हैं। 'बद्रीनाथ' से 'कैलाश' के प्राचीन मार्ग पर 'माना दर्रे' के बाद,

जिसका अब उपयोग नहीं होता, तिब्बत की तरफ एक प्राचीन 'तोलिंगमठ' नामक बौद्ध विहार है। 'तोलिंगमठ' के पास भी कुछ लामाओं ने हाल ही में 'येती' को देखा है। मैंने भी एक 'येती' को देखा है। बाबाजी से कहो यदि वे तुम्हें 'तोलिंगमठ' ले जा सकें या कैलाश। तो हो सकता है तुम्हें भी कोई 'येती' दिखाई दे जाए। वे रास्ता अच्छी तरह जानते हैं और वहाँ कई बार गए हैं।"

"कोशिश करूँगा," मैंने कहा। "एक अंतिम प्रश्न, क्या आप लामा हैं?"

"नहीं, जैसा तुम सोचते हो, वैसे नहीं। लामा साधु–महात्माओं के लिए उपयोग किया जाना वाला एक सामान्य शब्द है। वह औपचारिक रूप से दीक्षित लामा हो सकता है, विवाहित या अविवाहित, या वह शामनों की तरह के तिब्बत के बौद्ध से पूर्व 'बोन–पा' नामक संप्रदाय का हो सकता है। हम जैसे लोग, जो किसी भी संप्रदाय से जुड़े होने का कोई प्रतीक धारण नहीं करते, 'जोगी' कहे जाते हैं। 'मिलरेप' ऐसे ही एक 'जोगी' थे हालाँकि उनके सिद्धांतों को मानने वाले 'कर्गयूपा' लोगों का मुखिया अब औपचारिक रूप से दीक्षित भिक्षु होता है जिसे 'कर्मपा' कहा जाता है और जो औपचारिक चोगा पहनता है। यह जरूरी नहीं कि एक उच्च्च स्तरीय लामा, जो लौकिक या धार्मिक अधिकारी हो, वह आध्यात्मिक रूप से भी उन्नत हो।"

"दलाई लामा को आप किस श्रेणी में रखेंगे, सर?" वृद्ध लामा कुछ ठिठका और फिर कहीं दूर स्थित आँखों के साथ बोला, "स्वर्गीय महान् तेरहवें दलाई लामा को आध्यात्मिक रूप से अत्यन्त उन्नत व्यक्ति के रूप में स्वीकार किया जाता है। पहला दलाई लामा एक राजनैतिक नियुक्ति था, मंगोल विजेता चंगेज खाँ के प्रपौत्र कुबलाइ खाँ द्वारा नियुक्त। दलाई का अर्थ है महासागर। 'दलाई लामा' का पद इसलिए बनाया गया था कि कुबलाइ खाँ, जो चीन का सम्राट था, तिब्बत की राजनीति में अधिक हस्तक्षेप करना चाहता था। दूसरे 'दलाई लामा' उसके रिश्तेदार थे। राजनीति हमेशा धर्म में घुली–मिली रही है। मैं इससे अधिक कुछ नहीं कहना चाहूँगा"।

"अब तुम्हें भूख लगी होगी"। उन्होंने 'संपा' नाम की बहुत अजीब स्वाद वाली गोंद जैसी वस्तु खाने को दी, जो भुने हुए जौ के आटे और याक की चर्बी को मिलाकर बनाई

जाती है। मैंने उसे जल्दी से गटक लिया। फिर उनकी दी हुई काली चाय पी, और तब उन्हें साष्टांग प्रणाम कर विदा ले कर गुफा से बाहर निकल आया।

जब मैं वापस पहुँचा, तो बाबाजी गुफा के बाहर कुछ पुराने ताड़–पत्रों की पाण्डुलिपि को ध्यान से देखते हुए बैठे थे। ''तो आज युवा खोजी ने क्या किया?'' उन्होंने मुस्कराते हुए कहा। ''वृद्ध तिब्बती योगी से मुलाकात कैसी रही? तुमने उनसे बहुत सारे प्रश्न पूछ डाले।''

''हां, बाबाजी,'' मैंने कहा। मैंने जो कुछ किया, उनकी एमदम सही जानकारी से अब मुझे कोई आश्चर्य नहीं हुआ। ''मुझे आपसे पूछना है...''

''बाद में,'' बाबाजी ने कहा, ''अब तुम एक नींद ले लो। शाम को हमारा एक महत्वपूर्ण सत्र है।'' मैं गुफा के अंदर लेट गया और शीघ्र ही गहरी नींद में सो गया।

24. योग, वेदान्त और नाथपंथ

यह एक ठण्डी सुबह थी और आसपास की अनेक चोटियों पर बर्फ टोपी की तरह जम गई थी। सारी रात हल्की–हल्की बर्फ पड़ती रही थी, पर धूनी फिर भी जलती हुई ही मिली।

"आज हम उपनिषद् से पढ़ाई आरंभ कर सकते हैं," बाबाजी ने कहा।

"लेकिन बाबाजी उपनिषदों को समझना तो बहुत कठिन है। क्या वे केवल सन्यासियों और प्रकाण्ड पंडितों के लिए नहीं है?"

"ऐसे विचार पुजारियों और पोंगा पंडितों ने ही जनता में फैलाए हैं क्योंकि उन्हें भय था कि उपनिषदों की सीधी–सादी शिक्षाएं लोगों को तर्क संगत रूप से सोचने के लिए प्रेरित करेंगी और उनके द्वारा फैलाए और प्रचिलित किए गए पाखंडी अंधविश्वासों से उन्हें दूर कर देंगी। उन्हें डर था कि अगर लोग अपने आप सोचने लगे, तो उनके चंगुल से बाहर निकल जाएंगे। अतः राजा और प्रजा दोनों पर ही, उनके और भगवान् के बीच अपनी मध्यस्थता स्थापित करने के कारण चालाक पुजारियों का जो अधिकार था, उससे साधारण जन के उपनिषदों के अध्ययन में उन्होंने बाधाएं उत्पन्न की। इस महान् सभ्यता की अवनति का एक बड़ा कारण शुद्ध ज्ञान की इस प्रकार की गई यह उपेक्षा है।

"उपनिषद् केवल सन्यासियों के लिए हैं, यह मिथक भी पुजारियों का अपना आविष्कार था। सरसरी निगाह से उपनिषद् देखने भर से तुम्हें पता लग जाएगा कि लगभग सभी उपनिषद् ऐसे महान् ऋषियों द्वारा पढ़ाए जाते थे, जो गृहस्थ थे और जिनके बच्चे भी थे। उनमें से कुछ जैसे राजर्षि जनक राजा थे तथा महान् ऋषि विश्वामित्र, जिन्होंने हमें गायत्री मंत्र दिया, वे ऋषि होने से पहले क्षत्रिय थे।"

"हमें भूलना नहीं चाहिए कि प्रख्यात ऋषि व्यास, जिन्होंने वेदों का संचयन किया और ब्रह्मसूत्र की रचना की, वे एक मछुआरिन के बेटे थे। अतः योग्यता महत्वपूर्ण है न

कि किसी जाति या गोत्र में जन्म। अगर तुम समझते हो कि तुम्हारी एक आत्मा है, जो अशरीरी है, तो क्या उसके माँ–बाप हैं? महान् ऋषि उन दिनों अपनी संतान को दूसरे ऋषियों के पास उपनिषदों का अध्ययन करने भेजते थे। 'उपनिषद् काल' प्रबुद्ध युग था। उसमें सभी सच्चे साधकों के लिए अध्ययन के समान अवसर थे, चाहे वे किसी भी जाति या संप्रदाय के हों।

"शंकराचार्य स्वयं वेदान्ती नंबूदरी ब्राह्मण थे, परन्तु जब उन्होंने यह कहा कि हमें उपनिषदों की ओर वापस जाना चाहिए और परम् ब्रह्म, सत्य, किसी और माध्यम से नहीं, केवल विवेक द्वारा पाया जा सकता है, तो पुजारियों ने उन्हें 'प्रच्छन्न बौद्ध' घोषित कर दिया। शंकराचार्य की शिक्षाओं से कर्मकांडी धर्म को गहरा धक्का लगा और पुजारियों को लगा कि लोगों में उनका दबदबा कम हो जाएगा। वे कितने चालाक थे इसका उदाहरण इसी बात से देखा जा सकता है कि अंत में उन्होंने शंकराचार्य द्वारा स्थापित मठों पर ही अपना इतना प्रभाव जमा लिया कि आज–कल अधिकांश मठ भी कर्मकांडी संस्थान बन कर रह गए हैं।

"मैं मानता हूँ कि उपनिषदों का विद्यार्थी कहलाने के लिए कुछ विशेषताएं आवश्यक हैं, जैसे तीक्ष्ण एवं पूर्वग्रह–रहित दिमाग, पर्याप्त बौद्धिक शक्ति और एक स्वस्थ शरीर। एक बीमार व्यक्ति के पास इस गहरी आत्म–अध्ययन की प्रक्रिया के लिए आवश्यक ऊर्जा नहीं होगी। बीमार शरीर में धैर्य की कमी होती है, जिसकी इस खोज में बड़ी आवश्यकता होती है। अतः इसके लिए योगासनों का अभ्यास, एक सही और पोषक खुराक और चित्त का शांत रहना आवश्यक है।"

"लेकिन बाबाजी," मैंने कहा, "उपयुक्त गुरु भी तो आवश्यक है।"

"मानता हूँ, लेकिन गलत गुरु से गुरु का न होना ही बेहतर है। गुरु का काम है शिष्य का मार्ग–दर्शन करना, न कि उसे सदा के लिए अपने ऊपर निर्भर बनाना। एक आध्यात्मिक गुरु को विद्यार्थी का मार्ग–दर्शन कर के उसे उस हद तक पहुँचा देना चाहिए, जहाँ वह खुद अपने पैरों पर खड़ा हो सके। आत्मनिर्भरता वेदान्ती शिक्षाओं की आत्मा है।

"तो जब मैं कहता हूँ 'उपनिषद्', तो मेरा मतलब सबसे पुराने ग्यारह मुख्य उपनिषदों से है – ईशावास्य, केन, छान्दोग्य, बृहादारण्यक, मुण्डक, माण्डूक्य, कठ, प्रश्न, श्वेताश्वतर, ऐत्रेय और तैत्तिरीय। बाद के अनेक उपनिषद् अपने मूल रूप में नहीं पाए जाते और कुछ तो किसी संप्रदाय विशेष के विचारों को सहारा देने के लिए गढ़ लिए गए हैं। हम उन्हें छोड़ देंगे।

"उपनिषद्" शब्द 'उप' धातु से उपजा है, जिसका अर्थ होता है पास, निकट। इसका आशय यह है कि उपनिषद् उन लोगों द्वारा समझा जा सकता है, जो गुरु के निकट बैठते हैं या जो एक बहुआयामी सत्य को समझने की प्रक्रिया में गुरु के साथ घनिष्ठता से जुड़े होते हैं। यह एक ऐसा अनुभव है जिसके लिए शब्द अपर्याप्त हैं। इसे समझाया भी नहीं जा सकता, क्योंकि मस्तिष्क तो सीमित आयाम में काम करता है।"

"सामान्य रूप से चंचल मन शांत होकर बैठ (षद्) जाए। 'उप–नि–शद्', यह अर्थ है उपनिषद् शब्द के अंतिम हिस्से का, अर्थात् विचारों की अनावश्यक गति रोक दी जाए। मन की उस शांत स्थिति में वह प्रकट होता है, जो विचारों की सीमा से परे है।"

"केनोपनिषद सामवेद के अंर्तगत आता है। उसके अनुसार 'ओ शिष्य! जान लो, केवल वही ब्रह्म है, सत्य है, मन जिसकी कल्पना नहीं कर सकता, परन्तु जिसके कारण मन का अस्तित्व है। यह सब नहीं, जिसकी तुम यहाँ पूजा करते हो।"

"तुम्हें संस्कृत सीखनी होगी जिससे कि तुम मूल को समझ सको। संस्कृत की उपेक्षा ही इस देश के मनीषियों के गहनतम् ज्ञान की महती अनभिज्ञता का कारण है। मूल न जानने के कारण लोग निष्ठाहीन अनुवादकों और व्याख्याकारों के बहकावे में आ जाते हैं, जो अक्सर शास्त्रों को तोड़–मरोड़ कर अपने संकुचित विचारों के अनुकूल बनाकर प्रस्तुत करते हैं। हम केन, ईशावास्य और मान्डूक्य उपनिषदों का एक के बाद एक अध्ययन करेंगे।"

"बाबाजी! क्या बुद्ध के उपदेशों में उपनिषदों जैसी सघनता थी?"

"उपनिषदों और बौद्ध सिद्धांतों की समानता इसी बात से ज़ाहिर हो जाती है कि रूढ़िवादी पुजारियों ने शंकराचार्य को 'प्रच्छन्न बौद्ध' कहा। शंकराचार्य के गुरु गौडपादाचार्य

ने मान्डूक्य उपनिषद् पर अपनी प्रसिद्ध टीका लिखी, परन्तु फिर भी कुछ लोगों द्वारा वे बौद्ध माने जाते हैं। ऐसा इसलिए है क्योंकि अपने अजातवाद सिद्धांतों में उन्होंने प्रतिपादित किया कि संसार माया है, अर्थात् भ्रम है तथा ब्रह्म ही एकमात्र सत्ता है, अन्य कुछ नहीं। यहाँ 'ब्रह्म' शब्द के बदले बौद्धों के 'शून्य' शब्द को लिख दिया जाए, तो यह उक्ति महान् बौद्ध विचारक नागार्जुन के प्रज्ञापरमिता सिद्धांत की केंद्र विषय–वस्तु हो जाती है।''

''ये बातें तो बहुत दार्शनिक होती जा रही हैं, बाबाजी! कृपया मुझे योग और योगाभ्यास के बारे में कुछ बताइये,'' मैंने कहा।

''अच्छी बात है,'' बाबाजी ने मुस्कुराते हुए कहा। ''ध्यान से सुनो, मधु! योग एक प्राचीन विज्ञान है, जिसे बाद में ऋषि पतंजलि ने संहिताबद्ध किया। पतंजलि के 'अष्टांग योग के सूत्र' बेशकीमती हीरे हैं। अष्टांग योग का उद्देश्य है, चित्त–वृत्ति–निरोध अर्थात् मन की अशांति को दूर करना। जब मननशील योगी निर्धारित नियमों का पालन तथा आसन, प्राणायाम, बन्ध, मुद्रा और क्रिया का अभ्यास करता है, तो उसका चित्त स्थिर हो जाता है। तब वह समाधि की स्थिति में पहुँच जाता है।

''समाधि कई प्रकार की होती है और एक योगी होने के लिए साधक को समाधि का अनुभव होना उसकी मूलभूत आवश्यकता है। उपनिषदों के सिद्धांतों को समझ लेने पर समाधि की स्थिति के बाद चित्त, चेतना के उच्चत्तम स्तरों में पहुंच जाता है और समाज एवं संसार के बँधे–बँधाए विचारों–मनोभावों से पूर्णतः मुक्त हो जाता है। यह स्वतंत्रता की स्थिति ही 'कैवल्य' है, जो योग का अंतिम उद्देश्य है।''

''लेकिन बाबाजी,'' मैंने कहा, ''यौगिक शक्तियों, सिद्धियों और उस सर्वव्यापि सर्वशक्तिमान, सर्वज्ञ की अलौकिक शक्तियों के बारे में आपका क्या कहना है?''

बाबाजी ज़ोर से हँसे और बोले ''यौगिक शक्तियाँ हर किसी को आकर्षित करती हैं। 'यौगिक शक्तियों का विकास कैसे करें', जैसी हर पुस्तक गर्म जलेबियों की तरह बिकेगी। सत्य यह है कि यौगिक शक्तियाँ होती तो हैं, किंतु अत्यंत विरल। तथाकथित चमत्कारों के प्रदर्शन अधिकतर जादू की युक्तियाँ होती हैं।' यह सत्य है कि यौगिक अभ्यासों की प्रक्रिया

में चित्त इतना एकाग्र हो जाता है कि जो काम करने में एक साधारण मनुष्य को वर्षों लग जाएंगें, उसी को योगी चाहे तो फौरन कर सकता है।"

"चित्त के स्थिर और शांत हो जाने के कारण, और बहुत हद तक स्वार्थजन्य प्रवृत्तियों से मुक्त हो जाने के कारण, योगी का चित्त औरों के चित्त से संबंध स्थापित कर सकता है। अतः वास्तव में चित्त एक ही है। जब यह बात भली–भांति समझ में आ जाती है, केवल सैद्धांतिक वैचारिक स्तर पर नहीं, बल्कि वास्तव में भी, तब एक नौसिखिए योगी को भी इसका भान हो सकता है कि दूसरों के मन में क्या घट रहा है। तो ऐसे योगी के विचार और क्रियाएं साधारण लोगों को असाधारण, यहाँ तक कि चमत्कारिक जान पड़ते हैं। क्योंकि उनके अपने चित्त अभी भी विचलित और बिखरे हुए हैं।"

"लेकिन मेरी बात गाँठ बाँध लो, स्त्री–पुरूष के संगम से जना कोई भी पुरुष या स्त्री सर्वज्ञ, सर्वव्यापी और सर्वशक्तिमान नहीं हो सकता, चाहे वह कितना ही पहुँचा हुआ व्यक्ति क्यों न हो। शरीर, जिसने जन्म लिया है, अन्ततः मरेगा ही। पौष्टिक खुराक और यौगिक कायाकल्प के बल पर, वह चाहे जितनी लंबी अवधि तक जी ले। कई सौ सालों से जीवित मेरे गुरु, 'श्रीगुरु' बाबाजी भी अपना शरीर छोड़ेंगे और एक दिन मैं भी मरूँगा।"

"सामान्य व्यक्ति जिन्हें चमत्कार कहता है, वे वास्तव में प्रकृति के नियमों के अनुसार ही घटते हैं, परन्तु ऐसे नियमों को वह अब तक नहीं समझ सका है या उनकी जानकारी उसे नहीं है। इन नियमों को जानने वाला योगी यह भी जानता है कि उनसे कैसे काम लिया जाय।"

फिर मैंने उनसे 'नाथों' के बारे में पूछा। "आपने एक बार मुझसे कहा था कि आप 'नाथपंथी' हैं। इस पंथ के बारे में कुछ बताइये।"

बाबाजी ने कहा, "हाँ" अभी थोड़ा बहुत बता देता हूँ। धीरे–धीरे तुम और जानोगे। 'नाथ' एक प्राचीन संप्रदाय है, जिसके संस्थापक शिव महादेव हैं, जिन्हें 'आदिनाथ' के नाम से भी जाना जाता है। 'नाथों' के अगले महान् गुरु 'मत्स्येन्द्रनाथ' हुए, जो प्रसिद्ध 'गोरखनाथ' के गुरु थे। हमेशा युवा दिखने के कारण 'बालक नाथ' के नाम से जाने जाने

वाले नाथ संप्रदाय के महान् योगी और कोई नहीं, मेरे गुरु 'श्रीगुरु' बाबाजी ही हैं। तुम्हारे गुरु भी पहले वे ही थे।

"नाथ लोग अत्याधिक उत्तम कोटि के योगी थे। योग–शास्त्र पर लिखी लगभग सभी महत्वपूर्ण पुस्तकें, जैसे – गोरक्षशतक, घेरुण्डसंहिता, हठयोग प्रदीपिका इत्यादि, नाथ योगियों द्वारा ही लिखी गई हैं। आसन, प्राणायाम, क्रियायोग, बन्ध और मुद्राओं का उन्होंने अत्याधिक अभ्यास किया और उन्हें परिपूर्ण बनाया। साधारणतः वे 'घुमन्तू योगी' हुआ करते थे, जिन्हें आमतौर पर 'कनफटा' बाबा कहा जाता था क्योंकि वे अपने कानों के ऊपरी हिस्से को छेद कर उनमें बड़ी–बड़ी बालियाँ पहनते थे, जैसे मैंने पहन रखी हैं।"

बाबाजी ने मुझे अपने कानों की बालियाँ देखने दी। "मेरे कान कब छेदे जाएंगे?" मैंने पूछा।

"तुम्हारे कान छेदने की आवश्यकता नहीं है।" बाबाजी ने कहा, क्योंकि तुम्हें संसार में वापस जाकर साधारण मनुष्यों की तरह रहना है, लेकिन मैं तुम्हारे कानों का निचला हिस्सा छेद दूँगा, जिसमें तुम ताँबे की बालियाँ पहन सकते हो। उसके बाद मैदानों में जाने से पहले तुम बालियाँ उतार सकते हो। कुछ समय बाद छेद भर जाएंगे।"

"नाथ लोग जहाँ भी रहते हैं, धूनी अवश्य जलाते हैं। साँईंनाथ ने शिर्डी में अपनी धूनी हमेशा जलती हुई रखी और वह आज भी जल रही है। तुम्हें विशेष आज्ञा दी गई है कि तुम्हें हमेशा धूनी जलाए रखने की आवश्यकता नहीं है क्योंकि तुम्हारा काम दूसरे प्रकार है। अगर तुम चाहो तो विशेष अवसरों पर धूनी जला सकते हो।"

"बाबाजी! आपने मुझे क्रिया प्राणायाम सिखाया है – गर्म–ठंडा वाला, कृपया क्रियायोग के बारे में और भी बताइये।"

"बाबाजी ने कहा, उसके बारे में मैं तुम्हें बाद में बताऊँगा, जब हम 'कैलाश' जाते समय तिब्बत स्थित 'तोलिंगमठ' के लिए अपनी पहली पैदल यात्रा करेंगे। वहाँ मैं तुम्हारे कान छेद कर तुम्हें ताँबे की बालियाँ पहना दूंगा। क्या तुम तिब्बत के 'तोलिंगमठ' जाने के लिए उत्सुक नहीं हो?"

मेरा मन पढ़ने की उनकी क्षमता पर मैं चकित था। जिस दिन वृद्ध तिब्बती 'जोगी' ने 'तोलिंगमठ' के बारे में बताया था, उसी दिन से मैं बाबाजी से पूछना चाहता था कि क्या हम वहाँ जा सकते थे, परन्तु किसी न किसी कारणवश बात रह जाती थी। ''यह तो बहुत ही अच्छा रहेगा,'' मैं खुशी से चिल्लाया, ''कैलाश, महायोगी शिव का स्थान।''

''तोलिंगमठ तो अवश्य चलेंगे, लेकिन कैलाश के बारे में सोचेंगे। अब दोपहर का खाना बनाने का समय हो गया है और धूनी के लिए कुछ लकड़ियाँ भी ले आओ। एक ही बार बहुत ज़्यादा सीखना भी उसी तरह है जैसे एक ही बार में बहुत ज़्यादा खा लेना। वह अच्छी तरह नहीं पचता। ओम् शांति, शांति, शांतिः।'' और इसके साथ ही वह सत्र समाप्त हुआ।

इन उपनिषदों पर पूरी चर्चा के लिए श्री एम द्वारा लिखित ''Wisdom of the Rishies'' देखें।

देखिए 'How to Levitate and Other Great Secrets of Magic' by James Talbot.

25. तोलिंगमठ और हिम–मानव

मैं अत्यंत प्रसन्न हो गया, जब एक शाम बाबाजी ने अचानक घोषणा की, ''परसों हम पश्चिमी तिब्बत में स्थित 'तोलिंगमठ' के लिए निकलेंगे।'' बाबाजी के साथ यह मेरी पहली यात्रा होने जा रही थी।

अगली सुबह हमें रावल जी से मिलना था। मैं सोच रहा था कि रावल जी की क्या प्रतिक्रिया होगी, जब वे मुझे बाबाजी के साथ देखेंगे। लेकिन मुझे इससे भी बड़ा झटका मिलने वाला था। रावल जी ने जैसे ही बाबाजी को देखा, वे खड़े हो गए और हाथ जोड़ कर मलयालम में बोले, ''नमस्ते, कृपया आइये, स्वामी जी!'' इसके बाद दोनों के बीच ठेठ मध्य त्रावणकोरी मलयालम में वार्तालाप होने लगा। मैं अपने कानों पर विश्वास नहीं कर सका। बाबाजी मलयाली की बजाय कश्मीरी ज़्यादा लगते थे और उन्होंने कभी भी मुझसे मलयालम में बात नहीं की थी। फिर मैंने सोचा कि शायद वे मलयाली ही हों, वैसे भी मेरी उनसे पहली मुलाक़ात तो त्रिवेंद्रम में ही हुई थी।

''मैंने इस युवक को तीर्थ–स्थानों में बड़ी संख्या में पाए जाने वाले नकली गुरुओं के बारे में आगाह किया था,'' रावल जी ने कहा, ''और यह भी सलाह दी थी कि ये वापस जाकर कुछ उपयोगी काम करे। भगवान् की कृपा से इसने आपको पा लिया, या आपने इसे पाया, स्वामी?''

''हमारा पुराना संबंध है,'' बाबाजी ने कहा, ''अच्छा रहा कि आपकी इससे वह बातचीत हुई। कल हम 'तोलिंगमठ' के लिए निकल रहे हैं और मुझे आपसे कुछ सहायता चाहिए।''

''आदेश दें,'' रावल जी ने कहा।

हम लोगों ने 'व्यास गुफा' में रात बिताई, और अगले दिन प्रातः 'माना दर्रे' की तरफ चल पड़े। हमारे साथ उम्र में मुझसे कुछ बड़ा और मजबूत युवा नेपाली फतेह बहादुर था

जो हमारा कुली भी था और रसोइया भी। 'माना गांव' के तिब्बती मुखिया ने हमें एक खच्चर भी दिया। खच्चर की पीठ पर तीन आदमियों के सोने लायक एक बढ़िया तंबू था, थैलों में गर्म कपड़े, राशन–पानी, एक गैस स्टोव, कुछ बर्तन और यात्रा के लिए अन्य आवश्यक सामग्री थीं। रावल जी द्वारा दिए गए कुछ पैसे भी मेरे पास थे। मैंने मोटा ऊनी कश्मीरी चोगा, भेड़ की खाल की कैप, मोजे और जूते पहने हुए थे। बाबाजी ने हमेशा की तरह एक सूती चादर लपेटी हुई थी और उनके पाँव में कत्थई किरमिच के जूते थे। फतेह बहादुर ने मोटा फर का कोट पहन रखा था और मोटे चमड़े के बूट। उसने बताया कि वह भारतीय और तिब्बती व्यापारियों के साथ इस रास्ते पर पहले जा चुका था और रास्ता अच्छी तरह जानता था। बाबाजी ने उससे कहा, चिंता की कोई बात नहीं, वे स्वयं उस रास्ते पर कई बार जा चुके थे।

यात्रा शुरू करने के बाद मैंने बाबाजी से पूछा कि हमें कैलाश पहुँचने में कितने दिन लगेंगे। उन्होंने बताया कि यह कैलाश जाने का प्राचीन मार्ग है जिससे राम, पांडव और शुकदेव सहित कई महान् ऋषि गए थे। ''हम पहले 'तोलिंगमठ' पहुँचेंगे, उसके बाद 'कैलाश' के बारे में निर्णय लेंगे।'' यह एक तरह से अनिष्ट की सूचना साबित हुई। हमें 'तोलिंगमठ' से लौटना पड़ा क्योंकि मैं गंभीर रूप से बीमार पड़ गया था। 'कैलाश' जाने की अपनी मनोकामना पूरी करने में मुझे चालीस साल लगे। साठ पार करने के बाद, अन्ततः मैं सत्तावन साथियों के साथ 'कैलाश' गया। इस बार रास्ता दूसरा था – हम लोग 'काठमाण्डू' की तरफ से गए।

'सरस्वती' और 'अलकनंदा' के संगम स्थल 'केशव प्रयाग' से हम 'सरस्वती' के किनारे–किनारे उत्तर की दिशा में चले। रास्ता कठिन था और ठंड बहुत थी। हम एक दिन में दस किलोमीटर से ज्यादा नहीं चल पाते थे। खाने की कोई समस्या नहीं थी। फतेह बहादुर अपने गैस स्टोव पर चपाती और आलू की सब्जी बना लेता था। मुट्ठी भर भीगे चने और गुड़ ने हमारे ऊर्जा स्तर को ऊँचा बनाए रखा। जैसे–जैसे हम ऊपर चढ़ते गए, बाबाजी के विशेष प्राणायाम ने लगातार ऊपर चढ़ते हुए भी ऑक्सीजन की कमी का सामना करने में मेरी सहायता की। रात को हम तीनों उस बड़े से तंबू में सोते थे।

लेकिन चढ़ाई काफी कठिन थी। 'व्यास गुफा' के बाद रास्ता न के बराबर था। हमें पत्थरों और बर्फ के ढेरों के बीच चलना पड़ता था। हम 'सरस्वती' नदी के साथ–साथ चलते रहे। हर तरफ, ऊपर से हमारी ओर नीचे देखते बर्फ–ढ़के पहाड़ खड़े थे। 'सरस्वती' की अनेक उप–नदियाँ को हमें पार करना पड़ा, जो जमा देने की हद तक ठंडी थीं। हमने बड़ी कठिनाई से उन्हें पार किया। 'बद्रीनाथ' से लगभग पचास किलोमीटर बाद स्थति और भी गंभीर हो गई। रास्ता बर्फ से ढ़का था और बेहद फिसलन थी। कई जगह फतेह बहादुर को फावड़े से बर्फ हटानी पड़ती थी।

हम लोग 'माना दर्रे' की तरफ जा रहे थे, जो समुद्र तल से अट्ठारह हजार फीट की ऊँचाई पर है। पक्के पर्वतारोही ही उधर जाने की हिम्मत करते हैं। प्राचीन काल से ही प्रसिद्ध जब वह 'दर्रा' सामने दृष्टिगोचर हुआ, तो शुद्ध, पॉलिश की हुई चाँदी की तरह चौंधियाता हुआ नज़र आया। शीघ्र ही सामने एक 'नीला पर्वत' दिखाई देने लगा। ''नील पर्वत'', बाबाजी ने कहा, ''यहाँ एक समय महान् ऋषि काकभुशुंडि जी रहते थे।''

ग्यारहवें दिन हमने 'माना दर्रे' से लगभग 12 किलोमीटर नीचे अपना तंबू गाड़ा। फतेह बहादुर ने तंबू के द्वार के सामने किसी तरह से धूने जलाने का काम कर ही डाला। मैंने भी यथा शक्ति सहायता की। बाबाजी ने उसके चारों ओर सुरक्षा की एक गोलाकार लकीर खींच दी। धूनी कई घंटों तक जलती रही हालांकि ठंडी हवाएँ चल रहीं थीं। गहरी थकान के कारण नींद आ जाने से पहले उस रात मैंने बाबाजी से पूछा कि क्या वे केरल से थे।

''नहीं।'' उन्होंने कहा, ''लेकिन मैं केरल में काफी घूमा हूँ। उस समय, जब मैं त्रिवेंद्रम में तुमसे संबंध पुनः स्थापित करने आया था, तब मैं कोवलम सागर तट के पास स्थित 'अगस्त्य कूट' से लौट रहा था। मैं 'गुरवायूर' और 'शबरी मलय' भी गया हूँ...''

''यह तो मेरे प्रश्न का उत्तर नहीं है, बाबाजी!'' मैंने कहा, ''आपने रावल जी से देशज मलयालम में बात की और आपने मुझसे आज तक मलयालम का एक शब्द भी नहीं बोला।''

"मैं जानता हूँ तुम क्या सोच रहे हो," बाबाजी ने मुस्कुराते हुए कहा, "श्री गुरु बाबाजी सर्वज्ञ होंगे। वे सब कुछ जानते हैं। सत्य यह है कि भौतिक मस्तिष्क वाला कोई भी मनुष्य सर्वज्ञ नहीं हो सकता। हाँ, किसी और के मस्तिष्क से तादात्म्य स्थापित करने की सामर्थ्य प्राप्त की जा सकती है, किसी कार्य विशेष के लिए उस मस्तिष्क के ज्ञान का उपयोग भी किया जा सकता है। मलयालम में मेरा वार्तालाप उस सामर्थ्य का ही प्रदर्शन था।"

"अब तुम सो जाओ। कल हमें और कठिन यात्रा करनी है। बीजाक्षर 'रंग्' और विशेष 'थुम्मो प्राणायाम' से अपने 'मणिपुर चक्र' में 'अग्नि' का आहवान करो। तेज़ नाभि–क्रिया करो। पर्याप्त गर्मी महसूस करोगे।" मैं सो गया और बाबाजी मेरे पास बैठे रहे।

अगली सुबह हमने 'दर्रे' के शिखर के लिए चढ़ाई शुरू की। हर तरफ ग्लेशियर और बर्फ से ढके पत्थर थे। मुझे तेज़ सिर दर्द होने लगा और मिचली आने लगी। बाबाजी ने मुझे समझाया कि ऐसा ऑक्सीजन की कमी के कारण हो रहा था। अनुभवी नेपाली कुली फतेह बहादुर ने भी सिर दर्द की शिकायत की। बाबाजी ने हमें कुत्ते की तरह सांस लेने वाला व्यायाम करने की सलाह दी – कुत्ते की तरह जीभ लटका कर ज़ोर–ज़ोर से मुँह से सांस लेना। शीघ्र ही हम 'नील पर्वत' पार कर गए और कुछ ही घंटों में 'माना दर्रे' के शिखर पर पहुँच गए। हमारे पास में थी, जमी हुई 'देवसरस' (देवताओं की झील) नामक झील। बाबाजी ने हमसे कुछ मिनट ध्यान में बैठने को कहा।

मझे सारा दृश्य दैवीय लग रहा था। हिमाचल (हिम का अचल पर्वत) की हिमाच्छादित भव्य चोटियों से घिरे इस स्थान पर, ऊपरी शरीर पर बिना वस्त्र के पद्मासन में स्थिर और सीधे बैठे योग के तेजवान् गुरु। मैंने आँखें बंद कर ली और अपने सामने बैठे ईश्वर सदृश्य इस व्यक्ति पर ध्यान लगाया। अपनी इन आँखों से मैंने और कौन सा भगवान् देखा था?

एक अजीब बात हुई। सिर दर्द गायब हो गया। एक शांति का एहसास मेरी आत्मा में प्रवेश कर गया। ठिठुराती ठंड की जगह आरामदेह गर्मी महसूस हुई, और कुछ क्षणों

के लिए ऐसा लगा मानों हम, बाबाजी और मैं, दो नहीं अपितु एक ही व्यक्ति थे। मुझे ऐसा लगा जैसे मैं उड़ रहा होऊँ। मैंने यह देखने के लिए आँखें खोलीं कि क्या मैं वास्तव में सतह से ऊपर उठ रहा था, लेकिन पाया कि ऐसा नहीं था। लेकिन तब तक वह गहरा ध्यान उड़ गया। बाबाजी ने मुस्कुराते हुए कहा, ''फिलहाल इतना काफी है। जल्दी मत करो, बच्चे!''। फतेह बहादुर ने कहा, ''छोटा जोगी'' और हँस पड़ा।

हम दूसरी तरफ उतरने लगे, जहाँ भारत की सीमा समाप्त होती है और तिब्बत की शुरू होती है। ठंड बढ़ती ही जा रही थी और हर तरफ बर्फ ही बर्फ थी। शाम तक हम तीनों और खच्चर तिब्बत के मैदान में पहुँच गए। यहाँ ज़मीन ललछोंहे रंग की थी। अब हमें बर्फ पर नहीं चलना पड़ रहा था। उस रात हमने अपना तंबू घास के एक छोटे मैदान में लगाया। जंगली घोड़े पास ही चर रहे थे और उन्हें हम जैसे अजनबी लोगों से कोई डर नहीं लगा।

कई दिनों बाद आज धूनी जलाई गई। लगभग एक घंटे के ध्यान के बाद हमने फतेह बहादुर द्वारा बनाया गया चपाती और आलू की सब्जी का स्वादिष्ट भोजन किया। उसने पास ही एक चश्मा ढूंढ़ निकाला था और शीघ्र ही हम लोग काली चाय की चुस्कियाँ ले रहे थे और प्रसन्न चित्त गपशप कर रहे थे। रात को आसमान में तारे झिलमिला रहे थे। पास से आती भयंकर गुर्राहट की आवाज सुनकर मैं जाग पड़ा। ''सो जाओ,'' बाबाजी ने कहा, ''हिम–तेंदुआ जंगली घोड़े का शिकार कर रहा है। डरने की कोई बात नहीं।'' घोड़ा बड़ी दयनीय तरह से हिनहिनाया और फिर चुप पड़ गया। हमने अपने शिकार को खाते हिम–तेंदुए की संतुष्ट घुरघुराहटें सुनीं। फिर मैं सो गया।

अगली सुबह हम 'तोलिंगमठ' की तरफ चल पड़े। छः दिन की आनंददायी यात्रा के बाद हम वहाँ पहुँचे। हमें बद्रीनाथ से यहाँ तक पहुंचने में इक्कीस दिन लग गए थे। सबसे पहले जो चीज़ नज़र आई, वह थी बुद्ध की विशालकाय प्रतिमा, जिसका सिर बौद्ध विहार (मॉनिस्ट्री) जितना ऊँचा था। हमें पास ही अपना तंबू लगाने की अनुमति मिल गई।

बाबाजी ने हमें विहार दिखाया। उसमें कई हिंदू देवताओं की प्रतिमाएं थीं, भद्रकाली की भी, जो स्त्री–रूप दैवी ऊर्जा का भयंकर रूप है। विहार की देखभाल करने वाले लामा

के अनुसार 'तोलिंगमठ' ही मूल 'बद्रीनाथ' था, और अभी जहाँ बद्रीनाथ मंदिर है, वह इसलिए बनाया गया कि अधिकांश लोगों के लिए 'तोलिंगमठ' अगम्य था।

हमें बड़े लामा से मिलवाया गया, जो विहार के अध्यक्ष भी थे और उन्हें 'रिंपोचे' कहा जाता है। रिंपोचे ने बाबाजी के प्रति अपना अत्यंत आदर दर्शाया और बाबाजी ने भी उनके प्रति वैसा ही किया। वे तिब्बती भाषा में बात करने लगे। इस बार मैं उतना चकित नहीं हुआ। चर्चा के बाद रिंपोचे ने मुझे आशीर्वाद दिया, मैंने भी घुटनों के बल बैठकर अपनी जीभ बाहर निकाल कर आभार का प्रदर्शन किया।

विहार में दस से ज्यादा भिक्षु रह रहे थे। उनकी रसोई बड़ी थी। लेकिन बाबाजी ने तंबू में रहना पसंद किया और फतेह बहादुर ने हमारे लिए खाना बनाया। भोजन के बाद बाबाजी ने कहा कि उस रात वे औपचारिक रूप से मुझे 'नाथ पंथ' की दीक्षा देंगे।

रात में धूनी के सामने मुझे 'नाथ संप्रदाय' के 'गुप्त मंत्र' की दीक्षा दी गई। बाबाजी ने एक विशेषज्ञ की तरह मेरी लोलकी (कान का निचला हिस्सा) छेद दी और मैंने ताँबे की बालियाँ पहन ली। मेरी एक योगी की तरह दिखने की महती इच्छा पूरी हुई। बाबाजी ने कहा, ''हम 'नाथ पंथी', जहाँ कहीं भी जाते हैं, धूनी अवश्य जलाते हैं। लेकिन तुम्हारे लिए यह शर्त नहीं है। मेरे गुरु की आज्ञा है कि शिवरात्रि, गुरु पूर्णिमा जैसे विशेष अवसरों को छोड़कर तुम्हें धूनी लगाने की आवश्यकता नहीं है। तुम मैदानों में जाने से पहले बालियाँ उतार कर साधारण वस्त्र पहन सकते हो क्योंकि तुम्हारे जीवन का लक्ष्य दूसरा है। अपनी चेतना को सर्वाधिक ऊँचे स्तर पर रखते हुए तुम्हें दुनियाँ में साधारण लोगों की तरह ही रहना है। अब से तुम एक 'नाथ' हो और हमारी परंपरा में तुम्हें 'मधुकर नाथ' के नाम से जाना जाएगा – एम''

मैंने बाबाजी के चरणों में साष्टांग प्रणाम किया। लंबी यात्रा से थका हुआ फतेह बहादुर सो चुका था। हम धूनी के सामने बैठे बातें करते रहे। मैंने बाबाजी से पूछा कि उनका लामा के इस मत के बारे में क्या कहना था कि 'तोलिंगमठ' के बुद्ध असली 'बद्रीनाथ' थे। बाबाजी ने कहा, ''तथ्य यह है कि प्राचीन काल में बौद्ध भिक्षु और बौद्ध मंदिर

भारत में हर तरफ थे। यह संभव है कि 'बद्रीनाथ' की प्रतिमा पहले पालथी मारे बुद्ध की प्रतिमा हो, जिसे शंकराचार्य ने पालथी मारे 'नारायण' की प्रतिमा में बदल दिया। अन्यत्र कहीं भी 'नारायण' 'पद्मासन' में बैठे नहीं मिलते। पर वास्तव में क्या इसका कोई महत्व है? जीवन की पवित्रता और भक्ति हिंदू या बौद्ध होने से अधिक महत्वपूर्ण हैं। तुमने देखा कि रिंपोचे कितनी उन्नत आत्मा वाले व्यक्ति हैं? अतः हमें ऐसे विवाद में फँसने की आवश्यकता नहीं।''

अगली सुबह मैंने 'खाम' ज़िले के बहुत ऊँचे कद के तिब्बतियों को देखा, जो पहाड़ों में छोटी–छोटी झोंपड़ियों में रहते थे। उनमें से कुछ संदेशवाहक थे और एक ऐसे हुनर का अभ्यास करते थे, जो हवा में उठ जाने के उन प्रदर्शनों के सबसे अधिक करीब था, जो अब तक मैंने देखे थे। उनके पास 'पोल वॉल्ट' के लिए उपयोग किए जाने वाले बांसों के जैसी लंबी लाठियाँ थीं, जिनसे वे लंबी दूरियाँ तय करते थे, मानो वे हवा में उड़ रहे हों। वे लाठी का एक सिरा ज़मीन पर टिकाकर एक विशेष तकनीक से सांस लेकर, दूसरे सिरे को पकड़ कर काफी दूर तक उड़–से जाते थे।

तीन दिन आराम करने के बाद हम कैलाश के लिए पूर्व की तरफ चल पड़े। तीन दिन में हम 'दापा' गाँव पहुँच गए। वहाँ एक बौद्ध विहार था और एक बड़ा लामा विहार भी। बड़ी संख्या में भिक्षु वहाँ रह रहे थे। पास ही एक बड़ा बाज़ार था, जहाँ भारत के व्यापारी तिब्बतियों से व्यापार करते थे। हम 'दापा' से आगे नहीं बढ़ सके क्योंकि अचानक से कुछ दुर्भाग्यपूर्ण घट गया। मैं बीमार पड़ गया। मुझे तेज़ बुखार हो गया। कंबलों और आग के बावजूद मुझे कँपकँपी के दौरे पड़ते और तेज़ सिर दर्द हो जाता। ऐसा लगता था मानो कोई मेरे सिर को हथौड़े से पीट रहा हो।

लामा विहार के डॉक्टर ने मुझे जड़ी–बूटियों की कड़वी दवाई की कई खुराकें दी, लेकिन मेरा बुखार न उतरा। एक रात मैं तेज़ बुखार के साथ तंबू में अकेला पड़ा था। मैं लगभग अर्द्ध मूछित अवस्था में था। मैंने एक हल्की रिरियाहट सुनी, मानों कोई कुत्ता दर्द से कराह रहा हो। मैंने तंबू के द्वार की ओर मुँह फेरा। वहाँ गुरिल्ला जैसे किसी बड़े

पशु की आकृति देखी। मैं सोच रहा था कि क्या मेरी आँखों को भ्रम हो रहा था। मैं डर से चीखना चाहता था लेकिन मेरे मुँह से कोई आवाज़ नहीं निकली। मैं भय से काँपने लगा।

फतेह बहादुर एक लालटेन जलाकर तंबू में छोड़ गया था। जब वह प्राणी मेरी तरफ आया तो लालटेन के उजाले में मैंने देखा कि उसके मलाई के रंग के रोंए थे। वही रिरियाती आवाज़ करता हुआ, वह मेरे नज़दीक आया और अचानक कुछ मेरे मुँह में घुसेड़ दिया। बुखार के बावजूद मैं उस चिपचिपे पदार्थ की मिठास को महसूस कर सका। फिर वह तेज़ी से मुड़ा और भाग गया। मैंने बाहर एक चीख सुनी और फिर फतेह बहादुर दौड़ता हुआ तंबू में घुसा। ''पर्वती मानव!'' उसने ज़ोर–ज़ोर से साँस लेते हुए कहा, ''तुम ठीक तो हो न?'' ''हाँ,'' मैं गहरी नींद में डूब जाने से पहले इतना ही कह सका।

अगली सुबह तक मैं इतना स्वस्थ हो गया था कि यात्रा कर सकूँ। ''लेकिन इस बार कैलाश नहीं,'' बाबाजी ने घोषणा की, ''तुम कई साल बाद एक बड़े दल के साथ रास्ते में गुरुपूर्णिमा मनाते हुए वहाँ जाओगे। अब हम बद्रीनाथ वापस जाएंगे,'' वे बोले। मेरे पास सहमत होने के अलावा कोई चारा न था। हम वापस चल पड़े। मैं ज्यादातर बेचारे खच्चर के ऊपर ही बैठा रहता था। रास्ते में मैंने बाबाजी से पूछा, ''क्या पिछली रात जो मैंने देखा, वह 'येति' था?''

बाबाजी ने कहा, ''हमें अनुमान लगाने की आवश्यकता नहीं है। जो भी हो, इस बात को अपने तक ही रखना। ज़्यादातर लोगों का 'येति' में विश्वास नहीं है और तुम्हारी बात को वे बुखार से पीड़ित मस्तिष्क का भ्रम मान कर उड़ा देंगे।''

हम केवल सोलह दिनों में 'बद्रीनाथ' पहुँच गए। रास्ते में अधिकांशतः खच्चर पर बैठे–बैठे मैंने दैवीय प्राकृतिक दृश्यों का आनंद लिया–हिमाच्छादित पर्वत शिखर, सुंदर झरने, जमी हुई झीलें और हिम शिखरों पर उगते सूरज के प्रतिबिंबित प्रकाश से रचे गए जादुई क्षण। 'बद्रीनाथ' पहुँच कर हमने खच्चर और तंबू वापस कर दिए और फतेह बहादुर से विदाई ली। बाबाजी ने उसे अच्छी बख़्शीश दी। फतेह बहादुर ने बड़ी अनिच्छा से हमें छोड़ा। अब तक मैं लगभग सामान्य हो गया था।

'चरण पादुका' गुफा में वापस पहुँच कर बाबाजी ने पूरी देखभाल करके मुझे पूर्णतः स्वस्थ कर दिया। कभी–कभी वे मेरे लिए विशेष भोजन लाते थे। लगभग दो हफ्ते में मैं पहले जैसा हो गया। ''अब,'' बाबाजी बोले, ''अब 'फूलों की घाटी', 'हेमकुंड साहिब' और 'पंच केदार' की यात्रा के लिए तैयार हो जाओ''।

26. फूलों की घाटी और हेमकुण्ड

एक ठंडी सुबह बाबाजी और मैं पाण्डुकेश्वर के पास स्थित 'गोविंद घाट' के लिए निकल पड़े। अब की बार मैं अपने को पूरी तरह तैयार महसूस कर रहा था और तेज़–तेज़ चलते हुए बाबाजी का साथ दे पा रहा था। अब मुझे भी जूतों की आवश्यकता नहीं थी और हम दोनों, गुरु तथा शिष्य, नंगे पैर ही चल रहे थे। 'माना दर्रे' की कठिन चढ़ाई की तुलना में यह बच्चों का खेल था। मैंने नियमित समय की बजाय, जब मिल जाय तब भोजन करना सीख लिया था। आवश्यकता पड़ने पर लंबे समय तक भोजन न करने में भी मुझे कोई परेशानी नहीं होती थी।

रास्ते में मंदिरों और धर्मशालाओं में रुकते हुए हम तीन दिनों में 'गोविंद घाट' पहुँच गए। उस रात हम 'गोविंद घाट' के गुरुद्वारे में रुके। सिखों के गुरुद्वारों की एक बड़ी अच्छी बात यह है कि कोई भी यात्री वहाँ तीन रात रुक सकता है। उन सबको मुफ्त खाना और आवश्यकता होने पर कंबल भी दिए जाते हैं।

अगली सुबह हमने 'घाँघरिया' तक का चौदह किलोमीटर का पैदल सफर शुरू किया। चढ़ाई काफी कठिन थी। रास्ता 'लक्ष्मण गंगा' के साथ–साथ था। रास्ते में हमने 'भयंदर' नामक छोटा गाँव पार किया। गाँव के पार, रास्ता नीचे उतरने लगा। अब नदी के किनारे चला जा सकता था। बाबाजी चुपचाप प्राकृतिक दृश्य का आनंद ले रहे थे। लंबे समय तक हमने कोई बात नहीं की। शब्दों की आवश्यकता ही नहीं थी, आनंददायी मौन पर्याप्त था।

रास्ते में विरली किस्मों के फूल दिखाई देने लगे। बाबाजी ने मौन तोड़ा। फूलों की तरफ इशारा करते हुए वे एक वनस्पति–शास्त्री की तरह बताने लगे, "वह कोब्रा लिली है और वह जो सूरजमुखी जैसा फूल, वह है इमेला।" फिर खड़ी चढ़ाई के अंतिम भाग को चढ़कर हम 'घाँघरिया' पहुँचे। हमने 'लक्ष्मण गंगा' पर बना छोटा पुल पार किया।

'लक्ष्मण गंगा' 'हेमकुण्ड झील' से निकलती है। यहाँ से दाँई तरफ का रास्ता 'हेमकुण्ड साहिब' को जाता है, जो समुद्र तल से पंद्रह हज़ार फीट की ऊंचाई पर है। बाँईं ओर का रास्ता 'फूलों की घाटी' को जाता है। और थोड़ा ऊपर 'पुष्पावती नदी' पर बना लोहे का छोटा पुल है। 'पुष्पावती' हरहरा कर बहती हुई 'लक्ष्मण गंगा' में आ मिलती है। अब, जैसा कि बाबाजी ने बताया, 'नीली पॉपी' दिखाई देने लगी थीं।

हम लोगों ने पुल पार किया और एक संकरे रास्ते पर तब तक चढ़ते रहे, जब तक कि एक हिमनदी के अवशेषों तक नहीं पहुँच गए। हमने हिमनदी पार की और तीन किलोमीटर और चढ़े, फिर लकड़ी के पुल को पार कर घाटी में प्रवेश कर गए। जगह की सुंदरता ने मुझे चकित कर दिया। मैंने ऐसी भव्यता की उम्मीद नहीं की थी। जहाँ तक नज़र जाती थी, किस्म–किस्म के फूलों के मैदान दिखते थे, मानों किसी दिव्य शक्ति ने उन्हें चुन–चुन कर निपुणता से उगाया हो।

बाबाजी ने एक बार फिर फूलों और घाटी के बारे में अपने ज्ञान से मुझे चकित कर दिया। ''यह 'हिमालयन् बालसम' है, और यह सफेद फूल, यह 'हिमालयन् हॉगवीड' है। ये चक्करदार फूल मशहूर 'ईडलवाइस' है जिसे 'आल्प्स पर्वत' का प्रतीक माना जाता है। वो उधर, उस तरफ देखो, वे 'ट्रेलिंग ब्लू' फूल हैं, सुहाने 'फॉरगेट मी नॉट', 'पॉपी', 'नीली जेरनियम', 'एस्टर...' अहा! देखो, कितनी किस्में!''

''धरती में छिपे हुए इस स्वर्ग को लोगों ने कैसे खोज निकाला, बाबाजी?'' ''लंबे समय तक इसकी जानकारी कुछ योगियों और स्थानीय लोगों को ही थी। स्थानीय लोगों का मानना था कि यहाँ परियों – जैसे 'अप्सरा' और 'गंधर्व' आदि जीव रहते थे। मेरे गुरु 'श्री गुरु' बाबाजी मुझे अक्सर अपने साथ यहाँ लाते थे। उन्हें यह जगह बहुत पसंद थी। यहाँ से कुछ ऊपर एक छोटी गुफा है, जहाँ वे अक्सर जाते थे। चलो वहाँ चलकर खुली आँखों से ध्यान लगाते हैं। इस प्रकार के प्राकृतिक सौंदर्य का आविर्भाव दैवि कृपा से ही संभव है। जिस देवत्व को तुम अपने अंदर खोजते हो, वह यहाँ तुम्हारी आँखों के सामने है। मन और शरीर को बस ढीला छोड़ दो और देखो, सुगन्धित वायु को सांसों में भर लो''।

''रहा तुम्हारा प्रश्न कि दुनिया को इस स्वर्ग के अस्तित्व का कैसे पता चला। उन्नीस सौ इकत्तीस (1931) में वनस्पति शास्त्री और पर्वतारोही फ्रेंक स्मिथ यहाँ आए। इस अद्भुत दृश्य को देखकर वे हक्के–बक्के रह गए। उन्होंने इसे 'फूलों की घाटी' नाम दिया। चलो, गुफा को चला जाय।''

दोनों ओर प्रभूत मात्रा में सफेद फूलों से भरी हुई एक संकरी घाटी से होते हुए हम एक पथरीली कगार के पीछे छिपी एक छोटी गुफा तक पहुँचे। ''पहले मेरे गुरु और मैं यहाँ ध्यान में बैठ चुके हैं,'' बाबाजी ने कहा, ''अब मैं और तुम बैठेंगे।'' हम उस सुंदर स्थल पर बहुत देर तक बैठे रहे, असंख्य रंगों और कुछ अनोखे फूलों की नशीली सुगंध में डूबे हुए। बाबाजी मौन रहे।

कुछ देर बाद मैंने हौले से मौन तोड़ा, ''मैं अब 'ईशावास्य उपनिषद्' के उस श्लोक का अर्थ समझ गया–ईशावास्यम् इदम् सर्वम्। लंबे समय तक मैं समझता रहा कि इसका अर्थ है कि ईशा, परम ब्रह्म हर वस्तु में छिपा है, लेकिन मैं अब समझ गया कि उसका अर्थ है कि जो कुछ हमारे सामने है, वह वही है। हम जो देखते हैं, छूते हैं, चखते हैं, वह सब ईशा ही है। कहीं खोजने की आवश्यकता नहीं है।''

''अहा!'' बाबाजी ने कहा, ''ज़रा धीरे और संभलकर, जल्दी मत करो। अब तुम्हारे मस्तिष्क में स्पष्टता आ रही है। चलो 'मार्गरेट लेगे स्मारक' देखें, फिर हमें वापस 'घाँघरिया' चलना है।'' हम उठ खड़े हुए और थोड़ी दूर चलकर स्मारक पर पहुँच गए। मार्गरेट लेगे, जैसा कि बाबाजी ने बताया, एडिनबरो के वानस्पतिक उद्यान (बॉटेनिकल गार्डन) की वनस्पति शास्त्री थीं, जो 1939 में 'फूलों की घाटी' का भ्रमण करते हुए, फिसल कर घातक रूप से गिर पड़ी थीं। स्थानीय लोगों ने उन्हें वहीं समाधि दे दी। बाद में उनकी बहिन ने आकर यहाँ एक स्मारक बना दिया। उस पत्थर पर यह समाधि लेख खुदा है, 'मेरी आँखें अपने आश्रय स्थल, उन पर्वत श्रेणियों की ओर लगीं हैं।'

जितना तेज़ हो सकता था, उतना तेज़ चलकर हम रात होने से पहले 'घाँघरिया' पहुँच गए। हवा खुश्क और खुनकदार थी। उस रात हम बाबाजी की पहचान के एक

राजस्थानी साधु की पत्थरों की छोटी कुटिया में रुके। लगता था, वह बाबाजी से अत्यंत प्रभावित था। उसने हमारी बड़ी सेवा की।

अगली सुबह हम 'हेमकुण्ड साहिब' के लिए निकल पड़े। 'हेमकुण्ड साहिब' के लिए चढ़ाई सीधी खड़ी हुई है। बहुत सारे श्रद्धालु सिखों की बड़ी भीड़ पूरे ज़ोर से 'वाहे गुरु' का जाप करते हुए कठिन चढ़ाई के लिए आवश्यक शक्ति को, मानो अपनी श्रद्धा से ही प्राप्त करती हुई धीरे–धीरे उस लहरदार रास्ते पर चढ़ रही थी। जहाँ अधिकतर यात्री एक रात रुककर, अगले दिन बाकी यात्रा पूरी करते हैं। लेकिन हमने चाय पीकर थोड़ी देर आराम कर के आगे चलते रहने का निश्चय किया। शाम तक हम 'हेमकुण्ड साहिब' पहुँच गए। उम्मीद के मुताबिक वहाँ कड़ाके की ठंड थी।

सिखों का विश्वास है कि अपने किसी पिछले जन्म में, उनके अंतिम गुरु, 'गुरु गोविंद सिंह' ने 'हेमकुण्ड झील' के पास काफी दिनों तक तपस्या की थी और ध्यान में रहे थे। यहाँ हवा में ऑक्सीजन की मात्रा कम थी। बाबाजी ने मुझे साँस लेने की गति को बदल देने की सलाह दी। ऐसा करने पर मेरा सिरदर्द एकदम गायब हो गया।

'हेमकुण्ड', जिसका शाब्दिक अर्थ है हिम (बर्फ) की झील, अत्यंत नयनाभिराम थी। यहाँ का जल स्फटिक की भांति निर्मल था और सतह का कुछ हिस्सा जम भी गया था। इसके आसपास की सभी पर्वत–श्रेणियाँ हिमाच्छादित थीं और वातावरण एकदम जादुई था। कुछ श्रद्धालु सिख न्यूमोनिया के खतरे की प्रवाह किए बिना झील के बेहद ठंडे पानी में डुबकियाँ लगा रहे थे।

हम गुरुद्वारे गए, जहाँ हमें खिचड़ी, चपाती और 'कड़ाह प्रसाद' के रूप में मीठा हलवा दिया गया। पर्याप्त कंबल भी दिए गए। मैं जल्दी ही सो गया, क्योंकि बहुत थका हुआ था।

अगली सुबह हमने पुराने 'लक्ष्मण मंदिर' का रास्ता पकड़ा। हम अकेले थे। 'लक्ष्मण मंदिर' की जानकारी भी केवल कुछ ही यात्रियों को थी। कठिन चढ़ाई चढ़कर हम 'लक्ष्मण मंदिर' पहुँचे। दाँत किटकिटाने वाली सर्दी थी। मंदिर टूटा–फूटा पत्थर का ढांचा था। जनता

को ठगने वाला कोई पुजारी वहाँ नहीं था। किसी ने एक छोटी–सी मानवीय आकृति इस विचार से वहाँ स्थापित कर दी थी, कि उसे 'लक्ष्मण' मान लिया जाय। वह मूर्ति न तो धोई गई थी, न साफ की गई थी। बस उसे गर्भगुड़ी में दीवार से टिका कर रख दिया गया था।

"यहाँ भी अपने गुरु के साथ मैं पूरी रात ध्यान में बैठ चुका हूँ," बाबाजी ने कहा। "यहाँ अद्भूत प्रकाश पुंज पर्वतों से उतर कर झील की तरफ जाते दिखाई देते हैं। लेकिन इस बार हम यहाँ सारी रात नहीं गुज़ार सकते। ठंड बहुत हो जाती है और तुम अभी–अभी तेज़ बुखार से उबरे हो।" हम लगभग एक घंटे तक उस दिव्य दृश्य को चुपचाप आत्मसात करते हुए बैठे रहे। विरल 'नील ब्रह्म कमल' यहीं उगता है। बाबाजी आध्यात्मिक रूप से उच्च मनोदशा में थे। उनका चेहरा ऐसे दमक रहा था, मानो उस पर तेज़ प्रकाश डाला जा रहा हो। कुछ देर निर्विघ्न शांति का आधिपत्य रहा। अचानक बाबाजी बोले, "अब चला जाय।"

हम ठीक भोजन के समय गुरुद्वारे वापस पहुँच कर गर्म–गर्म दाल–रोटी खाकर फौरन 'घाँघरिया' के लिए उतरने लगे। शाम ढलते–ढलते हम 'घाँघरिया' आ गए और रात उसी राजस्थानी साधु के साथ बिताई, जो 'जूना अखाड़े' के थे।

बाबाजी रात को थोड़ा टहलने चले गए और मैं साधु के साथ अकेला रह गया। हम धूनी के सामने बैठे थे। साधु ने तंबाकू और गाँजे से भरी चिलम सुलगा ली। "पवित्र धुएं का एक कश लोगे?" उसने मुझसे पूछा। मैंने मना कर दिया।

"तुम्हारे बाबाजी भी नहीं पीते," उसने कहा, "तुम योगियों की उस श्रेणी के हो, जिसे 'राज योगी' कहा जाता है। शायद तुम्हें उस आंतरिक सत्ता पर ध्यान केंद्रित करने के लिए इसकी आवश्यकता नहीं। समझो तुम भाग्यशाली हो, वास्तव में भाग्यवान्! यह बाबा बहुत पहुँचा हुआ योगी है। वह आसानी से किसी को शिष्य नहीं बनाता। मैंने उसे ऐसे कई लोगों को शिष्य बनाने से इंकार करते देखा है, जो मेरी समझ से सच्चे साधक थे। शायद तुम दोनों का कोई पुराना संबंध है। उस दिन मैंने उन्हें तुम्हारी ओर बड़े स्नेह से निहारते देखा, मानों तुम उन्हीं के बच्चे हो। मैं वास्तव में हैरान हूँ।"

मैं धुंए से दूर हटकर, बहुत देर तक ध्यान में बैठा रहा। उस दिन बहुत गहरा और उत्तम ध्यान लगा। कुछ शंकाएं जो मेरे मन में थीं, उनके समाधान सहज रूप से क्षण भर में हो गए। अन्ततः जब मैं साधु की दी हुई रज़ाई लपेट कर सोने को तैयार हुआ, तब तक भी बाबाजी वापस नहीं आए थे। मैंने महसूस किया जैसे मैं माता के लिए इंतज़ार करता हुआ बच्चा बन गया था। पर नींद ने मुझे अपनी आरामदेह गोद में ले लिया और मैं सो गया।

27. सिद्धर से भेंट

अगले दिन प्रातः जल्दी ही हम 'कल्पेश्वर' के लिए चल पड़े। पंच केदारों में से, 'केदारनाथ' सर्वाधिक प्रसिद्ध और शायद सबसे अधिक प्रभावोत्पादक है। हर साल हज़ारों तीर्थ यात्री चौदह कि.मी. की कठिन चढ़ाई चढ़ कर केदार पर्वत श्रेणी पर 12500 फीट की ऊंचाई पर कड़ी ठंड को झेलते हुए 'केदारनाथ' मंदिर जाते हैं।

बाकी चार 'केदार' लगभग अज्ञात हैं। केवल स्थानीय लोगों को और कुछ घूमन्तू साधुओं को ही उनकी जानकारी है। प्रसिद्ध तीर्थ स्थलों को जाने वाली भीड़ से अछूते और अदूषित, अपने भव्य एकाकीपन में वे सुंदर प्राकृतिक दृश्यावलियों के मध्य स्थित हैं। अगर यात्रा की शुरूआत 'बद्री' से मानी जाय तो बाबाजी मुझे उनमें से पहले 'केदार' – कल्पेश्वर – ले जा रहे थे।

'गोविंदघाट' से चलकर हम 'जोशी मठ' को जाने वाली सड़क पर आ गए। कुछ देर सड़क पर चलने के बाद, दोपहर तक हम उसे छोड़कर दाँई ओर एक पगडंडी पर आ गए। हमारे बाँई ओर 'विष्णु गंगा' बह रही थी। फिर पगडंडी भी समाप्त हो गई, पर लगा कि बाबाजी को रास्ता मालूम था। जंगल में कभी पत्थरों के ऊपर से और कभी उनके बीच चलते हुए थोड़ी देर में हम 'छैम खाल' नामक एक छोटे गाँव में पहुँच गए।

वहाँ गढ़वालियों की एक छोटी टोली ने घरों से बाहर निकल कर हमारा स्वागत किया। उन्होंने बाबाजी को पहचान लिया था। अनेक थिगड़ों वाला पुराना कोट पहने एक बहुत बूढ़े और झुर्रीदार चेहरे वाले गाँव के मुखिया ने झुक कर बाबाजी के पैर छुए। "प्रणाम बाबाजी," उसने कहा, "तो आपको एक शिष्य मिल गया।" बाबाजी केवल मुस्कुराए और उसे आशीर्वाद दिया। हमें वहाँ पेटभर खाना खिलाया गया – रामदाना की रोटियाँ और कद्दू की गर्म–गर्म सब्जी। फिर मिश्री के टुकड़े और काली चाय से खाना समाप्त हुआ। सारा गाँव हमें देखने के लिए घेर कर खड़ा था। कुछ औरतें अपने बच्चों को लेकर बाबाजी

के आशीर्वाद के लिए आगे आईं। वे बाबाजी से रुकने का अनुग्रह कर रही थीं, पर बाबाजी आगे जाने के अपने निश्चय पर दृढ़ बने रहे।

दोपहर के भोजन के कुछ देर बाद हमने 'छैम खाल' छोड़ दिया। उसके बाद चढ़ाई शुरू हुई, जो उत्तरोत्तर कठिन होती गई। हम लोग 'बर्की' जा रहे थे, जहाँ से 'कल्पेश्वर' पास ही था। कुछ घंटों में हम 'बर्की' पहुँच गए। वहाँ एक उपेक्षित सा शिव मंदिर था। बाबाजी ने बताया कि उसकी ओर केवल सालाना पूजा के समय ही कुछ पहाड़ी लोगों का ध्यान जाता था।

दो घंटे बाद, गेंदे के सुंदर फूलों से भरे जंगल को पार कर, हम 'उप्रेम' की मनोहारी घाटी में जा पहुँचे। सूरज छुपने ही वाला था और उस समय की वह प्राकृतिक दृश्यावली किसी चित्रकार के लिए जन्नत थी। दूर बर्फ ढकी चोटियाँ डूबते सूरज के सुनहरे प्रकाश को प्रतिबिंबित कर रही थीं। हर तरफ गेंदा प्रचुर मात्रा में उगा हुआ था। एक तरफ एक जल धारा उमगती हुई तेज़ी से बह रही थी, उसका पानी स्फटिक की भाँति शुद्ध और साफ था। पास ही एक झरना था, जिसका सफेद पानी गहरे नीले–काले रंग की खड़ी चट्टानों के ऊपर से बह रहा था। बाबाजी ने बताया कि चट्टानों में से रिस्ते हुए इस गोंदनुमा द्रव्य को आयुर्वेद में 'शिलाजीत' कहा जाता है।

प्रकृति के ऐसे अद्भुत सौंदर्य के बीच एक प्राकृतिक गुफा में, पत्थर के एक लिंग के रूप में 'कल्पेश्वर शिव' स्थित थे। गुफा में एक छोटे तोरण के नीचे से जाना होता था, जिससे पीतल की एक घंटी लटक रही थी। बाबाजी ने और मैंने घंटी बजाई और गुफा के अंदर मंदिर में घुसे। 'उर्गम घाटी' के 'देवग्राम गाँव' के पुजारी ने बड़े आदर के साथ पैर छूकर और हाथ जोड़कर बाबाजी का स्वागत किया।

अँधेरा हो रहा था। पुजारी ने बाबाजी से एक बड़े से दीप से शाम की आरती की तैयारी करने की आज्ञा माँगी। बाबाजी ने और पुजारी ने 'ओम् नमः शिवाय' मन्त्रोच्चार के साथ आरती की। मैं चाँदी की एक छोटी घंटी बजा रहा था। जिस दीप को पुजारी झुला रहा था, उसके उजाले में मैंने देखा कि मुख्य लिंग गर्भगुड़ी में फैले अनेक लिंगों में से एक था। पूजा के बाद हम लोग मौन बैठे रहे। यह शांति और प्रेम का मौन था और सर्वव्यापी था।

प्रसाद में पुजारी ने कुछ शहद दिया, जो बहुत मीठा था और जिससे गेंदे की हल्की–हल्की महक आ रही थी। उसने बाबाजी से काफी अनुनय–विनय की कि हम उसके साथ 'देवग्राम' जाएं, लेकिन बाबाजी ने यहीं यात्रियों के लिए बने एक कमरे के डाक बंगले में रहना पसंद किया। उसका प्रवेश द्वार बिना दरवाज़े का था। द्वार की सीढियों के सामने आग जलाने का गड्ढा था। पुजारी ने कहा कि वह लकड़ियाँ और खाना लेकर शीघ्र ही लौट आएगा और गाँव के मुखिया को बाबाजी के आगमन की सूचना भी दे देगा। शीघ्र ही हम लोग अकेले रह गए। चाँद बादलों से बाहर आ गया। आकाश में अनेक तारे थे। काफी ठंड थी। हम कमरे से बाहर बैठे थे। बाबाजी ने मुझे अच्छी तरह से कंबल ओढ़ने और मफलर बांधने को कहा।

''बाबाजी ने कहा, मेरे गुरु के सबसे वरिष्ठ शिष्यों में से एक कई वर्षों तक यहाँ 'कल्पेश्वर' में रहा। अब वह 'रूद्रनाथ' चला गया है। आशा है, हम वहाँ उससे मिल सकेंगे।''

मैं बोला, ''बाबाजी! क्या मैं आपसे एक बात पूछ सकता हूँ?''

''पूछो''

''आपका जन्म कहाँ हुआ और आपकी उम्र क्या है?''

बाबाजी हँसे, ''उसका कोई महत्व नहीं, किंतु अगर तुम जानना ही चाहते हो तो मेरे माता–पिता कश्मीरी थे। जहाँ तक मेरी उम्र का सवाल है, मैं इतना ही कहूँगा कि जितने का मैं दिखता हूँ, उससे कहीं अधिक आयु का हूँ। जब महान् योगी श्यामाचरण लाहिड़ी पहली बार मेरे गुरु–'श्री गुरु' बाबाजी से मिले थे, तो मैं ही उन्हें गुफा में बाबाजी के आसन तक ले गया था।''

''लेकिन वह तो सौ सालों से भी पुरानी बात है!'' मैं आश्चर्य से चिल्लाया, ''आप तो तीस से ज़्यादा के नहीं लगते।''

''अच्छे पथ्य और कायाकल्प के अभ्यास से लंबी आयु तक जीवित रहा जा सकता है और यौवन भी बनाए रखा जा सकता है,'' बाबाजी ने कहा।

''तुम्हें भी बाद में समाज के दबावों और कठिनाइयों का सामना करने के लिए कभी–कभी कायाकल्प करने की आवश्यकता पड़ सकती है।''

''किस तरह के दबाव, बाबाजी'', मैंने पूछा, ''सब कुछ बड़ा अच्छा है यहाँ, किसी तरह का कोई दबाव नहीं। मैं हिमालय में घूमते–फिरते हमेशा आपके साथ ही तो रहूँगा। मैं उधर मैदानों की ओर नहीं जाना चाहता।''

बाबाजी ने स्नेह के साथ मेरी ओर देखा, ''तुम नहीं चाहते, परन्तु तुम्हें जाना होगा,'' उन्होंने कहा, ''तुम्हें काम करना है, मेरे गुरु का कार्य। लेकिन अभी नहीं, अतः चिंता मत करो, हम कुछ और समय इन खूबसूरत क्षेत्रों में घूमेंगे।''

''मैंने कहा, मुझे कोई चिंता नहीं जब तक आप मेरे साथ हैं और मैं आपको अपने आस–पास देख सकूँ। मुझे विश्वास है, अपने गुरु की तरह आप भी अपने शरीर को युवा और स्वस्थ रखेंगे और हमेशा मेरा मार्ग–दर्शन करते रहेंगे।''

''नहीं,'' बाबाजी ने कहा, ''केवल मेरे महान् गुरु–'श्री गुरु' बाबाजी ही ऐसा कर सकते हैं, क्योंकि वे यहाँ किसी विशेष उद्देश्य के लिए विद्यमान हैं। जहाँ तक मेरा सवाल है, भविष्य में मुझे यह शरीर छोड़ना होगा, हालाँकि तब तक मैं इसे अच्छी हालत में रख सकता हूँ।''

मुझे बड़ा धक्का लगा। भावोद्रेक से काँपते हुए मैंने कहा, ''बाबाजी, कृपा के आप मुझे छोड़कर कभी भी मत जाइएगा।''

''मूर्ख बालक!'' बाबाजी बोले, ''मार्ग–दर्शन भौतिक शरीर पर निर्भर नहीं करता, और तुम इस शरीर से इतना लगाव मत करो। तुम्हारे सारे प्रशिक्षण का उद्देश्य ही तुम्हें स्वावलंबी बनाना है। तुम्हें अपने पैरों पर खड़ा होना है। गुरु पर भी निर्भरता भी एक बाधा है। स्वतंत्र बनो।''

तब तक गाँव के मुखिया के साथ पुजारी आ गया था। वे दोनो लकड़ियाँ और खाना ले कर आए थे। मुखिया दुःखी था कि बाबाजी रात में विश्राम के लिए गाँव नहीं आए।

''तुम्हारा स्वास्थ्य कैसा है?'' बाबाजी ने उससे पूछा।

"आपकी कृपा से ठीक है," मुखिया ने कहा। "तो बाबाजी, अब आपके साथ एक युवा योगी भी है। अच्छा हुआ। तेज दिखता है।" वह मेरी तरफ मुड़ा, "सौभाग्यशाली हो, तुम्हें बाबा जैसा गुरु मिला है।"

उन्होंने धूनी जलाई, खाना अंदर रख दिया और चले गए। "कृपया कल गाँव में आकर आशीर्वाद ज़रूर दीजिएगा," जाने से पहले उन्होंने कहा।

"ठीक है," बाबाजी बोले।

हमने धूनी के सामने बैठकर ध्यान लगाया। लपटें खुशी से नाच रही थीं। उन्होंने हमारे शरीर को गर्मी और मन को शांति प्रदान की। फिर हमने चिर–परिचित रामदाना की रोटियाँ और आलू की सब्जी खाई, लेकिन इस बार कौर डुबोने के लिए काफी जंगली शहद भी था। उसके बाद बाबाजी ने मुझे सो जाने को कहा, क्योंकि अगले दिन हमे लंबी दूरी तय करनी थी।

भोर तिलस्मी थी, नदी, पर्वत और हर तरफ गेंदा के फूल! हमने नदी में डुबकी लगाई और गढ़वाल ज़िले की शायद सबसे सुंदर घाटी में निकल पड़े। जल्दी ही हम 'देवग्राम' पहुँच गए। मुखिया की अगुवायी में सारा गाँव हमारे स्वागत के लिए बाहर आकर खड़ा था। हमें मुखिया के साधारण से घर में ले जाया गया। पहले औरतों ने हमारे पैर धोए, फिर हमें छोटी गद्दियों पर बिठा कर बहुत अच्छा भोजन कराया गया। कौतूहल से बच्चे हमारी तरफ इशारा कर ही–ही करते रहे।

बाबाजी ने कुछ गाँव वालों से बातचीत की। ऐसा लगा वे उन्हें जानते थे। 'इधर आते रहते होंगे,' मैंने सोचा। लगभग एक घंटे के बाद बड़ी अनिच्छा से हमें जाने की अनुमति दी गई। लेकिन उससे पहले हमें रास्ते के लिए दो पैकिटों में खाना और एक बोतल शहद दिया गया।

" 'रुद्रनाथ' में जब आप जोगी महाराज से मिलें, तो हमारा दण्डवत् कहिएगा।" गाँव के मुखिया ने चलते समय कहा।

हम 'उर्गम' की हरित घाटी में चलते रहे। थोड़ी बूंदाबांदी होती रही और एक सुन्दर इन्द्र धनुष ने हमारा स्वागत किया। हम दो घंटे तक चलते रहे और इस बीच शायद ही

एकाध शब्द बोले हों। पहाड़ी बकरे की तरह विश्वास के साथ तेज़ी से पाँव धरते हमेशा की तरह बाबाजी आगे और गुरु का अनुगमन करने की कोशिश करता शिष्य उनके पीछे।

अचानक मनुष्यों की आवाज़ों से मौन टूटा। हम चीड़ के पेड़ों से सजी एक घाटी में उतर आए थे और 'दुमख' नाम के एक छोटे गाँव में पहुंच गए थे। शोर मचाते और खिलखिलाते हुए बच्चे दौड़ते आए। मुखिया के ज्येष्ठ पुत्र ने बाबाजी का स्वागत किया और दुखद समाचार दिया कि बाबाजी से पिछली भेंट के बाद उसके पिता जी का स्वर्गवास हो गया था। बाबाजी और मुझे मुखिया के घर ले जाया गया और रोटी, दाल और आलू की सब्जी का खाना खिलाया गया।

यह छोटा–सा गाँव 'दुमख' एक स्वर्गीय स्थल पर बसा था। पास ही एक नीली झील थी, और तीन–चार छोटी नदियाँ घाटी की ढलान पर लोक गीत गाती बह रहीं थीं। मैंने ताज़ा पानी पिया, जो उन लोगों के अनुसार, औषधीय गुणों से युक्त था। गाँव के चारों ओर विशालकाय चीड़ के पेड़ खड़े थे। बाबाजी मुझे पहाड़ियों में एक ऊँची जगह पर ले गए और दूर क्षितिज पर दिखती द्रोणगिरि पर्वत–श्रेणी दिखलाई। हमने गाँव वालों से विदाई ली और अपनी यात्रा जारी रखी।

लंबी कठिन चढ़ाई के बाद साँझ तक हम 'पनर' पहुँच गए। '' 'काकभुशुण्डि झील' यहाँ से दूर नहीं है,'' बाबाजी ने कहा, ''लेकिन अभी हम वहाँ नहीं जा सकते, अगर आसमान साफ रहा तो सुबह 'नंदा देवी' दिखाई देंगी। आज की रात हमें पास की एक प्राकृतिक गुफा में बितानी होगी। मैं एक बार यहाँ अपने गुरु के साथ रुक चुका हूँ। यह इलाका उन्हें बहुत पसंद हैं।''

मेरे हृदय में आशा की किरण फूट पड़ी – क्या वे आज हमें आशीर्वाद देने आँएंगे, वे महान् 'श्री गुरु बाबाजी'? एक संकरी घाटी में अपना रास्ता टटोलते हम शीघ्र ही एक बड़ी गुफा के मुहाने पर पहुँच गए। अब तक पूरी तरह अँधेरा छा चुका था। मैं गुफा के अंदर से रोशनी आती देख कर चकित हुआ। मैं उत्सुकता से काँप रहा था। क्या मेरी प्रार्थनाएं सुन ली गईं हैं? क्या महान् गुरु आने... ''जल्दी अंदर आओ,'' बाबाजी ने कहा, ''तूफान आने वाला है, और जल्दी ही बर्फ पड़ने लगेगी।''

साधारणतः हमेशा शांत रहने वाले बाबाजी भी, गुफा में घुसते ही चकित हो गए। "ओह!" वे ज़ोर से बोले। उसे बड़ी–सी गुफा के बीच एक धूनी जल रही थी, और हमारी तरफ मुँह किए गहरे रंग का छोटे कद का एक मोटा–सा व्यक्ति बैठा था। उसके काले लंबे बाल कंधों तक झूल रहे थे और उसकी दाढ़ी लंबी थी। बाबाजी की तरह वह भी सफेद धोती पहने था।

"अहा!" वह चिल्लाया और हमें देखते ही कूद कर उठ खड़ा हुआ।

"अहा! लगता है मैंने महान् महेश्वरनाथ को चकित कर दिया है। तुमने सोचा था मैं 'रुद्रनाथ' में हूँ। देखो मैं तो यहाँ 'पनर' में हूँ।" बाबाजी ने उनके चरण स्पर्श करने की कोशिश की, लेकिन उन्होंने उन्हें ऐसा नहीं करने दिया। "महेश! तुम्हें यह सब करने की आवश्यकता नहीं है।" फिर उन्होंने मेरे कंधों पर अपने हाथ रखे और मेरी आँखों में देखा, "तो इस युवा के लिए 'श्री गुरु' की कोई योजना है। हमारे महान् गुरु ने तुम्हारे बारे में मुझे बताया था, मधु! बेटे, एक कठिन जीवन के लिए तैयार हो जाओ। निस्संदेह महेश तुम्हारे लिए सर्वश्रेष्ठ मार्ग–दर्शक है।"

"ये मेरे वरिष्ठ गुरु भाई हैं, तेंकासी सिद्धर," बाबाजी ने कहा।

"ये कई सालों तक 'तेंकासी जलप्रपात' के पास रहते थे। 'श्री गुरु बाबाजी' ने इन्हें हिमालय आने का निर्देश दिया। ये तमिल और मलयालम बोलते हैं।"

सिद्धर मेरी तरफ मुड़े और तमिल में बोले, "तुम तमिल तो अवश्य ही जानते होंगे। त्रिवेंद्रम सीमा क्षेत्र है। वहाँ बहुत से लोग तमिल समझते हैं, ठीक है न?"

"जी, सिद्धरे!" मैंने तमिल में उत्तर दिया, "मैं अच्छी तरह तमिल बोल सकता हूँ। मेरे अनेक मित्र तमिलभाषी थे।"

"यह तो अच्छी बात है," सिद्धर ने कहा, "तुम्हें चावल खाने की बड़ी इच्छा हो रही होगी? देखो, मैंने चावल बनाए हैं और तुम्हारा पसंदीदा सांभर, सो भी गर्म–गर्म भाप छोड़ता और स्वादिष्ट दूध की खीर।" उन्होंने धूनी के पास रखे कुछ मिट्टी के बर्तनों की तरफ इशारा करते हुए कहा, "आओ, आनंद लो।"

'ओम्' का जाप करने के बाद हमने आनंद पूर्वक भोजन किया, कम से कम मैंने। उसके बाद सिद्धर ने मेरे साथ लंबा वार्तालाप किया। बाबाजी बस सुनते रहे। सिद्धर ने मुझे बताया कि वे बाबाजी के साथ दक्षिण भारत आए थे, जब वे मुझसे पुनः संपर्क करने त्रिवेंद्रम आए थे। वे ध्यान करने कोवलम के पास स्थित 'अगस्त्य कुटीर' चले गए, जबकि बाबाजी मुझे ढूँढ़ने में लग गए थे।

उन्होंने मुझे तमिल सिद्धों की परंपरा को संक्षेप में समझाया और सलाह दी कि मैं अगस्त्य के शिष्य तिरुमूलर द्वारा रचित महान् 'तिरूमंतिरम' पढ़ूँ। उन्होंने तमिल सिद्धों, नाथ पंथ, काश्मीर शैव सिद्धांत और श्री गुरु बाबाजी के बीच का संबंध भी समझाया। जब मैंने उनसे पूछा कि क्यों कुछ लोग 'श्री गुरु बाबाजी' को 'महावतार बाबाजी' कहते हैं, तो उन्होंने कहा कि 'महावतार' शब्द बाद में एक उत्साही लेखक द्वारा प्रयोग किया गया, जो स्वयं श्री गुरु बाबाजी का सीधा शिष्य नहीं था। "उन्होंने कहा, हम सबके लिए वे 'श्री गुरु बाबाजी' हैं और हम 'श्री गुरुभ्यो नमः' के मंत्र से उनका आहवान करते हैं। जो कोई भी श्रद्धा और विनय से इसका पाठ करता है, उसे तत्काल 'श्री गुरु' का आशीर्वाद प्राप्त हो जाता है।"

"अब तुम सो जाओ। कल तुम्हे 'रुद्रनाथ' जाने के लिए लंबी चढ़ाई चढ़नी है। मैं यहाँ अभी कुछ और समय रहूँगा। किसी की प्रतीक्षा कर रहा हूँ।"

मैंने धूने की पास की एक जगह चुनकर अपने को कंबलों में लपेट लिया। बाबाजी और सिद्धर कुछ और विषयों पर बातें करते रहे। मैं 'श्री गुरुभ्यो नमः' मंत्र का पाठ करते–करते सो गया। सपने में मैंने देखा 'श्री गुरु बाबाजी ने मुझे अपनी बाँहों में ले लिया है।

सुबह महान् सिद्धर से विदा लेकर हम 'रुद्रनाथ' के लिए निकल पड़े। हर तरफ पर्वत बर्फ से ढके थे। हवा ठंडी थी और आकाश साफ था। रात के हिमपात ने पर्वत शिखरों पर बर्फ को और बढ़ा दिया था। उनके पीछे से जब सूर्य निकला तो पहाड़ियों की चोटियों पर सफेदी, एक झिलमिलाती स्वर्णिम पीलेपन में बदल गई।

तेज़ चलते–चलते हम शाम तक 'रुद्रनाथ' पहुँच गए। रास्ते में हमने केवल कुछ मिनटों का विश्राम लिया था और चने खाकर पास की धारा से पानी पिया था। हम जहाँ खड़े थे, वहाँ से पूरी तरह बर्फ के कपड़े पहने, 'नंदादेवी पर्वत श्रेणी' साफ दिखाई देती थी। उसके कुछ दाहिनी ओर 'द्रोणागिरि पर्वत श्रेणी' थी।

'कल्पेश्वर' की तरह, 'रुद्रनाथ' में भी कोई मंदिर नहीं है, देव–मूर्ति को घेरे हुए ईंटों की एक वेदी मात्र है। यह एक पहाड़ी ढलान पर स्थित है, समुद्र तल से आठ हज़ार दौ सौ फीट से ज़्यादा की ऊँचाई पर। सामने बर्फ की टोपी पहने 'नंदादेवी पर्वत श्रेणी' के पर्वत हैं। हमने रात मंदिर के पास ही एक झोंपड़ी में बिताई। यह झोंपड़ी पुजारियों के लिए बनाई गई थी, परन्तु सौभाग्यवश वे 'गोरेश्वर' गए हुए थे। पुजारी के सहायक ने बताया कि वे अगले दिन वापस आने वाले थे। हमने अगले दिन 'तुंगनाथ' निकल जाने का निर्णय लिया।

28. केदारनाथ में नाड़ियों का खुलना

हम 'तुंगनाथ' और 'माहेश्वरनाथ' की यात्रा पूरी कर, 'गुप्तकाशी' और 'सोनप्रयाग' होते हुए 'केदारनाथ' पहुँचे। बताने लायक कुछ ख़ास नहीं घटा, सिवाय इसके कि दो बार हमें कस्तूरी मृग दिखे।

'श्री गुरु बाबाजी' से मिलने की मेरी गुप्त इच्छा पूरी नहीं हुई। जब मैंने बाबाजी से यह आशा व्यक्त की कि शायद मैं 'केदारनाथ' में उनसे मिल सकूँ, तो उन्होंने मुझे झिड़क दिया। उन्होंने कहा कि 'क्रियायोग' और आध्यात्मिक अभ्यासों का उद्देश्य बाबाजी से मिलना नहीं, अपितु क्रमशः अपने को उन्नत कर एक आध्यात्मिक व्यक्तिव के रूप में परिवर्तित करना है। अगर 'श्री गुरु' को आवश्यक लगा तो तुम्हारे बिना कहे ही वे उपस्थित हो जाएंगे। लेकिन मैं फिर भी यह आशा संजोए रहा कि कहीं, कभी 'श्री गुरु' मुझे दर्शन देने की कृपा करेंगे।

जैसे ही आप 'मंदाकिनी नदी' पर बने पुल को पार कर, मंदिर जाने वाली पतली गली में प्रवेश करेंगे, तो बाईं तरफ ऊपर पहाड़ियों पर कुछ छोटे कुटीर दिखेंगे। उनमें से अधिकांश प्राकृतिक गुफाओं के परिवर्तित रूप हैं, जिनमें कुछ योगी एकान्तवास करते हैं। ऐसी ही एक गुफा बाबाजी को बड़ी प्रिय थी। एक उत्तर भारतीय व्यवसायी ने उसे बनवाया था, जिसे हर साल 'केदारनाथ' की तीर्थ यात्रा के दौरान यहाँ आने का शौक था। जहाँ तक मैं जानता हूँ वे बाबाजी के गिने–चुने शिष्यों में से एक थे। मैं उनसे कई बार मिला हूँ। 1983 में दिल्ली में उनका देहान्त हो गया।

जब हम 'केदारनाथ' पहुँचे, तो हमने कुटीर को साफ और तैयार पाया। एक कोने में एक हफ्ते के लिए धूनी के लिए लकड़ियों का ढेर था। उस सज्जन पुरुष ने अपने रसोइये को हिदायत दे रखी थी कि वह प्रतिदिन हम दोनों के लिए खाना और दूध ले आए।

गुफा के बाहर का दृश्य अत्यंत सुहावना था। हिम धारण किए हुए 'केदार' पर्वत–श्रृंग, डूबते सूरज की लालिमा लिए मंदिर के ऊपर उत्तंग खड़ा था, जिसमें लिंग के रूप में उपासनीय असीम का एक सादा प्रतीक रखा हुआ था–लिंग, महान् योगी भगवान् शिव के भावोत्तेजित रूद्र रूप का प्रतीक। चारों ओर 'केदार' के साथी भी हिम–शुभ्र वस्त्र पहने खड़े थे। कड़ाके की सर्दी के बावजूद मैंने कई मंगलमय दिन यहाँ बाबाजी के साथ बिताये।

हर सुबह हम मंदिर जाकर देवता का दर्शन करते। मंदिर के दक्षिण भारतीय वरिष्ठ पुजारी के मन में बाबाजी के प्रति बड़ी श्रद्धा थी। जब तक चाहें हमें अंदर बैठे रहने की अनुमति थी। गर्भगुड़ी में निस्संदेह एक स्पर्शनीय ऊर्जा विद्यमान थी। मुझे लगता था कि वहाँ मैं अनायास गहरे ध्यान में जा सकता था।

उसके बाद हम रोज़ ही 'भैरव पहाड़ी' जाते। वहाँ का दृश्य और भी विस्मयकारी था। हम वहाँ अक्सर आँखें खोले घंटों ध्यान में बैठे रहते। यहाँ भैरवनाथ की मूर्ति के बगल वाली पहाड़ी पर दो कुटियाएँ थीं। एक में 'उदासी पंथ' के जटाओं वाले एक साधु रह रहे थे और दूसरी में गाँजा पीने वाला एक नागा। दोनों बाहर आकर बाबाजी को नमन करते और उनका आशीर्वाद लेते।

दोपहर तक हम गुफा वापस आ जाते और रसोइए द्वारा लाया गया भोजन करते। कभी–कभी दिल्ली से वह व्यापारी स्वयं बाबाजी का आशीर्वाद लेने और अपनी शंकाएं दूर करने चला आता। शाम को हम गुफा में ही रहते। बाबाजी ने मुझे 'ठोकर क्रिया' और 'क्रिया–योग' की अन्य उन्नत साधनाओं को सिखाया। अगर मैं सवाल पूछता तो वे धैर्य से उनके बारे में चर्चा करते। हल्के भोजन के बाद, रात को हम देर तक धूने के सामने ध्यान में बैठते। उसके बाद, मैं सो जाता। लेकिन बाबाजी, हमेशा की तरह धूने के सामने पत्थर की मूर्ति की तरह निस्पंद बैठे रहते। इस तरह छः आनंददायी दिन बीत गए।

सातवें दिन उन्होंने कहा, ''मुझे चार दिन अपने गुरु के साथ रहने के लिए जाना है। इस समय वे यहाँ से बहुत दूर नहीं हैं, लेकिन मैं तुम्हें साथ नहीं ले जा सकता। कल सुबह 'श्री गुरु बाबाजी' द्वारा भेजे गए तीन व्यक्ति तुम्हारे मस्तिष्क के बहुआयामी सत्ता तक पहुँचने के मार्ग को खोलने और पुष्ट करने में सहायता करने वाली एक विशेष प्रक्रिया

के लिए तुम्हें एक गुप्त स्थान ले जाएंगे। वे एक कूट शब्द (कोड वर्ड) फुसफुसाएंगे जिसे उनके अलावा केवल मैं जानता हूँ और तुम। तुम उनके साथ निश्चिंत होकर जा सकते हो। मैं वहाँ रहूँगा। इस बीच आराम करो और अपना अभ्यास जारी रखो। आज रात कुछ मत खाना और खूब पानी पीना।''

इतना कह कर उन्होंने स्नेह से मेरा सिर छुआ और चले गए। मैं उनके माध्यम से संदेश भेजना चाहता था कि मैं 'श्री गुरु बाबाजी' के दर्शनों के लिए बेचैन था, लेकिन मैंने चुप रहना ही उचित समझा। उन्हें मालूम था और मुझे कुछ कहने की आवश्यकता नहीं थी। हर चीज़ का अपना–अपना उपयुक्त समय होता है।

अगले दिन सुबह वे तीन लोग आए। तीनों एक से थे – उनके शरीर पर एक भी बाल नहीं था। वे गोरे थे और उन्होंने कमर से घुटनों तक एक सफेद कपड़ा धोती की तरह पहन रखा था। उन्होंने काठ की खड़ाऊँ पहनी हुई थी, जो चलते समय खटक–पटक की आवाज़ करती थीं। उनके लंबे कत्थई–काले, कंधों तक के बाल थे। वे चेहरे पर, शल्य चिकित्सकों के मुखावरण जैसी जैन मुनियों की भाँति हरे रंग की पट्टियाँ बाँधे हुए थे। उनके चेहरे के दिखाई देने वाले हिस्से थे केवल उनके चौड़े माथे और कत्थई आँखें।

वे समवेत स्वर में हिंदी में मधुर, लेकिन दृढ़ आवाज़ में बोले – ''मधु, हमें एक विशेष प्रक्रिया के लिए तुम्हें एक गुप्त स्थान पर ले जाने के लिए भेजा गया है। चलो।''

''बाबाजी द्वारा मुझे दिया गया कूट शब्द बताइए'' मैंने कहा।

उन्होंने एक साथ दबी आवाज़ में कूट शब्द दुहराया और मैं बेहिचक उनके साथ हो लिया। हम नीचे उतरे, मंदिर पार किया और उसके पीछे की ओर चलने लगे। एक जगह उन्होंने बताया, ''यही वह जगह है, जहाँ से 'आदिशंकराचार्य' ने महान् 'श्री गुरु' से मिलने के लिए गुप्त रास्ता अपनाया था। उसके बाद वे जनता की आँखों के सामने से गायब हो गए थे।''

लगभग दस मिनट और चलने के बाद उन्होंने कहा, ''अब हमें तुम्हारी आँखों पर पट्टी बाँधनी होगी।'' उन्होंने मेरी आँखों पर काला कपड़ा बाँध दिया और आगे ले जाने लगे। उसके बाद मैंने उन्हें कोई दरवाज़ा–सा खोलते सुना। फिर वे मुझे खड़ी ढलान की

सीढ़ियों से नीचे ले गए। निःशब्दता और बाहर बहती ठंडी हवा की अचानक अनुपस्थिति से मैंने अनुमान लगाया कि हम किसी भू–गर्भी सुरंग में थे।

जब हम रुके तो मैंने धूप की सुगंध महसूस की। आँखों से पट्टी हटा दी गई और मैंने अपने को भूगर्भ में तेल के दिए से प्रकाशित एक बड़ी गुफा में पाया। वह सुगंध गुफा के मध्य में स्थित अग्निकुण्ड में से उठ रही थी। गुफा के दूसरे छोर पर बाबाजी को देखकर मैं आश्वस्त हुआ। "डरो मत", उन्होंने कहा, "तुम्हारे मस्तिष्क के कुछ केंद्रों को क्रियान्वित करना है, इसके लिए कुछ ध्यानेतर माध्यमों का उपयोग करना होगा क्योंकि हमारे पास समय अधिक नहीं है। हमें जल्दी है। यदि इन केंद्रों को इस तरह क्रियान्वित नहीं किया गया, तो उच्चतर आयामों तक पहुँचने के तुम्हारे मार्ग खुलने में कई जन्मों का समय लगेगा। अब प्राचीन लोगों द्वारा प्रयुक्त सोमरस का पान करो। इसे हमने विशेष रूप से तुम्हारे लिए तैयार किया है। उन्होंने मुझे हल्के हरे रंग के द्रव से भरी एक चाँदी की कटोरी दी।

मैंने वज्रासन में बैठकर उस कड़वे–मीठे काढ़े को पी लिया। मनः स्थिति में परिवर्तन का जो पहला अनुभव महसूस हुआ, वह कुछ–कुछ विद्यार्थी काल में रंजीत के साथ आधी बोतल बीयर पीने जैसा था। फिर वह बदला और गहरा हो गया। वे तीनों व्यक्ति, जो मुझे वहाँ लाए थे, पालथी में बैठे सामवेद की ऋचाओं का पाठ कर रहे थे। मेरा मन पाठ की लय से एकाकार हो गया, फिर वह फैला और मेरे शरीर के बाहर छितरा गया। तेज़ बहुरंगी प्रकाश पुंज दिखने लगे। मुझे याद है कि मुझे एल एस डी के सेवन से होने वाले अनुभवों के बारे में पढ़ी हुई बातें याद आई।

बाबाजी सावधानी से मुझे बाँईं तरफ एक पत्थर की पटिया के पास ले गए और मुझे उस पर शवासन की मुद्रा में लिटा दिया। जब वे बोले, तो ऐसा लगा मानों उनकी आवाज़ बहुत दूर से आ रही हो, "आँखें बंद करो," उन्होंने कहा, "और अपनी आत्मा को अपने शरीर से बाहर निकल जाने दो।" क्षण भर में मैंने विस्मय से शव की भाँति पटिया पर पसरे अपने शरीर को देखते हुए गुफा की बाँई दीवार के पास खड़ा पाया।

बाबाजी के निर्देशानुसार, अब पाठ बंद कर चुके उन तीनों साथियों ने एक काला अध ागोला लाकर मेरे सिर के पास रख दिया। उसमें से उन्होंने दो सुनहरे तार निकाले और उन्हें मेरे सिर के दोनों ओर जोड़ दिया। फिर उन्होंने उस यन्त्र को ऊपर से ज़ोर से दबाया। मैंने अपने सुरक्षित कोने से, अपने उस शरीर को मिर्गी जैसे दौरे पड़ते देखा। एक मिनट के लिए मैंने अपने को सुरक्षित, पर डरा हुआ महसूस किया। अगले मिनट मैंने अपने को भयंकर ऐंठन से पीड़ित अपने शरीर में वापस पाया।

झुलसाता हुआ एक दर्द मेरी रीढ़ की हड्डी में नीचे से ऊपर उठा। इतनी गर्मी पैदा हुई कि मुझे लगा कि मेरा सारा शरीर, विशेष रूप से सिर जल रहा था। मैंने सोच लिया कि यह मेरा अंत था और मैं शायद इससे बाहर नहीं आ सकूँगा। अचानक एक दहाड़ की आवाज़, जो शीघ्र ही आरामदेह गुनगुनाहट में बदल गई, मेरी चेतना में प्रवेश कर गई। ऐसा लग रहा था मानों कोई 'जिम रीव्स' की आवाज़ में एक लंबे 'ओम्' का पाठ कर रहा हो। मरोड़ बंद हो गई, गर्मी कम हुई और एक कुनकुनी दीप्ति – जाड़े की ठंडी रात में आग की आरामदेह गर्मी जैसी – मेरे शरीर और आत्मा में समा गई। मेरे सिर के शिखर से एक मीठा अक्सीर मेरी रीढ़ में से नीचे बहने लगा और आपादमस्तक मैंने एक विलक्षण परमानंद का अनुभव किया।

आँखें खोलकर मैंने आसपास देखा। हर चीज़ ताज़ा, नई और जीवन–ऊर्जा से धड़कती हुई थी। मैं एक नया व्यक्ति था, पुनर्जीवित! लगता था पुराना मर कर अदृश्य हो गया। मैं अब एक पृथक् आत्मा नहीं था। चेतना का केंद्र हर जगह था। धूल के कण से लेकर आकाशगंगा तक, सारी चौहद्दियाँ टूट चुकी थी। जब मैंने 'बाबाजी' को देखा, तो ऐसा लगा मैं बाबाजी था, जो मुझे देख रहे थे।

बाबाजी ने कहा, "हाँ, तुम्हारा पुनर्जन्म हुआ है। यही 'द्विज', दो बार जन्मा होने का असली अर्थ है। धीरे–धीरे उठो क्योंकि तुम्हें अपने नए स्वयं के साथ तादात्मय स्थापित करने में कुछ समय लगेगा। नवजात शिशु की तरह तुम्हें घुटनों के बल सरकना होगा, फिर बैठना होगा और तब डगमगाते कदमों से चलना होगा, जब तक कि तुम्हें स्थिर गति से पूर्ण विकसित आदमी के विश्वस्त डगों को भरना न आ जाय।

''मेरा आशीर्वाद! 'श्री गुरु बाबाजी' ने ऋषिकेश में शीघ्र ही किसी समय अपने पुराने शिष्य 'मधु' को देखने का वचन दिया है। अब हमें अपनी गुफा की ओर चलना चाहिए। अपनी आँखें बंद कर के 'पद्मासन' में बैठ जाओ।''

मैंने उनकी आज्ञा का पालन किया। ऐसा लगा कि एक शक्तिशाली झोंका मुझे कहीं उड़ाए ले जा रहा था। कुछ क्षणों में मुझे नीचे उतरने का भान हुआ और उसके बाद गति बंद हो गई। बाबाजी ने कहा, ''आँखें खोलो''। मैंने आँखें खोलीं और पाया कि हम दोनों अपने निवास – कगार की चोटी पर स्थित गुफा में थे। ''इस तरह का परिवहन फिर कभी नहीं उपयोग किया जाएगा,'' बाबाजी ने कहा, ''सिवाय पृथ्वी पर तुम्हारे जीवन के अंतिम समय में एक विषेश कार्य के लिए। अब लाला जी के पास जाओ और उनसे अपने लिए कुछ खाना भेजने को कहो। इस बीच मैं धूनी लगाता हूँ।''

हम और चार दिन 'केदार' में रहे। इस दौरान मैंने बाबाजी से 'बादरायण व्यास' के 'ब्रह्म सूत्र' और एक गूढ़ ज्ञानवादी पुस्तक 'पिस्टिस सोफिया' के बारे में चर्चा की।

29. आकाश से आग का गोला

पांचवें दिन हम 'ऋषिकेश' के लिए नीचे उतरने लगे। हमारा रास्ता 'सोनप्रयाग', 'गुप्त काशी' और 'रुद्रप्रयाग' होकर जाता था। 'रुद्रप्रयाग' में हम एक वैष्णव बैरागी के साथ दो नदियों के संगम के पास रहे। अगले दिन हम 'देवप्रयाग' पहुँचे। वहाँ हमने दो दिन एक वृद्ध नेपाली योगी के साथ गुज़ारे, जिसे बहुत साल पहले पशुपतिनाथ मंदिर के पास थोड़ी देर के लिए 'श्री गुरु बाबाजी' से मिलने का सौभाग्य मिला था। मैं उससे उस भेंट के अनुभव का विवरण सुन कर बहुत प्रसन्न हुआ। 'देवप्रयाग' से एक सुबह निकल कर हम शाम को 'वशिष्ठ गुफा' पहुँच गए, जहाँ मैं पहले बुरी तरह घायल पाँवों की तीमारदारी के लिए कई दिनों तक रुका था और जहाँ केरल के ब्रह्मचारी ने मेरी देखभाल की थी। वे ब्रह्मचारीजी बाबाजी से पहले नहीं मिले थे, यद्यपि बाबाजी उनके गुरु पुरुषोत्तमानंद से उनके व्यास गुफा में उनके प्रारंभिक दिनों में मिल चुके थे। अतः उन्होंने बाबाजी को अत्यंत श्रद्धा के साथ एक संत को दिया जाने वाला आदर दिया।

लेकिन बाबाजी 'वशिष्ठ गुफा' में नहीं रहना चाहते थे। 'वशिष्ठ गुफा' के पास, अगर आप गंगा के चट्टानी किनारे के साथ थोड़ा नीचे चलें और ध्यान से दाँई ओर की पहाड़ी को देखें, तो आप एक बड़े बरगद के पेड़ की लटकती जटाओं से छुपी हुई एक छोटी गुफा पाएंगे। इसे 'अरुंधती गुफा' कहा जाता है। बाबाजी ने यहाँ रहने का निश्चय किया। उन्होंने कहा यह गुफा उन्हें बहुत प्रिय थी और वे वहाँ कई बार रह चुके थे। हम फिसलन वाली पत्थरीली कगार पर चढ़ कर 'अरुंधती गुफा' पहुँच गए। बस दो लोगों के लिए यह काफी थी। इसके सामने बरामदे जैसा एक बड़ा समतल पत्थर था, जो धूने लगाने के लिए सर्वथा उपयुक्त था। हमने 'गंगा' के साफ हरे पानी में डुबकी लगाई और रात घिरने से पहले पास के जंगल से धूनी जलाने के लिए पर्याप्त लकड़ियाँ इकट्ठी कर ली। यह तय किया गया था कि मैं दिन में एक बार वशिष्ठ गुफा से खाना लाऊँगा। हमने 'अरुंधती गुफा' में एक आनंददायी हफ्ता बिताया।

जिस दिन हम 'अरुंधती गुफा' पहुँचे, उस दिन किसी कारणवश मैं बहुत थका हुआ महसूस कर रहा था। मुझे बाबाजी के पैर दबाना बहुत पसंद था, बशर्ते बाबाजी करने दें। उस दिन बाबाजी के पैर दबाते–दबाते मैं सो गया। मुझे नहीं मालूम मैं कब सो गया था या क्या हुआ, लेकिन बीच रात में मैं हड़बड़ा कर जाग पड़ा। कोई चीज़ मेरी टाँग पकड़े हुए थी। मन में पहला विचार आया कि कोई जंगली जानवर मुझे खींच कर ले जाने की कोशिश कर रहा था। जब मैंने उठ कर बैठने की कोशिश की, तो मैंने बाबाजी की सांत्वना देती आवाज़ सुनी, ''सोते रहो, तुम बहुत थक गए हो। तुम्हारी माँस–पेशियों को ढीला करने की आवश्यकता है।'' उसी क्षण मैंने देखा कि मेरी दाँई टाँग उनकी गोदी में थी और वे उसकी मालिश कर रहे थे।

''बाबाजी!'' मैंने विरोध किया और अपनी टाँग वापस खींचनी चाही, लेकिन सफल नहीं हुआ। ''चुप रहो और सो जाओ,'' बाबाजी ने कहा, ''क्या तुम्हें यह डर है कि तुम्हें नर्क भोगना पड़ेगा क्योंकि तुम्हारी टाँग मेरी गोदी में है। अनैतिकता से पूर्ण संसार से बदतर कोई नर्क नहीं। सो जाओ, सुबह मैं तुम्हें जल्दी जगा दूँगा''। मैं अँधेरे में चुपचाप उस महान् आत्मा की दयालुता से अभिभूत होकर रोते हुए सो गया।

'अरुंधती गुफा' में बाबाजी ने मुझे खुली आँखों के ध्यान की तकनीक सिखाई। एक सुंदर शाम को बाबाजी ने कहा, ''बहुत से लोगों के लिए आँखें बंद कर के ध्यान लगाना आसानी से संभव नहीं हो पाता। ऐसा करने का प्रयत्न करते समय उन्हें ऐसा लग सकता है कि वे ध्यान में हैं, परन्तु बाह्य जगत से मुक्त होने में असमर्थ मन, एक आंतरिक दुनिया रच लेता है और पुनः चिंतन प्रक्रिया में फँस जाता है। इसकी बजाय, तुम अपनी आँखें खुली रख सकते हो और नीचे गंगा को अनवरत अनवरत बहते हुए देखो। स्वयं को जीवन धारा की तरह लगातार बहते हुए, गतिहीन तालाब की तरह बासी नहीं, लगातार बदलते हुए सदा नए स्फटिक की भाँति स्वच्छ, जैसे सर्वव्यापी 'ब्रह्म'।''

''इस तरह देखते–देखते उस असीम ब्रह्माण्डीय जीवन की गति से तुम एकाकार हो जाओगे। कोई कल्पना मत करो। केवल खुले दिमाग से साक्षी भाव से देखो, कोई लक्ष्य निर्धारित मत करो। 'आसक्ति त्याग कर भोगो' जैसा कि ईशावास्योपनिषद् कहता है, 'तेन त्यक्तेन भुंजीथा'।''

'अरुंधती गुफा' में जो असामान्य घटनाएं घटीं, उनमें से पहली को मैं 'दोसा घटना' कहता हूँ। गुफा में हमारे अंतिम दिन सुबह मैं 'क्रिया' का अभ्यास करते समय अपना ध्यान भौंहों के बीच 'आज्ञा–चक्र' में दो पंखुड़ियों वाले श्वेत कमल पर केंद्रित करने की कोशिश कर रहा था। लेकिन मैं चाहे कितनी भी कोशिश क्यों न करूँ, मुझे दिखाई देता था केवल मेरा पसंदीदा नाश्ता। दक्षिण भारतीय मसाला दोसा, पहली बार मुझे यह ज्ञात हुआ कि मसाला दोसा मुझे कितना पसंद था। मैंने उसकी छवि से छुटकारा पाने के लिए बड़ा संघर्ष किया।

बाबाजी मेरे पास आए, मेरे कंधे को थपथपाया और पूछा, ''तो आज तुम कहाँ ध्यान केंद्रित कर रहे हो?'' ''आज्ञा चक्र'', मैंने उत्तर दिया। ''अच्छा? और उसकी शक्ल मसाला दोसा जैसी है?'', कह कर वे हँसने लगे।

''आप भी, बाबाजी...'' मैंने कहा, ''मुझे मालूम है कि आपको सब कुछ मालूम हो जाता है कि मेरे दिमाग में किस समय क्या चल रहा है, लेकिन कृपा करके हँसें मत, इस परिस्थिति से बाहर निकलने की युक्ति बताएं।''

''अच्छा चलो माफ करो'', बाबाजी ने कहा, ''नहीं हँसूँगा। कल हम ऋषिकेश जाएंगे और मैं तुम्हारे इस सम्मोह से तुम्हें छुटकारा दिलाने में सहायता करूँगा। पहला कदम है कि जी भर कर मसाला दोसा खाओ। जितने चाहो उतने मसाला दोसा मैं तुम्हें दिलवाऊँगा और तब तुम इस सम्मोह से मुक्त हो जाओगे। तांत्रिक महावाक्य 'योगो भोगयते' इस तथ्य पर आधारित है कि कभी–कभी तुम किसी चीज़ के सम्मोह से तब तक बाहर नहीं आ सकते, जब तक कि तुम उसे भोग न लो। अब इसकी चिन्ता छोड़ो और फिर से ध्यान लगाने की कोशिश करो।''

मुझे आश्चर्य हुआ कि इस विचार मात्र से ही कि अगले दिन मैं जी भर कर दोसा खाने जा रहा था, मुझे उसकी छवि से छुटकारा मिल गया, जो मेरी क्रिया में व्यवधान डाल रही थी और मैं आसानी से अपना अभ्यास पूरा कर सका।

और दूसरा अनुभव, एक डरावनी अनुभुती के रूप में शुरू हुआ। 'अरुंधती गुफा' में हमारी तीसरी रात थी, जब मैं एक आवाज़ सुनकर जाग पड़ा। पहले तो मुझे वह आवाज़

बिजली की गड़गड़ाहट लगी। फिर मैंने आँखें खोली और बाबाजी को अपनी सामान्य मुद्रा में बैठे पाया। वे मेरी तरफ पीठ किए अपनी सामान्य मुद्रा में बैठे थे और धूनी के प्रकाश में उनकी आकृति छायाचित्र जैस लग रही थी। मैंने उनकी आकृति के सामने देखा, दो खुलते बादलों के बीच में से कोई चीज़ बाहर आई, जो लगभग पूर्णिमा के चंद्रमा के आकार की थी। लेकिन वह चीज़ चंद्रमा नहीं हो सकती थी। चंद्रमा की सफेद ठंडी चांदनी की बजाय यह चीज़ चमकती आग की गेंद जैसी थी। जैसे–जैसे वह पास आती गई, गड़गड़ाहट बढ़ती गई। फिर वह गुफा की तरफ आई और बिजली की एक कड़क के साथ ठीक धूनी पर टिक गई।

मैं इतना डर गया था कि बैठ भी न सका। लेकिन बाबाजी एकदम अप्रभावित, मूर्ति की तरह सीधे स्थिर बैठे रहे। मैं उन्हें पुकारना चाहता था, परन्तु मेरे वाक् तन्तुओं ने काम नहीं किया। किसी तरह मैं कोशिश कर के बैठ गया। मेरी सारी देह भय से काँप रही थी।

मेरी चकित आँखों के सामने एक विचित्र दृश्य घटित हुआ। गड़गड़ाहट बंद हो गई और एक स्तब्ध शांति छा गई। लगभग दो फीट के घेरे वाली वह आग की गेंद दो भागों में विभक्त हो गई और उसमें से कोई चीज़ निकली, जिसे देखकर मेरे सारे शरीर में रोमाँच की लहर फैल गई। वह एक सर्प था, काले नाग जैसे फन वाला और नीले विद्युत्तिय रंग की चमक वाला, मानों वह किसी पारदर्शी बैंगनी, काँच जैसे पदार्थ का बना हो और उसके अंदर बिजली के तन्तु जला दिए गए हों। उस नाग–सदृश जन्तु की आँखें चमक रही थीं और वह मद्धिम–मद्धिम फुसकार रहा था।

जैसे ही मैंने उस जन्तु को झुक कर अपने फन से बाबाजी के चरण स्पर्श करते देखा, तो मेरा डर दूर हो गया। बाबाजी ने दाहिने हाथ से उसका सिर छूकर आशीर्वाद दिया। उसके बाद बाबाजी ने जो किया, उसे देखकर कुछ क्षणों के लिए मुझे शक हुआ कि जो हो रहा था, वह वास्तविकता थी या मेरा कोई हास्यास्पद स्वप्न – उत्तर में वे भी फुसकारे!

नीला नाग सीधा होकर बाबाजी के सामने उनकी तरफ मुँह करके बैठ गया। फुसकारों में वार्तालाप काफी समय तक चलता रहा। फिर बाबाजी ने कहा, "मधु! आगे

आओ और सर्प–लोक के उपनायक से मिलो।" मैं आगे बढ़कर सावधानी से बाबाजी के पीछे बैठ गया। नाग फुसकारा। बाबाजी ने कहा, "नागराज को नमन करो।" मैंने काफी झुककर नमन किया। पास से मैंने देखा कि वह काफी बड़ा था और उसकी चमकती हुई मेधावी आँखें थीं। सर्प फुसकारा और उसने अपनी दुमुँही जीभ से मेरा सिर छुआ। मैंने पाया कि मैं बिल्कुल भी नहीं डरा, यद्यपि मुझे ऐसा महसूस हुआ मानो एक हल्की बिजली की धारा मेरे शरीर से गुज़र गई हो।

फिर सहसा वह गेंद के अंदर सरक गया, जिसके दो हिस्से खट् से बंद हो गए और गड़गड़ाहट के साथ वह गोलक उड़ चला और शीघ्र ही बादलों में गायब हो गया। मैं बाबाजी से इस सबका मतलब पूछे बिना रह न सका, "बाबाजी! मुझे समझाइये, यह सब क्या था? अगर मैं इसके बारे में किसी को बताऊँगा तो वे मुझे बिल्कुल पागल समझेंगे अथवा यह सोचेंगे कि मैं कोई कहानी गढ़ रहा हूँ। अतः मैं इसे अपने तक ही रखूंगा। लेकिन कृपया मुझे इसका अर्थ बताइए"।

"हाँ, तुम ठीक कहते हो," बाबाजी ने कहा, "ज़्यादातर लोगों को तुम्हारे इस अनुभव पर विश्वास नहीं होगा। लेकिन अपनी आत्मकथा लिखते समय तुम्हें लोगों को यह बताना ही होगा। इसका कोई महत्व नहीं है कि कोई विश्वास करता है या नहीं। मैं तुम्हें समझाता हूँ, सत्य बहुधा कल्पना से भी अधिक निराला होता है।"

"आकाश गंगा में एक तारकीय मंडल है, जिसमें सात ग्रह और अठारह चाँद हैं। उनमें से एक ग्रह को सर्प–लोक कहा जाता है। उस पर अत्यंत उन्नत, फन वाले साँप रहते हैं। उनमें से भुजंगों को 'नाग देवता' कहा जाता है। जो व्यक्ति तुमने देखा था, वह उस लोक का उपनायक है। उसे 'नागराज' कहा जाता है। नागों का परम नायक पाँच फनों वाला सुनहरी सांप है, जिसे प्राचीन भारतीय शास्त्रों में 'अनंत' कहा गया है।"

"हज़ारों साल पहले जब मानवता अपने मानसिक विकास के शैशव काल में थी, तब उसका सर्प–लोक से नियमित संबंध था। बुद्धिमान और उन्नत नाग पृथ्वी पर आते थे और लंबे समय तक रह कर मनुष्यों को शिक्षा देते थे। सभी प्राचीन सभ्यताओं में पाई जाने वाली सर्प पूजा, पुरातन काल के उन्नत नागों को श्रद्धांजलि अर्पित करने का एक रूप है। उनके

गहरे ज्ञान के कारण उनकी प्रतिमाओं का आदर किया जाता था। उन्होंने ही शुरुआत में 'कुण्डलिनी ऊर्जा' का रहस्य सिखाया और सर्प ही उसका प्रतीक है। विश्व को 'अष्टांग योग सूत्र' देने वाले 'पतंजलि' भी नाग थे। उन्हें आधा नाग और आधा मनुष्य के रूप में दर्शाया जाता है। फ़ेरॉ, प्राचीन मिस्र के राजा के सिर पर लिपटा हुआ नाग और योगी–देव शंकर के गले में पड़ा नाग, ये सब कुछ विशेष मनुष्यों को नाग गुरुओं द्वारा दिए ज्ञान और शक्ति का प्रतीकात्मक निरूपण है।"

"पर, लगता है और जो हमेशा होता भी आया है, जैसे–जैसे मनुष्य अधिक शक्तिशाली होता गया, वह अधिक स्वार्थी और चालाक भी होता गया। सब नहीं, पर अधिकांश मनुष्य व्यक्तिगत लाभ के लिए दूसरे को मारने तक को तैयार थे। कुछ लोगों को मानसिक और आध्यात्मिक रूप से श्रेष्ठतर नागों से खतरा महसूस हुआ और उन से प्राप्त शक्ति के ऋण को भूलकर, वे उसका प्रयोग उन्हीं के विरुद्ध करने लगे।

"एक समय पर नागों का बड़े पैमाने पर कत्लेआम हुआ। नागों के परम नायक ने नागों को पृथ्वी से वापस बुलाने का और मनुष्यों से सभी संबंध तोड़ने का निर्णय ले लिया। उनका केवल कुछ आध्यात्मिक रूप से उन्नत व्यक्तियों से ही संबंध बना रहा। रातों–रात नाग 'सर्पलोक' को ले जाए गए। कुछ नाग जो बीमार थे या बहुत बूढ़े थे और एकाध विरले यहाँ रह गए, जिन्होंने परम नायक की आज्ञा के खिलाफ यह सोच कर विद्रोह किया था कि अभी भी मनुष्यों के साथ कुछ काम करने की संभावना थी।"

"सांप और नाग जो आज दुनिया में पाए जाते हैं, उन्हीं बचे हुए नागों की संतान हैं। अन्तः प्रजनन के कारण वे मंदबुद्धि हो गए हैं और उनके पास अपने पूर्वजों के महान् गुण नहीं हैं। लेकिन, जैसाकि मैंने बताया, मनुष्य जाति के कुछ उन्नत व्यक्तियों के साथ उनके संबंधों के तार जुड़े रहे। जब शिर्डी के महान् 'साँईंनाथ' तीन दिन के लिए अपना शरीर छोड़कर चले गए थे और चौथे दिन वापस आए, तब आम जनता अत्यंत चकित थी। उन्होंने सोचा था कि वे मर गए थे। उस समय साँईंनाथ ने अपने कुछ निकट साथियों को बताया था कि वे किसी और लोक में एक विवाद हल करने गए थे।"

"जिस दूसरे लोक की वे बात कर रहे थे, वह 'सर्प–लोक' था। उसके बारे में मैं तुम्हें नहीं बता सकता, परन्तु वह विवाद पूरी तरह हल नहीं हुआ था। वह फिर उठ खड़ा

हुआ है। अभी जो नागराज यहाँ पधारे थे, वे 'श्री गुरु' से सहायता माँगने गए थे और उनकी सलाह पर उस विषय पर मुझसे चर्चा करने आए थे।"

"बाबाजी!" मैंने कहा, "यह सब इतना अनोखा लगता है कि अगर मैंने आपके कहने पर कभी अपनी आत्मकथा लिखी, तो पाठक इसे एक असंतुलित दिमाग का अनर्गल प्रलाप या शुद्ध कल्पना कह कर खारिज कर देंगे। पर मुझे कोई परवाह नहीं, जो हो सो हो।"

बाबाजी हँसे और बोले, "मैं फिर कहता हूँ, 'सत्य' 'कल्पना' से भी अधिक अनोखा होता है और अगर तुम्हारी कहानी से उनकी 'कल्पना' तीव्र होती है, तो आशा की जा सकती है कि उन्हें शायद कभी यह भी ज्ञान हो जाएगा कि चेतना के और भी ऊँचे स्तर होते हैं, जिन्हें शुष्क तर्क या मनुष्य की सीमित बुद्धि से नहीं समझा जा सकता।"

"और फिर, जब तक तुम अपनी आत्म–कथा लिखोगे, हो सकता है तब तक वैज्ञानिक जगत भी बाह्य अंतरिक्ष और अन्य ग्रहों के बारे में अपना ज्ञान बढ़ा चुका होगा। दूसरे ग्रहों पर या तारकीय मंडलों में जीवन है या जीवन था, इस संभावना को जीवन रूपों के अस्तित्व और विकास के लिए आवश्यक पानी तथा अन्य परिस्थितियों के ब्रह्माण्ड में विद्यमान होने की खोज से बल मिलेगा। हो सकता है पूर्वग्रह रहित कोई वैज्ञानिक तुम्हारी कहानी को उचित ध्यान देने योग्य समझ ले। यह भी ध्यान में रखो कि साधारणतः स्थापित मानदण्डों से अलग किसी भी बात को उसे 'अवैज्ञानिक' कह कर खारिज कर दिया जाता है। अतः कोई विशेष आशा भी मत रखो।"

"तुम थक गए होगे, जाओ, सो जाओ"

30. आरोग्य–दान और श्रीगुरु के दर्शन

मसाला दोसा प्रकरण और 'नागराज' के आगमन के अगले दिन सुबह 'गंगा नदी' के दाहिने किनारे के साथ–साथ एक संकरी पगडंडी पकड़ कर हम 'ऋषिकेश' के लिए निकल पड़े। दृश्य बहुत मनोहारी था–कलकल बहती नदी, चहचहाती चिड़ियाँ, सुन्दर पर्वत श्रेणी और सादा कुटियाएं, जिनमें गंभीर साधु रहते थे, ताकि यहाँ नगर वासी अपनी इच्छाओं और लालच के कारण उन्हें परेशान न कर सकें। पास की एक पहाड़ी पर हमने मोर देखे, उनमें से एक पंख फैलाकर नाच रहा था। वहाँ छोटी पूँछ वाले बन्दर और काले मुँह वाले लंगूर भी थे।

हम 'लक्ष्मण झूला' पर थोड़ी देर रुके, जो 'गंगा' पर लोहे की रस्सियों का चरमराता हुआ संकरा पुल है। तरह–तरह के साधु सन्यासी 'लक्ष्मण झूला' और उसके आस–पास रहते थे। विभिन्न संप्रदायों के अनेक आश्रम भी आसपास बने हुए थे। वहाँ चलते–चलते ढोलक मंजीरा के साथ भक्ति संगीत की आवाज़ें भी सुनाई पड़ती थी। यह जगह बहुत सुंदर थी।

हम कुछ और नीचे चलकर नहाने के एक घाट पर पहुंचे और वहाँ 'गंगा' में डुबकी लगाई। पास के अन्नक्षेत्र से मैं रोटियाँ और दाल ले आया, जो हमने 'गंगा' के किनारे बैठकर चाव से खाईं। अहा! जीवन कितना आल्हादकारी हो सकता है अगर आप स्वतंत्र घूम सकें, इस तरह चिंता मुक्त और प्रफुल्लित, बाबाजी जैसे व्यक्तित्व के साथ, जो मेरे पिता, माता, गुरु और परम् मित्र सभी कुछ थे।

हमने एक विशाल पीपल के पेड़ के नीचे कुछ देर आराम किया और फिर अपनी यात्रा जारी रखी। दोपहर के बाद तक हम 'मुनि की रेती' पहुँच गए। मुझे 'ऋषिकेश' बहुत पसंद था। इस जगह में ऐसा कुछ चमत्कारिक था, जो 'डिवाइन लाइफ सोसाइटी' में रहते हुए मैंने अपने पहले प्रवास में ही महसूस किया था। मैं खुश था कि एक बार फिर

'ऋषिकेश' में था, सो भी अपने प्रिय बाबाजी के साथ। मेरा हृदय उनके सान्निध्य में प्रसन्न और शांत था।

'बद्रीनाथ' के लिए जाती व्यस्त सड़क के एक किनारे 'गंगा' थी और दूसरी तरफ 'डिवाइन लाइफ सोसाइटी' और 'योग निकेतन'। अधिकांश अन्य आश्रम 'गंगा' पार दूसरे किनारे पर थे। पैदल चलने वालों का जो रास्ता हमने अपनाया था, वह हमें सीधा दूसरी तरफ ले गया। गंगा के किनारे–किनारे साधुओं के रहने की जगहें थीं। कुछ एकान्त में छोटे कुटीरों में रहते थे और अन्य बड़े आश्रमों में।

बाबाजी मुझे सीधे 'मौनी बाबा' की गुफा ले गए, जो नीलकण्ठ पहाड़ी पर स्थित नीलकंठेश्वर मंदिर जाने के रास्ते में है। 'गंगा' के साथ–साथ चलते हुए एक जंगल आता है, जहाँ आज भी हाथी घूमते पाए जाते हैं। इस जंगल का अधिकांश भाग अब 'राजाजी राष्ट्रीय उद्यान' का हिस्सा है। घने जंगल में घुसने से ठीक पहले प्रसिद्ध 'महेश योगी' द्वारा निर्मित 'एअर कंडीशन्ड' गुफाएँ हैं। वे शायद पहले व्यक्ति थे, जिन्होंने एक योग तकनीक को विश्व प्रसिद्ध कर के गुफाओं को किराए पर चलाने का प्रचलन शुरू किया। इस तकनीक को वे टी.एम. (ट्रांसेंडेंटल मेडिटेशन) कहते थे।

'बाबाजी' और 'मौनी बाबा' में समझौता था कि 'ऋषिकेश' आने पर बाबाजी उस गुफा में रहेंगे और 'मौनी बाबा' 'नीलकण्ठ पर्वत' के ऊपर स्थित अपनी दूसरी कुटी में चले जाएंगे। उनके द्वारा प्रयुक्त संचार के उच्चतर माध्यम, टेलीफोन से भी बेहतर काम करते थे।

जब हम गुफा पहुँचे तो 'मौनी बाबा' के एक युवा शिष्य ने हमारा स्वागत किया। बाबाजी ने उस लंबे, सांवले, हृष्ट–पुष्ट आदमी को, जिसके जटाएं और घनी दाढ़ी थी और जो नारंगी रंग की एक पतली धोती मात्र पहने था, 'बेटा' कह कर संबोधित किया। उसने बाबाजी के पैर छुए। उन्होंने मुझसे उस युवा साधु को प्रणाम करने को कहा क्योंकि वह मुझसे वरिष्ठ था। उसने भी मुझे अभिवादन किया क्योंकि मैं बाबाजी का शिष्य था।

उस बड़ी–सी गुफा के मुहाने पर धूनी पहले से ही जल रही थी। लकड़ी के दो तख्ते, जिन पर कंबल बिछे हुए थे, वे हमारी चारपाइयाँ थीं। ''मैंने कमंडल में ताज़ा पानी भर दिया है और आप दोनों के लिए चपातियाँ, दाल और सब्जी ले आया हूँ''। युवा

साधु ने कहा, "बाबा ने इस नौजवान के लिए कुछ मिश्री भी भेजी है। मैं सुबह–शाम खाना लाऊँगा, यह बाबा की आज्ञा है। वे कुछ ही दिनों में आपसे मिलने की आशा करते हैं और अपना प्रणाम भेजते हैं।

किसी और चीज़ की आवश्यकता हो, तो मुझे बताइए।" उसने बाबाजी के चरणों में दण्डवत् किया और चला गया।

"अरे मैं तुम्हें बताना भूल गया," बाबाजी ने कहा, " 'मौनी बाबा' एक बार 'नीलकण्ठ' में 'श्री गुरु' बाबाजी से मिल चुके हैं और उनका आशीर्वाद भी पा चुके हैं।" मैं सोचने लगा कि कैसे बाबाजी भी कभी–कभी कुछ भूल सकते थे।

हम उस गुफा में इक्कीस दिन रहे। मुझे उन्होंने व्यावहारिक योग के बारे में अनेक हिदायतें दीं और कई पवित्र पुस्तकों के सार भी समझाए। उपनिषद्, योगसूत्र, हठयोग प्रदीपिका, षड्चक्र निरूपण, गोरक्षशतक, कुलार्णव तंत्र, महानिर्वाण तंत्र और नागार्जुन का प्रसिद्ध बौद्ध शास्त्र प्रज्ञापरमिता, उन महान् पुस्तकों में से कुछ के नाम हैं, जिनके बारे में बाबाजी ने मुझसे चर्चाएँ की। उन्हें संदर्भ के लिए किसी पुस्तक की आवश्यकता नहीं थी, सब कुछ उनके मस्तिष्क में था। उन इक्कीस दिनों में जो कुछ घटित हुआ, वह सबका सब मैं आपको नहीं बताने जा रहा, नहीं तो मैं बस लिखता ही चला जाऊँगा। मैं आपको तीन घटनाओं के बारे में बताता हूँ, जो मैं समझता हूँ मुख्य हैं और प्रासंगिक भी।

पहली, मेरे 'ऋषिकेश' के 'मद्रास कैफे' जाने के बारे में है। उन दिनों 'मद्रास कैफे' एक बहुत छोटी दुकान थी, जो एक दक्षिण भारतीय द्वारा चलाई जाती थी। पहले उसने सन्यासी बनने की कोशिश की थी, पर असफल हो गया था। फिर दक्षिण भारतीय यात्रियों की लगातार बढ़ती संख्या के खानपान की आवश्यकता को ध्यान में रखते हुए उसने एक रेस्त्राँ खोल लिया। कई सालों बाद अज्ञात हमलावरों द्वारा उसकी हत्या कर दी गई और रेस्त्राँ स्थानीय लोगों के हाथ में आ गया।

'मौनी बाबा' की गुफा में आने के दूसरे दिन बाबाजी ने मुझे बीस रुपये देकर कहा कि 'मद्रास कैफे' जाकर मसाला दोसा खाऊँ। "जितना चाहो खाओ," उन्होंने कहा, "और अपने को पूरी तरह संतुष्ट कर लो"।

मैंने नाव में बैठकर नदी पार की, 'मद्रास कैफे' गया, जिसका पता मैंने अपनी पिछली यात्रा के दौरान ही लगा लिया था और एक मसाला दोसे का ऑर्डर दिया। हर कौर मैंने बड़े स्वाद से खाया, दूसरे का ऑर्डर दिया और उसे भी समाप्त कर दिया। उसके बाद एक प्याला कॉफी पी कर मैंने ज़ोर से डकार ली और रेस्त्राँ से बाहर चला आया। उसके बाद फिर कभी मुझे मसाला दोसा की कोई विशेष चाह नहीं हुई। दोसे का मोह पूरी तरह मिट चुका था। मैं अब भी कभी–कभी मसाला दोसा खाता हूँ लेकिन उसके सम्मोह के वशीभूत हो कर नहीं।

दूसरी घटना एक युवा अमेरिकी लड़की से मेरी भेंट है। उसका असली नाम मैं गोपनीयता की दृष्टि से नहीं बताऊँगा। मैं उसके लिए 'जेनी' नाम का उपयोग करूँगा।

लगभग हर रोज़, पढ़ाई के सत्र के बाद और दोपहर के खाने से पहले, मैं अकेला गुफा से नीचे आकर घूमता–फिरता था, गंगा में डुबकी लगाने से पहले ठंडी हवा और बहते पानी की कल–कल करती ध्वनि का आनंद उठाता, नदी के किनारे बैठता और खाने के वक्त तक गुफा वापस आ जाता। बाबाजी ने मुझे अकेले घूमने के लिए प्रोत्साहित किया और मुझे भी यह बहुत पसंद था।

एक दिन जब मैं अपनी पसंदीदा चट्टान पर यूँ ही बैठा था, तो मैंने हल्के नीले रंग की ड्रेस पहने, सुनहरे बालों वाली एक युवा लड़की को पास की एक दूसरी चट्टान पर बैठे देखा। उसके पैर गंगा के ठंडे पानी में डूबे थे और मैं अपनी जगह से उसका गंभीर और उदास चेहरा देख पा रहा था। उसकी चमड़ी और बालों के रंग से मैंने अंदाज़ा लगाया कि या तो वह यूरोपीय थी, या अमेरिकी।

मेरे देखते–देखते अचानक वह उल्टियाँ करने लगी। उल्टियों को नदी के पानी में गिरने से बचाने के लिए उसने अपना मुँह दूसरी तरफ मोड़ लिया था। मैंने देखा कि उसे बहुत दर्द हो रहा था। वह उल्टी करते–करते अपने हाथों से पेट को ज़ोर से दबा रही थी। उल्टी बंद हो जाने के बाद उसने अपने फ्लास्क से एक छोटी चुस्की ली। इस पल में उसने मुझे देखा और मुझे लगा कि वह लज्जित हो गई। उसका चेहरा पीला पड़ गया और वह अपने पैरों की तरफ देखने लगी।

मेरे हृदय में एक गहरी सहानुभूति की भावना उमड़ पड़ी। मैं उसके पास जाकर उससे बात करना चाहता था, उसका हाथ पकड़ कर उसे सांत्वना देना चाहता था, दिलासा देना चाहता था और जानना चाहता था कि क्या मैं उसकी कोई सहायता कर सकता था। लेकिन मैं द्विविधा में था क्योंकि मैं आज़ाद था और दुनिया के पचड़ों में नहीं पड़ना चाहता था। क्या यह केवल यौन आकर्षण था, जो करुणा का रूप धारण कर रहा था? तभी मुझे बाबाजी के शब्द याद आ गए "भले ही तुम तेरह वर्ष तक प्रतिदिन तेरह घंटे लगातार ध्यान लगाते रहे हो, लेकिन अगर तुम्हें किसी व्यथित जीव की पीड़ित पुकार सुनाई नहीं पड़ती, तो तुम्हारे पूरे तेरह साल बेकार गए। अगर ध्यान ने तुम्हारे हृदय को कोमल नहीं बनाया तो ऐसे ध्यान को खिड़की से बाहर फेंक दो, उससे कोई फायदा नहीं।"

मूर्ख! मैंने अपने आपसे कहा, तुम कितने स्वार्थी हो सकते हो। मैं उठ खड़ा हुआ, उसके पास गया और पूछा, "क्या मैं तुम्हारी कोई सहायता कर सकता हूँ?"

पहले तो वह चौंकी। फिर आश्वस्त होकर उसने मेरी ओर देखा और कहा, "काश, कोई मेरी सहायता कर सकता, लेकिन ऐसा नहीं हो सकता।"

"लेकिन क्यों?"

"एक लंबी कहानी है, पर मैं अपने दुःख का बोझ तुम पर नहीं डालना चाहती।"

"प्लीज़ मुझे बताओ। मैं जानना चाहता हूँ," मैंने कहा और पास की चट्टान पर बैठ गया।

"ठीक है," उसने कहा, "अगर तुम जानना ही चाहते हो, तो सुनो"

फिर उसने मुझे अपनी कहानी सुनाई। वह अमेरिका में फिलाडेल्फिया से थी और एक सूक्ष्म–जीव–विज्ञानी (माइक्रो बॉयोलोजिस्ट) थी। उसे यात्राएं करना बहुत पसंद था। चार साल पहले वह भारत आई और अन्य स्थलों के अलावा 'ऋषिकेश' और 'हरिद्वार' का भ्रमण किया। लेकिन उसे 'ऋषिकेश' और 'गंगा नदी' से अत्यधिक प्रेम हो गया, जिसका कारण उसे कभी समझ नहीं आया। यहाँ तक कि वह हर साल यहाँ आने लगी और पूरा महीना बिता कर जाती। उसने कहा कि उसे हिन्दू धर्म या उसके गुरुओं में कोई

रुचि नहीं थी, उसे बस पर्वतों में घूमना और नदी के किनारे बैठे रहना पसंद था; ख़ासकर गंगा नदी के किनारे, जिसे वह बहुत प्यार करने लगी थी।

अचानक छः महीने पहले उस पर विपत्ति का पहाड़ टूट पड़ा। उसे बार–बार गंभीर अपच और पेट का दर्द होने लगा, जिससे परेशान होकर वह डॉक्टर के पास गई। डॉक्टर ने आवश्यक परीक्षणों के बाद बताया कि उसे बड़ी आंत का कैंसर हो गया था। दो महीने के इलाज के बाद बीमारी कम होती दिखी, लेकिन दो हफ्ते के अंदर और भी भयंकर रूप में वापस आ गई। डॉक्टर ने दो और महीनों तक इलाज किया और उसके बाद हाथ उठा दिए। उसने कहा कि उसने पूरी कोशिश की, लेकिन बीमारी बहुत बढ़ चुकी थी। उसने यह भी कहा कि वह उसे कोई झूठा दिलासा नहीं देना चाहेगा। वह दो महीने से ज़्यादा नहीं बचेगी। अब केवल यही किया जा सकता था कि दर्द कम करने के लिए वह दर्दनाशक दवाएं लेती रहे।

अब उसके पेट में कोई आहार नहीं टिकता था। जो कुछ वह पीती भी, वह उल्टी के रूप में बाहर आ जाता और उसके मल में भी खून के धब्बे आने लगे थे। इस मोड़ पर उसने ऋषिकेश आने का मुश्किल निर्णय लिया। उसने निश्चय किया कि मृत्यु से पहले वह 'ऋषिकेश' में अपनी प्यारी नदी के सान्निध्य में कुछ समय बिताएगी। यह बीमारी उसके शरीर का नाश कर सकती थी, लेकिन उसे लगा कि उसके हृदय और आत्मा को 'ऋषिकेश' में नदी के शीतल जल से शांति मिलेगी।

उसके भाई, उसकी माँ और मित्रों ने सोचा कि उसका यह निर्णय पागलपन था। लेकिन वह नहीं मानी, उसने टिकट खरीदी, वीसा लिया और चली आई। उसे 'ऋषिकेश' आए दो हफ्ते हो चुके थे और उसकी बीमारी बिगड़ती जा रही थी। अब तो उसके पेट में पानी भी नहीं टिकता था। उसे लगता था कि उसका अंत निकट है। उसने कहा, क्या मैं उसके मर जाने पर उसके भाई को सूचना दे सकता था? वह स्वर्गाश्रम में रह रही थी और अगर मैं उसके साथ वहाँ तक चलूँ तो वह अपने भाई का टेलीफोन नंबर और पोस्ट ऑफिस के सार्वजनिक फोन से फोन करने के लिए आवश्यक धन मुझे दे देगी। उसके पास तीन दिन बाद जाने की टिकट थी, लेकिन उसे नहीं लगता था कि वह तब तक बचेगी।

उसे बोलते–बोलते रुक जाना पड़ा क्योंकि उल्टियों का तेज़ दौरा पड़ गया था। जब उसने अपना चेहरा धो लिया और गला साफ करने के लिए गरारे कर लिए, तब मैंने कहा, "जेनी, ठीक है कि गुरुओं में तुम्हारा विश्वास नहीं है, लेकिन तुम प्लीज़ मेरे गुरु से मिलने चलो। वह बिल्कुल दूसरी तरह के हैं। मैं नहीं जानता कि परिणाम क्या होगा। लेकिन मेरा विश्वास है कि उनका आशीर्वाद तुम्हारे लिए किसी न किसी रूप में फायदेमंद ही सिद्ध होगा। प्लीज़, जेनी!"

"ठीक है," उसने कहा "तुम भले आदमी जान पड़ते हो। मैं आऊँगी, परन्तु कब?"

"तुम यहीं थोड़ी देर इंतज़ार करो। मैं उनके पास जाकर पता लगाता हूँ कि वे तुमसे कब मिल सकते हैं। कृपया मेरे वापस आने से पहले चली मत जाना।"

"ठीक है।"

मैं समझता हूँ इतना तेज़ मैं कभी नहीं दौड़ा, जितना उस दिन। जब मैं बाबाजी के सामने पहुंचा, जो गुफा के सामने खड़े थे, तो मेरी साँस इतनी ज़ोर से उखड़ रही थी कि मुझे गहरी लंबी साँसें लेकर पहले अपनी साँस को सामान्य बनाना पड़ा। "बड़े तेज दौड़े" बाबाजी ने टिप्पणी की।

"बाबाजी!" मैं जल्दी–जल्दी बोला, "एक युवा अमेरिकी लड़की को मैं आपके पास लाना चाहता हूँ।"

"अहा, तो अब योगी एक युवा अमेरिकी लड़की से मिलता है और..." मैंने ऐसा पहले कभी नहीं किया था, लेकिन उस समय मैंने उनकी बात काट दी, "बाबाजी! ऐसी बात नहीं है कि मै...। नहीं, नहीं, वह बहुत बीमार है और..."

"उसे डॉक्टर के पास ले जाओ। 'डिवाइन लाइफ सोसाइटी' में अस्पताल है। मैं तो डॉक्टर नहीं हूँ। और फिर जो भी हो, फिलहाल मैं किसी अमेरिकी लड़की से नहीं मिलना चाहता।"

"लेकिन बाबाजी," मैंने भरी आँखों से उनसे अनुनय की, "इतने कठोर न हों। उसे आपके आशीर्वाद की आवश्यकता है। आपको उससे बात करने की ज़रूरत नहीं है, बस अपनी पवित्र दृष्टि उस पर डाल दें। कृपया बाबाजी..."

बाबाजी ने प्यार से अपने हाथ मेरे कंधों पर रख दिए और मुस्कुराए, ''बेटे, मैं तुम्हारी परीक्षा ले रहा था। मैं अवश्य ही उससे मिलूँगा। उसको ले आओ, या मैं नीचे चलूँ?''

''न, न, मैं उसे यहीं ले आता हूँ,'' मैंने कहा और उन्हें धन्यवाद दिए बिना ही तीर की तरह निकल पड़ा। वह वहीं मेरे इंतज़ार में खड़ी थी।

''आओ,'' मैंने कहा, ''वे तुमसे मिलेंगे।''

इस बार हम धीरे–धीरे चले, क्योंकि वह इतनी कमज़ोर थी कि मुश्किल से चल पा रही थी। अधिकांश समय मुझे उसे सहारा देना पड़ा। जब हम गुफा पहुँचे, वह बस ढह पड़ने की अवस्था में थी। ''मेरे कमंडल से उसे पानी दो,'' बाबाजी ने हिन्दी में कहा, ''और उसे दरी पर बिठाओ।''

उसने धीरे–धीरे सावधानी से थोड़ा पानी पिया, शायद इस डर से कि कहीं फिर उल्टी न आ जाए। जब वह बैठ गई, तब बाबाजी उसके सामने उसकी तरफ मुँह कर बैठ गए। उन्होंने अपना दायाँ हाथ बढ़ा कर आशीर्वाद की मुद्रा में उसके सिर से लगाया। वह फौरन शुरू हो गई और अपने विशिष्ट अमेरिकी उच्चारण के साथ अपनी राम कहानी उन्हें बताने लगी। मैंने सोचा वह बहुत जल्दी–जल्दी बोल रही थी और स्पष्ट करने के उद्देश्य से मैंने उसे टोका। बाबाजी बोले, ''नहीं, नहीं, बोलती रहो, मैं तुम्हारी बात बिल्कुल ठीक तरह से समझ रहा हूँ। बताती रहो।'' उनका उच्चारण बिल्कुल उसके उच्चारण जैसा था। उसने अपनी कहानी इन शब्दों से पूरी की, ''और डॉक्टरों ने कहा है कि मेरे पास डेढ़ महीना है। मैं शीघ्र ही मरने वाली हूँ। मैं इस मोड़ पर हूँ, सर।''

बाबाजी की आँखें एक अकूत दया से भर गईं। ''बेटी, मेरी प्रिय बच्ची,'' उन्होंने कहा, ''हम सब मरने वाले हैं। तुम, मैं, वह, हम सभी मरेंगे। मृत्यु अपरिहार्य है, हमारी निरन्तर साथी है। इसलिए बेटी, उसे शांत मन से स्वीकार करो। मृत्यु से समझौता कर लो तो वह मित्र हो जाती है। मैं तुम्हें एक सादा सी ध्यान–क्रिया और साँस लेने की तकनीक बताता हूँ, जिससे तुम्हारा दर्द कम हो जाएगा। तुम शांति से अपने देश लौट जाओ। दिव्य पुरुषों के आशीर्वाद तुम्हारे साथ हों।''

उसके बाद उन्होंने उसे एक सादा तकनीक बताई, जिसका अभ्यास उसे दिन में दो बार करना था। उसके चेहरे से चिन्ता की रेखाएं मिट गईं और वह कुल मिलाकर शांत और स्थिर दिखने लगी। बाबाजी ने मुझे उसे 'स्वर्गाश्रम' तक छोड़ आने को कहा। जब हम नीचे आ रहे थे, तो जेनी आश्चर्यचकित थी कि उसने दो घंटे से अधिक समय से उल्टियाँ नहीं कीं। उसने मुझे प्रभूत धन्यवाद दिया। उसे 'स्वर्गाश्रम' छोड़कर मैं गुफा वापस आ गया।

''क्या वह बेहतर महसूस कर रही है?'' बाबाजी ने पूछा।

''मैंने कहा, हाँ।''

''तुमने अपना एक कार्मिक ऋण अब चुका दिया, जो तुम पर तुम्हारे एक पिछले जन्म से चढ़ा हुआ था,'' बाबाजी ने कहा। ''कई जन्म पहले उसने तुम्हारी सुश्रूषा की थी, जब तुम बहुत बीमार थे। अब जब वह कठिनाई में थी, तब तुमने उसकी सहायता की है। अब इसके बारे में और कोई प्रश्न नहीं, समझ गए? और एक और बात, मैं उससे फिर से दोबारा नहीं मिलना चाहता।''

''जी, बाबाजी'' मैंने झिझकते हुए कहा क्योंकि मुझे तो जेनी के साथ अपने पिछले संबंध के बारे में विस्तार से जानकर अच्छा लगता। लेकिन मैं यह भी जानता था कि वे बहतर समझते थे कि क्या करना चाहिए और क्या नहीं, और मैंने यह पाठ उनके साथ रहकर अपने अनुभव से सीखा था।

जिस दिन वह ऋषिकेश छोड़ रही थी, मैं बाबाजी की आज्ञा लेकर उसे अलविदा कहने गया। वह पहले से बेहतर दिख रही थी। उसने बताया कि पिछले दो दिनों में उसने केवल दो बार उल्टियाँ कीं। वह थोड़ी सी चाय पी पाई और एक बिस्कुट भी खा सकी थी। उसने मुझसे बाबाजी को हज़ारों धन्यवाद देने को कहा और उन्हें यह बताने को भी कहा कि वह उन्हें हमेशा याद रखेगी। ''वह मेरे ईसा मसीह हैं,'' उसने कहा।

वह मुझसे संपर्क रखना चाहती थी, परन्तु न तो मेरा कोई पता था, न टेलीफोन नंबर। हमारे विदा होने से कुछ पल पहले उसने मुझसे गले मिल कर, मेरे गाल पर चुंबन लेकर

मुझे चकित कर दिया। शरमा कर मैं उसे छोड़कर गुफा चला आया। ''चौंक गए, हां?'' बाबाजी ने अपने आपमें धीरे–धीरे हँसते हुए बस इतना ही कहा।

समय का पहिया घूमा। शीघ्र ही जेनी भूतकाल की बात हो गई। कभी–कभार मैंने उसके बारे में सोचा ज़रूर, कि उसका क्या हुआ होगा, लेकिन बस इतना ही। बाबाजी ने कभी कुछ नहीं कहा।

तीन साल बाद विशेष रूप से एकान्तवास के लिए मैं ऋषिकेश गया। बाबाजी 'कैलाश पर्वत' गए हुए थे। उन्होंने मुझे अपने साथ ले जाने से मना कर दिया था। मेरी दिनचर्या के लिए वे विशेष निर्देश दे गए थे। मुझे अपना एकान्तवास समाप्त कर उनके वापस आने का इंतज़ार करना था।

एक शाम मैं 'स्वर्गाश्रम' के पास 'गंगा' किनारे बैठा था। मैंने सुनहरे बालों वाली एक युवती को नदी की तरफ आते देखा। मुझे अपनी आँखों पर विश्वास नहीं हुआ। क्या वह जेनी थी? जब मैंने उसे अंतिम बार देखा था, तब की तुलना में वह कुछ मोटी लग रही थी, परन्तु निश्चय ही वह जेनी थी। मैंने पक्का करना चाहा और उसकी तरफ भागा। तब तक वह एक पत्थर पर पानी में पैर डाले बैठ गई थी। मैं उसके पीछे रुका और धीरे से पुकारा, ''जेनी?''

उसने मुड़कर थोड़ी देर मुझे देखा, फिर चिल्लाई, ''ओ मेरे भगवान्! मधु, मुझे विश्वास नहीं हो रहा!'' वह कूद कर खड़ी हो गई, मुझे गले लगाया और गाल पर चुंबन लिया। यह तुम्हें क्या हो गया है? तुम अच्छे कपड़े पहने हुए हो, पैंट और कमीज़ और तुमने अपनी सुंदर लटें कटवा दीं? बैठो, बातें करेंगे। मैं तुम्हें यहाँ–वहाँ ढूँढ़ती रही। दो बार गुफा तक भी गई और वहाँ एक नंगे साधु को देखा, जो अँगरेज़ी बिल्कुल नहीं बोल सकता था।''

फिर उसने बताया कि कैसे फिलाडेल्फिया पहुँचने के बाद उसका स्वास्थ्य सुधरने लगा था। उसकी उल्टियाँ कम हो गईं और जल्दी ही बिल्कुल बंद हो गईं। उसके पेट की मरोड़ भी बंद हो गई और उसे दर्दनाशक दवाओं की आवश्यकता भी नहीं रही। चिकित्सा के नाम पर वह केवल बाबाजी द्वारा बताई गई तकनीक का इस्तेमाल करती

रही। वह सामान्य खाना खाने लगी। डॉक्टरों द्वारा बताई गई उसकी जिंदगी, दो महीनों की अवधि के बाद भी खत्म नहीं हुई थी। वह ज़िंदा थी और इतनी स्वस्थ थी, जितनी पहले कभी नहीं रही। फिर, और दो हफ्ते इंतज़ार करने के बाद वह अपने डॉक्टर के पास गई। वह उसे ज़िंदा और इतनी स्वस्थ देखकर आश्चर्य चकित रह गया। कई एक परीक्षणों के बाद उसने उसे स्वस्थ घोषित कर दिया। कैंसर खत्म हो चुका था। उसने कहा कि यह स्वतः ही बीमारी के खत्म हो जाने का एक विरला उदाहरण था। सच्चे अर्थों में यह एक चमत्कार था। उसके पास मुझसे संपर्क करने का कोई उपाय नहीं था। इस बीच एक प्रयोगशाला में उसे नौकरी मिल गई थी और उसे लंबे समय तक छुट्टी नहीं मिली। अन्ततः जब उसे दो हफ्तों की छुट्टी मिली, तो उसने भारत आने में कोई विलंब नहीं किया और ऋषिकेश पहुँच गई। वह अगले दिन दिल्ली से अमेरिका के लिए उड़ने वाली थी।

"मैं किसी न किसी तरह तुमसे मिलना चाहती थी, और मुझे व्यक्तिगत रूप से गुरु से मिलना है, उन्हें धन्यवाद देना है, गले लगाना है और..."

"ज़रा रुको," मैंने कहा, "तुम उनसे अब नहीं मिल सकतीं। वे 'कैलाश पर्वत' गए हुए हैं, जो तिब्बत में है। दो महीनों से पहले उनके वापस आने की कोई संभावना नहीं है। मिलने पर मैं तुम्हारा धन्यवाद उन तक पहुँचा दूंगा"।

"जहाँ तक मेरा सवाल है, उनके साथ साढ़े तीन साल बिताने के बाद बाबाजी ने मुझे घर वापस जाने को कह दिया। अब मैं साल में एक बार उनके द्वारा चुनी गई किसी जगह पर एक महीने के लिए उनके साथ रहता हूँ। सौभाग्य से हम अचानक मिल गए। हो सकता है यह भी उन्हीं की योजना हो।"

"तो श्री घुमक्कड़ जी! क्या तुम अब मुझे अपना कोई पता और फोन नंबर दे सकते हो, जिससे मैं तुमसे संपर्क रख सकूँ?"

मैंने उसे अपना असली नाम, पता और फोन नंबर दे दिया। हमने कुछ समय घूमते और बातें करते बिताया। ऋषिकेश दिनों–दिन व्यस्ततर और कोलाहल पूर्ण होता जा रहा था। हमने 'मद्रास कैफे' में कॉफी पी। वहाँ मैंने उसे अपनी ज़िंदगी के बारे में बताया और

यह भी कि कैसे बाबाजी मेरी ज़िंदगी में आए। फिर हम 'स्वर्गाश्रम' वापस आ गए, जहाँ उसने भी कमरा ले रखा था।

सुबह नौका घाट पर मैंने उससे विदाई ली। दूसरे किनारे पर एक टैक्सी उसका इंतज़ार कर रही थी। उसे दिल्ली जाना था और वहाँ से आधी रात को अमेरिका के लिए हवाई जहाज पकड़ना था।

उसने मुझे अपना पता दिया, लेकिन मैंने उसे चिट्ठी नहीं लिखी। आदतन् मुझे चिट्ठियाँ लिखना पसंद नहीं, अतः इसे भी स्थगित करता रहा।

जब बाबाजी ऋषिकेश वापस आए, तो मैंने उन्हें सारी बात बताई और उन्हें जेनी का धन्यवाद ज्ञापित किए। ''अहा, ठीक है। वह एक अच्छी लड़की है और मेरा आशीर्वाद उसके साथ है। मैं उसकी देखभाल करूँगा और जो भी उसके लिए ठीक है, वह अवश्य करूँगा।''

महीने के अंत में मैं घर वापस आ गया। दो महीने बाद मुझे अमेरिका से एक चिट्ठी मिली मैंने सोचा वह जेनी की ही होगी और उत्सुकता से उसे खोला। चिट्ठी तो उसी की थी, लेकिन उसके भाई की एक टिप्पणी के साथ, जो इस तरह थी:

प्रिय श्री एम,

मैं बर्नार्ड हूँ, जेनी का भाई। जेनी सोलह अक्तूबर की रात अपनी नींद में मर गई। भारत से आने के बाद वह स्वस्थ थी। डॉक्टरों की रिपोर्ट है कि वह नींद में हृदयाघात से मरी। उसके बिस्तर के पास हमें उसके द्वारा लिखा गया दिलचस्प, लेकिन हमारे लिए पहेली जैसा एक पत्र, आपके नाम के लिफाफे में बंद मिला। हमने सोचा क्योंकि वह इसे आपको भेजना चाहती थी, शायद अगले दिन, लेकिन ऐसा कर न सकी, अतः यह ठीक होगा कि इसे आपको भेज दिया जाय। आप उत्तर देने को बाध्य नहीं हैं, लेकिन अगर आप जवाब देंगे तो जेनी की तरफ से हमें विशेष रूप से मेरी माँ को बड़ी खुशी होगी।

धन्यवाद

बर्नार्ड।

मैंने जेनी का पत्र खोला, जो दूसरे लिफाफे में था। उसमें लिखा था –

प्रिय मधु,

तुमसे फिर मिलकर बेहद प्रसन्नता हुई थी। मुझे विश्वास है कि तुमने गुरु को मेरा धन्यवाद पहुंचा दिया होगा। मैं एकदम भली चंगी हूँ लेकिन कल रात एक विचित्र बात हुई, जो मैं तुम्हें बताना चाहती हूँ। मैंने एक बड़ा सजीव सपना देखा। गुरु मेरे सामने प्रकट हुए और अत्यंत मधुर मुस्कुराहट से बोले, "तो प्यारी बच्ची, तुम बिल्कुल ठीक हो न?"

मैंने कहा "हां, गुरु जी!"

"तो क्या अब घर वापस जाने का समय नहीं है, बिटिया? अपने असली घर? मैं वहाँ तुम्हारे स्वागत के लिए उपस्थित रहूँगा।"

उसके बाद वे इन्द्रधनुषी प्रकाश की चकाचौंध में विलीन हो गए। मधु! क्या तुम जानते हो इसका क्या अर्थ है? जो भी हो, मिलने पर उनसे पूछना। आशा है कभी तुमसे मुलाकात होगी। कृपया उत्तर देना और संपर्क बनाए रखना।

सस्नेह तुम्हारी

जेनी।

मैं सोने के कमरे में गया और इतना रोया, जितना पहले कभी नहीं रोया था। मैंने एक अच्छा दोस्त खो दिया था। और सचमुच, बाबाजी ने जो कहा, उसका अर्थ क्या था?

रात को जब मैं ध्यान में बैठा तो मैंने हृदय चक्र में उनकी कल्पना करते हुए बाबाजी को संबोधित किया, "कृपया बताइये, बाबाजी! जेनी को क्या हुआ? मुझे मालूम है आप इस तरह के प्रश्नों का उत्तर देना पसंद नहीं करते। मैं यह भी जानता हूँ कि आप मुझे स्वयं पर निर्भर नहीं बने रहने देना चाहते, लेकिन कृपया इस बार, मेरे सवाल का जवाब दे दीजिए। जेनी मेरी प्रिय दोस्त थी, आप भी उसे बहुत स्नेह करते थे।"

उस रात के स्वपन में ही उत्तर आ गया। बाबाजी सामान्यतः सफेद धोती पहनते थे। उस रात वे बैंगनी धोती में प्रकट हुए। "फिर मुझसे इस तरह के प्रश्न मत करना,"

उन्होंने कहा, ''और अपने ध्यान में मुझे परेशान मत करो। ध्यान उच्चतर विकास के लिए है और दूसरों की सहायता के लिए, जब–तब मुझे बुलाने के लिए नहीं।''

''फिर भी, जब तुम पूछ ही रहे हो, तो सुनो, जब मैंने जेनी से घर आने को कहा तो मेरा मतलब उस आरामगाह से था, जहाँ पृथ्वी पर कठिन जीवन बिताने के बाद सभी मनुष्य जाते हैं। हाँ, वह यहाँ है और मैं उसके स्वागत के लिए उपस्थित था। थोड़े आराम के बाद मैं उसे भारत में उपयुक्त गर्भ पाने में सहायता करूँगा और आध्यात्मिक प्रगति में भी उसकी सहायता करूँगा। बस मैं तुम्हें इतना ही बताऊँगा। इस विषय पर और कोई प्रश्न नहीं।''

इतना कह कर वे एक सुनहरी बादल के पीछे विलीन हो गए। जब मैं जागा तो आश्वस्त था और बाबाजी के प्रति हृदय से आभारी भी, मेरे सच्चे मित्र और गुरु!

अब तीसरी घटना, जिसे मैं अपनी ज़िंदगी की सर्वाधिक महत्वपूर्ण घटना मानता हूँ; अन्ततः मुझे परम् गुरु 'श्री गुरु' बाबाजी के दर्शन हुए और यह इस तरह हुआः

बाबाजी और मैं 'नीलकण्ठ पर्वत' के जंगलों में घूम रहे थे। दूर हमने एक हाथी की चिंघाड़ सुनी लेकिन हम अपने में ही खोए हुए थे, अतः ध्यान नहीं दिया। हम गर्म–जोशी से एक चर्चा में व्यस्त थे। बाबाजी कह रहे थे कि भविष्य में कभी मैं लोगों को 'क्रिया योग' की दीक्षा दूँगा। उसके बाद उन्होंने उन इक्कीस योग्यताओं की सूची बताई, जो दीक्षा लेने के इच्छुक व्यक्ति में होनी चाहिए। मैंने कहा कि उनकी बताई गई योग्यताओं की सूची के अनुसार 'क्रिया' की दीक्षा के लिए योग्य व्यक्ति का मिलना लगभग असंभव था। उन्होंने कहा कि ऐसी बात नहीं है और यह भी कहा कि शायद मानव चरित्र के बारे में मैं अच्छी राय नहीं रखता। मैंने जवाब दिया कि एक औसत व्यक्ति उनके द्वारा सूचित योग्यताओं के परीक्षण में खरा नहीं उतरेगा, अतः वे सूची को थोड़ा छोटा कर दें। एक घंटे से ज़्यादा समय तक हम बहस करते रहे। यह बड़ा ही असामान्य था। अंत में उन्होंने सूची को दस तक सीमित कर दिया। मैं फिर भी कहता रहा कि मेरे अनुसार सूची की पहली चार योग्यताएं ही काफी थीं। मैंने उनसे प्रार्थना की कि मानवता के प्रति अपनी करुणा को ध्यान में रखते हुए वे सूची छोटी करने पर अब भी विचार करें।

तब उन्होंने कहा कि समय बदल गया है और अब शिष्य गुरु को करुणा का पाठ पढ़ाते हैं। मेरे लिए यह असह्य था। एकदम मेरी आँखों से आँसू फूट पड़े। जब बाबाजी मुझे सांत्वना देने लगे तब एक आश्चर्यजनक घटना घटी। एक बेहद प्यारी खुशबू हवा में फैल गई। बाबाजी ने कहा, "चलो ठीक है। माफ करो, मैंने तुम्हें चोट पहुँचाई। अब आँसू पोंछकर खड़े हो जाओ। तुम्हारी इच्छा पूरी होने वाली है"। वे मेरी बगल में खड़े हो गए और हम दोनों नीलकण्ठ की दिशा में मुँह करके खड़े हो गए। साल के लंबे–लंबे वृक्षों के पीछे से एक इतनी सुंदर, इतनी लोकातीत आकृति प्रकट हुई कि मेरे रोंगटे खड़े हो गए। मैं अपनी सहज बुद्धि से समझ गया कि वे 'श्री गुरु' बाबाजी थे, जो अपने स्नेह और करुणा के कारण मुझे दर्शन देने आए थे।

मेरे प्यारे गुरु उनके श्री चरणों में साष्टांग प्रणाम में गिर पड़े, मैंने भी वही किया। "उठो" एक मधुर वाणी ने कहा, "मुझे तुमसे कुछ जरूरी काम है। अब महेश" उन्होंने मेरे गुरु से कहा, "मैं समझता हूँ तुम्हें मधु की बात मान लेनी चाहिए। समय बदल गया है और मैं समझता हूँ, हमें सूची को छोटा कर ही देना चाहिए।"

"जैसी आज्ञा," मेरे गुरु ने कहा।

मैं अपने सामने खड़ी उस सुनहरी रंगत वाली सत्ता से अपने आँखें नहीं हटा पा रहा था। वे नंगे शरीर थे। केवल एक चमकती छोटी धोती पहने थे, जो जैसे–तैसे उनके घुटनों तक आ रही थी। उनके लहराते कत्थई बाल कंधों तक झूल रहे थे। वे सचमुच दिव्य लग रहे थे। उनके शरीर से उठती हुई मधुर गंध मेरी आत्मा में प्रवेश कर गई। वे मेरी तरफ मुड़े। उन करुणापूरित आँखों को टकटकी लगाकर देखते हुए मेरा मन मेरे पिछले जीवनों और उनसे (श्री गुरु बाबाजी से) अपने संबंध को याद कर उठा।

"यहाँ आओ," उन्होंने कहा और अपनी बाहों को मेरे कंधों पर रख दिया। फिर उन्होंने मेरी ठोड़ी को प्यार से छुआ, "मधु, मेरे बेटे! तुम्हें अपने विकास के लिए इस जीवन से गुज़रना था। लेकिन तुम अपना काम समाप्त कर मेरे पास वापस आओगे। महेश बहुत दयालु है। वह तुम्हारा विशेष मार्ग–दर्शक है।" आँसुओं की धारा मेरे चेहरे से बह रही

थी और मेरा संपूर्ण अस्तित्व ऐसे आनन्दातिरेक से कंपायमान हो रहा था, जिसे मैंने पहले कभी अनुभव नहीं किया था।

फिर वे मेरे गुरु की तरफ मुड़े और कहा, ''मैं आभारी हूँ कि तुमने इस बालक को अपने साये में ले लिया। महेश! मुझे तुमसे एक जरूरी विषय पर बात करनी है, गुरुवार को सूक्ष्म काया में मिलो।''

उन्होंने आशीर्वाद की मुद्रा में अपना हाथ उठाया। हमने फिर उनके चरणों में दण्डवत् किया। जब हमने ज़मीन से अपने सिर उठाए, तब तक वे जा चुके थे। केवल वह मधुर सुगंध ही बाकी थी। हम चुपचाप गुफा में चले आए। मेरा हृदय अब भी 'श्री गुरु बाबाजी' से भरा हुआ था। ध्यान के बाद मैं सोने चला गया, लेकिन हमेशा की तरह बाबाजी धूनी के सामने बैठे रहे, चट्टान की तरह स्थिर, फूल की तरह कोमल।

31. एक सच्चे महात्मा

हमारा अगला पड़ाव 'उत्तरकाशी' था, पावन गंगा के उद्गम 'गंगोत्री' और 'गौमुख' का द्वार। 'टेहरी', 'नरेन्द्र नगर' और अन्य जगहों से होते हुए हम 'उत्तरकाशी' पहुँचे। 'टेहरी' पार करते समय बाबाजी ने मुझे वह जगह दिखाई, जहाँ नितान्त नैराश्य में योगी रामतीर्थ ने नदी में कूद कर आत्महत्या कर ली थी।

उन दिनों 'उत्तरकाशी' एक शांत छोटा हिमालयी कस्बा था। 'बनारस' की तरह यहाँ भी 'गंगा', जिसे यहाँ 'भागीरथी' कहा जाता है, कुछ दूर के लिए दक्षिण से उत्तर की ओर बहती है। यहाँ एक प्राचीन सुंदर शिव मंदिर है, जिसे 'बनारस' की तरह ही 'काशी विश्वनाथ मंदिर' कहा जाता है। योगियों के अधिपति शिव को विश्वनाथ, विश्व का नाथ भी कहा जाता है।

साधुओं की एक टोली वहाँ शांति पूर्वक रहती थी, ताज़ी हवा और रहने की सादी व्यवस्था का आनंद उठाते, घूमते–फिरते, ध्यान लगाते, और राजनीति तथा प्रतियोगिता से दूर। यहाँ दो–तीन अन्नक्षेत्र थे, जहाँ साधुओं को दिन में दो बार मुफ्त खाना बाँटा जाता था। ये अन्नक्षेत्र 'काली कंबली वाले आश्रम' और 'पंजाब तथा सिंध आश्रम' द्वारा चलाए जाते थे। जो एकान्तवास कर आध्यात्मिक साधना करना चाहते थे, उनके लिए छोटे कुटीर भी उपलब्ध थे। संक्षेप में, चिन्तन–मनन करने वालों के लिए 'उत्तरकाशी' एक आदर्श जगह थी। भारत के कुछ आश्रम, जहाँ रहने वाले सन्यासी साधारणतः शिक्षा संस्थानों, अस्पतालों इत्यादि को चलाने की दिनचर्या में व्यस्त रहते थे, अपने सन्यासियों को बीच–बीच में 'उत्तरकाशी' भेजते रहते थे, जिससे वे एकान्तवास कर सकें और अपने को पुनः ऊर्जावान बना सकें।

बाबाजी ने अगल–बगल की दो कुटीरों की व्यवस्था कर ली, एक अपने लिए और दूसरी मेरे लिए। मैं दिन में दो बार 'पंजाब' और 'सिंध' अन्नक्षेत्र जाकर दोनों के लिए सादा

खाना ले आता। बाबाजी कभी–कभार ही खाते। अक्सर अपना खाना कुटीर के पास की झाड़ियों में एकत्रित गली के कुत्तों को खिला देते। वे कुत्तों से बहुत प्रेम करते थे और कुत्ते उनसे।

बाबाजी ने मेरे लिए अपने शिष्य कृष्णानंद शर्मा से संस्कृत सीखने की भी व्यवस्था कर दी। शर्मा जी की वैदिक अध्ययन में विशेष गति थी, विशेष रूप से सामवेद में। हमारे आने के दो हफ्तों बाद बाबाजी 'गंगोत्री' चले गए। मुझे वे मध्य अप्रैल तक सात महीनों के लिए 'उत्तरकाशी' में ही रहने का निर्देश कर गए। उन्होंने कहा कि उनके वापस आने पर हम दोनों 'गौमुख' तक पैदल जाँएंगे, और वहाँ से 'तपोवन' और 'वासुकी ताल'।

मेरा 'उत्तरकाशी' में वास मेरी जिंदगी के सर्वाधिक सुखद अनुभवों में से एक है। बाबाजी द्वारा सिखाई गईं विशेष यौगिक तकनीकों के अभ्यास और संस्कृत पाठों के अलावा मुझे हर तरह के साधुओं से मिलने का और बहुत से आश्रमों में जाने का अवसर मिला। मेरी पसंदीदा जगह थी, 'काशी विश्वनाथ' मंदिर का प्रांगण। मुझे वहाँ बहुत विशेष तरंगें महसूस होती थीं। कभी–कभी उन्नत आध्यात्मिक साधक भी मिल जाते थे। मैं गर्भगुड़ी से बाहर आते ही गहरे ध्यान के मनोभाव में पहुंच जाता था और प्रांगण के किसी शांत कोने में दोपहर के भोजन के समय तक ध्यान में बैठा रहता था। एक–दो बार तो पुजारियों में से किसी को मुझे जगाना पड़ा था।

एक बार, वास्तव में एक गहरे ध्यान के बाद जब मैंने आँखें खोली, तो जटाओं वाले एक नंगे आदमी को अपने पास बैठा देखकर चौंक गया। उसकी आँखें खून सी लाल थीं। वह घुटनों के बल बैठकर इस तरह मेरा निरीक्षण कर रहा था, मानो मैं कोई अजीब जन्तु था। जब उसने देखा कि मैंने आँखें खोल ली हैं तो उसने उनमें झाँका। मुझे ऐसा लगा मानों मैं एक एक्सरे मशीन के सामने था। फिर उसके चेहरे पर एक दन्तहीन मुस्कान फूट पड़ी और वह पागलों की सी हरकतें करता, नाचने और चिल्लाने लगा। ''सिद्दो, सिद्दो, भालो, भालो, होये गैलो।'' इससे पहले कि मैं खड़ा होता या उससे बात करता, उसने एक हल्की सीटी बजाई, तीर की तरह प्रांगण से बाहर हो गया और दृष्टि से ओझल हो गया।

'रामकृष्ण मठ' के एक वरिष्ठ सन्यासी दो महीने के एकान्तवास के लिए 'उत्तरकाशी' आए हुए थे। हम लोग बहुत अच्छे दोस्त हो गए थे और अक्सर मंदिर के प्रांगण में ध्यान करने साथ–साथ जाते। उस दिन वे मेरे पास ही बैठे थे और उन्होंने उस पूरी घटना को देखा। अतः मैं उनके पास गया और पूछा कि उस घटना का क्या अर्थ था। हमेशा की तरह वे हल्की आवाज़ में बोले, ''मुझे लगता है वह व्यक्ति कोई परमहंस था अर्थात् दैवी प्रेम में पागल। उसने जो शब्द कहे वे बंगाली भाषा के हैं। 'सिद्दो' का अर्थ है अच्छी तरह पका अथवा इसका मतलब यह भी हो सकता है, कोई व्यक्ति जो सिद्ध हो चुका है, एक पहुँचा हुआ योगी। 'भालो' का अर्थ है बढ़िया और 'होए गैलो' का अर्थ है, हो गया या घट गया।''

''अगर वह तुम्हारी आध्यात्मिक दशा की ओर इशारा कर रहा था, तो मैं इतना ही कह सकता हूँ कि तुम भाग्यशाली हो और बाबाजी, तुम्हारे गुरु, जिनके बारे में तुम मुझे उस दिन बता रहे थे, तुम्हें अत्यंत उन्नत आध्यात्मिक स्थिति तक ले आए हैं। मैं तुम्हें समाधि में देखता हूँ तो मुझे लगता है कि तुम निस्संदेह चेतना के उच्च स्तर पर हो।''

''महान् गुरु रामकृष्ण परमहंस, रामकृष्ण मिशन के संस्थापक विवेकानंद के गुरु, यही शब्द उपयोग किया करते थे। ऐसा कहा जाता है कि वे आध्यात्मिक साधकों की अच्छी जाँच–पड़ताल करते थे और संतुष्ट होने पर कहते थे, 'सिद्दो, सिद्दो' – ठीक से पक गया, ठीक से पक गया। मैं चकित हूँ कि इस व्यक्ति ने उन्हीं शब्दों का उपयोग किया।''

'दशनामी संप्रदाय' के सन्यासी 'लक्ष्मणपुरी' ने एक दिन मुझे बताया कि आध्यात्मिक उन्नति की उत्तुंग ऊँचाइयों तक पहुँचे हुए एक महात्मा नदी के किनारे अक्सर घूमा करते हैं। उन्हें पहले से जानने वाले एक अन्य सन्यासी, जो एक प्रसिद्ध मठ से संबंध रखते थे, वे भी एक बार 'उत्तरकाशी' आए हुए थे। जब उन्होंने उस घूमन्तू महात्मा को देखा तो उनके चरणों में साष्टांग प्रणाम किया और बाद में कुछ साधुओं को उनका पूर्ववृत्त बताया।

उनके अनुसार ये महात्मा पहले 'शंकराचार्य' द्वारा पश्चिम भारत में स्थापित 'दशनामी संप्रदाय' के एक धनाढ्य और प्रसिद्ध मठ से संबंध रखते थे। जब उनका 'मठाधिपति' बनने

का समय आया, तो वे एक लिखित टिप्पणी छोड़कर गायब हो गए। टिप्पणी में उन्होंने लिखा था कि उन्हें 'मठाधिपति' के पद से संबद्ध दिखावा और विशेष प्रतिष्ठा नापसंद थे। उन्होंने यह भी लिखा कि वे स्वेच्छा से घुमन्तू सन्यासी होने जा रहे थे, केवल परम् ब्रह्म उनका सहारा था।

कुछ दिनों वे 'दण्डी सन्यासी' बनकर रहे। ये वे ब्राह्मण सन्यासी होते हैं, जो एक लकड़ी लेकर चलते हैं। 'उत्तरकाशी' आकर उन्होंने अपना दण्ड और कमण्डल 'गंगा' में फेंक दिया। जब तक उनके पुराने परिचित सन्यासी ने उन्हें नहीं देखा था, किसी को उनका नाम तक मालूम नहीं था। लोग उन्हें केवल 'स्वामी जी' कह कर पुकारते थे, जिसका अर्थ है पवित्र सन्यासी।

मुझे बताया गया कि वे 'गंगा' के किनारे घूमते हुए या बैठे होते थे और रात को मंदिर के प्रांगण में सोते थे। क्योंकि वे शायद ही कभी बोलते थे और अन्नक्षेत्र नहीं जाते थे, अतः एक दक्षिण भारतीय साधु ने उनके लिए खाना लाने की ज़िम्मेदारी अपने ऊपर ले रखी थी। वह उन्हें दिन में एक बार खाना पहुँचाता था। वह महात्मा केवल उतना ही खाना खाते, जितना उनके दोनों जोड़े हुए हाथों में समाता, और 'गंगा' का पानी पीते। वे एक पुराना गेरुआ वस्त्र पहनते थे, जो लगभग उनके टखनों तक लंबा था। वे केवल एक कंबल लेकर चलते थे, जो दिन में उनके ध्यान के लिए चटाई का काम करता और रात को ठंड से उनकी रक्षा।

"अगर तुम उनके दर्शन करो तो अच्छा रहेगा," लक्ष्मणपुरी ने कहा। तो एक सोमवार की सुबह जब धूप खिली हुई थी, मैं उनसे मिलने की आशा में 'गंगा' किनारे गया। मुझे ज़्यादा इंतज़ार नहीं करना पड़ा। एक लंबा, पतला और गेरुआ वस्त्रधारी व्यक्ति धीरे–धीरे 'गंगा' के किनारे घूम रहा था। 'लक्ष्मणपुरी' द्वारा दिया गया चित्रण उन पर ठीक बैठता था, वे एक समतल बड़ी चट्टान पर पालथी मारे गंगा को निहारते बैठ गए। जहाँ मैं खड़ा था, यह चट्टान वहाँ से ज़्यादा दूर नहीं थी।

मैं हिम्मत बाँधकर उनके पास गया और चट्टान के पास चुपचाप खड़ा हो गया। वह मेरी तरफ मुड़े। मैंने बड़ी भक्ति के साथ साष्टांग प्रणाम किया और मौन रहा। मुझे बताया

गया था कि वे बहुत कम बोलते थे और मैं उनकी शांति भंग नहीं करना चाहता था। लेकिन कुछ अनपेक्षित हुआ। वे बोले। उन्होंने हौले से पूछा, ''तुम्हारा नाम क्या है?''

''मधु,'' मैंने कहा।

''तुम यहाँ क्या कर रहे हो?''

''सत्य की खोज,'' मैंने कहा।

एक दया का भाव उनकी आँखों में उतर आया, उन्होंने कहा, ''बड़ा कठिन काम है, बेटे। मैं कई सालों से मेहनत कर रहा हूँ। सत्तर का हो गया हूँ। मैंने अपनी दण्डी भी फेंक दी है, संयोगवश जो मिलता है उतना ही खाता हूँ। लेकिन फिर भी सत्य हाथ नहीं आता। मैंने वेदान्त की सारी पुस्तकें पढ़ डाली हैं, लेकिन ब्रह्म नहीं मिला। तुम्हारे गुरु हैं?''

''हां,'' मैंने गर्व से कहा, ''वे बहुत अच्छे हैं। वे 'श्री गुरु बाबाजी' के सीधे शिष्य हैं। मैं बड़ा भाग्यशाली हूँ।''

''मैंने गौरवशाली बाबाजी के बारे में सुना है,'' बूढ़े सन्यासी ने कहा, ''लेकिन बहुत सी कहानियाँ प्रचलित हैं और इन दिनों यह जानना कठिन है कि किस पर विश्वास किया जाए और किस पर नहीं। गुरु लोग नकली और आश्रम राजनैतिक क्रिया–कलापों के गढ़ हो गए हैं, और सच्चे साधक दिग्भ्रमित हैं। छोड़ो, क्या तुमने इन महान् बाबाजी को देखा है?''

''हां,'' मैंने कहा ''एक बार। जब मेरे गुरु, जिन्हें मैं बाबाजी कहता हूँ वापस आएंगे, तो मैं उनसे अनुरोध करूँगा कि वे आपसे मिल लें, लेकिन अगर आपको कोई आपत्ति न हो तो।''

''कुछ हफ्तों पहले तक मेरा अभिमान मुझे यह स्वीकार करने नहीं देता कि मुझे सहायता की ज़रूरत है,'' उन्होंने कहा, ''लेकिन अब मैं सहायता लेने को तैयार हूँ, क्या मालूम यह शरीर कितने दिन और रहे। कृपाकर के उनसे मुझसे मिलने को कहना। आज मैं कुछ ज़्यादा ही बोल गया हूँ। अब तुम जाओ, बेटे,'' कह कर उन्होंने सहसा बात खत्म

कर दी। मैंने उन्हें दण्डवत् किया और चला आया। जब बाबाजी वापस आए तो मैं उन्हें उन महात्मा से मिलवाने ले गया।

लेकिन इससे पहले कि आपको उनकी उस भेंट के बारे में बताऊँ, मैं आपको अपने संस्कृत अध्यापक कृष्णानंद शर्मा के साथ हुई एक घटना के बारे में बताना चाहता हूँ। जब उन्होंने 'तैत्तरीय उपनिषद्' पढ़ाना शुरू किया, तो पहले पाठ के बाद ही उन्होंने पाया कि मैं उन्हें केवल एक बार सुनकर ही बिना किसी गलती के श्लोक दोहरा रहा था, सही बलाघात और लय के साथ। जब उन्होंने मुझसे पूछा कि क्या मैंने पहले कभी मंत्रोच्चार की शिक्षा ली थी और जब मैंने नकारात्मक उत्तर दिया, तो वे समझे कि मैं झूठ बोल रहा था। मैंने कहा कि मुझे उनसे झूठ बोलने की कोई आवश्यकता नहीं और मैं तो बस सहजता से वह गायन कर रहा था। अंत में उन्होंने अपने कंधे उचकाए और कहा, "शायद पिछले जन्म में सीखा हो। मुझे तो और कोई कारण नहीं दिखता, या यह बाबाजी का जादू है।"

'उत्तरकाशी' में ही मैंने जाना कि खाना कितना महत्वपूर्ण प्रेरणा स्रोत हो सकता है, भले ही इसका संबंध गीता को कंठस्थ करने से ही क्यों न हो। मुझे गीता पाठ करना बहुत पसंद था। बाबाजी ने मुझे गीता पाठ का एक सुंदर ढंग सिखाया था, जो उन्होंने अपने गुरु से सीखा था। लेकिन मैं हमेशा पुस्तक का प्रयोग करता था। मौखिक याद करना मेरे लिए एक दुःस्वप्न था। किसी चीज़ को पढ़कर समझना एक बात है और वह मुझे पसंद भी था, परन्तु रट्टा लगाना, मेरे अनुसार समय और ऊर्जा की बर्बादी था। 'उत्तरकाशी' में मुझे रटने की अपनी अरुचि पर विजय पानी पड़ी और शीघ्र ही मैं याददाश्त से गीता पाठ करने लगा और यह ऐसे संभव हुआः

अनेक आश्रमों में समय–समय पर शानदार भोजन की व्यवस्था होती थी, जिसके लिए साधुओं और ब्रह्मचारियों को बुलाया जाता था। भोजन आरंभ करने से पहले साधुओं को गीता के पंद्रहवें अध्याय, पुरुषोत्तम योग, का पाठ करना होता था। अधिकांश युवा या वृद्ध ब्रह्मचारियों को पंद्रहवाँ अध्याय मौखिक याद था। जिनको नहीं था, उन्हें हेय दृष्टि से देखा जाता था। अतः दो ऐसे भोजों के बाद मैंने भी उसे मौखिक याद करने की ठान ली। तीसरी दावत में मैं किसी तरह से काम चला सका और चौथी आने तक मैं धारा प्रवाह था। इतने अच्छे भोजन के लिए पंद्रहवें अध्याय को याद करना एक छोटी कीमत थी।

ऐसी ही एक दावत में मैं स्वामी 'वेंकटेशानंद' से मिला। उन्होंने मुझे शाम को अपनी कुटीर में आने का निमंत्रण दिया। वे ऋषिकेश वाले 'स्वामी शिवानंद सरस्वती' के जाने–माने शिष्य थे और वेदों के ज्ञान और समझ के लिए दूर–दूर तक उनका आदर किया जाता था। पहली बार उनकी कुटीर जाने के बाद, हमने कई शामें साथ गुज़ारीं। उनके साथ हुई अपनी चर्चाओं से मैंने बहुत कुछ सीखा।

बहुत सालों बाद मुझे 'स्वामी वेंकटेशानंद' और 'जिद्दू कृष्णमूर्ति' के बीच हुई एक सजीव चर्चा सुनने का अवसर मिला, जिसमें स्वामी वेंकटेशानंद जी का कहना था कि गुरु की आवश्यकता थी, और हमेशा की तरह, कृष्णमूर्ति का कहना था कि इतना ही नहीं कि गुरु अनावश्यक था, बल्कि यहाँ तक कि सत्य की खोज में वह एक व्यवधान साबित होगा। चर्चा बिना किसी दृढ़ निष्कर्ष के समाप्त हो गई थी।

बाबाजी मई में वापस आ गए और हमने पाँच दिन 'उत्तरकाशी' में साथ–साथ बिताए। उसके बाद गोमुख जाने की बात थी। बाबाजी की वापसी के दूसरे दिन मैंने उन्हें उस आदरणीय वृद्ध महात्मा से अपनी भेंट के बारे में बताया। ''समझ गया,'' उन्होंने कहा, ''और तुम चाहते हो कि मैं उनसे मिलूँ?''

''मुझे लगता है केवल आप ही उनकी सहायता कर सकते हैं,'' मैंने कहा।

अगले दिन बाबाजी मुझे साथ लेकर उन वृद्ध महात्मा से मिलने गए। वे अपनी पसंदीदा चट्टान पर बैठे हुए थे। हमें देखकर वे नीचे उतर आए। जब हम पास आ गए, तो उन्होंने हाथ जोड़कर बाबाजी को प्रणाम किया। मैंने भी उन्हें अभिवादन करते समय ऐसा ही किया। बाबाजी ने कहा ''प्रणाम, स्वामीजी! क्या आप चाहेंगे कि मैं मधु को यहाँ से भेज दूँ और तब हम बातचीत करें?''

''प्रणाम, योगी जी महाराज!'' सन्यासी ने कहा, ''उसे यहीं रहने दीजिए। शायद चर्चा से उसे लाभ हो। उसके यहाँ रहने से मुझे कोई परेशानी नहीं।''

तो इस तरह यह मेरा सौभाग्य था कि मैं उनकी चर्चा के दौरान वहाँ उपस्थित था। हम वहीं बैठ गए और बाबाजी ने तुरंत अपनी सीधी–सादी शैली में कहा, ''स्वामीजी! मैं

आपके ज्ञान का बड़ा आदर करता हूँ और इस बात का कायल हूँ कि कैसे आपने बड़े साहस के साथ मठाधीश होने से इन्कार कर दिया। आपने अपनी दण्डी और मुकुट भी फेंक दिया और आज एक परिव्राजक सन्यासी की तरह सादगी से रह रहे हैं, बड़ी बात है! लेकिन फिर भी आप जिस 'ब्रह्म' को खोज रहे हैं, उससे काफी दूर हैं। क्योंकि ज्ञान का बोझ और पाण्डित्य, जिसे आप अपने सिर पर उठाए हुए हैं, वह 'सत्य' को समझने में प्रभावी बाधक का काम करते हैं। क्या मैं आगे बढ़ूँ?"

"बिल्कुल, आपका आशय कुछ–कुछ समझ में आ रहा है।"

"आप अपने अर्जित ज्ञान से इतने भरे हुए हैं कि 'सत्य' के लिए जगह ही नहीं है, वह बाहर खड़ा प्रवेश करने का इंतज़ार कर रहा है। अपना बोझ उतार डालिए। वह सब फेंक डालिए और रिक्तता को अपनाइये, जिससे कि आप उस असीम प्रचुरता को पा सकें।"

"मैं बहुधा सोचता रहा हूँ कि 'ईशावस्य उपनिषद्' के इस श्लोक का असली अर्थ क्या है, जो 'ज्ञान' की आराधना करता है वह 'और भी गहरे अंधकार' में प्रवेश करता है," सन्यासी ने कहा, "मैं पारंपरिक अर्थ को कभी स्वीकार नहीं कर सका कि यहाँ 'ज्ञान' का अर्थ है 'अपरा विद्या' या अप्रधान ज्ञान, इत्यादि। ऋषि अपनी बात सीधे–सीधे कहते थे, यदि वे यही कहना चाहते थे, तो सीधे–सीधे 'अपरा' शब्द का उपयोग कर सकते थे। अब मुझे समझ में आ रहा है। कृपया आगे बताएं, महाराज!"

बाबाजी बोले, "आपने ठीक कहा। 'अपरा' शब्द का प्रयोग नहीं किया गया क्योंकि 'विद्या' को विशेषित करने की आवश्यकता नहीं थी। तथ्य यह है कि 'केवल ज्ञान' अपने आप में 'परम् सत्य' को समझने में बाधक है। मैं इसे ठीक से समझाता हूँ। देखिए, जब मैं किसी चीज़ का ज्ञान प्राप्त करने की कोशिश करता हूँ, तो क्या प्रक्रिया होती है? पहले मैं ध्यान से देखता हूँ, फिर समझता हूँ, फिर उसे अपनी स्मृति में रखता हूँ, ठीक?"

"जी"

"अब, 'सत्य' भूतकाल की वस्तु तो हो नहीं सकती। वह तो शाश्वत है, वर्तमान है, अतः उसे स्मृति में संचित नहीं किया जा सकता, क्योंकि स्मृति भी तो भूतकाल की वस्तु

है, मृत भूतकाल। दूसरी तरफ 'सत्य' वर्तमान में है, वह तो अभी है, शाश्वत प्रवाह, जीवन से धड़कता हुआ, अतः ज्ञान द्वारा उसे नहीं समझा जा सकता।

''मन, जैसा कि 'केनोपनिषद' कहता है, 'इसे नहीं समझ सकता।' हम अपने सुविज्ञ मस्तिष्क में जो कूड़ा–करकट लिए फिरते हैं, दिमाग के उससे खाली हो जाने पर ही और जब वह कुछ और न पाने के संघर्ष से मुक्त हो जाता है, कुछ और होने की कोशिश नहीं कर रहा होता, स्थिर और शांत हो जाता है, तभी सत्य के लिए अवकाश बनता है कि वह सदा वर्तमान में प्रकट हो सके।

''अहंकार और सुने–सुनाए अप्रत्यक्ष ज्ञान से रंजित शीशे वाले दरवाज़े और खिड़कियाँ खुली छोड़ देनी होंगी, ताकि मधुर, दिव्य बयार आ सके। आशा है जो मैं कह रहा हूँ, वह स्पष्ट है।''

एक लंबे मौन के बाद वे वृद्ध बोले।

''अहा! महान् मौन! मैं इस तरह की नीरवता में सारी ज़िंदगी कभी नहीं बैठा। यद्यपि, मुझे स्वीकार करना चाहिए कि एक–दो बार मैं ऐसी मनःस्थिति की दहलीज पर था, जब मैं कुछ भी विशेष न करते हुए, केवल नदी को या ऊपर साफ आसमान को देख रहा था।''

बाबाजी ने कहा, ''जब वह मौन आप पर अपने आप छाए, तब कुछ मत कीजिए। बस शांत रहिए। 'श्री गुरु बाबाजी' आपको आशीर्वाद दें कि आपको सत्य मिले। मैं आपसे फिर न मिल सकूँगा। हम कुछ ही दिनों में गोमुख जाएंगे।''

इसके साथ ही बाबाजी उठ कर खड़े हो गए और हमने वृद्ध से विदा ली। आँसू भरी आँखों से उन्होंने बाबाजी के पैर छूने की कोशिश की लेकिन बाबाजी ने उनके कंधे पकड़ लिए और उन्हें ऐसा करने से रोक दिया। ''आप सब कुछ त्याग कर सन्यासी हुए हैं और भगवा पहनते हैं,'' उन्होंने कहा, ''फिर आप एक निष्कपट व्यक्ति हैं और बाहरी दुनियाँ के लिए आयु में मुझसे बड़े, अतः मैं आपको अपने पैर नहीं छूने दे सकता। मैं आपकी आँखों में अपने लिए प्यार देख सकता हूँ, वही काफी है।''

हम उन्हें 'गंगा' के किनारे खड़ा छोड़कर चले आए, उनकी आँखें तब तक हमारा पीछा करती रहीं, जब तक कि हम उनकी दृष्टि से ओझल नहीं हो गए। ''बाबाजी!'' मैंने कहा, ''मुझे भी सत्य का दर्शन कराइए। आज मैंने बड़ी गूढ़ बात समझी। आप कितने कश्पालु हैं।''

बाबाजी हँसे और अपनी दाहिनी बाँह मेरे कंधे पर रख दी। ''हर चीज़ अपने उपयुक्त समय पर,'' उन्होंने कहा, ''गुरुवार की सुबह हम 'गोमुख' की यात्रा आरंभ करेंगे।''

32. श्री विद्या की दीक्षा

अगले गुरुवार को हम 'गोमुख' के लिए निकल पड़े, जो 'भागीरथी' नदी का उद्‌गम स्थल है। 'भागीरथी' का दूसरा नाम 'गंगा' है। प्राचीन भारतीय महाकाव्यों में 'भागीरथी' का नाम सगर वंश के राजा भागीरथ के नाम पर पड़ा। वे 'गंगा' को उसके स्वर्गीय निवास से पृथ्वी पर लाए थे। वह कहानी कुछ इस प्रकार हैः

हज़ारों साल पहले शक्तिशाली राजा सगर ने अनेक युद्ध लड़े और अनेक राज्य जीते। फिर उन्होंने 'अश्वमेघ यज्ञ' किया – जिसमें यज्ञ करने वाला राजा एक घोड़ा अन्य राज्यों में स्वतंत्र घूमने के लिए छोड़ देता था। अगर कोई उस घोड़े पकड़ लेता था, तो उसे घोड़ा छोड़ने वाले राजा की सेना से युद्ध करना पड़ता और जिस राज्य में घोड़ा पकड़ा जाता, वह इस युद्ध में जीतने वाले का हो जाता।

स्वर्ग के राजा इन्द्र ने सोचा कि अगर सगर का यज्ञ सफल हो गया, तो वह बहुत शक्तिशाली हो जाएगा। हो सकता है वह स्वर्ग पर भी आधिपत्य कर ले और उसे सिंहासन से हटा दे। अतः उसने अपनी चमत्कारिक शक्तियों से घोड़े को चुरा लिया और महान् ऋषि कपिल के आश्रम के पास छुपा दिया।

सगर के साठ हजार पुत्र घोड़े को ढूंढने लगे। ढूंढते हुए वे कपिल ऋषि के आश्रम पहुँचे और उन्होंने घोड़े को वहाँ पाया। कपिल ऋषि को घोड़ा चुराने का दोषी सनझ कर उन्होंने उन्हें सबक सिखाने की धमकी दी। ऋषि गहरे ध्यान में थे। उपद्रव से विक्षुब्ध होकर उन्होंने आँखें खोली और क्रोध के एक विरले प्रदर्शन में, एक को छोड़कर सगर के अन्य सभी पुत्रों को मात्र दृष्टिपात् से भस्मीभूत् कर दिया। एक पुत्र बच गया क्योंकि उसने अपने किए पर पश्चाताप व्यक्त किया था।

सगर के उस जीवित रहे पुत्र के पुत्र 'अंशुमान' ने अपने भस्मीभूत चाचा–ताऊओं की मुक्ति के लिए घोर तपस्या की। लेकिन कपिल मुनि ने कहा कि उन्हें तभी मुक्ति मिलेगी

जब 'गंगा' नदी स्वर्ग से पृथ्वी पर उतरेगी और उसका जल भस्मियों को स्पर्श करेगा। 'अंशुमान' ने बहुत प्रयत्न किया, लेकिन 'गंगा' को पृथ्वी पर आने के लिए राज़ी न कर सका। उसके पुत्र 'दिलीप' ने भी कोशिश की और असफल रहा। अन्ततः उसके पौत्र 'भागीरथ' ने कठिन तपस्या कर 'गंगा' को मना लिया और वे पृथ्वी पर अवतरित होने को तैयार हो गईं। लेकिन एक समस्या थी, गंगा के पृथ्वी से टकराने के शक्तिशाली संघात से सारी पृथ्वी तहस–नहस हो जाती और उसका छेदन भी हो जाता।

केवल एक ही व्यक्ति था, जो धरती को इस विनाश से बचा सकता था। वह थे कैलाश पर्वतवासी महान् 'योगी–देवता शिव'। 'भागीरथ' की भक्ति से प्रसन्न होकर 'शिव' 'गंगा' की उग्र शक्तिशाली धारा को अपने सिर पर धारण कर उसे अपनी जटाओं में लेकर आसानी से पृथ्वी पर छोड़ने के लिए सहमत हो गए। क्योंकि वह 'भागीरथ' की तपस्या से प्रसन्न होकर अवतरित हुई, अतः 'गंगा' को 'भागीरथी' भी कहा जाता है और 'गोमुख' वह स्थल है जहाँ उसका अवरोहण हुआ।

'गोमुख' का रास्ता 'भैरव घाटी' और 'गंगोत्री' से होकर जाता है, जहाँ देवी 'गंगा' को समर्पित एक मंदिर है। 'गंगोत्री' के आसपास कई एक आश्रम हैं और अनेक साधु गर्मियों भर यहाँ रहते हैं। ऊपर से 'गंगा' बड़े वेग से 'गंगोत्री' आती है और फिर 'उत्तरकाशी' को उतरती है। 'गंगोत्री' से आप चमकती हुई सुदर्शन चोटी देख सकते हैं।

'गंगोत्री' में हमने दो दिन 'उदासीन संप्रदाय' के साधुओं के 'जूना अखाड़े' के कुटीर में बिताए। पर्वतों से उतरती नदी की गूंज ने मुझे मोहित कर दिया था। हमें 'गंगोत्री' पहुंचने में चार दिन लगे थे। 'गोमुख' के लिए निकलने से एक दिन पहले रात को हम धूनी के सामने बैठे थे कि बाबाजी ने अचानक कहा, "वृद्ध सन्यासी ने शांति से स्थिर हो कर अपनी देह त्याग दी है।" जब मैंने इस विषय पर कुछ और सवाल पूछने की कोशिश की, तो उन्होंने कहा, "अभी इस विषय पर और कोई प्रश्न नहीं।"

बाद में जब हम 'गोमुख' से लौटकर 'उत्तरकाशी' गए, तो स्वामी 'लक्ष्मणपुरी' ने मुझे बताया कि हमारे 'उत्तरकाशी' छोड़ने के चार दिन बाद उस वृद्ध सन्यासी ने अपनी पसंदीदा

चट्टान पर गंगा को निहारते हुए, चेहरे पर आनंद की मुस्कान के साथ देह त्याग दी थी। 'उत्तरकाशी' के अस्पताल के डॉक्टर के अनुसार उनकी मृत्यु हृदयाघात से हुई थी।

अगले दिन हमने 'गंगोत्री' से 'गोमुख' और 'तपोवन' की यात्रा शुरू कर दी। 'गंगोत्री' का पवित्र गाँव पीछे छूट जाने के बाद बड़ी शांति छा जाती है। 'भागीरथी' के उस पार अनेक प्राकृतिक गुफाएं हैं। चार घंटों में हम 'चीड़बासा' पहुँच गए, जिसका यह नाम वहाँ बहुतायत में पाए जाने वाले चीड़ के पेड़ों के कारण पड़ा। यहाँ से दूर चमकता हुआ 'गंगोत्री ग्लेशियर' दिखाई देता है।

यहाँ आधे घंटे आराम कर के भीगे हुए चने खाकर पानी पीने के बाद हम आगे निकले और 'भोजवासा' अर्थात 'भोजपत्रों' के वृक्षों के वन पहुँच गए। 'भोजवासा' में हम एक लाल कपड़े पहनने वाले तांत्रिक साधु के अतिथि थे। लगता था वह बाबाजी को अच्छी तरह जानता था। हमें रोटियाँ, दाल और सब्जियों का अच्छा खाना देने के बाद वह बाबाजी जी से कुछ दिन और रुक जाने के लिए कहता रहा। बाबाजी 'गोमुख' में रुकने का निश्चय कर चुके थे, अतः खाना खाकर हम फिर चल पड़े।

'भोजवासा' से 'भागीरथी पर्वत' की चोटियाँ दिखने लगी। कुछ देर बाद पिरामिड की शक्ल का 'शिवलिंग पर्वत' दृष्टिगोचर हुआ, जो समुद्र तल से इक्कीस हजार फीट ऊँचा है। एक और घंटा चलने पर हम 'गोमुख' पहुँच गए। मुझे तो वह दृश्य अनिवर्चनीय लगा। गाय के मुँह की शक्ल की एक बर्फ ढकी थूथनी से 'गंगा' निकल रही थी। थूथनी के पीछे 'गंगोत्री' हिमनदी थी, जिसकी लंबाई लगभग पच्चीस किलोमीटर बताई जाती है। जमी हुई बर्फ ही बर्फ। बर्फ के बड़े–बड़े टुकड़े तेज़ धारा में बहते आ रहे थे। मैं आनंदातिरेक में कूदने और धरती पर लोटने लगा। ''शांत हो जाओ,'' बाबाजी ने मुस्कुराते हुए कहा, ''चलो एक छोटी डुबकी लगा ली जाय।'' हमने जल्दी से एक डुबकी लगा ली और फौरन अपने बदन को पोंछ डाला। थोड़ी देर के लिए सूर्य बाहर आया, जिसमें हम अपने को और अपने भीगे हुए कपड़ों को सुखा सके।

'गोमुख' और 'तपोवन' के बीच कुछ प्राकृतिक गुफाएं थीं। उनमें से एक में बाबाजी के एक पुराने साथी रहते थे, जिन्हें वे केवल दादा कह कर बुलाते थे। वे बंगाल से थे और

गर्मियों के मौसम में इस गुफा में रहते थे। हम ग्लेशियर के बाँए किनारे–किनारे लगभग आधे घंटे की खड़ी चढ़ाई चढ़कर उनकी गुफा पहुँच गए। दादा हमारी प्रतीक्षा कर रहे थे। इतने दूर–दराज़, बर्फ वाले क्षेत्र में भी वे धूने जलाए हुए थे। गुफा काफी बड़ी थी। उसके मुँह के अधिकांश हिस्से को पत्थरों से बंद कर लिया गया था। ज़मीन पर लकड़ी के तख्ते चारपाई का काम करते थे। उन्होंने हमें और कंबल भी दिए।

हमने शाम को चावल और आलू खाए और रात गुफा में बिताई। दादा जी ने मुझसे कहा कि मेरे लिए बाबाजी को पा लेना बड़े भाग्य की बात थी। ''वे चेले बनाने में बड़ा हिचकिचाते हैं।'' उन्होंने कहा, ''तुम सौभाग्यशाली हो। जब भी मैं उनसे मुझे अपना शिष्य बनाने की बात करता हूँ, वे कहते हैं कि हमारा दोस्त बने रहना ही ठीक है।''

अगले दिन हमने 'तपोवन' के लिए चढ़ाई शुरू की। दो घंटे लगे। शिवलिंग की पूरी चोटी अब दिखी। ढेर सारी हिमाच्छादित पर्वत श्रेणियों पर सूर्य के प्रकाश का प्रत्यावर्तन बहुत दर्शनीय था। दाँई ओर 'भृगुपंथ' शिखर था और 'मेरु'। शिवलिंग के बाँई तरफ 'भागीरथी' चोटी थी, और उसके पीछे 'सतोपंत का शिखर'। उत्तर में था 'माना पर्वत' और 'उत्तुंग कैलाश'। दक्षिण की तरफ 'सुदर्शन पर्वत शिखर' था।

आधे घंटे और चलने पर हम 'तपोवन घाटी' के सबसे ऊँचे स्थान पर पहुँच गए। 'गंगोत्री ग्लेशियर' हमारे नीचे पसरा था। हम और आगे बढ़े और उस जगह पहँच गए, जहाँ 'गंगोत्री ग्लेशियर' और 'कीर्ति ग्लेशियर' मिलते हैं। दाहिनी तरफ दूर हम 'केदार' देख सकते थे और बाँई 'सतोपंत'। उसके बाद हम उतर कर गुफा आ गए। हमने गुफा में पाँच दिन बिताए। दादा ने एक हफ्ते की राशन–सामग्री और लकड़ियाँ जुटा रखी थीं।

एक दिन बाबाजी ने दादा जी से कहा, ''दादा! तुम कल मधु को 'श्री विद्या' की दीक्षा दे दो।''

''लेकिन बाबाजी,'' दादा ने विरोध किया, ''आपके यहाँ होते हुए मैं यह कैसे कर सकता हूँ? आप खुद करें।''

''नहीं, तुम्हीं करो। विशेष कारणों से मैं तुमसे यह करने को कह रहा हूँ।''

दादा सहमत हो गए और मुझे 'क' ध्वनि से आरंभ होने वाला लोपामुद्रा श्रेणी का सोलह अक्षरों वाला (षोडाक्षरी) 'श्री विद्या' मंत्र दिया। दादा जी ने कहा, " 'क्रियायोग' कुण्डलिनी ऊर्जा के लिए रीढ़ की मध्य नली का रास्ता साफ करता है और 'श्री विद्या' की शब्द–तरंगे मस्तिष्क–रीढ़ के चक्रों को क्रियान्वित करने में सहायता करती हैं, तथा उन्हें 'कुण्डलिनी शक्ति' के ऊपर चढ़ना शुरू करने पर, उसे धारण करने के लिए तैयार करती हैं।

"बाबाजी स्वयं 'श्री विद्या' के विशेषज्ञ हैं और 'चक्र–धारणा' की इस तकनीक की शिक्षा मैं तुम्हें केवल उनकी आज्ञानुसार दे रहा हूँ।"

अगले दिन मैंने बाबाजी से पूछा, "आप मेरे गुरु हैं, और अब तक जो कुछ मैं सीख चुका हूँ, उसे ध्यान में रखते हुए क्या यह सब ज़रूरी है? सो भी किसी और से? क्षमा करें अगर मेरा यह प्रश्न गलत है।"

बाबाजी ने कहा, "मधु! तुम्हें भांति–भांति के आध्यात्मिक साधक और तथाकथित आध्यात्मिक गुरु मिलेंगे। मैं चाहता हूँ कि तुम इन विषयों की पूरी जानकारी प्राप्त कर लो, जिससे एक तो तुम्हें किसी से डरने की आवश्यकता नहीं कि वह 'श्री विद्या' जानता है और तुम नहीं। और दूसरे, कुछ आध्यात्मिक साधकों को अपने विकास को तेज़ करने के लिए 'श्री विद्या' की आवश्यकता हो सकती है। अगर तुम इसे नहीं जानते, तो तुन उनकी सहायता कैसे कर सकोगे?"

"सभी विभिन्न सिद्धांत और अभ्यास साँचे हैं, आकारहीन, नमनशील, अक्षत पदार्थ को जिनमें डालना आवश्यक है, जिससे कुछ व्यवस्था लाई जा सके। लेकिन याद रखो तुम साँचे में ढली रचना को बाहर नहीं ला सकते, जब तक कि साँचा तोड़ा न जाय।"

"अतः साँचा आवश्यक है और अंत में उसका विसर्जन भी, समझे?" "हाँ, बाबाजी, कुछ–कुछ समझने लगा हूँ," मैंने विनय से कहा। फिर हम 'गोमुख' से 'ऋषिकेश' वापस आ गए।

33. जरमन से सीखे पाठ

बाबाजी के संग तीन सालों में हम एक बार 'गोमुख' गए, दो बार 'गंगोत्री', एक बार 'यमुनोत्री' और दो बार 'बद्रीनाथ' एवं 'केदारनाथ'। 'गंगोत्री' के हमारे दूसरे प्रयाण के समय मैं बाबाजी के एक जरमन विद्यार्थी से मिला, जो मस्तिष्कशास्त्री था। बाबाजी उसे केवल 'जरमन' कहते थे। उसका असली नाम मैं आपको नहीं बता सकता। व्यक्तिगत कारणों से उसने गुमनामी का अनुरोध किया था। मैं भी उसे केवल 'जरमन' ही कहूँगा। वह 'गंगोत्री' में हमारी कुटी में हमसे मिलने आया था।

बाबाजी ने यह कह कर उसका परिचय दिया, ''हमारे जरमन डॉक्टर स्टुटगार्ट से हैं। ये तंत्रिका विज्ञानी (न्यूरोलोजिस्ट) हैं और दस साल से मेरे विद्यार्थी हैं। ये 'गंगोत्री' में एक महीने रहेंगे और मैं चाहता हूँ तुम इनसे मानव शरीर संरचना, मस्तिष्क संरचना और मस्तिष्क–रीढ़ तंत्र का आधारभूत ज्ञान प्राप्त कर लो। अपने आपको समझने का एक अर्थ यह भी है कि तुम अपने मस्तिष्क की कार्यप्रणाली समझो। जिसे हम साधारण रूप से मन कहते हैं, वह मस्तिष्क ही है। अगर तुम इसे अच्छी तरह समझ लो, तो चेतना के उच्चतर स्तरों की गवेषणा करने में आसानी होगी, जो साधारण विचार–प्रक्रिया से परे हैं।

''हम लोग बिना बात किए संपर्क में रहते हैं और ये तुम्हारे बारे में काफी कुछ जानते हैं।''

डॉक्टर साहब की पढ़ाने की विधि बड़ी समग्र और व्यवस्थित थी, जो कि जर्मन लोगों की विशेषता है। उनके पास चित्र और चार्ट थे। मैंने अनुमस्तिष्क, मध्य मस्तिष्क, जिसे लिंबिक सिस्टम या 'सरीसृपीय मस्तिष्क' भी कहा जाता है, कोर्पस केलोसम द्वारा जुड़े हुए दो गोलार्द्धों वाले प्रमस्तिष्क, रीढ़, स्वायत्त स्नायुतंत्र, अनुकंपी स्नायुतंत्र, स्नायुमंडल और मस्तिष्क–रीढ़–तंत्र से संबंधित अन्य सभी विषयों का अध्ययन किया। बस, खुद शव परीक्षण या चीर–फाड़ नहीं की।

इस अध्ययन के दौरान मैंने पहली बार सुना कि अठारहवीं और उन्नीसवीं सदी के प्रारंभ में ही मस्तिष्क–वैज्ञानिकों को यह शक था कि मस्तिष्क के दो गोलार्द्ध यद्यपि एक दूसरे से जुड़े हुए थे और एक दूसरे के कार्य–व्यापार के पूरक थे, परन्तु वास्तव में उनके अलग–अलग अपने विशिष्ट कार्य थे। 'जरमन' जर्मनी में अपनी विज्ञानशाला में 'योग–शास्त्र' के 'हठयोग प्रदीपिका' और 'षड्चक्र निरूपण' जैसे प्राचीन ग्रंथों में मिलने वाली जानकारी की तुलना आधुनिक तंत्रिका–विज्ञान से कर रहे थे। वे साथ ही यह पता लगाने की कोशिश कर रहे थे कि क्या चेतना के विस्तार की व्याख्या तंत्रिका–विज्ञान की भाषा में की जा सकती है? यह एक बहुत बड़ी नई खोज होगी।

अब जब मैं ऑलीवर सैक्स की पुस्तकें, एंटोनियो आर दमासियो की 'द कार्टे की भूल' (Descarte's Error), अपने मित्र डॉ. वी.एस. रामचंद्रन की 'फेंटम्स इन द ब्रेन' पढ़ता हूँ तो लगता है कि 'जरमन' के विचारों में आज के तन्त्रिका–वैज्ञानिकों के प्रतिपादित सिद्धांतों के बीज पहले से मौजूद थे। दुर्भाग्य की बात यह है कि इस विषय पर लिखने वाले किसी भी लेखक ने योग–शास्त्र के प्राचीन ग्रंथों का अध्ययन नहीं किया है। इससे भी अधिक दुःख की बात यह है कि मेरी भेंट के तीन साल बाद 'जरमन' एक सड़क दुर्घटना में मर गए। अतः जो अनुसंधान वे कर रहे थे, वह निष्फल हो गया।

बाबाजी ने कहा कि 'जरमन' का पुनर्जन्म उनके अनुसंधान के लिए अनुकूल परिस्थितियों में होगा। मुझे नहीं मालूम कैसे, कब और कहाँ, लेकिन मैं आपको 'जरमन' के पहली बार बाबाजी से मिलने की कहानी बताना चाहूँगा। यह घटना 'जरमन' ने ही मुझे बताई थी।

"मैं दो कारणों से हिमालय आया था–एक तो सीधे–सीधे हिमाच्छादित पर्वतों का शुद्ध आकर्षण। हिमालय की यात्रा करने वाले कुछ पर्यटकों के मोहक विवरणों से मैं मंत्र–मुग्ध हो गया था। दूसरा कारण था–हिंदू दर्शन, तंत्र और योग में मेरी रुचि। सर जॉन वुड्रॉफ की 'द सर्पेंट पावर' (कुण्डलिनी शक्ति) पढ़कर मैं चकित था कि 'कुण्डलिनी शक्ति' के मार्ग और मस्तिष्क–रीढ़ तंत्र में कितना साम्य था। सबसे ऊपर वाले चक्र, ब्रह्म–रंध्र, इत्यादि का वर्णन नहीं किया जा सकता था, जब तक कि प्राचीन योगियों को मानव–शरीर–रचना और मस्तिष्क की संरचना का गहरा ज्ञान न हो।

''इससे मैं प्रेरित हुआ कि मैं हिमालय जाऊँ और वास्तविक योगियों को खोजूं, अगर वे अब भी पाए जाते हों तो। तब तक मैं पूरा तंत्रिका–विज्ञानी बन चुका था और स्टुटगार्ट के एक अस्पताल में काम करने लगा था। बड़ी मुश्किल से मैं अपनी यात्रा का असली कारण बताए बिना, एक महीने की छुट्टी लेने में सफल हुआ। उन दिनों अगर कोई वैज्ञानिक योग या उससे संबंधित विषयों में रुचि दिखाता, तो कट्टरपंथी वैज्ञानिक समुदाय इसे हेय दृष्टि से देखता था और सामान्यतः इसे विज्ञान की पहले से स्थापित परंपराओं के खिलाफ और पूर्णतः अवैज्ञानिक मानता था।''

''उन दिनों हिमालय की यात्रा इतनी आसान भी नहीं हुआ करती थी। मैं हवाई जहाज से दिल्ली आया और वहाँ से रेलगाड़ी से 'हरिद्वार' पहुँचने में पूरा एक दिन लग गया। मैं वहाँ से एक खड़खड़िया बस में चढ़ गया जिसने 'ऋषिकेश' पहुँचने में लगभग आधा दिन लगाया। 'ऋषिकेश' में 'डिवाइन लाइफ सोसाइटी' में रहने की जगह पाने के बाद मैंने आश्रम के मुख्यस्थ स्वामी 'शिवानंद' से सहायता माँगी। स्वामी जी ने कहा कि मुझे इधर–उधर भटकने की कोई आवश्यकता नहीं थी और जो मैं सीखना चाहता था वे ही मुझे सिखा देंगे। लेकिन मैं संतुष्ट नहीं हुआ। मेरी आँखें ऊपरी हिमालय पर लगी हुई थीं। कुछ दिनों बाद मैंने 'उत्तरकाशी' तक जाने वाली एक बस का पता लगा लिया। उन दिनों 'उत्तरकाशी' पहुँचने में पूरा दिन लगता था और रास्ता खतरनाक था। बस का गढ़वाली ड्राइवर और भी खतरनाक था।''

''अगले दिन 'उत्तरकाशी' से एक और बस लेकर मैं 'गंगोत्री' पहुँच गया। 'गंगोत्री' में एक पुराने आश्रम में मुझे रहने की जगह मिल गई। मैं पैदल 'गोमुख' जाने की योजना बनाने लगा। एक दिन मैं 'गंगोत्री–मंदिर' के पास घूम रहा था। मन में यही उधेड़ बुन थी कि कब और कैसे मैं किसी ज्ञानी योगी को पा सकूँगा। इतने में मुझे सामने से लंबा–तगड़ा, गोरे रंग का, केवल सफेद धोती पहने, लंबे कत्थई–काले बालों वाला एक व्यक्ति आता दिखाई दिया। वह सीधा मेरी तरफ आया और जरमन भाषा में बोला, 'ग्युटेन टाग'।''

''मुझे अपने कानों पर विश्वास नहीं हुआ। 'ग्युटेन टाग,' मैं हकलाया। ''असल में जरमन भाषा का मेरा ज्ञान उतना अच्छा नहीं है, इसलिए क्या हम अँगरेज़ी में बात कर

सकते हैं?'' अजनबी ने पूछा। ''अवश्य'' मैंने कहा। उसने मुझे फिर यह कह कर चकित कर दिया, ''तो फिर ठीक है, डॉक्टर! हम लोग कहीं बैठकर बात करते हैं। चलो मेरी कुटीर चलो।''

''तो इस तरह हम पहली बार मिले थे।''

'जरमन' ने मुझे बताया कि उन्हें उसी दिन 'क्रियायोग' की दीक्षा दे दी गई और पिछले दस सालों से वे उसका अभ्यास कर रहे थे और बाबाजी के मार्ग–दर्शन में योग तथा वेदान्त का अध्ययन कर रहे थे। वह बाबाजी को अपना गुरु मानते थे। नहीं, वह 'श्री गुरु' से नहीं मिले थे। बाबाजी ने उन्हें बताया था कि अपने एक पिछले जन्म में मैं 'श्री गुरु' का शिष्य था।

'जरमन' के जीवन का उद्देश्य यौगिक अभ्यासों द्वारा चेतना में लाए गए रूपांतरण का वैज्ञानिक आधार स्थापित करना था। मेरे पाठों की समाप्ति के बाद हमने डॉक्टर से विदा ली और ऋषिकेश वापस आ गए। कुछ दिनों बाद 'जरमन' 'गोमुख' जाने वाले थे।

34. मेरी त्रिवेन्द्रम वापसी

बाबाजी से मिले मुझे लगभग तीन साल हो चुके थे और मैंने मान लिया था कि मेरे जीवन का यह आनंददायक चरण हमेशा ऐसे ही चलता रहेगा। मुझे हिमालय बहुत अच्छा लगता था, बाबाजी से प्यार था और बिना किसी माल–असबाब के यूँ ही घूमने की स्वतंत्रता मुझे पसंद थी। मैं खुश था कि शुद्ध स्वार्थ और लालच से भरे तथाकथित सभ्य समाज में रहने की जटिलता और परेशानियों से भी बचा हुआ हूँ। मेरे लिए बाबाजी भगवान् थे और उनके साथ इस पर्वतों और नदियों वाली तिलिस्मी दुनिया में रहना, स्वर्ग समान था। यह तो मेरे दिमाग में कभी आया ही नहीं कि इस आदर्श परिस्थिति को छोड़कर भी जाना पड़ सकता है। तभी बाबाजी ने कुछ ऐसा किया, जिससे मेरा सपना टूट गया।

कई बार, विशेष रूप से उस साल, बाबाजी मुझे थोड़े–थोड़े समय के लिए अपने से दूर अकेला रहने के लिए भेजने लगे थे। लेकिन उस सुबह जो उन्होंने किया वह एकदम अनपेक्षित था, जिसने मुझे गहरे तक झकझोर दिया। सुबह के ध्यान के बाद जब मैं उन्हें दंडवत् करने गया तो उन्होंने गंभीर लहज़े में कहा, ''मधु, इधर मैं देख रहा हूँ कि तुम्हारे भीतर मुझ पर निर्भर रहने की मनोवृत्ति बढ़ती जा रही है। सारी आध्यात्मिक शिक्षा का उद्देश्य यह है कि तुम सही अर्थों में स्वतंत्र हो जाओ और फिर मुक्त। जिस योगी की चेतना सीमित आत्म का पिंजड़ा तोड़ चुकी होती है, उसे बैसाखियों की ज़रूरत नहीं होती, गुरु के रूप में भी नहीं।''

मैं हैरान रह गया जब उनकी बात से लगे पहले धक्के के बाद, क्रोध का एक सैलाब मेरे अंदर उमड़ पड़ा। ''तो बताइए, मैं क्या करूँ,'' मैंने सीधे उनकी आँखों में देखते हुए पूछा। ''मेरा जो कुछ भी था, सब छोड़कर चला आया हूँ, यहाँ तक कि अपनी माँ को भी, और वापस लौटने के सारे रास्ते बंद हो चुके हैं। मैंने समझा था आप मेरे आश्रय हैं, लेकिन लगता है ऐसा नहीं है। बताइए, मुझे क्या करना चाहिए, मैं करूँगा।''

"जाओ", बाबाजी ने कहा, "तुम्हें यहाँ से चले जाना चाहिए और आगे से अपने आप स्वतंत्र रूप से रहना चाहिए।"

न तो मैं रोया, न कोई शिकवा–शिकायत की और न कोई बहाने बनाए। "अच्छी बात है, बाबाजी," मैंने कहा, "आप जो चाहते हैं, वही सही," और रोष और कुढ़न से जलते हुए मैंने अपनी छोटी–सी जमा पूँजी समेट ली, जो कुल मिलाकर एक कपड़े का झोला, एक कंबल, एक छड़ी और एक कमंडल थी, और उनके पैर छूकर चल पड़ा। उन्होंने चुपचाप मेरे सिर पर हाथ रखा और मुझे देखते हुए खड़े रहे जब तक कि मैं उनकी आँखों से ओझल नहीं हो गया।

बाबाजी के दृष्टिपटल से बाहर हो जाने के बाद मैं 'गंगा' के किनारे बैठ गया और फूट–फूट कर रोने लगा। रोते–रोते मेरा सारा शरीर ज़ोर–ज़ोर से हिल रहा था। आँसुओं ने क्रोध और भय को बहा दिया। फिर मैंने अपने को संभाला, जैसा कि महान् महेश्वरनाथ और 'श्री गुरु बाबाजी' के शिष्य को करना चाहिए, और 'उत्तरकाशी' की दिशा में चल पड़ा।

मैं आधा घंटा टेहरी वाले रास्ते पर चला होऊँगा कि पानी बरसने लगा। मैं पूरी तरह से भीग गया। लेकिन चलता रहा। बारिश बंद हो गई और सूरज निकल आया। मैंने अपने आपसे कहा, 'तो ऐसे रहता है परिव्राजक योगी। बरसात उसे भिगोती है और सूरज सुखाता है। वह भिक्षा का भोजन खाता है और जहाँ जगह मिलती है, सोता है।' मेरा मन उल्लास से भर गया। वास्तव में यह था स्वतंत्रता का असली स्वाद।

'चंद्रभागा नदी' के किनारे मैंने मोरों को मगन हो नाचते देखा। वह आनंद मेरे हृदय में प्रवेश कर गया, मैं भी उनमें से एक हो गया और उन्मुक्तता की तरंग में नाच उठा। कोई मेरे पीछे चल रहा था। मैंने पीछे मुड़कर देखने के प्रलोभन को रोकने की कोशिश की और सीधे आगे देखता हुआ चलता रहा। किसी ने हल्के से अपना हाथ मेरे दाएँ कंध ो पर रखा। जाना–पहचाना सा लगा वह स्पर्श। नहीं, मैंने अपने आपसे कहा, ऐसा नहीं हो सकता। तभी स्नेह–सिक्त वह आवाज़ आई "मधु!"

"बाबाजी!" मैंने मुड़कर उन्हें देखा। वह मुझे प्रेमपूर्वक देख रहे थे। मैंने अपने आँसुओं को कड़ाई से रोका और चेहरे पर गंभीर भाव ले आया। "तो," उन्होंने कहा, "तुम जा रहे हो?"

"जी, बाबाजी! मैं जा रहा हूँ। आपने मुझे निकाल दिया।"

"अच्छा! मैंने तुम्हें जाने को कहा और इसीलिए तुम चले आए। और अगर मैं आने को कहूँ तो तुम वापस आ जाओगे?"

'न कह दो', मस्तिष्क के एक भाग ने कहा, झुको मत। लेकिन दूसरा बिना किसी संघर्ष के जीत गया। मैंने कहा, "हाँ।"

"तो आओ," बाबाजी ने कहा, "चलो, वापस चलते हैं। मैं तो केवल तुम्हारी परीक्षा ले रहा था। अच्छा, तो अब चलो।"

चुपचाप मैं उनके पीछे–पीछे ऋषिकेश चला आया। हम मौन चलते रहे। मेरे हृदय में प्रेम और कृतज्ञता के भाव उमड़ रहे थे।

छः महीने बाद, जब मैं आश्वस्त हो गया था कि अब सब कुछ ठीक चल रहा है और अब मैं हमेशा–हमेशा के लिए जादुई हिमालयी माहौल में ही रहूँगा, बाबाजी ने झकझोर कर मुझे इस गफ़लत से बाहर निकाल दिया।

एक शाम, धूनी के पास बैठे–बैठे उन्होंने एक बम फोड़ दिया। "मधु! तुम्हें जो कुछ सीखना चाहिए था, वह सब तुमने सीख लिया है और तुम्हारा हृदय–कमल खिल गया है। अब यह मैदानों में वापस जाने का समय है, बाहरी दुनिया में। शीघ्र ही तुम्हें मुझसे विदा लेकर अपने माता–पिता के पास जाना होगा।"

"लेकिन बाबाजी!" मैंने विरोध किया। "आप मुझे चालाकी और धोखाधड़ी की दुनिया में भेजना चाहते हैं, जहाँ हर कोई पैसे के पीछे भाग रहा है और जहाँ लोभ का ही बोल–बाला है? मैं इन दिव्य पर्वत–घाटियों में क्यों नहीं रह सकता, सारी चिन्ताओं से मुक्त? मैं आपको वचन देता हूँ कि मैं आपको बार–बार परेशान नहीं करूँगा। मैं आपसे दूर रहूँगा और आपके पास तभी आऊँगा जब आप बुलाएंगे।" यह कहते हुए मैं फूट पड़ा और निर्लज्ज होकर ज़ोर–ज़ोर से रोने लगा।

"अपने को संभालो," बाबाजी ने कहा, 'तुम जानते हो कि मैं शायद ही कभी किसी को शिष्य बनाता हूँ। मैंने तुम्हें 'श्री गुरु' के स्पष्ट निर्देशानुसार अपनाया। निस्संदेह मैं तुम्हें

बहुत प्यार करता हूँ और तुम्हारी देख–भाल करूँगा, लेकिन मैं उनकी इच्छा के विरुद्ध नहीं जा सकता। यह उनकी इच्छा थी कि साढ़े तीन साल के प्रशिक्षण के बाद तुम्हें मैदानी इलाकों में भेजा जाए। तुम्हारे लिए उन्होंने जिस जीवन–लक्ष्य की योजना बनाई है, वह है लोगों को आध्यातमिक शिक्षा देना।''

''और फिर तुम इतने स्वार्थी और तंग दिमाग वाले कैसे हो सकते हो? असल में तुम उस तथाकथित सभ्य समाज में जीवन व्यतीत करने की तकलीफों और दुःखों से डरते हो। दुनिया में भले और सच्चे लोग भी हैं, जो तुम्हारे ज्ञान से लाभान्वित हो सकते हैं। अहंकारी, आत्मकेन्द्रित, स्वयं–नियुक्त ज्ञान के गुरु, जिन्हें 'गिरा हुआ' कहते हैं, उनके लिए भी सही मार्ग–दर्शन से चेतना के ऊँचे स्तरों तक पहुँचने की पूरी संभावना है। अगर तुम उन्हें बीमार समझते हो, तो देखो, बीमार को ही तो डॉक्टर की ज़रूरत होती है। अतः दयावान् बनो और अपने व्यक्तित्व, अपनी विशिष्टता को सारी मानवता में विलीन कर दो। तुम महान् बोधिसत्व की शपथ जानते ही हो, 'जब तक मैं हर जीवित प्राणी को निर्वाण तक नहीं ले जाता, तब तक बारंबार मेरा जन्म होता रहे' – कितना उच्च आदर्श! इस बारे में तुम्हारा क्या कहना है, मेरे बच्चे?''

तब तक मैं अपने आपको संभाल चुका था, ''मुझे तो यह ज्यादा पसंद नहीं,'' मैंने कहा, ''लेकिन जो कुछ भी आप और 'श्री गुरु' चाहते हैं, वही होगा।''

''अच्छा बच्चा!'' बाबाजी ने कहा, ''तुम्हारा भावुकतापूर्ण विस्फोट तो अपेक्षित था और यह बिल्कुल ठीक भी है। मैं देख रहा हूँ कि तुमने इससे निपटना भी सीख लिया है। बड़ी अच्छी बात है।''

''लेकिन मेरा एक सवाल है, बाबाजी! क्या इसका मतलब है कि मैं आपको फिर कभी नहीं देख सकूँगा या...''

''नहीं, नहीं, मेरे बच्चे, निश्चय ही तुम मुझे फिर देखोगे। जब भी मुझे आवश्यक लगेगा, मैं तुमसे मिलूँगा। स्वप्न या ध्यान में संपर्क स्थापित होगा और मैं बताऊँगा कि तुम्हें कब और कहाँ आना है।''

''जितनी हो सकें, उतनी विभिन्न धार्मिक धाराओं की शिक्षाऐं तुम्हें प्राप्त करनी हैं और पहले से ही स्थापित आश्रमों में रहना है। तुम्हें विभिन्न गुरुओं से भी मिलना है, चाहे वे प्रसिद्ध हों या न हों। तुम चुन सकते हो कि किससे मिलना चाहते हो या कहाँ जाना चाहते हो, लेकिन कुछ समय 'रामकृष्ण मठ' में अवश्य बिताना, और अपने प्रशिक्षण–काल के अंतिम दौर में 'जे. कृष्णमूर्ति' से अवश्य मिलना।''

''वापस जाकर साधारण कपड़े पहनो और औरों की तरह रहो। अपने को विशिष्ट ज्ञान और विशिष्ट शक्तियों वाले व्यक्ति के रूप में प्रदर्शित करने की कोशिश बिल्कुल न करना। वह सब गुप्त ही रहने दो। अगर कोई यह समझ ले कि तुम्हारे पास विशिष्ट शक्तियाँ हैं, तो उन्हें चुप ही रहने को कहना, वे इसका विज्ञापन न करें।''

''कई सालों तक तुम औरों को शिक्षा देने का कोई काम नहीं करोगे। उसका समय आएगा और तुम्हें हरी झंडी दिखाई जाएगी। तुम समझ जाओगे और तब उपदेश–प्रवचन–शिक्षाएं देने का समय शुरू होगा। फिर भी जहाँ तक हो सके, यह काम चुपचाप ही करना। केवल उन्हीं को शिक्षा देना, जो गंभीर साधक हैं, वह भी बिना किसी दिखावे के, अधिकाधिक शिष्य इकट्ठे करने की दृष्टि से नहीं। बंजर भूमि में हज़ारों बीजों को बरबाद करने से बेहतर है, उपजाऊ भूमि में कुछ बीज डालना।''

''बाबाजी, मेरी एक गंभीर समस्या है। मेरे माँ–बाप किसी लड़की को खोजकर मेरी शादी कर देंगे। मुझे क्या करना चाहिए?''

''चिंता मत करो, यह नहीं होगा। लेकिन मैं तुम्हें यह बताने जा रहा था कि 'श्री गुरु' की यह इच्छा है कि अन्ततः तुम शादी करो, तुम्हारे बच्चे हों और तुम एक गृहस्थ का जीवन व्यतीत करो। एक आदर्श स्थापित करो। कुछ ऐसे लोग हैं जिनका यह विचार है कि चेतना के उच्चतम स्तर तक पहुँचने के लिए सन्यास ही एक रास्ता है। इसे असत्य प्रमाणित करो। बहुत साल पहले 'श्यामाचरण लाहिड़ी' ने यह किया था, अब तुम्हें यह करना है। साथ ही जिससे तुम्हारी शादी होगी, तुम्हारे मस्तिष्क को परिपक्व करने में उसका भी योगदान है और तुम उससे 'जे. कृष्णमूर्ति' से मिलने के बाद मिलोगे।''

मैंने और भी कई विषयों पर बाबाजी से विस्तार से बात की और अगले दिन 'ऋषिकेश' से रेल गाड़ी पकड़ ली। बाबाजी ने मुझे कुछ पैसे दिए, श्री अग्रवाल का पता दिया और कहा, ''दिल्ली जाओ और अग्रवाल से मिलो। मैंने उन्हें कहा है कि वे तुम्हें 'तालव्य क्रिया' की दीक्षा देंगे। उसके बाद 'त्रिवेंद्रम' जाओ। अग्रवाल तुम्हें टिकट और कुछ और पैसे देंगे।''

पहली बार बाबाजी ने मुझे गले लगाया। मैंने आँसू भरी आंखों से विदाई ली। दिल्ली में श्री अग्रवाल रेलवे स्टेशन के निकास द्वार पर मेरा इंतज़ार कर रहे थे। ''बाबाजी ने बताया कि तुम आ रहे हो,'' उन्होंने कहा। वे मुझे अपनी कार में अपने घर ग्रेटर कैलाश ले गए। अगले दिन उनहोंने मुझे 'तालव्य क्रिया' सिखाई। शाम को एक दर्ज़ी मेरे लिए दो जोड़े कमीज–पैंट लेकर आया। ''बाबाजी का आदेश,'' श्री अग्रवाल ने कहा, ''तुम्हें अपने ब्रह्मचारी वाले वस्त्र उतार कर इन्हें पहनना होगा। तुम्हारे लिए एक जोड़ी सैंडल और एक बैग भी रखा है।''

तीसरे दिन श्री अग्रवाल ने मद्रास के लिए शयनयान का रेल टिकट और कुछ पैसे दिए। ''मद्रास पहुँच कर त्रिवेंद्रम का टिकट खरीद लेना।'' उन्होंने कहा, ''और बाबाजी की बातें याद रखना। एकदम सामान्य व्यक्ति होकर रहो। अपनी आध्यात्मिक प्रवृत्तियों को छुपाकर रखना और अपने आध्यात्मिक अभ्यासों को भी गुप्त रखना।''

श्री अग्रवाल ने मुझे मद्रास मेल में बिठाया और धीरे से यह कह कर विदाई ली, ''श्री गुरु की जय।''

35. जीवन–लक्ष्य की तैयारी

रेलगाड़ी शाम को 'त्रिवेंद्रम' पहुँची। रेलवे स्टेशन हमेशा की तरह सुनसान–सा था। मैं गाड़ी से उतर कर स्टेशन के पास की एक नाई की दुकान में गया और अपने पिता जी के शब्दों में, 'एक अच्छा हेअरकट' करवा लिया। नाई ने मेरे कंधों तक आने वाले बाल काट दिए और दाढ़ी बना दी। तब तक अँधेरा हो गया था, रास्ते में अचानक टकराने वाले परिचितों को अपनी इतने दिनों की अनुपस्थिति का कारण समझाने की परेशानी से मैं बच गया। मैंने पैदल चलने का निर्णय लिया और पैंतालीस मिनट में घर पहुँच गया। मैं आशा कर रहा था कि मेरे माता–पिता ने अब तक घर न बदल लिया हो।

सावधानी से मैं फाटक खोलकर बगीचे में आ गया। सब कुछ पहले जैसा ही था। मैं ड्रॉइंग रूप में पहुँचा। सबसे पहले मैंने जिस व्यक्ति को देखा, वह थे मेरे पिता। वे अपनी पसंदीदा आराम कुर्सी पर बैठे पॉल ब्रंटन की 'सर्च इन सीक्रेट इंडिया' पढ़ रहे थे। मेरे अंदर आते ही उन्होंने किताब रख दी और मुझे देखने लगे। वे आश्चर्य जनक रूप से शांत और संयत थे। ''तुम कहाँ थे? हमने सोचा कि शायद किसी दुर्घटना वगैरह में तुम मर गए,'' उन्होंने कहा, ''अगली बार जहाँ कहीं भी जाओ, संपर्क में रहो। अब जाकर अपनी माँ से मिलो।''

मैं भोजन कक्ष से होता हुआ रसोई में पहुँचा। मेरी माँ हमेशा की तरह खाना बना रही थीं। जैसे ही उन्होंने मुझे देखा, उनके हाथ से वह बड़ी–सी करछुल गिर पड़ी, जिसे वे पकड़ें हुए थीं। उन्होंने मुझे गले लगाया और बेतहाशा रोने लगीं। ''हमें छोड़कर तुम कहाँ चले गए थे? तुमने क्यों एक चिट्ठी तक नहीं लिखी? तुम्हारी बहिनें इतनी दुःखी थीं।''

''मैं हिमालय में था,'' मैंने कहा, ''एक विशेष उद्देश्य के लिए। मैं आपको इससे ज़्यादा नहीं बता सकता। लेकिन आप आश्वस्त रहें, मैं ठीक काम ही कर रहा था, कोई बुरा काम नहीं।''

''अगली बार जब तुम जाना चाहो तो हमें बता देना कि तुम कहाँ हो,'' मेरी माँ ने कहा, ''हम तुम्हें रोकेंगे नहीं। अब जाकर अपनी बहिनों से मिल लो।''

मैं उनके कमरे में गया। मुझे देखकर वे चौंक गईं। मेरी छोटी बहिन, जो मुझसे चौदह साल छोटी थी, दौड़ती हुई आई और मुझसे 'दादा, दादा' कह कर लिपट गई।

यह एक भावविभोर पुनर्मिलन था। उस दिन मेरी माँ ने खाने में मेरी पसंदीदा अंडे की सब्जी और चावल बनाए।

अब साठ साल की उम्र में, उत्तरी अमेरिका के मिशिगन राज्य की कीनीवाँउ काउंटी में लेक सुपीरियर के पास कॉपर हार्बर की सुंदर 'फैनी हो' झील के पास लकड़ी की एक कुटिया में बैठा मैं उन घटनाओं की सही–सही तारीख बताने में असमर्थ हूँ, जो मैं आपको अब बतलाने जा रहा हूँ। परन्तु उसमें मैं एक सामान्य काल–क्रम बनाए रखने की कोशिश करूँगा।

'त्रिवेंद्रम' वापस आने के पहले साल में मैं दो बार 'माई माँ' से मिलने गया। दूसरी बार जाने पर उन्होंने मुझे गले लगा लिया था। 'कन्याकुमारी' जाते समय मैं 'सुचिन्द्रम्' के पास 'मरुत्व मलई' पहाड़ी पर गया और वहाँ गुफा में कुछ समय बिताया। मुझे 'मरुत्व मलई' इतना पसंद आया कि बाद में मैं कई बार वहाँ गया। कई बार मेरे निकट मित्र भी मेरे साथ होते थे। रंजीत दो बार साथ चला, थॉमस कुरियन जिसे मैं प्यार से 'थॉमाचन' (थॉमस पिता) कहता था, वह एक बार और तमिल भाइयों में से शिवानंद भी एक बार वहाँ गया।

एक बार मैंने दो रातें गुफा में अकेले बिताईं। दूसरी रात मेरा ध्यान किसी के ज़ोर–ज़ोर से 'नैना, नैना', पुकारने से टूटा। आँखें खोलने पर मैंने देखा कि एक दुबला, छोटे कद का आदमी, जिसकी आँखें उभरी हुई थीं, एक फटा हुआ खाकी रंग का हॉफ पैंट पहने मेरे पास खड़ा था और 'नैना, नैना' चिल्ला रहा था। जब उसने देखा कि मैंने आँखें खोल ली हैं तो वह उत्तेजित होकर तमिल भाषा में बोला, ''मैं तुम्हें 'शिवराज योग' सिखाने आया हूँ, तिरुमूलर का सिद्धांत, मस्तिष्क में सात और केंद्र हैं। 'श्री गुरु' की आज्ञा है। चलो सीखो।''

मैंने खड़े होकर उन्हें प्रणाम किया। वे बैठ गए और मुझे सामने बैठने का इशारा किया। गुफा के मुँह से आती पूर्णिमा की शीतल चांदनी के प्रकाश में उन्होंने सादा भाषा

में 'शिवराज योग' की मुख्य–मुख्य बातों को समझाया। फिर उन्होंने जो कुछ बताया था, वह मुझसे दुहराने को कहा और लगता है संतुष्ट होकर खुशी से ताली बजाई, कूदकर खड़े हो गए, और गुफा छोड़कर भाग गए। कई साल बाद अपने मित्र मदन गोपाल के साथ 'मरुत्व मलइ' जाने पर मैं उनसे एक बार फिर मिला। मेरे दोस्त ने समझा कि वे निरर्थक प्रलाप कर रहे थे, लेकिन मैं समझ गया कि वे कुछ महत्वपूर्ण बात बताना चाहते थे।

मैं स्वामी अभेदानंद जी से भी एक–दो बार मिला। मैं 'पून्तरा' गया और वहाँ एक नकली स्वामी से भी मिला, जिसने अपने को 'स्वर्गीय पून्तरा स्वामी' का उत्तराधिकारी घोषित कर दिया था। मैं 'स्वामी चिन्मयानंद' से मिला, जो गीता पर भाषण देने 'त्रिवेंद्रम' आए थे।

मैं अक्सर त्रिवेंद्रम पब्लिक लाइब्रेरी, ब्रिटिश काउंसिल लाइब्रेरी और अमेरिकन लाइब्रेरी जाया करता था। मैंने दर्शन, धर्म, मनोविज्ञान, मानव–शरीर–संरचना, और शरीर–विज्ञान पर बाबाजी द्वारा बताई गई सभी पुस्तकें पढ़ डालीं और कुछ वे भी, जो बाबाजी की सूची में नहीं थीं जैसे – पी.जी. वुडहाउस के उपन्यास, जो आज भी सोने से पहले पढ़ने की मेरी पसंदीदा पुस्तकें हैं, कॉनन डायल, डिकेन्स, जेम्स जॉइस और कुछ अन्य। बाबाजी की सूची में से 'ब्लावाट्स्की' की पुस्तकें मुझे बहुत पसंद आईं और हाँ, 'जे. कृष्णमूर्ति' की पुस्तकें जिनकी 'कमेंटरीज़ ऑन लिविंग' मेरी सर्वाधिक प्रिय पुस्तक है। मैं जब भी इसे पढ़ता हूँ, कुछ नया पाता हूँ।

मैंने कुछ नए दोस्त बनाए। मेरे कुछ दोस्त जैसे प्रेम कुकिलाया और गोविंदन नायर विशिष्ट परिवारों से थे और कुछ बिल्कुल साधारण परिवारों से, लेकिन मेरे लिए वे सब बराबर थे।

दूसरी श्रेणी वाले मेरे कुछ दोस्त तो 'घोषित अपराधी' थे। उनसे दोस्ती का अर्थ था कभी–कभी गिरोहों के आपसी झगड़ों में फँस जाना या कोई पीने का दौर, लेकिन मुझे उस सब की कोई परवाह नहीं थी। मैं तो केवल परिवर्तन के वे बीज बो देना चाहता था, जो अभी नहीं, तो शायद अगले जन्मों में पनपें। बाबाजी ने मेरी आँखें खोल दी थी और मैं खराब से खराब अपराधी में भी छुपी हुई एक संत बनने की संभावना देखने लगा था। जैसा कि बाबाजी कहा करते थे, ''बीमार को ही डॉक्टर की आवश्यकता होती है।''

इस बीच मैं पिता जी के सड़क बनाने के ठेके के काम के निरीक्षण में उनका हाथ बँटाने लगा। शाम को मैं अकेला लंबी सैर के लिए निकल जाता। मैं मंदिर जाता, मस्जिद जाता और चर्च जाता। मैंने कविताएं भी लिखीं, जो कभी छपी नहीं और अखबारों के लिए निबंध लिखने की कोशिश भी की। एक साल इस तरह बीत गया। बाबाजी से किसी तरह का कोई संपर्क–संदेश नहीं मिला। सोचा, शायद वे मुझे अपने बिना रहने का पाठ पढ़ा रहे हैं।

एक रात सोने से पहले, उनके द्वारा बताई गई तकनीक का इस्तेमाल कर के मैंने उन्हें संदेश भेजा, ''अगर आपने शीघ्र ही मुझसे संपर्क स्थापित नहीं किया तो मैं फिर से आपको ढूँढ़ने हिमालय आ जाऊँगा, प्रणाम।'' उस रात बाबाजी सपने में आए। मैं उन्हें एक लंबा हरा चोगा और सफेद साफा पहने देखकर चकित हुआ। ''अजमेर पहुँच जाओ'' उन्होंने कहा, ''मैं वहाँ तुम्हारी प्रतीक्षा करूँगा।''

36. सूफी गुरु की शिक्षाएँ

कोई खास विरोध नहीं हुआ जब मैंने अपने माता–पिता को बताया कि मैं 'अजमेर' जाना चाहता था। मेरी माँ ने कुछ पैसे भी दिए। वे पैसे और मेरे जेब खर्च के पैसे यात्रा के लिए काफी थे। उन दिनों यह एक लंबी यात्रा थी। मुझे पहले 'मद्रास' जाना था, वहाँ से दिल्ली और फिर जयपुर। अन्ततः 'जयपुर' से स्थानीय रेलगाड़ी द्वारा 'अजमेर'। मैं 'अजमेर शरीफ' के प्रांगण में पहुँच गया, जहाँ महान् सूफी संत 'ख्वाजा मोइनुद्दीन चिश्ती' की दरगाह है। हिंदू और मुसलमान दोनों ही उनका बड़ा आदर करते हैं। सम्मान प्रगट करने और समस्याओं के समाधान के लिए निवेदन करने के लिए यात्रियों और श्रद्धालुओं की लंबी लाइन लगी रहती है।

सभी तीर्थ स्थलों की तरह अजमेर में भी चालाक और धोखेबाज़ लोग मौजूद थे, जो आपको चारों तरफ से यह कहते हुए घेर लेते हैं कि उन्हें पैसा देने पर वे ख्वाजा से आपके लिए विशेष कृपा की व्यवस्था कर सकते थे। उनमें से अनेक तो संत के सीधे वंशज होने का दावा करते और अपना महत्व दर्शाने के लिए तरह–तरह की रंगीन पोशाकें पहने हुए थे।

वहाँ फूल, शॉल, अगरबत्तियाँ और कब्र पर चढ़ाने के अन्य सामान बेचने वाली अनगिनत दुकानें थीं। वह सप्ताहान्त था। उमड़ती भीड़ में मैं जानी–पहचानी, नंगे शरीर केवल धोती पहने, जटाओं वाली आकृति को खोज रहा था और यह सोच रहा था कि लंबे चोगे और साफे पहनने वाले मुसलमान फकीरों के बीच वे कितने अजीब लगेंगे।

अहाते के दाहिनी तरफ एक पुरानी मस्जिद थी, कहा जाता है कि संत ने उसका उपयोग किया था। यह कब्र वाले मकबरे के पास थी। मैं उस दिशा में मुड़ा और मस्जिद की तरफ गया।

अभी नमाज़ का समय नहीं हुआ था। मस्जिद में केवल कुछ ही लोग माला फेरते हुए या कुरान पढ़ते या चुपचाप चिन्तन–मनन में बैठे थे। मेरे आश्चर्य की आप कल्पना

कीजिए, जब मैंने देखा कि उन लंबे चोगे और साफे वालों में से एक, नमाज़ की मुसलमानी भंगिमा में, जिसे योगी लोग वज्रासन कहते हैं, बाबाजी बैठे थे। वे बिल्कुल वही वस्त्र पहने हुए थे जो मैंने सपने में देखे थे – लंबा हरा चोगा और सफेद पगड़ी।

उन्होंने मुझे पास आने का इशारा किया। इससे पहले कि मैं उन्हें दंडवत् कर सकता वे खड़े हो गए और खींचकर मुझे, असली मुसलमानी रीति से तीन बार गले लगाया। गले लगाते–लगाते उन्होंने हौले से कहा, "दंडवत् नहीं। मुसलमानों का नियम नहीं मालूम? केवल परमात्मा के सामने सिर नवाओ, मुहम्मद के सामने भी नहीं, यदि कोई हानि नहीं हो रही हो तो परिस्थितियों के अनुसार अपना व्यवहार बदल लो। 'हर एक को उसकी सामर्थ्य और आवश्यकतानुसार', एक बहुत अच्छी सूफी कहावत है। रोम में रोम के निवासियों की तरह रहो।"

मैंने उनका हाथ पकड़ कर उनकी ऊंगलियों को चूमा। बाबाजी ने कहा, "मेरे पास वज्रासन में कब्र की तरफ मुँहकर चुपचाप ध्यान में बैठो।" "मेरा ह्रदय एक आनंदातिरेक से भर गया था, जो सिर की तरफ बह निकला। मेरे सिर के अंदर सुंदर हरा और बैंगनी प्रकाश फैल गया। मैं उस आनंदातिरेक में हमेशा–हमेशा के लिए रहना चाहता था, बाहरी कोलाहल पूर्ण दुनिया से दूर, लेकिन बाबाजी ने उस समाधि से मुझे बाहर निकाल लिया। "चलो, चलें," उन्होंने कहा और प्रांगण के महत्वपूर्ण स्थान दिखाने ले गए।

सबसे पहले हम कब्र पर गए। बहुत भीड़ थी। लेकिन देखभाल करने वाले ने बाबाजी के चेहरे पर एक नज़र डाली और बड़े आदर के साथ हमें अंदर भेज दिया। अंदर जगह बड़ी खूबसूरत थी। मकबरे में भक्ति–भावना महसूस की जा सकती थी। कब्र लाल और हरे मखमल से ढकी थी। भीड़ की धक्का–मुक्की के बावजूद मुख्य क़ादिम ने हमें काफी देर तक अंदर रहने दिया। सभी अरबी में प्रार्थना और जाप कर रहे थे। मेरे रोंगटे खड़े हो गए और मेरी आँखों से आँसू बहने लगे। बाबाजी किसी अदृश्य व्यक्ति से फुसफुसाकर बातें करने लगे। थोड़ी देर बाद वे सलाम करने काफी नीचे तक झुके और मुझे इशारा किया कि अब चलना है। हमें बाहर भेजने से पहले मुख्य क़ादिम ने बाबाजी का हाथ चूमा।

हम लोगों ने मकबरे की परिक्रमा की और प्रांगण से बाहर निकल आए। दस मिनट पैदल चलकर हम 'उस्मानी चिल्ला' पहुँच गए जहाँ 'ख्वाजा मोइनुद्दीन चिश्ती' ने चालीस दिन तक एकान्तवास किया था। सूफी भाषा में इस तरह के चालीस दिन के गहन चिन्तन–मनन को 'चिल्ला' कहा जाता है। यह एक निर्जन और शांत जगह थी जहाँ से झील दिखाई देती थी। सूखे राजस्थान में वह झील एक सुंदर दृश्य प्रस्तुत करती थी। वहाँ बाबाजी ने 'ख्वाजा मोइनुद्दीन चिश्ती' के जीवन, उनके द्वारा स्थापित सूफी घराने (संप्रदाय) और उनकी शिक्षाओं के बारे में संक्षेप में बताया।

उनका जन्म अस्फहान के पास संजर में सन् 1135 में हुआ था। उन्हें 'मोइनुद्दीन हसन' नाम दिया गया था। उनके पिता का नाम 'गयासुद्दीन हसन' था और वे 'खुरसाना' के एक सूफी समुदाय के सदस्य थे। उनकी माँ 'बीवी माहनूर' जिलान के प्रसिद्ध सूफी संत 'शेख मोहियुद्दीन अब्दुल काद्री' के परिवार की सदस्य थीं। शेख साहब ने 'क़ाद्रिया' नामक सूफी संप्रदाय की स्थापना की थी। पंद्रह साल की उम्र में 'मोइनुद्दीन' के माँ–बाप का देहान्त हो गया। उसके कुछ दिन बाद वे 'इब्राहीम कन्दूजी' के संपर्क में आए। इस युवक द्वारा भेंट में दिए गए अंगूर के गुच्छों को स्वीकार करने के बाद कन्दूजी साहब ने उन्हें थोड़ी मिठाई दी जिसे वे खुद कुछ देर चबा चुके थे। उसे खाने के बाद अचानक 'हसन' को दुनिया निस्सार लगने लगी और वे उच्चतर सच्चाई की खोज में लग गए।

उन्होंने घर छोड़ दिया और मुसलमानी ज्ञान और सूफी प्रभाव के केंद्र 'बगदाद', 'समरकन्द' और 'बुखारा' की यात्रा की। कहा जाता है कि 'बगदाद' में वे मशहूर सूफी संत 'अब्दुल क़ादिर जिलानी' से मिले। उसके बाद वे 'मक्का मदीना' गए और फिर 'ईरान' में 'हारून'। वहाँ उन्हें अपने गुरु मिले, जो वास्तव में उन्हें खोज रहे थे। 'हारुन' के ख्वाजा 'उस्मान' सीरिया के ख्वाजा अबू 'इशाक' द्वारा स्थापित सूफियों के 'चिश्तिया संप्रदाय' से संबंधित गुरु थे। तब से 'हसन' का नाम 'ख्वाजा मोइनुद्दीन चिश्ती' हो गया। जैसा कि कुछ लोग मानते हैं, वे चिश्तिया संप्रदाय के संस्थापक नहीं थे।

अपने गुरु के साथ तीन साल रहने के दौरान उन्होंने कठिन तपस्या की। उसके बाद वे सन्तों–दरवेशों से मिलते भ्रमण करने लगे। 'सुहरावर्दी संप्रदाय' के महान् संत 'शेख अबू'

नजीब सुहरावर्दी से भी मिले। उन्होंने अनेक सूफी संतो की कब्रों का दौरा किया और अनेक पहुँचे हुए सूफियों से मिले, जैसे तब्रीज के 'अबू सईद', अस्त्रावाद के 'नसीरुद्दीन' और 'हसन खिर्कानी'। इन मुलाकातों की बड़ी दिलचस्प कहानियाँ प्रचलित हैं।

चौव्वन (54) साल की उम्र में उनके गुरु 'उस्मान हारून' ने 'मोइनिद्दीन' को अपना उत्तराधिकारी घोषित किया, उन्हें अपना नमाज़ का चोगा और छड़ी दी और यह कह कर वहाँ से चले जाने को कहा कि अब वे अपना काम करें। ख्वाजा 'मोइनुद्दीन' इसके बाद 'हज' पर गए, 'काबा' की परिक्रमा की और 'मदीना' पहुँचे, जहाँ 'हज़रत मुहम्मद' की कब्र है। कहा जाता है उन्हें एक जीवन्त मनोदृश्य (विज़न) में भारत जाकर 'अजमेर' में रहने की आज्ञा मिली।

1191 में वे पहली बार अजमेर आए। 1200 में उन्होंने 'बल्क' और 'बगदाद' की यात्रा की। कुछ समय बाद वे 'मुल्तान' और 'दिल्ली' होते हुए अजमेर वापस आ गए। दिल्ली में वे खुरसाना के सूफी संत 'कुतुबशाह' से मिले, जो उनके शागिर्द हो गए। वे महान् सूफी सन्यासी बाबा फरीद 'गंजेशंकर' से भी मिलें। 'दिल्ली' के मशहूर सूफी संत 'निज़ामुद्दीन औलिया' इन्हीं 'गंजे–शंकर' की परंपरा के हैं।

अंतिम दिनों में खुरसाना के 'कुतुब शाह' अजमेर में 'ख्वाजा मोइनुद्दीन चिश्ती' के साथ थे। एक दिन ख्वाजा ने अपना चोगा, पगड़ी और अपने गुरु 'ख्वाजा उस्मान हारूनी' की दी हुई दैवी छड़ी 'कुतुबशाह' को देकर कहा कि वे कुछ ही दिनों में दुनिया छोड़ने वाले थे। फिर उन्होंने उन्हें 'दिल्ली' जाकर बस जाने को कहा। 'कुतुबशाह' से उनके अंतिम शब्द थे, "चाहे कहीं भी रहो, एक आदर्श व्यक्ति की तरह जिओ।"

'कुतुबशाह' को 'दिल्ली' भेजने के बीस दिन बाद, मई, 1227 में रात की नमाज़ के बाद 'ख्वाजा मोइनुद्दीन चिश्ती' अपने सोने के कमरे में यह निर्देश देकर चले गए कि सुबह तक उन्हें खटखटाया न जाय। ऐसा कहा जाता है कि सारी रात उनके कमरे से धीमे–धीमे सारंगी का संगीत सुनाई देता रहा। सुबह वे नमाज़ के लिए नहीं आए। जब दरवाज़ा खोला गया तो चेहरे पर अनंत आनंद का भाव लिए उन्हें पलंग पर मरा पाया गया।

बाबाजी ने बताया कि 'ख्वाजा मोइनुद्दीन चिश्ती' ने अनेक किताबें लिखीं। उनमें से अब जो भी मिलती हैं, उनके नाम हैं – अनीस–उल–अरवाह, हदीस–उल–मारिफ, कंजुल इसरार और कस्फुल इसरार।

कहा जा सकता है कि 'ख्वाजा मोइनुद्दीन चिश्ती' भारत में भक्ति की सूफी लहर के प्रणेता थे। रूढ़िवादी इस्लाम में कुरान की आयतें पढ़ने के अलावा, सो भी बिना किसी वाद्य यंत्र के, हर तरह का संगीत निषेध है। लेकिन सूफियों का 'चिश्तिया संप्रदाय' संगीत का उपयोग करता है तथा वाद्य–यंत्रों के बजाने और गाने को अपनी आध्यात्मिक साधना का महत्वपूर्ण अंग मानता है। इस तरह के संगीत को 'समा' कहा जाता है, और अगर यह ठीक से किया जाए तो गाने और सुनने वाले दोनों को आनंद की एक ऊँची स्थिति में पहुँचा देता है–जिसे चेतना का असीम विस्तार कहा जा सकता है।

'चिश्तिया संप्रदाय' मुख्य रूप से सब कुछ बलिदान कर देने वाले प्रेम पर आधारित है। परमतत्व को घूंघट ओढ़े प्रेमिका के रूप में और गाने वाला वह प्रेमी, जिसकी आत्मा अपनी माशूका के सुंदर चेहरे की एक झलक पाने के लिए व्याकुल है। सूफी को प्रेम हो जाता है, सुध–बुध भुला देने वाला प्रेम और वह प्रेमिका से एक क्षण अकेले मिलने के लिए, उसकी आँखों में झाँककर देखने के लिए, उससे गले मिलने के लिए तड़पता है और इश्क की अनोखी शराब के नशे में अपने सीमित अस्तित्व को खो देता है। दिव्य आत्मा के प्रेम में अपने को पूर्णतः विलीन कर देने को 'फना' होना कहा जाता है।

कव्वाली और गज़ल गाने वाले 'चिश्तिया संप्रदाय' और 'ख्वाजा मोइनुद्दीन चिश्ती' के ऋणी हैं। भारत की सूफी दरगाहों में, विशेष रूप से 'अजमेर' और 'दिल्ली' की निज़ामुद्दीन दरगाहों में, दिन और रात के कुछ नियत समयों पर तबला और हारमोनियम की धुन पर दिल को छू जाने वाली कव्वाली और गज़लें गाई जाती हैं।

शाम हो रही थी। सूरज डूबने लगा था और इलाके की लगभग आधा दर्जन मस्जिदों से शाम की नमाज़ की अज़ानें गूंज उठी। "अब मैं तुम्हें एक सूफी के पास ले चलता हूँ, सैयद गुदड़ीशाह साहब, जो पास ही रहते हैं। क्या तुम्हें बचपन में सिखाया गया नमाज़ पढ़ने का तरीका याद है?"

"नहीं बाबाजी, पूरी तरह नहीं।"

"चलो कोई बात नहीं। जो दूसरे करें, वैसे ही करते जाओ। गुदड़ी साहब हमें अवश्य ही अपने घर के पास वाली छोटी मस्जिद में शाम की नमाज़ का न्यौता देंगे। मिलने पर उनसे सलाम कहना और उनका हाथ चूमना न भूलना।"

हमने सीढ़ियों से उतर कर हॉल पार किया। सफेद टोपी पहने एक युवक ने दरवाज़े के पास हमारा अभिवादन किया। इससे पहले कि बाबाजी बोलते, एक झुर्रीदार चेहरे पर सफेद दाढ़ी वाले, पगड़ी पहने एक वृद्ध दरवाज़े से बाहर आए। बाबाजी को देखकर उनके चेहरे पर खुशी की लहर आ गई। वह सच में दौड़ते हुए बाबाजी के पास आए, उन्हें गले लगाया और उनके हाथ चूमे। आँखों में आँसू भर कर उन्होंने बाबाजी के कंधे पकड़े और प्यार से उनके चेहरे को देखते हुए उर्दू में बोले, "बावाजी, हज्जारों सलाम। मेरे लिए कितने फख्र की बात है कि आप आए, और यह अच्छे नसीबों वाला नौजवान कौन है?"

बाबाजी ने मेरा असली नाम देकर परिचय कराया। "आहा! क्या आप हमारे साथ नमाज़ में शामिल नहीं होंगे? फिर हम लोग दरगाह जाकर कव्वाली की महफिल का लुत्फ उठाएंगे। उसके बाद कुछ उम्दा बिरियानी, या आप अपना घासफूस ही खाएंगे? कोई बात नहीं, चलिए नमाज़ को चला जाये।"

पारंपरिक रूप से हाथ मुँह धोने के बाद हम नमाज़ को गए। कुछ ही लोग इकट्ठे हुए थे। सैयद गुदड़ीशाह की अगुवाई में हुई नमाज़ के बाद, हम थोड़ी देर मौन ध्यान में बैठे। उसके बाद श्री सैयद हमें दरगाह ले गए। जिस तरह से रास्ते में और दरगाह के प्रांगण में लोग उन्हें सलाम कर रहे थे, मैंने अंदाज़ा लगाया कि उस इलाके में लोग उनका काफ़ी आदर करते थे।

कव्वाल कब्र के बाहर तबला और हारमोनियम के साथ बैठे थे। उन्होंने गहरे भाव के साथ और एकदम खुलकर गाया। बुनियादी तौर पर वे प्रेम गीत थे, प्रेमिका के लिए गहरी चाह की अभिव्यक्ति, उससे मिलने की तड़प, प्रेमिका से घूँघट हटाने की

अनुनय–विनय, जिससे प्रेमी क्षण भर के लिए ही सही, उसका सुंदर चेहरा देख सके। कव्वालियों के बोल मेरे दिल को अंदर तक छू रहे थे।

महफिल के बाद, गुदड़ीशाह साहब हमें अपने घर ले गए। एक कमरा हमें दे दिया गया। ''रात की नमाज़ के बाद आप हमारे साथ खाने के लिए तशरीफ लाएं'' उन्होंने कहा और चले गए।

बाबाजी ने कहा, ''तुम्हे यहाँ लाने के पीछे एक उद्देश्य है। मैंने शाह साहब से कह दिया है कि तुम कुछ दिनों उनके विद्यार्थी होकर रहोगे। लगभग तीन हफ्ते। तुम्हें सूफीवाद का एक छोटी अवधि का पाठ्यक्रम दिया जाएगा। वे तुम्हें सूफीवाद की दीक्षा भी देंगे। उसके बाद तुम घर वापस जा सकते हो और मेरे अगले इशारे की प्रतीक्षा करना। कल मुझे महान् संत ज्ञानेश्वर की परंपरा के एक नाथ योगी से मिलने महाराष्ट्र जाना है। संत ज्ञानेश्वर की समाधि पूना के पास 'आलंदी' में है। मैं तुम्हें लगातार देखता रहा हूँ। सब ठीक है, लेकिन मेरी सलाह है कि भले ही अपने नए दोस्तों की सहायता के लिए ही सही, पर तुम उन झगडों में न फंसों।

रात की नमाज़ के बाद शाह साहब स्वयं हमें अपने साथ खाने के लिए ले जाने आए। वहाँ उनके छः–सात शागिर्द थे। हम लोगों ने गद्दियों पर पालथी मार कर सेरेमिक प्लेटों में खाना खाया। दो शागिर्दो ने खाना परोसा। ''बावाजी के लिए अलग से ख़ासतौर पर शाकाहारी खाना भी पकाया गया है।'' शाह साहब ने कहा, ''नौजवान, अगर तुम भी शाकाहारी हो, तो उसे ले सकते हो।'' बाबाजी ने मुझे यह कह कर चकित कर दिया, ''आज हम लोग मटन बिरियानी और कबाब खाएंगे।'' उन्होंने मेरी तरफ देखकर आँख झपकी। ''इस नौजवान को बिरियानी बहुत पसंद है लेकिन बात यह है कि इसे लगता है दुनिया की सबसे अच्छी बिरियानी इसकी माँ पकाती हैं।''

सब लोग हँस पड़े। मौन प्रार्थना के बाद हम लोगों ने उस बिरियानी का मज़ा उठाया, जो मेरी ज़िंदगी की सबसे अच्छी बिरियानियों में से एक थी। खाने के बाद शाह साहब ने एकत्रित लोगों को बताया कि मैं भी तीन हफ्तों के लिए उनके हल्के (समुदाय) में शामिल हो रहा हूँ। लोगों ने गले लगाकर और अल्लाह की तारीफ कर मेरा स्वागत किया।

अगली सुबह बाबाजी मुझे शाह साहब के पास छोड़कर चले गए। उन्हें अलविदा कहते हुए मैं बहुत दुःखी नहीं था। मैं सभी परिस्थितियों में बिना परेशान हुए रहने की कला सीख रहा था। अगले तीन हफ्तों के लिए मैं शाह साहब का शिष्य था।

पहले कुछ दिनों मुझे सूफीवाद का दर्शन और सिद्धांत पढ़ाए गए और सूफियों के विभिन्न संप्रदायों के बारे में भी बताया गया। बाकी समय में मुझे सूफियों द्वारा प्रयुक्त तकनीकें बताई गईं। मैंने जाना कि इस्लाम के संस्थापक ने, अन्य बातों के साथ–साथ यह भी कहा था 'मन अरफा नफ्शु, फ खद अरफा रब्बु,' अर्थात् जो अपने आपको जानता है वह अपने भगवान् को भी जानता है। मैंने जाना कि 'खल्ब' या आध्यात्मिक हृदय का क्या मतलब था और उसे अपने में कैसे जगाया जाए। मुझे 'जलालुद्दीन रूमी' द्वारा स्थापित मेव्लावी के गोल–गोल फिरकैंया लेकर नाचने वाले दरवेशों के बारे में बताया गया और यह भी कि वे कैसे और क्यों लट्टू की तरह चक्कर काटते हैं। मुझे 'रूमी' की शायरी की किताब 'मसनवी' का संक्षिप्त परिचय दिया गया और उनकी गद्य पुस्तक 'फिही मा फिही' का भी, जिसका मोटा–मोटा अनुवाद होगा, 'यह है और फिर नहीं भी।'

मैंने 'अब्दुल खादिर जिलानी' की किताबों के बारे में जाना और 'उमर खैय्याम' की रूबाइयों का रहस्यात्मक अर्थ भी। मैंने चिश्ती कव्वाली गायकों को सुना और थोड़ा–बहुत गाना भी सीखा। 'नक्शबंदी', 'रिफाई', और 'सुहरावर्दी संप्रदाय' के सूफी गुरुओं की किताबों और 'मुल्ला नसरुद्दीन' की कहानियों ने मेरे सामने वे नए अनोखे आयाम खोले, जिनकी मैं इस्लाम के चौखट में होने की कल्पना भी नहीं कर सकता था। लेकिन मेरी पसंदीदा किताब थी 'फरीदुद्दीन अत्तार' की 'मन्तीक उत्–तैर' (परिन्दों की बैठक)।

मेरे अध्ययन का कार्यक्रम काफी कठिन था, चिंतन–मनन और दिन भर उपवास तब तक, जब तक कि मेरा 'नेफ्स', आत्म–नियंत्रण उघाड़ कर मेरे सामने न आ जाए। मेरे प्रशिक्षण के अंत में शाह साहब ने कुछ और पुस्तकें पढ़ने की सूची दी, जिसमें 'अली बिन उस्मान अल हुजविरी' की 'कस्फ–उल–महजूब' (पर्देदार के पर्दे हटाना) भी शामिल थी और कहा, "तुम्हारे बावा एक महान् हस्ती हैं। वे एक औलिया हैं, पीर। अल्लाह के फज़ल

से तुमने उन्हें पा लिया है। तुम्हें और किसी चीज़ की ज़रूरत नहीं। ज़्यादातर सफर तय किया जा चुका है। जाओ, अल्लाह तुम्हारे साथ है।"

उन्हें बड़े आदर से प्रणाम कर और गले मिलकर मैं रेलवे स्टेशन गया और कुछ दिनों में घर वापस पहुँच गया।

37. रामकृष्ण मिशन

अजमेर से वापस आने के अगले साल मैंने फार्मेसी के विद्यार्थी के रूप में दाखिला ले लिया। मेरे माता–पिता ने सोचा कि अगर मुझे किसी उपयोगी कार्य में लगा दिया जाय, तो शायद मेरी घुमक्कड़ प्रवृति पर अंकुश लग जाए। मेरे एक चचेरे भाई की पत्नी उत्तरी केरल के कन्नूर शहर में डॉक्टर थीं। यह उनकी सलाह थी कि मैं कालीकट के मेडिकल कॉलेज में फार्मेसी के डिप्लोमा के लिए दाखिला ले लूँ। वे एक अच्छी मित्र थीं और हैं और मैंने उनकी सलाह मान ली क्योंकि मेरे माता–पिता की भी यही इच्छा थी। मेरे पिता जी मद्रास में दवाइयाँ बनाने का काम शुरू करना चाहते थे और उनका सोचना था कि मेरा यह डिप्लोमा काम आएगा।

जहाँ तक मेरा सवाल है, मैं पाठ्यक्रम से खुश था जिसमें मुझे शरीर–संरचना और शरीर–विज्ञान का अध्ययन करना था। इस पाठ्यक्रम में शव विच्छेदन कर अंदरूनी अंगों का निरीक्षण करना और अस्पताल के शव–गृह में जाना भी शामिल था। इसके अलावा कार्बनिक रसायनशास्त्र और औषधशास्त्र भी पाठ्यक्रम में थे। पहले साल में मेरा परिणाम अच्छा रहा। दूसरे साल के बीच में रह–रह कर अंदर घुमड़ती हुई मेरी बेचैनी और घुमक्कड़ प्रवृति ने मेरे ऊपर कब्ज़ा कर लिया और मैं चुपचाप निकल जाने की योजना बनाने लगा। एक रात सपने में मैंने बाबाजी को गंगा के किनारे श्री रामकृष्ण परमहंस से वार्तालाप करते देखा। इसे एक इशारा मानकर एक दिन सुबह बिना किसी को बताए मैंने कालीकट छोड़ दिया।

किसी अज्ञात कारणवश 'चेन्नई' पहुँचने के बाद मैंने 'बंबई' की रेलगाड़ी पकड़ ली, पर तभी मुझे अहसास हुआ कि मेरे पास 'बंबई' से 'कलकत्ता' जाने के लिए पर्याप्त पैसे नहीं थे, जहाँ रामकृष्ण मिशन का मुख्यालय स्थित है। एक सहयात्री ने बताया कि बंबई में खार में रामकृष्ण मिशन का एक सुंदर केंद्र था। उसने कहा कि वह खार में रहता था

और अगर मैं चाहूँ तो वह खुशी से मुझे वहाँ छोड़ देगा। मैंने भी "हाँ" कह दी और दोपहर बाद मैं खार के रामकृष्ण मिशन में था।

वह वास्तव में 'बंबई' के शोर–शराबे में शांति का एक मरुद्यान था। सबसे पहले मैं 'श्री रामकृष्ण' के अत्यंत उत्कृष्ट मंदिर गया और वहाँ कुछ देर ध्यान में बैठा। मेरे अनुरोध पर मुझे केंद्र के अध्यक्ष 'स्वामी हिरण्मयानंद' से मिलने का समय दे दिया गया। वे 'श्री रामकृष्ण' के सीधे शिष्य 'महापुरुष महाराज' के शिष्य थे। उन्होंने मेरी बात सुनी और मुझे ब्रह्मचारी के रूप में लेने को राज़ी हो गए, लेकिन उनका मानना था कि कई कारणों से मेरे मुसलमानी नाम को गुप्त रखना ही उचित था। उन्होंने मेरा नाम 'शिवप्रसाद' रख दिया। उस दिन से डेढ़ साल तक मैं ब्रह्मचारी शिवप्रसाद था।

जगत् प्रसिद्ध 'स्वामी विवेकानंद' द्वारा स्थापित 'रामकृष्ण मिशन' का यह विश्वास है कि मानवता की सेवा ही भगवान् की पूजा की सबसे अच्छी विधि है। कुछ अन्य आश्रमों में मैंने देखा था कि आश्रमवासी अध्ययन करते हैं, भोजन करते हैं और सोते हैं तथा साधारणतः किसी सामाजिक क्रिया–कलाप में भाग नहीं लेते, उसके विपरीत 'रामकृष्ण मिशन' के भिक्षु हमेशा सामाजिक सेवा के कार्यों में व्यस्त रखे जाते हैं। अस्पताल, अनाथाश्रम, स्कूल, कॉलेज और बड़ा प्रकाशन विभाग मुख्य रूप से भिक्षुओं और नए ब्रह्मचारियों द्वारा ही चलाए जाते हैं। ये कार्य–कलाप उन्हें आलसी और अपनी आध्यातमिक प्रगति पर आत्मसंतुष्ट होने से भी बचाते है।

जब मुझसे यह पूछा गया कि पढ़ा–लिखा इत्यादि होने के कारण मैं क्या कार्य करना पसंद करूँगा, तो मैंने मंदिर में काम करने की इच्छा प्रकट की, सफाई और मंदिर की देखभाल इत्यादि। परंपरावादी और अलग–थलग रहने वाले पुजारी भिक्षु बटुक महाराज से बात–चीत करने के बाद मुझे यह काम दे दिया गया। वहाँ से मैं क्रमशः आगे बढ़ता हुआ मंदिर के अंदरूनी हिस्से में काम करने लगा, फल और सब्जियाँ काटने का काम, अर्पण के लिए फूल चुनना और अंततः मुझे गर्भगुड़ी की सफाई करने के काम की अनुमति मिल गई और फिर श्री रामकृष्ण की संगमरमर की प्रतिमा की देखभाल, मानों वे वहाँ जीवित निवास करते हों।

खाली समय में मैंने वेदों का पाठ करना और महान् 'स्वामी यतीश्वरानंद' के शिष्य भिक्षु 'स्वामी गौतमानंद' से गाना सीखा। 'स्वामी गौतमानंद' बाद में मद्रास के रामकृष्ण मठ के अध्यक्ष बने, जो मिशन के सबसे पुराने केंद्रों में से एक है। इसकी स्थापना में स्वयं 'स्वामी विवेकानंद' का हाथ था। 'श्री रामकृष्ण' के सीधे शिष्य स्वामी रामकृष्णानंद मद्रास केंद्र के पहले अध्यक्ष थे।

मैंने उस डेढ़ साल में बहुत कुछ सीखा। मैंने अपने अंदर उन गुणों को पनपते हुए देखा, जो मेरी ज़िंदगी की यात्रा में बहुत सहायक सिद्ध हुए। उनके पुस्तकालय में बहुत सारी पुस्तकें थीं, मैंने श्री रामकृष्ण और उनके शिष्यों के बारे में लगभग सभी पुस्तकें पढ़ डाली। 'एम' द्वारा लिखित 'गोस्पेल ऑफ रामकृष्ण' (रामकृष्ण के वचन), स्वामी सारदानंद लिखित 'रामकृष्ण द ग्रेट मास्टर' (महान् गुरु रामकृष्ण), 'द कंप्लीट वर्क्स ऑफ स्वामी विवेकानंद' (विवेकानंद का समग्र साहित्य) और श्री रामकृष्ण के कुछ सीधे शिष्यों के जीवन–चरित्र मेरी प्रिय पुस्तकें थीं।

इस अवधि में, मैं 'रामकृष्ण संप्रदाय' के कुछ अद्वितीय भिक्षुओं से भी मिल सका, जैसे कि रामकृष्ण मिशन के अध्यक्ष 'स्वामी वीरेश्वरानंद' जो 'शारदा देवी' के सीधे शिष्य थे, प्रसिद्ध 'स्वामी रंगनाथानंद', जिनके प्रयासों से कलकत्ता में 'रामकृष्ण इंस्टीट्यूट ऑफ कल्चर' स्थापित हुआ था, और अन्य। जब उस साल दुर्गा पूजा मनाई गई तो मुझे खार केंद्र में आने वाले विभिन्न श्रेणियों के अनेक वरिष्ठ भिक्षुओं से मिलने का मौका मिला। उनमें से कुछ तंत्रशास्त्र के विशेषज्ञ थे और कुछ इससे संबंधित आध्यात्मिक स्तर की उन्नत अवस्था प्राप्त कर चुके थे।

अगर मैं भिक्षु होना चाहता तो मेरे लिए 'रामकृष्ण मठ' से बेहतर कोई जगह न थी, लेकिन मेरे भाग्य में गृहस्थ होना बदा था। जो भी हो, मेरे लिए बाबाजी की योजना कुछ और थी। डेढ़ साल बाद मैंने चुपचाप खार का 'रामकृष्ण मिशन' छोड़ दिया और एक बार फिर घूमने को स्वतंत्र हो गया।

'श्री रामकृष्ण' और 'स्वामी विवेकानंद' के बारे में इतनी सारी पुस्तकें पढ़ने के बाद, दो जगह जाने की मेरी इच्छा बलवती हुई – कलकत्ता में हुगली नदी के किनारे स्थित

दक्षिणेश्वर का काली मंदिर जहाँ 'श्री रामकृष्ण' ने अपने जीवन का अधिकांश भाग बिताया था, और नदी के दूसरे किनारे पर स्थित बेलूर मठ, जो 'रामकृष्ण मिशन' का मुख्यालय था।

मैंने बाबाजी के इशारे का इंतज़ार किया, लेकिन कोई इशारा नहीं मिला तो मैं यों ही बंबई सैंट्रल रेलवे स्टेशन गया और कलकत्ता की टिकट खरीद ली। मेरे पास टिकट भर के लिए पैसे थे और हावड़ा स्टेशन से दक्षिणेश्वर तक मुझे पैदल जाना पड़ा। खार के 'रामकृष्ण मिशन' केंद्र में अच्छे और सही समय पर भोजन का आदी हो जाने के कारण, दक्षिणेश्वर पहुँचने तक मैं भूख और थकान से बेहाल था। कल्पना कीजिए कि मैं कितना खुश और उत्तेजित हो गया होऊँगा, जब मैंने मंदिर के मुख्य द्वार पर एक जानी पहचानी आकृति को खड़े पाया – मेरे प्यारे बाबाजी! थकान और भूख को भूलकर मैं उनके पैर छूने को दौड़ा। उन्होंने गर्मजोशी से मुझे गले लगाया और कहा, "पहले भूखे ब्रह्मचारी महाराज के लिए कुछ भोजन।"

लूची, आलू की सब्जी और संदेश के सुस्वादु भोजन के बाद हम मंदिर के प्रांगण में घुसे। एक सौ पचास साल पहले रानी रासमणि द्वारा निर्मित इस प्रांगण में 'गोपाल कृष्ण' का छोटा मंदिर है और 'भद्रकाली' का मुख्य मंदिर। 'भद्रकाली उग्र', कुपित स्त्री–देवी और शुद्ध ऊर्जा के विस्फोटक, चपल रूप का प्रतीक। जैसे ही आप प्रवेश करते हैं, दाहिनी ओर बारह लिंग हैं, जो पवित्र बारह ज्योतिर्लिंगों का परिचायक हैं। 'काली' को 'शिव की अर्धांगिनी' माना गया है।

जैसे ही मैं फाटक से अंदर घुसा, मेरे रोंगटे खड़े हो गए और मैंने अपनी मनः स्थिति में एक विशेष परिवर्तन महसूस किया। बाबाजी का चेहरा असामान्य रूप से गंभीर था और वे 'काली' के मुख्य मंदिर की ओर देख रहे थे। वह सप्ताह के बीच का दिन था, अतः दर्शनार्थियों की पंक्ति अधिक लंबी नहीं थी। कुछ ही मिनटों में सीढ़ियाँ चढ़ कर हम उग्र देवी के आमने–सामने थे, जिसे 'ब्रह्मांड की जननी' कहा गया है।

दक्षिणेश्वर की 'भद्रकाली' की मूर्ति, तंत्रशास्त्र में 'दस महाविद्याएं' कही जाने वाली दस महान् ऊर्जाओं का सबसे क्रुद्ध पक्ष है। वे रंग में काली हैं और उनकी आँखें अत्यंत खूंखार और क्रुद्ध लगती हैं। उनकी जीभ बाहर लटक रही है, जिसमें से खून टपक रहा

है, उनके घने बाल हवा में खुले बिखरे हुए हैं। रुण्ड–मुण्डों की माला और मनुष्य के कटे हुए हाथों से बनी मेखला के सिवाय, वे नग्न हैं। उनके चार हाथ हैं। एक हथेली नीचे की तरफ इशारा कर रही है और दूसरी आशीर्वाद की मुद्रा में उठी हुई हैं। तीसरे हाथ में रक्तरंजित खड्ग है और चौथे में अभी–अभी कटा हुआ मानव मुण्ड, जिससे खून टपक रहा है। वे अनियंत्रित आनंदातिरेक में नाच रही हैं, जो उन्माद की कगार पर है। उनका एक पैर शिव की छाती पर है जो निष्क्रिय सीधे पड़े हैं और दूसरा नृत्यमुद्रा में उठा हुआ है। सब कुछ मिलाकर एक भयंकर चित्र।

जैसे ही मेरी आँखें मूर्ति पर पड़ीं – कुछ आसाधरण घटा। रीढ़ के निचले किनारे पर जो अग्निमयी ऊर्जा निष्क्रिय पड़ी रहती है और जिसे जगा कर धीरे–धीरे सिर की तरफ चढ़ाना बाबाजी ने मुझे सिखाया था, वह अपने आप कुंडली छोड़ कर क्रियान्वित हो गई। जैसे वह आग मेरी रीढ़ में ऊपर चढ़ने लगी, मैंने झटके महसूस किए। सिर के शिखर पर पहुँच कर वह इन्द्रधनुषी रंगों में फूट पड़ी। मैं कराहा और गिर पड़ा।

जब मैं जागा तो मैंने अपने आपको मंदिर के सामने के नृत्य हॉल में बाबाजी की गोदी में सिर रखे लेटा पाया। वे मेरा सिर सहला रहे थे और कह रहे थे, "यह तुम्हारे लिए बहुत ज़्यादा हो गया, न? शरीर आवेग को धारण नहीं कर सका। सौभाग्य से मैं साथ था, नहीं तो तुम पागल हो सकते थे।"

मैंने कमज़ोर आवाज़ में कहा, "मेरा सारा शरीर अतिशय आनंद से फड़क रहा है, जो मैंने पहले कभी महसूस नहीं किया।"

"तुम ठीक हो। अब खड़े हो जाओ। चलो मैं तुम्हें प्रांगण दिखाता हूँ" शीघ्र ही हम प्रांगण में टहल रहे थे। मेरा आनंदातिरेक कुछ कम हुआ था, फिर भी मैं किसी नशे में धुत्त व्यक्ति की तरह चल रहा था। हम प्रसिद्ध 'गोपालकृष्ण मंदिर' गए जहाँ कृष्ण की एक छोटी मूर्ति है। एक बार नहलाते समय यह पुजारी के हाथ से गिर गई और इसकी टांग टूट गई थी। शास्त्रों के विशेषज्ञों को यह तय करने के लिए बुलाया गया कि भंग प्रतिमा की पूजा की जा सकती है या नहीं। सामान्य रूप से निर्णय यह था कि भंग प्रतिमा का पूजन अशुभ था।

यह मंदिर रानी रासमणि ने बनवाया था। उन्होंने सोचा कि काली मंदिर के संत प्रकृति के युवा पुजारी गंगाधर चट्टोपाध्याय की भी राय ले ली जाय। उनके भक्तों ने बाद में उन्हें रामकृष्ण परमहंस नाम दिया था। वे उन्हें दिव्य प्रेरणा से युक्त मानती थीं। युवा रामकृष्ण ने केवल इतना कहा, ''मैं यहाँ उपस्थित पंडितों की तरह विद्वान नहीं हूँ, लेकिन मेरा एक प्रश्न है। रानी के दामाद यदि गिर पड़ें और उनका पैर टूट जाय, तो क्या वे उन्हें गंगा में फेंक कर नया दामाद ले आएंगी? जहाँ तक मूर्ति की टूटी टाँग का प्रश्न है, मैं इसे इतनी अच्छी तरह जोड़ सकता हूँ कि किसी को दरार का पता भी नहीं चलेगा। लेकिन निर्णय आप सब लोगों के हाथ में है।''

रामकृष्ण द्वारा जोड़ी गई मूर्ति पुनः स्थापित की गई और आज तक उसकी ही पूजा होती है।

हमने बारह लिंगों की भी प्रदक्षिणा की। वे परम तत्व सदाशिव के प्रतीक हैं। सदाशिव का अर्थ है सदैव शुभ। फिर हम प्रांगण से बाहर आकर नदी के पास उस छोटे कमरे में गए, जहाँ 'रामकृष्ण' ने अपने जीवन का मुख्यांश व्यतीत किया था। यही वह कमरा है जहाँ 'स्वामी विवेकानंद' सहित 'रामकृष्ण मिशन' के सभी धुरंधरों ने और अन्य अनेक साधकों और भैरवी ब्राह्मणी, गोपाल माँ, तोतापुरी प्रभृति जैसे अनेक आध्यात्मिक गुरुओं ने 'श्री रामकृष्ण' के साथ काफी समय बिताया था।

मेरी देह में फिर कंपन होने लगा और मेरी आँखों से आँसू धाराप्रवाह बहने लगे।

जब मैं बाबाजी के साथ 'श्री रामकृष्ण' की चारपाई के पास बैठा, जिस पर वे सोते थे, तो बंद आँखों से मैंने वीडियो जैसे कल्पना–दृश्य (विज़न) में 'गुरु' (श्री रामकृष्ण) और उनके शिष्यों को वार्तालाप करते, हँसी–मज़ाक करते और संदेश खाते देखा। एक लंबे समय बाद मैंने बाबाजी की आवाज़ सुनी, ''अब हमें चलना चाहिए।'' हम बाहर आ गए और उस बरामदे के पास खड़े हो गए, जहाँ रामकृष्ण ने एक वैश्या के चरणों में यह कहते हुए दंडवत् किया था, ''ओ माँ काली, तुम कितनी सुंदर हो, और कैसे–कैसे रूपों में प्रकट होती हो।''

उसके बाद हम 'श्री रामकृष्ण' की पत्नी पवित्र 'माँ शारदा' के निवास नहबत गए, जहाँ वे अपने संत पति के लिए खाना बनाती थीं। अपने आप तो 'श्री रामकृष्ण' को अपनी शारीरिक आवश्यकताओं की कोई सुध नहीं थी। नहबत से हम 'गंगा' (हुगली) के किनारे गए। बाबाजी ने मुझे पंचवटी झुरमुट दिखाया, जहाँ रामकृष्ण ने 'भैरवी ब्राह्मणी' के मार्ग–दर्शन में तांत्रिक अनुष्ठानों का उग्र अभ्यास किया था। 'ब्राह्मणी' वे स्त्री–गुरु थीं जिन्होंने 'रामकृष्ण' को कुण्डलिनी के रहस्यों में दीक्षित किया था। बाबाजी ने बताया कि उन्होंने 'भैरवी ब्राह्मणी' को तंत्र साधना काल में समाधिस्थ 'रामकृष्ण' को कुछ खा लेने के लिए फुसलाते हुए देखा था। कुछ साल पहले मैं यह सवाल पूछता कि बाबाजी ने वह सब कैसे देखा, जबकि वे स्वयं तीस से ज्यादा के नहीं दिखते थे, लेकिन अब तक मैं उनसे काल और स्थान संबंधित प्रश्नों के बारे में पारंपरिक रूप से न सोचना सीख गया था।

उन्होंने बताया कि 'भैरवी ब्राह्मणी' बनारस के नंगे त्रैलंग स्वामी की शिष्या थीं और अत्यंत उन्नत योगिनी थीं। उनका विश्वास था कि 'श्री रामकृष्ण' कोई साधारण साधक नहीं थे, अपितु दैवत्व के एक तरह के अवतार थे। फिर उन्होंने मुझे यह रुचिकर कहानी सुनाई।

'भैरवी ब्राह्मणी' 'श्री रामकृष्ण' को आधिकारिक रूप से 'अवतार' घोषित करना चाहती थीं। इस दृष्टि से उन्होंने इस पर विचार करने के लिए अनेक विद्वानों और धार्मिक पंडितों को दक्षिणेश्वर बुलाया। विद्वानों ने बहुमत से यह माना कि काली मंदिर के युवा पुजारी में कुछ असाधारण गुण और लक्षण अवश्य थे, जिनके आधार पर उन्हें 'अवतार' घोषित किया जा सकता था। अंत में उन्होंने निर्णय लिया कि स्वयं युवा पुजारी से पूछा जाय कि इस विषय में उसके क्या विचार थे।

इससे कुछ दिन पहले ही समाधि की–सी अवस्था में 'रामकृष्ण' मंदिर के पास गिर पड़े थे और उनकी बाँह टूट गई थी। वे समिति के सम्मुख अपनी टूटी बाँह को पट्टी से बाँधे उपस्थित हुए। जब उनसे अपने विचार प्रकट करने को कहा गया तो वे हँसे और बोले, "मुझे नहीं मालूम शास्त्र क्या कहते हैं या आप लोग क्या सोचते हैं, लेकिन यदि आप लोग वास्तव में मुझे 'अवतार' मानते हैं, तो मैं यह कहना चाहूँगा कि यह पहला

'अवतार' होगा, जिसकी टूटी हुई बाँह पट्टी से बँधी हुई है।'' इसके बावजूद, 'भैरवी ब्राह्मणी' को पूरा विश्वास था कि 'श्री रामकृष्ण' एक विशेष दिव्य प्रकटीकरण थे।

''आपका क्या विचार है?'' मैंने बाबाजी से पूछा।

''बिल्कुल, वे थे,'' उन्होंने ने कहा।

दक्षिणेश्वर से हम लोगों ने 'गंगा' पार कर बेलूर मठ जाने के लिए नाव ली। घने पेड़ों वाला बेलूर मठ प्रांगण कई एकड़ों में फैला है। किसी भी समय यहाँ दौ सौ भिक्षु और नए ब्रह्मचारी रहते हैं। इसके कई खंड हैं। लेकिन इसकी सबसे प्रभावशाली इमारत है 'श्री रामकृष्ण' को समर्पित मंदिर। यह कत्थई ग्रेनाइट पत्थर से बना है। उत्कृष्ट गुंबजों और संगमरमर के फर्श के साथ यह वास्तु कला की श्रेष्ठता का एक सुंदर नमूना है।

गर्भगुड़ी में देवता के स्थान पर सफेद संगमरमर की ध्यानावस्था में पालथी मारे बैठे 'श्री रामकृष्ण' की मूर्ति है। जिस चबूतरे पर मूर्ति स्थापित है, उसके नीचे 'श्री रामकृष्ण' के अस्थि–विभूति अवशेष रखे हुए हैं, जिन्हें 'स्वामी विवेकानंद' ने स्वयं अपने सिर पर लाकर स्थापित किया था। तत्पश्चात् हम नदी के किनारे बने छोटे स्थलों को गए, जिनमें 'स्वामी विवेकानंद' सहित 'श्री रामकृष्ण' के कुछ शिष्यों और पावन 'माँ शारदा देवी' के अवशेष गड़े हुए हैं।

उसके बाद बाबाजी मुझे भोजन कक्ष के पास की एक इमारत के पहले माले पर ले गए, जिसका बरामदा गंगा की तरफ खुलता था। बरामदे में खुलती खिड़कियों में से मैं एक सुंदर, सुसज्जित सोने का कमरा देख सका, जिसमें एक बड़ा शीशम का पलंग, एक उत्तम अंडाकार शीशे वाली ड्रेसिंग टेबल, कालावधि सोफा, लिखने की मेज, जिसके ऊपर सरकाने वाला शटर था, इसके अलावा वहाँ एक गद्दीदार कुर्सी और फर्श पर तुर्की कालीन थे।

मैंने देखना चाहा कि दरवाज़ा कहाँ था। वह बाँईं तरफ था, मगर उसपर ताला लगा हुआ था। दरवाज़े के ठीक ऊपर एक पट्टी लगी हुई थी जिस पर लिखा था, 'स्वामी विवेकानंद का कमरा'। जिन वाद्य यंत्रों को वे बजाते थे, वे कमरे के एक कोने में थे, दूसरे कोने में उनकी घूमने की विशेष छड़ी, चमड़े के बूट और चमड़े का ब्रीफकेस रखे हुए थे।

मैं आश्चर्य कर रहा था कि 'स्वामी विवेकानंद' जैसा महान् सन्यासी कैसे ऐसे ठाठदार परिवेश में रह सकता था।

बाबाजी ने अपना मौन तोड़ा, ''स्वामी जी अंदर–बाहर से राजयोगी थे। वे अपनी दृष्टि में पड़ने वाले परिदृश्य के सम्राट थे। महान् योगी कहाँ रहते हैं और कैसे अपना कार्य–व्यापार चलाते हैं, यह उनके जीवन लक्ष्य पर निर्भर करता है। बाह्य वास्तव में महत्वपूर्ण नहीं, मनोभाव महत्वपूर्ण है। स्वामीजी की ज़िंदगी में कुछ भौतिक आराम तभी आया, जब वे प्रसिद्ध हो गए और बेलूर मठ बन गया। युवावस्था में उनहोंने अकथनीय कष्ट सहे, अनेक बार ठीक से भोजन भी नहीं मिलता था। बाद में भी, वे कभी भी अपना कमंडल उठाकर फिर से बिना कुछ लिए परिवाज्रक होने को तैयार रहते थे। ये उनके जीवन की अनेक घटनाओं से सिद्ध होता है।

''याद रखो, जनक विदेह के राजा थे, साथ ही ऋषि, राजर्षि। तुम भी राजर्षि होकर रहोगे।''

''मैं, बाबाजी?'', मैंने विरोध किया, ''अगर आपने मुझे आज्ञा दी होती तो मैं निश्चिंत होकर हिमालय में घूमना अधिक पसंद करता, लेकिन मैं स्वीकार करता हूँ कि मुझे बढ़िया कारें चलाना अच्छा लगता है।''

बाबाजी ने कहा, ''कोई बुराई नहीं, अगर वह सीमा में रखा जाय। तुममें गाड़ी तेज़ चलाने की प्रवृत्ति है, ध्यान रखो।''

हम लोग भोजन हॉल में भोजन कर तृप्त हुए और मुख्य द्वार पहुँचे। बाहर आकर बाबाजी ने कुछ पैसे दिए और कहा, ''अब तुम घर जाओ और अगली बार घूमने की धुन सवार होने का इंतज़ार करो। तुम यहाँ फिर आओगे और कुछ समय व्यतीत करोगे।''

उसके बाद बाबाजी चले गए। मेरे बारे में बेलूर मठ पुनः आने की उनकी भविष्यवाणी कुछ सालों बाद सच हुई।

वापसी में मैं भुवनेश्वर और पुरी गया। जगन्नाथ मंदिर में मैं आध्यात्मिक भावों से अभिभूत हो गया। मेरा हृदय आनंद से भर गया और अहाते में फर्श पर बैठे–बैठे मैंने 'चैतन्य

महाप्रभु' के जीवन के चित्र देखे – दो तेजस्वी युवक, निताई और गौरांग, मृदंग और मंजीरे की धुन पर आनंद विभोर हो कर जगन्नाथ के सामने नाचते हुए।

मैं 'श्री चैतन्य महाप्रभु' के पीठ भी गया और समुद्र के पास छोटी–सी उस जगह भी, जहाँ 'चैतन्य महाप्रभु' के निकट मित्र और शिष्य हरिदास प्रभु रहते थे। हरिदास जन्म से मुसलमान थे और उन्हें जगन्नाथ मंदिर के अंदर जाने नहीं दिआ गया था। अतः 'चैतन्य महाप्रभु' ने यह नियम बना लिया था कि वे हर बार मंदिर से बाहर आते ही सीधे हरिदास प्रभु के घर जाते। ऐसा कहा जाता है कि हरिदास प्रभु ने 'चैतन्य महाप्रभु' के चरणों को छाती पर रख कर 'हरि, हरि' कहते हुए प्राण छोड़े थे।

38. श्री देवी और नीम करोली बाबा

घर वापस आने के आठ महीनों बाद मैं फिर सड़क पर था। इस बार मैं 'दिल्ली' गया और अपने मित्र बालचंद्र नायर के साथ काम करने लगा। उनसे मैं एक रेलगाड़ी में मिला, जहाँ हम दोनों में अच्छी मित्रता हो गई थी। वे उम्र में मुझसे काफी बड़े थे और एक आध्यात्मिक और सांस्कृतिक पत्रिका 'एक्सेंट' का संपादन और प्रकाशन कर रहे थे। मैंने उनसे संपादन की कुछ मोटी-मोटी बातें सीखीं और पत्रिका के लिए रेखाचित्र भी बनाए। बालचंद्रन नायर, जिन्हें मैं 'चेट्टन' अर्थात् बड़ा भाई कहता था, अब केरल के शांत समुद्र तटीय कस्बे कंजनगाड में रहते हैं और आध्यात्मिक विषयों पर उत्तम पुस्तकों का प्रकाशन करते हैं। वे 'श्रीकांत' नाम से लिखते हैं।

कुछ दिन बाद यह काम छोड़कर मैं हिमालय चला गया। इस बार मैं दूसरी दिशा में गया। हल्द्वानी होते हुए मैं 'हेराखंड बाबा' की गुफा गया। वे एक महान् सिद्ध थे। बहुत साल पहले ही उनका देहान्त हो चुका था। उन्हें 'श्री गुरु बाबाजी' का शिष्य माना जाता है। वहाँ से मैं रानीखेत, द्वारहाट और कुकुरचिना गया। मैं वह गुफा देखना चाहता था, जहाँ महान् योगी 'श्री श्यामाचरण लाहिड़ी' 'श्री गुरु बाबाजी' से मिले थे और उनसे दीक्षित हुए थे।

'पाण्डुखाली', वह स्थान है जहाँ स्थानीय लोगों के अनुसार वनवास काल में पांडव रहे थे। वहाँ से होता हुआ मैं एक चट्टानी पहाड़ से उतर कर गुफा पहुँच गया। वहाँ कोई नहीं था। गुफा के अंदर एकदम शांत और पवित्र वातावरण था। गुफा में बैठकर 'क्रिया' करते ही मैं अनायास ही चेतना की परिवर्तित स्थिति में पहुँच गया। मैं अपने हृदय चक्र में 'श्री गुरु बाबाजी' की ठोस उपस्थिति महसूस कर रहा था। समाधि से बाहर आने पर मैंने सुरंगों के जाल को देखने का निश्चय किया, जिनकी तरफ गुफा के पिछले हिस्से से दाँईं तरफ के एक ही प्रवेश द्वार से जाया जा सकता था।

मुझे लगा था कि बाबाजी मुझे यहाँ अवश्य ही मिलेंगे, पर मैं निराश हो गया जब वे कहीं नज़र नहीं आ रहे थे। मैं सुरंग में घुस गया और अंधकार के बावजूद अंदर बढ़ता गया। रास्ता ज़्यादातर हाथ से सुरंग के पार्श्व और छत टटोल कर ही महसूस कर पा रहा था। कुछ देर बाद सांप और हिमालयी भालू के डर से मैं वापस प्रवेश द्वार की ओर जाने की सोचने लगा। लेकिन तभी मुझे सुरंग के उस पार एक हल्के प्रकाश की झलक दिखाई दी। उत्साहित होकर मैं बढ़ता गया। प्रकाश बढ़ता गया, मैंने पाया कि सुरंग का अंत एक और बड़ी गुफा में होता था, जिसका प्रवेश द्वार पूर्व की ओर था।

वहाँ धूनी प्रज्वलित थी। मेरा दिल खुशी से नाचने लगा। वहाँ बाबाजी पद्मासन में बैठे थे, एकदम सीधे, अग्नि को ध्यान से देखते हुए। वे मुड़े नहीं, सिर्फ कहा, ''आइए, आइए मधु जी, बड़ा समय हुआ, हाँ?'' मैंने उनके चरणों में दंडवत् किया और हम लोगों ने देर रात तक बातें की। हमेशा की तरह, कृपा कर के उन्होंने मेरे लिए खाने का इंतज़ाम कर रखा था–चपाती, दाल और सब्जी। लंबे ध्यान और खाने के बाद उन्होंने मुझे सो जाने को कहा।

''यह जगह, 'पंचकुली', कई महान् योगियों और सिद्धों का अंतिम विश्रामस्थल रहा है,'' बाबाजी ने कहा, ''तुम इन पहाड़ियों में अनेक समाधियाँ पाओगे। एक समय यह 'श्री गुरु' और मेरी भी प्रिय जगह थी। हम इन दिनों इधर ज़्यादा नहीं आते।''

मैंने अपना स्लीपिंग बैग खोला और लेट गया, जिसे देखकर बाबाजी धीरे–धीरे हँसे। मैं जागने और सोने के बीच की अनोखी अवस्था में था कि मैंने एक मधुर सुगंध गुफा में आती महसूस की। मैं उठकर बैठा नहीं, लेकिन चौकन्ना हो गया। एक दीप्त मानवीय आकृति, सफेद पारदर्शी परिधान में लिपटी, तैरती हुई गुफा में आई। जैसे ही वह आकर धूनी के सामने खड़ी हुई, मैंने देखा कि वह एक स्त्री की आकृति थी, बेहद सुंदर, काले घने बालों वाली। बाबाजी खड़े हो गए और उनके चरणों में दंडवत् किया। मैंने भी स्लीपिंग बैग से निकल कर दंडवत् किया। ''अच्छा, तो यह है वह युवा आत्मा, जो हमें बहुत पहले से जानती थी,'' उन्होंने मधुर संगीतात्मक आवाज़ में कहा, ''पास आओ, बेटे।''

मैं उनके पास गया। उन्होंने मेरे बालों में उँगलियाँ फिराईं, मेरे गालों को थपथपाया और अपनी छाती से लगा लिया। मधुर सुगंध मेरी आत्मा को सराबोर कर गई और मेरे

शरीर की हर कोशिका में धड़कने लगी। मुझे ऐसा लगा मानों मैं एक बहुत पहले खोया हुआ शिशु हूँ, जो अपनी माँ को पा गया है। ''श्री गुरु ने बताया कि तुम यहाँ हो।'' उन्होंने बाबाजी से कहा, ''सोचा बालक को देख लूँ। अब मुझे जाना है।'' वे जैसे तैरते हुए आई थीं, वैसे ही चली गईं, हम दोनों ने दंडवत् किया।

''यह वास्तव में एक अत्यंत विरल घटना है,'' बाबाजी ने कहा, ''वे 'श्री देवी' थीं, 'श्री गुरु बाबाजी' की बहिन, एक अत्यंत उन्नत आत्मा। वे साधारणतः एकान्त पसंद करती हैं। तुम भाग्यशाली हो।''

''सब आपका आशीर्वाद है, बाबाजी,'' मैंने कहा और इस असाधारण घटना के बारे में यह सोचता हुआ सो गया कि अगर घर पर मैं इस घटना के बारे में बताऊँ, तो क्या कोई मेरा विश्वास करेगा।

अगले दिन हम गुफा छोड़कर 'द्वारहाट' आ गए। जाने से पहले बाबाजी ने सलाह दी कि मैं 'स्वामी विवेकानंद' द्वारा स्थापित, पिथौरागढ़ जिले में मायावती में स्थित, 'अद्वैत आश्रम' जाऊँ। उसके बाद मिहिरटोला के उत्तर वृंदावन आश्रम जाकर, वहाँ के मुख्यस्थ 'श्री माधव आशीष' से मिलूँ। मुझे रानीखेत और अल्मोड़ा के बीच स्थित 'कैंची आश्रम' जाकर अवधूत महाराज नीम करोली बाबा से मिलने को भी कहा गया, फिर कलकत्ता के बेलूर मठ जाने से पहले बनारस जाकर वहाँ कुछ दिनों 'रामकृष्ण सेवा आश्रम' में रुकना था।

मैंने द्वाराहाट से लोहाघाट के लिए बस ली और फिर अनुरोध कर के मायावती जाने वाली एक जीप में चढ़ गया। मायावती में मैं स्वामी जी से मिला जिनका नाम अब मैं भूल गया हूँ। वे 'प्रबुद्ध भारत' पत्रिका के संपादक भी थे। स्वामीजी ने मुझे बताया कि साधारणतः बिना पूर्व सूचना के किसी को आश्रम में रहने की अनुमति नहीं है, परन्तु एक अपवाद के रूप में वे मुझे दो दिन वहाँ रहने देंगे।

मैं हिमालय में जितने आश्रमों में रह चुका हूँ, यह उनमें सर्वाधिक सुंदर आश्रमों में से एक था। 'अद्वैत आश्रम' को 'स्वामी विवेकानंद' ने विशेष रूप से उन लोगों के लिए स्थापित किया था, जिन्हें वेदान्त के अनुसार जीवन बिताना पसंद था और जो मूर्ति–पूजा

नहीं करना चाहते थे। यहाँ 'श्री रामकृष्ण' को समर्पित कोई मंदिर नहीं है, अतः कोई दैनिक सेवा या पूजा भी नहीं। मैं स्वामीजी (विवेकानंद) का कमरा देखकर अत्यंत प्रसन्न हुआ।

यहाँ मैं 'स्वामी देवात्मानंद' से मिला, जो एक ईराकी डॉक्टर थे और सब कुछ छोड़कर 'रामकृष्ण संप्रदाय' के सन्यासी हो गए थे। हम लोग अच्छे दोस्त हो गए और जब मैंने बताया कि मैं बनारस जा रहा था, तो उन्होंने वहाँ के 'रामकृष्ण सेवा आश्रम' के मुख्यस्थ के नाम एक पत्र दिया और बताया कि कुछ दिनों बाद वे भी वहाँ पहुँचेंगे।

मायावती से मैं मिहिरटोला गया–'श्री कृष्णप्रेम' के 'उत्तर वृंदावन आश्रम'। 'श्री कृष्णप्रेम' अपने निकट साथियों में 'गोपाल दा' के नाम से कहे जाते थे। 'गोपाल' दा 1965 में गुज़र गए थे। मुझे उनके शिष्य और उत्तराधिकारी 'माधव आशीष' से मिलना था।

अल्मोड़ा से पैंतीस किलोमीटर दूर, मिहिरटोला आश्रम, एक छोटे सुन्दर कृष्ण मंदिर सहित, एक संतों जैसी बंगाली महिला 'यशोदा माई' ने स्थापित किया था। वे कलकत्ता उच्च न्यायालय के न्यायाधीश जस्टिस चक्रवर्ती की पुत्री थीं। उनके बारे में एक विशेष बात यह थी कि कुमारी पूजा की प्रथा के अन्तर्गत, देवी माँ के प्रतीक के रूप में, स्वयं 'स्वामी विवेकानंद' ने उनकी पूजा की थी, जब वे केवल सात वर्ष की थीं। जस्टिस चक्रवर्ती 'थियोसोफीकल सोसाइटी' की 'एनी बेसेंट' के निकट साथी थे और स्वयं थियोसोफिस्ट होने के नाते कालातीत हिमालयी गुरुओं की सत्ता में विश्वास करते थे। लेकिन 'यशोदा माई' परंपरावादी वैष्णव साधक थीं और उनके लिए सब कुछ भगवान् कृष्ण थे। दुनियादारी त्यागने से पहले 'श्री कृष्णप्रेम' का नाम 'प्रोफेसर रोनाल्ड निक्सन' था। वे अँगरेज़ थे, एक प्रतिभावान कैंब्रिज स्नातक। वे लखनऊ और बनारस विश्वविद्यालयों में अँगरेज़ी साहित्य पढ़ा चुके थे, संस्कृत और पाली के विद्वान थे और अच्छी बंगाली और हिंदी भी जानते थे। यह सब मैंने 'माधव आशीष' से जाना, जो स्वयं अँगरेज़ थे।

आश्रम एक एकांत स्थान पर था, चीड़–वृक्षों वाले पहाड़ों और गहरी घाटियों से घिरा। फाटक के अंदर जाते ही मुझे ऐसा लगा, मानों मैं किसी जादुई जगह आ गया था। हर जगह चटक रंग के फूल थे, प्रभूत हरियाली और इस सबसे भी बेहतर, शांति। हरियाली के बीच मैं मंदिर का भूरा गुंबज देख सका, सीढ़ियाँ चढ़कर, चप्पलें उतार मैं मंदिर में घुस गया।

वह राधा और कृष्ण की सुंदर मूर्तियों वाला एक परंपरागत 'वैष्णव मंदिर' था, जहाँ हर काम वैष्णव रीति से किया जाता था। सारे अनुष्ठान, जैसे समय–समय पर दीप जलाकर आरती, घंटियाँ बजाना, शंख बजाना इत्यादि विधि पूर्वक किए जाते थे। दोपहर का भोग अर्थात् शंख नाद सहित भोजन अर्पण भी किया जाता था। वास्तव में सारे आश्रम का केंद्र–बिंदु मंदिर ही था और यहाँ 'गौड़ वैष्णव संप्रदाय' की तरह, राधा और रासबिहारी कृष्ण की मूर्तियाँ जीवित व्यक्ति मानी जाती थीं, जीवित व्यक्ति की तरह उन्हें सुलाया और जगाया जाता था, इत्यादि।

शाम की आरती का समय था। मैं मंदिर के अंदर खड़ा हुआ था कि परंपरागत वैष्णव वस्त्र पहने एक पाश्चात्य व्यक्ति, माथे पर वैष्णव तिलक, शिखा, भगवा धोती पहने, अंदर आया। उसने मेरी ओर केवल देखा और सीधा गर्भगुड़ी चला गया। इस व्यक्ति ने विस्तार और निपुणता से पूजा की, कोई छोटी–सी भी भूल नहीं हुई। मंदिर में मुझ सहित दो तीन व्यक्ति ही थे। पूजा समाप्त कर वह मेरे पास आया। मैंने प्रणाम कर उनके पैर छुए। ''माधव आशीष''। उन्होंने शुद्ध अँगरेज़ी शैली में कहा, ''कृष्णप्रेम और यशोदा माई का एक छोटा शिष्य। तुम क्या अभी आए?''

''जी महाराज!'' मैंने कहा, ''मैं हिमालय की यात्रा करता रहा हूँ। मेरे गुरु ने कहा कि मैं इस आश्रम में आऊँ। क्या मैं एक दिन के लिए यहाँ रह सकता हूँ?''

''इसे अपना ही घर समझो, मेरे युवा मित्र!'' उन्होंने कहा, ''मैं तुम्हें एक कमरा दिखाता हूँ। सौभाग्यवश फिलहाल यहाँ केवल कुछ ही लोग आए हुए हैं।''

बाद में रात को, उत्कृष्ट शाकाहारी भोजन के बाद, 'श्री माधव आशीष' ने बातचीत करने के लिए मुझे अपने घर बुलाया। ''क्षमा करो, मुझे तंबाकू पीने की आदत है,'' उन्होंने कहा और अपना पाइप सुलगा लिया। कमरा अच्छे तंबाकू की महक से भर गया। हमने देर रात तक बात की...। उन्होंने कहा, ''ठीक, सभी के अपने–अपने रास्ते हैं और जैसा कि मैंने कहा था यहाँ हम लोग परंपरावादी वैष्णव हैं। अपने बाबा की आज्ञा का पालन करो। शायद तुम्हारे लिए वही ठीक हो। मैं तुम्हारी आँखों में कुछ असाधारण देख रहा हूँ, क्या तुम्हारे बाबाजी ने कभी तुम्हें वैष्णव मंत्र दिया था?''

''हां,'' मैंने कहा, ''ठोकर क्रिया में हमें 'ओम् नमो भगवते वासुदेवाय' मंत्र का जाप करना होता है।''

''हरि, हरि'' उन्होंने भाव–विभोर होकर कहा, ''जय श्री कृष्ण! हमारे पास हिमालय में रहने वाले महान् गुरुओं का अस्तित्व मानने के आधार हैं। शायद हमारा तुम्हारा भी कुछ संबंध है। काफी देर हो चुकी है, अब तुम चलो।'' इस तरह हमारी भेंट समाप्त हुई। कई सालों बाद मुझे कश्मीर के डॉक्टर कर्ण सिंह से पता चला कि 'आशीष दा' लंबी बीमारी के बाद चल बसे थे। वे 'माधव आशीष' को इसी नाम से पुकारते थे। कैंसर ने इस संत आत्मा को भी नहीं बख्शा। मैंने 'गोपाल दा' द्वारा लिखित दो बहुत अच्छी पुस्तकें भी पढ़ीं – 'द योग ऑफ भगवदगीता' (भगवदगीता का योग) तथा 'योग ऑफ कठोपनिषद्' (कठोपनिषद् का योग)। वे दोनों ही वास्तव में गंभीर साधकों के लिए काफी अंतर्दृष्टि पूर्ण और उपयोगी हैं।

अगले दिन मैं 'श्री माधव आशीष' से विदा लेकर महान् 'नीम करोली बाबा' के दर्शन के लिए 'कैंची' की तरफ चल पड़ा।

भाग्य ने मेरा साथ दिया। जब मैं कैंची पहुँचा तो मुझे बताया गया कि 'नीम करोली बाबा' पिछले दिन ही वहाँ आए थे और कुछ दिन वहीं रहेंगे। जैसा कि अक्सर उन जगहों पर होता था जहाँ 'नीम करोली बाबा' रुकते थे, आश्रम में हनुमान जी की एक बड़ी मूर्ति थी। पास ही देवी माँ का मंदिर था।

बाबा दर्शन दे रहे थे। वे एक चबूतरेनुमा बरामदे में बैठे थे और लगभग सौ लोग पक्तियों में बड़ी व्यवस्था से नीचे फर्श पर बैठे थे। मैंने देखा कि पहली पंक्तियों में अधिकतर पश्चिम के विदेशी थे। देखने में 'नीम करोली बाबा' कोई पागल साधु ही लग रहे थे। वे काफी भारी भरकम थे, लंबे कद के, छोटे–छोटे सफेद बालों वाले। माँसल गालों वाले चेहरे के ऊपरी होंठ पर बालरस शैली की सफेद मूंछे थीं। उनका सीना नंगा था और तोंद पर लाल, सफेद और काले रंग के चौकोर डिज़ाइन का कंबल लिपटा हुआ था। बाद में मुझे पता चला कि बारहों महीने उनकी यही पोशाक हुआ करती थी।

वे ज़ोर–ज़ोर से हँस रहे थे, हाथों से तरह–तरह के इशारे कर रहे थे और कभी–कभी अपने शरीर को ऐसे झुलाते थे, मानों किसी गुप्त आनंद से विभोर हो रहे हों। साधारणतः प्रश्नों का उत्तर वे कुछ टूटे–फूटे वाक्यों में देते थे, ज़्यादातर ज़ोर–ज़ोर से 'राम! राम!' कह रहे थे। कोई उनके सामने जाकर झुका, तो उन्होंने उसकी पीठ पर ज़ोर से हाथ मारा और हिंदी में कहा, "तुम उसे कहाँ ढूंढ़ रहे हो? वह तो सब जगह है। कहो राम–राम," फिर अँगरेज़ी में बोले, "वेरी गुड, राम राम।"

इस दृश्य को दूर से देखता मैं सोच रहा था कि क्या वे मुझ जैसे नगण्य व्यक्ति का आना देख पाएंगे। पर मैं गलत था। अचानक उन्होंने गर्दन उठाकर मुझे देखा। उनकी आँखें चौड़ी हो गईं। मैंने बिजली की तरंग–सी अपनी गर्दन से सिर की ओर जाती हुई महसूस की। "बाबाजी का बच्चा" वे चिल्लाए, "इधर आओ, तुम, तुम..." अब वे मेरी ओर इशारा कर रहे थे। किसी ने धीरे से मुझसे कहा, "जाओ, जाओ, वे तुम्हें बुला रहे हैं।"

मैं आगे गया, "ऊपर आओ" उन्होंने आज्ञा दी। मैं सीढियाँ चढ़कर उनके पास खड़ा हो गया। मुझे धूप की सुगंध महसूस हुई। उन्होंने हाथ बढ़ा कर मुझे खींचा, मैं उनकी गोदी में जा पड़ा। "ठीक है, ठीक है," उन्होंने कहा और अपने कंबल में से एक सड़ा हुआ सेब निकाला। उसे मेरे हाथ में रखकर बोले "खाओ।" उनकी गोदी में बैठे–बैठे मैं सोचने लगा कि सेब का क्या किया जाय। वह सड़ा हुआ था और गंदा भी। लेकिन तभी अचानक मैंने महसूस किया कि मेरे पास और कोई चारा नहीं था। मैंने खाना शुरू किया और शीघ्र ही सेब समाप्त कर दिया। विचित्र बात यह थी कि उसका स्वाद एक सड़े हुए सेब के स्वाद जैसा नहीं था।

"बाबाजी को मेरा अभिवादन, मेरा 'राम–राम' कहना उनसे," उन्होंने कहा, "अब तुम जा सकते हो," उन्होंने मुझे गोदी से धकेल दिया और मेरी पिछाड़ी पर एक थप्पड़ मारा। मैं दंडवत् कर पीछे की पंक्ति में कहीं अपनी जगह जाकर बैठ गया।

उस रात मैं आश्रम में रहा। किसी दयालु व्यक्ति ने मुझे खाना और रहने को जगह मुहैय्या करा दी। लेकिन मैं सारी रात सो न सका। गहरे ध्यान में था। सुबह दूर से ही 'नीम करोली बाबा' को प्रणाम कर मैंने आश्रम छोड़ दिया। पर वह आनंददायी ध्यान बना रहा।

पिछली रात खाने से पहले मैंने 'नीम करोली बाबा' के बारे में कई अनोखी कहानियाँ सुनी। लेकिन जिसने मुझे सबसे अधिक प्रभावित किया और चकित किया वह थी, एल. एस.डी. वाली कहानी।

ये उन दिनों कि बात है, जब हिप्पी बहुत दिखते थे और रिचर्ड एल्पर्ट की बदौलत, जिन्होंने बाद में अपना नाम बदलकर 'रामदास' रख लिया था, उनमें से बहुत सारे 'नीम करोली बाबा' की तरफ आकर्षित हुए थे। कहा जाता है कि एक दिन बाबा ने उनमें से एक को अपनी जेब में एक छोटी बोतल छुपाकर रखते देखा। "क्या है?" उन्होंने पूछा।

"बोतल" हिप्पी ने कहा।

"उसमें क्या है?"

"दवाई"

"कौन सी दवाई"

"एल.एस.डी., बाबा!"

"मुझे दो"

"लेकिन बाबा, ये तेज़ दवाई है..."

"इधर दो, फौरन"

भय और आशंका से काँपते हुए हिप्पी ने बोतल बाबा को दे दी। बाबा ने बोतल खोल कर एल.एस.डी. की सारी दसेक गोलियाँ, जितनी भी बोतल में थीं, एक बार में ही अपने मुँह में डाल लीं, वहाँ उपस्थित पाश्चात्य लोग, जो एल.एस.डी. के अधिक मात्रा में लिए जाने के परिणाम से वाकिफ थे, निस्सहाय होकर, मुँह खोले बाबाजी की तरफ देखने लगे।

एक–दो मिनट बाद बाबा अचानक अजीब–सा व्यवहार करने लगे। वे दहाड़े। चीखे–चिल्लाए, अपनी आँखे घुमाईं, जीभ बाहर निकाली और अपने शरीर को गोलाकार घुमाया। हिप्पियों ने सोचा एल.एस.डी. असर करने लगी थी और वे खराब से खराब

परिणाम की आशंका करने लगे। इसके विपरीत, बाबा का अजीब व्यवहार जैसे अचानक शुरू हुआ था वैसे ही अचानक बंद हो गया। वे ज़ोर से हँसे और बोले, ''कुछ नहीं हुआ। नो एल.एस.डी. ''कहो, राम नाम! कहो, 'राम राम'!''

पाश्चात्यों के लिए यह घटना अकल्पनीय थी – 'पदार्थ के ऊपर मस्तिष्क के प्रभुत्व' का सच्चा उदाहरण, एक चमत्कार।

39. बनारस का अघोरी

अल्मोड़ा से मैं 'दिल्ली' गया और वहाँ से 'बनारस'। 'बनारस' पहुँच कर मैं सीधा रामकृष्ण मिशन 'सेवा आश्रम' गया। ठीक अपने कहे अनुसार 'स्वामी देवात्मानंद', वही ईराकी डॉक्टर वहाँ आए हुए थे। उन्होंने वहाँ के वरिष्ठ स्वामी से मेरा परिचय कराया। यह स्वामी स्वयं भी एक डॉक्टर थे और बड़े दयालु व्यक्ति। दोनों ही डॉक्टरों की राय थी कि मैं बेलूर मठ में काम कर रहे रामकृष्ण मिशन के सामान्य सचिवों में से एक 'स्वामी हिरण्मयानंद' को पत्र लिखूँ और बेलूर मठ में एक नए ब्रह्मचारी के रूप में शामिल होने की अनुमति माँगू। तब तक मैं 'रामकृष्ण सेवा आश्रम' में रह सकता था।

तो मैंने 'स्वामी हिरण्मयानंद' को पत्र लिखा और उत्तर की प्रतीक्षा करता हुआ बनारस में लगभग एक महीना रहा। इस प्राचीन 'बनारस' शहर में घूमने का यह मेरे लिए सुनहरा अवसर था।

'काशी' का अर्थ है प्रकाश। इस 'काशी' नाम से जानी जाने वाली यह नगरी प्राचीन काल से ही ज्ञान, संस्कृति और पुरातन धार्मिक विचारों की अति प्राचीन परंपराओं का केंद्र रही है। फाहियान कहते हैं कि पाँचवी शताब्दी में कैसे हेंग (गंगा) नदी के साथ–साथ चलते हुए वह 'काशी' राज्य के बनारस शहर पहुँचा था। सातवीं शताब्दी में 'हुएत्सांग' इसे 'वाराणसी' कहता है। कहते हैं कुछ मुसलमानी शासकों ने इसका नाम 'मुहम्मदाबाद' रखने की कोशिश की, लेकिन 'काशी', 'काशी' ही बनी रही या 'वाराणसी'। पुराण भी इसे पवित्र नगर, अविमुक्त क्षेत्र, महाश्मशान तथा आनंदवनम् कहते हैं। लेकिन अधिकांश हिंदुओं के लिए 'काशी' ही इसका सबसे लोकप्रिय नाम था और है।

श्रद्धालुओं की भीड़, बदबूदार गलियों, खुले घूमते बड़े–बड़े सींगों वाले सांड़ों, धूर्त बंदरों, धूल, मक्खियों और लोभी पंडों के बावजूद मुझे 'वाराणसी' में एक विशेष प्रकार की शांति मिली।

मैंने रोज़ 'दशाश्वमेघ घाट' जाने की आदत बना ली। वह आश्रम के पास ही था। इसके लिए मुझे अस्त व्यस्त ढंग से चलने वाले साइकिल रिक्शाओं, भगवा वस्त्र पहने सन्यासियों, नंगे नागाओं और भिखारियों के बीच से किसी तरह निकलना पड़ता था। घाट पर साधुओं के विभिन्न संप्रदायों के अनगिनत अखाड़े अथवा मठ थे। हिप्पी और पश्चिम से आए लोग नशेड़ी साधुओं से घुलते–मिलते थे। श्री योगीराज 'श्री 108 भगवान् दासजी का अखाड़ा खक चंका' में 'रामावत साधु' चरस और गाँजा पीते थे। मैं 'मणिकार्णिका' और 'हरिश्चंद्र' घाट भी गया, जहाँ प्रतिदिन बहुत सारे शव जलाए जाते हैं।

यद्यपि यहाँ 'आदिशंकराचार्य' संप्रदाय के 'दशनामी' सन्यासी पाए जाते हैं, 'वाराणसी' में 'वैष्णव संप्रदायों' के केंद्र भी हैं। मैंने अधिक से अधिक केंद्रों में जाने की कोशिश की– बौद्ध, जैन, सिख, निर्मल, उदासी, कबीरपंथी, नानकपंथी, रामानंदी, रामानुजी, वल्लभ, माधव, निंबार्क, गौडिया, वीर शैव और हाँ, बाबाजी के पंथ के नाथ या गोरखपंथी।

मैं अनेक विद्वानों और महात्माओं से मिला। उनमें से एक थे प्रसिद्ध 'दंडी सन्यासी' और विद्वान साधु 'स्वामी करपत्री जी' जिन्होंने मुझे समझाया कि काशी का अर्थ था प्रकाश और कि काशी वास का पूरा लाभ तभी मिलता है, जब यहाँ रहते हुए ब्रह्म प्रकाश पाया जा सके। मैंने इस विद्वान और संत पुरुष से अनेक वेदान्ती चर्चाएं की और वेदान्त दर्शन के कई नए दृष्टिकोण समझे।

'स्वामी हिरण्मयानंद' से उत्तर मिलने के तीन दिन पहले, एक शाम मैंने काशी विश्वनाथ मंदिर के लिंग के दर्शन करने की योजना बनाई। शिवलिंग को देखने और छूने के बाद मैं 'मणिकार्णिका घाट' चला आया। वहाँ बहुत से शव जलाए जा रहे थे। मैं सीढ़ियाँ उतर कर एक निर्जन स्थान खोज कर गंगा की तरफ मुँह करके बैठ गया। वहाँ बैठे–बैठे मेरे विचार बाबाजी की तरफ मुड़ गए। वे इस समय कहाँ होंगे? क्या वे हिमालय में भ्रमण कर रहे होंगे? कितना अच्छा होता यदि वे यहाँ मेरे पास बैठे होते। एक बार बाबाजी ने कहा था कि वे 'बनारस' में कई साल रहे थे। संयोगवश, कहीं वे इस समय बनारस में न हों? इतना तो तय है कि अगर वे यहाँ होते तो अपने को मुझसे छिपाते नहीं।

सूरज डूब रहा था और सभी मंदिरों में घंटियाँ और शंख बज रहे थे। कुछ घाटों पर पवित्र 'गंगा नदी' की आरती हो रही थी।

''मधु!''

मैं उस जानी–पहचानी आवाज़ से चौंक गया। और कोई नहीं, केवल बाबाजी ही इतनी मधुरता से 'मधु' कह सकते थे। वे मुझसे तीन कदम दूर खड़े थे। ''बाबाजी!'' मैं खुशी से उछड़ पड़ा और उनके पैर छुए।

''तो कैसे हैं ब्रह्मचारी महाराज?'' उन्होंने मुस्कराते हुए कहा और अपने हाथ मेरे कंधे पर रख दिये।

''एकदम ठीक, बाबाजी।'' मैंने कहा, ''सिवाय इसके कि मैं आपको बहुत मिस कर रहा था।''

''ठीक है। अभी मैं एक–दो घंटों के लिए तुम्हारे साथ हूँ। यह विपर्ययों की अनोखी नगरी काशी, प्रकाश की नगरी, ऐसे अनेक पहुँची हुई हस्तियों का निवास स्थान है, जो अक्सर छुपकर रहते हैं। एक विशेष उद्देश्य से 'तैलंग स्वामी' और 'श्यामाचरण लाहिड़ी' प्रसिद्ध हो गए। लेकिन ज्यादातर ऐसे लोग अज्ञात रहते हैं। ये अज्ञात बहुधा ज्ञात व्यक्तियों से भी अधिक महान् होते हैं।''

''मैं तुम्हें उन महान् व्यक्तियों में से एक से मिलवाना चाहता हूँ। वे 'मणिकार्णिका श्मशान घाट' पर रहते हैं। वे एक अघोरी हैं। सामान्य जनता उनसे कन्नी काटती है, क्योंकि लोगों का विश्वास है कि वे अध जले शवों का माँस खाते हैं। वैसे भी वे पागलों का–सा व्यवहार करते हैं, कभी नहाते नहीं, उनका नंगा शरीर धूल से ढका रहता है। वे श्मशान में एक टूटे–फटे बाड़े में जानवरों और मनुष्यों की हड्डियों के ढेर के बीच रहते हैं। लेकिन समझ लो, ये सब पर्दे हैं, प्रभावकारी छद्म आवरण, जिससे कोई उन्हें छेड़े नहीं और वे आध्यात्मिक एकान्त का पूरा आनंद उठा सकें तथा कुछ सुपात्रों के साथ उसे बाँट सकें। चलो चलें।''

सांझ के झुटपुटे में श्मशानों को पार कर हम 'मणिकार्णिका घाट' के एक एकान्त में पहुँच गए। टीन की छत वाले एक छोटे से शेड की तरफ से हिंदी में चुनिंदा गालियों की आवाज़ आ रही थी। जब हम शेड के पास पहुँचे तो मैंने एक मोटे व्यक्ति को देखा–नंगा,

दाढ़ी वाला, जटाओं को साफे की तरह सिर पर लपेटे। वह एक कोने में बैठा था और एक स्त्री और एक पुरुष उसके सामने खड़े थे, शेड के मध्य जलती हुई एक मात्र मिट्टी के तेल की ढिवरी के उजाले में मैं इधर–उधर बिखरी हड्डियों को देख रहा था। बाबाजी ने मुझे आगे जाने से रोका। ''रुको'' उन्होंने हौले से कहा, ''वे जो कुछ कर रहे हैं, उन्हें कर लेने दो।''

अघोरी अपनी पूरी शक्ति से चिल्ला रहा था, ''तो तुम समझते हो कि तुम मुझे उल्लू बना सकते हो, धोखेबाज! तुम कर्ज देने का धंधा करते हो और उस पर इतना ब्याज खाते हो। खून चूस! कितने लोगों को तुम धोखाधड़ी से उनकी छोटी–मोटी जायदाद से बेदखल कर चुके हो, क्योंकि वे तुम्हारा कर्जा या उस पर लगा ऊँचा ब्याज नहीं चुका सके? उस औरत ने क्या इसलिए आत्महत्या नहीं की थी क्योंकि वह अपना सब कुछ तुम्हारे हाथ गँवा बैठी थी। बदमाश! और फिर मेरे लिए मिठाइयाँ लाते हो? इससे क्या तुम्हारे पाप धुल जाँएगे, दोगले? निकल जाओ, नहीं चाहिए तुम्हारी मिठाई। ये मेरे लिए ज़हर हैं। इससे पहले कि मैं तुम्हें धक्के देकर निकालूँ, भाग जाओ यहाँ से।''

रेशम की कमीज पहने साहूकार कुछ बड़बड़ाया, जिसे मैं ठीक से सुन नहीं सका। लेकिन प्रत्युत्तर में अघोरी ने मिठाइयों के डिब्बे फेंक दिए। एक डिब्बा मेरी तरफ आया, लगभग मेरे सिर पर लगता हुआ। रेशमी कमीज वाला आदमी डर कर भाग गया। अघोरी उसे पीटने पर उतारू था।

अब स्त्री अकेली उसके सामने थी। मैंने उसके साहस को सराहा। जो कुछ उसके सामने हुआ, उसे देख लेने पर भी वह वहीं डटी रही। अघोरी उसकी तरफ मुड़ा। ''ए औरत! तू यहाँ क्यों आई? मैं पागल हूँ, देखा नहीं? इससे पहले कि मैं तुझे कोई चोट पहुँचाऊं, यहाँ से दफा हो जा।''

स्त्री अपनी जगह खड़ी रही। ''मुझे कोई डर नहीं, बाबा!'' उसने कहा, ''मैंने सुना है कि बड़े–बड़े संत पागलों की तरह व्यवहार करते हैं। मैं दुनिया के सब रंग देख चुकी हूँ और अब तंग आ चुकी हूँ। मैं केवल 'सत्य' चाहती हूँ। आप जो कहेंगे करूँगी। मैं समर्पण करती हूँ।''

अघोरी ने ज़ोरदार ठहाका लगाया, ''हा! हा! कितनी महान् साधक! अपनी सारी जिंदगी तुमने सिनेमा की काल्पनिक दुनिया में बिताई है और समझती हो कि अपनी अभिनय की प्रतिभा से तुम सभी को उल्लू बना सकती हो। 'समर्पण', बकवास। तुम कुछ भी करोगी? अच्छा, यहीं इसी वक्त अपने सारे कपड़े उतारो, मैं तुम्हारी चूचियाँ चूसना चाहता हूँ और स्तनों को चाटना चाहता हूँ।''

स्त्री भौंचक्की कुछ देर मौन खड़ी रही। फिर वह चीखने लगी, ''तू दरिंदा है, गंदे आदमी। मैं समझती थी तू संत है। तुझे तो जेल के अंदर होना चाहिए।'' और ज़ोर–ज़ोर से चिल्लाती हुई शेड से बाहर निकल गई।

हमने थोड़ी देर इंतज़ार किया। अघोरी ने खुशी से ताली बजाई, ''बेवकूफ! भगवान् जाने कहाँ से आते हैं, बकवास करते हैं, मैंने उन्हें भगा दिया। हो, जोगी महाराज! अँधेरे में मत छुपिए, आइये। क्षमा करें, प्रतीक्षा करवाई।''

हम लोग शेड में घुस गए। अघोरी ने खड़े होकर हमारा स्वागत किया। ''बैठिएगा,'' उन्होंने कहा और खुद बैठने से पहले हमारे बैठने का इंतज़ार किया। मुझे आश्चर्य था कि हर तरफ गंदगी और कचड़ा होने के बावजूद वहाँ कोई दुर्गन्ध नहीं थी। उल्टे मुझे गुलाबों की हल्की महक महसूस हुई।

''जोगी महाराज! बहुत दिनों से दिखाई नहीं दिए। आशा है, आपको मेरा नाटक पसंद आया। अच्छा, तो इस युवक को आपने खोज निकाला है। अहा, मुझसे डरते हो?''

''नहीं,'' मैंने कहा।

''आपसे मिलवाने ले आया,'' बाबाजी ने कहा, ''हमारे पास समय अधिक नहीं है। 'श्री गुरु' ने हमें आपसे मिलने को कहा है। मैं चाहता हूँ कि यह युवक आपका कायापलट देखे। अब तक इसने ऐसी कोई चीज़ नहीं देखी।''

''जैसा आप कहें, जोगी महाराज! लेकिन आप स्वयं इससे बेहतर चीज़ें दिखा सकते थे। खैर, चलिए देखिए।''

मेरी चकित आँखों के सामने अघोरी का शरीर गायब हो गया और उसकी जगह एक अत्यंत सुंदर युवक प्रकट हुआ, लाल रेशम की धोती पहने और गले में स्फटिक की माला डाले। मैंने अपनी जिंदगी में 'श्री गुरु' को छोड़कर किसी इतने सुंदर व्यक्ति को नहीं देखा।

जब हम जाने के लिए उठे, तो बाबाजी ने कहा, "यह इनका असली रूप है। जो तुमने पहले देखा था, वह पर्दा था। अब आश्रम वापस जाओ। आज जो देखा है उसके बारे में किसी से एक शब्द भी मत कहना। शीघ्र ही बेलूर मठ से पत्र आएगा। वहाँ जाकर कुछ समय बिताओ।" मैंने उन्हें साष्टांग प्रणाम किया और इससे पहले कि मैं सीधा होता, वे दोनों ही जा चुके थे।

मैं देर से आश्रम पहुँचा, सीधा अपने कमरे गया, कुछ देर ध्यान में बैठा और सो गया।

'स्वामी हिरण्मयानंद' से जवाब आया, जिसमे मुझे बेलूर मठ जाकर पूर्व प्रशिक्षण केंद्र में शामिल होने की अनुमति दे दी गई थी। मुझे वहाँ पहुँचकर सहायक महासचिव 'स्वामी आत्मस्तानंद' को अपने आने की सूचना देनी थी। मैं रेलगाड़ी से 'कलकत्ता' जाकर बेलूर मठ पहुँच गया। मेरा साक्षात्कार लेने के बाद सहायक सामान्य सचिव ने पी.पी.टी.सी. में मेरा दाखिला कर लिया। उनके साथ अपने वार्तालाप में मैंने स्वामीजी को बहुत अच्छा मनुष्य पाया। बेलूर मठ में मुझे रामकृष्ण संप्रदाय के अध्यक्ष और महासचिव सहित वरिष्ठ स्वामियों से मिलने और उनका आशीर्वाद लेने का सुअवसर मिला।

दो महीनों बाद मेरा परिचय एक 'चंदन महाराज' से कराया गया, जो पड़ोसी राज्य बिहार के 'देवघर' में लड़कों के आवासीय विद्यालय 'रामकृष्ण विद्यापीठ' के प्राचार्य थे। उनके अनुरोध पर मेरा तबादला विद्यापीठ में कर दिया गया। विद्यापीठ की ज़िंदगी दूसरी तरह की थी। मैं विद्यार्थियों को अँगरेज़ी पढ़ाता था। मुझे सीनियर विद्यार्थियों के छात्रावास का वार्डन नियुक्त कर दिया गया। खाली समय में मैं, रुचि रखने वाले विद्यार्थियों को कराटे और जादू सिखाता था। उच्छृंखल सीनियर जल्द ही अच्छे दोस्त बन गए। मेरा नाम 'कराटे महाराज' और 'मैजिक महाराज' रख दिया गया। मुझे केंद्र के अध्यक्ष के साथ सारे हुगली जिले की यात्राएं करने का भी अवसर मिला, जिससे मैं 'श्री रामकृष्ण' से संबंधित जगहों

पर जा सका, उदाहरण के लिए कमारपुकूर, जयराम भट्टी इत्यादि। ग्रामीण बंगाल ने मेरा मन मोह लिया।

शिव का प्रसिद्ध वैद्यनाथ मंदिर, जिसे बारह ज्योतिर्लिंगों में से एक माना जाता है, विद्यापीठ से दूर नहीं था। मैं वहाँ दो बार गया। 'एम्सटरडम' के अलावा शायद यह विश्व में अकेली जगह है, जहाँ दुकान पर गाँजा बेचने की अनुमति है। श्रद्धालु भक्त शिव पर गाँजा चढ़ाते हैं और पवित्र किया हुआ 'प्रसाद' घर ले जाकर भक्ति सहित उसका आनंद उठाते हैं। पास ही प्रसिद्ध स्वर्गीय 'श्री बालानंद ब्रह्मचारी' द्वारा ध्यान करने के लिए निर्मित गुफाएं थीं। श्री बालानंद ने 'श्री श्यामाचरण लाहिड़ी' से 'क्रियायोग' की दीक्षा ली थी।

मैंने लगभग एक साल 'देवघर' में बिताया। फिर 'डेरा उठाने' का संकेत मिला। एक रात बाबाजी सपने में आए और कहा, "स्कूल टीचर का पात्र अब बस। चलो, फिलहाल घर जाओ।" यह साफ–साफ तीन बार दुहराया गया।

अगले दिन मैंने सामान बांधकर 'देवघर' छोड़ दिया। कुछ दिनों में मैं घर वापस पहुँच गया। तब तक मेरे माता–पिता चेन्नई में बस चुके थे। एक दिन दोपहर के बाद मैं चेन्नई में उनके नए मकान जा उपस्थित हुआ। मेरा अक्सर लंबे समय के लिए गायब हो जाना और अचानक वापस आ जाना, अब तक ऐसी सामान्य घटना बन चुकी थी कि मेरे वापस आने पर कोई ख़ास प्रतिक्रिया नहीं हुई। हाँ, मेरे माता–पिता आश्वस्त हुए कि मैं अभी तक ज़िंदा था।

शीघ्र ही मैं सामान्य क्रिया–कलापों में शामिल हो गया और दवाइयों के व्यापार में अपने पिता जी का हाथ बटाने लगा। समय मिलने पर मैं रामकृष्ण मिशन केंद्र और आध्यात्मिक दृष्टि से महत्वपूर्ण स्थानों पर चला जाता। मैं अक्सर सागर तट जाता क्योंकि हमारा नया घर वहाँ से दूर नहीं था। मैंने 'जे. कृष्णमूर्ति' को पढ़ा था, लेकिन अब पहली बार कृष्णमूर्ति फाउंडेशन के मुख्यालय वसंत विहार में उन्हें आमने–सामने सुना। मैं उनके व्यक्तित्व से प्रभावित हुआ और उनकी बातों से भी, जो सीधी और सटीक होती थीं। लेकिन उनसे मिलने की मेरी कोई इच्छा नहीं थी।

उन दिनों 'स्वामी तपस्यानंद', जिन्हें मैं उस समय से अच्छी तरह जानता था, जब वे त्रिवेंद्रम के रामकृष्ण मिशन के अध्यक्ष थे, अब चेन्नई के रामकृष्ण मिशन के अध्यक्ष थे। वे 'रामकृष्ण मिशन वर्ल्ड वाइड' के उपाध्यक्ष भी थे। मैंने यह भी जाना कि मिशन के बेलूर मठ में रहने वाले अध्यक्ष के अलावा 'स्वामी तपस्यानंद' को अपने द्वारा चुने गए योग्य व्यक्तियों को, रामकृष्ण मूल मंत्र की दीक्षा देने का अधिकार था। किसी कारणवश मुझमें उनसे मंत्र लेने की बलवती इच्छा जागी। एक रविवार, मैंने मठ जाकर उनसे अपनी इच्छा ज़ाहिर की। बिना किसी हिचकिचाहट के उन्होंने कहा, ''परसों गुरु पूर्णिमा है, दीक्षा के लिए तैयार होकर आ जाना। आने से पहले स्नान करना और एक नई धोती लाना, कुछ फूल और श्री रामकृष्ण को दक्षिणा में देने के लिए कुछ पैसे।''

तो इस तरह उस गुरु पूर्णिमा के दिन मुझे श्री रामकृष्ण के मंत्र की दीक्षा मिली। 'स्वामी तपस्यानंद' का चेहरा दमक रहा था, और वे मुझे दीक्षा देने के कुछ मिनटों की अवधि में बिल्कुल भिन्न दिखे। मेरा हृदय खुशी से भर गया, मैंने स्पष्ट रूप से अपने हृदय चक्र में 'ठाकुर' को बैठे देखा।

बाबाजी से एक और सिग्नल का इंतज़ार करते हुए मैंने अपने माता–पिता के साथ आठ महीने बिताए।

40. आलंदी, शिर्डी, और दरवाज़े के आर–पार होने का अनुभव

बुलावा आया, जब मैं एक शाम को 'चेन्नई' में 'थियोसोफीकल सोसाइटी' के मुख्यालय से लगे समुद्र तट 'एलियट बीच' पर चुपचाप बैठा समुद्र की लहरें देख रहा था। वातावरण इतना शांत था कि चेन्नई की खासी गर्मी में भी मैं सो गया। बाबाजी की परिचित आवाज़ से जागा, ''आलंदी में ज्ञानेश्वर की समाधि को जाओ। तीन दिन में चल पड़ो।''

अगले दिन मैंने रामकृष्ण मिशन के पुस्तकालय में आधा घंटा पुस्तकों–नक्शों में 'आलंदी' खोजने में लगाया। 'संत ज्ञानेश्वर' की एक छोटी आत्मकथा के पन्ने पलटने पर मुझे पता चला कि 'आलंदी' पूना से अठारह कि. मी. दूर थी। दो दिन बाद मैंने पूना जाने की रेलगाड़ी पकड़ी और वहाँ से बस पकड़ कर 'आलंदी' पहुँच गया।

वह वास्तव में एक सुंदर और शांत गाँव था। मैं 'ज्ञानेश्वर' के समाधि–स्थल पर गया। समाधि के आसपास बहुत से लोग बैठे थे। कुछ लोग ज्ञानेश्वरी पढ़ रहे थे, जो संत 'ज्ञानेश्वर' द्वारा मराठी में गीता का अनुवाद और व्याख्या है। कुछ लोग आँखे बंद किए ध्यान में बैठे थे। ज्यादातर लोग अधेड़ उम्र के थे, शायद महाराष्ट्रियन। बाबाजी कहीं दिखाई नहीं दिए। मैं समाधि के पास एक पीपल वृक्ष के नीचे बैठ गया और गहरे ध्यान में चला गया।

मैं समझता हूँ, यहाँ संत 'ज्ञानेश्वर' पर एक संक्षिप्त टिप्पणी देना ठीक होगा।

कहा जाता है कि 'ज्ञानेश्वर' के पिता विठलपंत पत्नी 'रुक्मिणीबाई' को बिना बताए घर छोड़ कर सन्यासी होने बनारस चले गए। काशी में वे 'श्री रामानंद स्वामी' के शिष्य हो गए। जब 'रामानंद स्वामी' 'आलंदी' आए और संयोगवश रुक्मिणीबाई से मिले, तो उन्होंने उन्हें आशीर्वाद दिया, ''तुम्हारा वैवाहिक जीवन सुखमय हो।'' रोते हुए रुक्मिणी ने उन्हें बताया कि यह संभव नहीं था क्योंकि उनके पति बनारस जाकर सन्यासी हो गए थे।

यह पता लगने पर कि रुक्मिणी का पति और कोई नहीं, उनका शिष्य विठलपंत था, काशी वापस लौटकर 'रामानंद स्वामी' ने विठलपंत को फटकारा और 'आलंदी' वापस भेज दिया। 'आलंदी' लौटकर विठल अपनी पत्नी से मिले और फिर से गृहस्थ हो गए। रुक्मिणी–विठल दंपति को सन्त प्रकृति के चार बच्चे हुए। जैसाकि अंदाज़ा लगाया जा सकता है, स्थानीय परंपरावादी समाज ने उनका बहिष्कार कर दिया। यह एक सामान्य नियम था कि यदि कोई सन्यासी फिर से गृहस्थ का जीवन अपना ले, तो उसे अछूत समझा जाता था। अतः उन्हें शहर से बाहर नीची जाति से भी नीची जाति के समझे जाने वालों के साथ रहना पड़ा।

उनका पहला पुत्र, 'गहिनीनाथ' का शिष्य हो गया और उसे 'निवृतिनाथ' नाम दिया गया। दूसरा, 'ज्ञानेश्वर', अपने भाई का शिष्य हो गया। बाद में उसे उसकी महान् आध्यात्मिक उपलब्धियों के कारण बड़े भाई से उच्चतर माना गया। उनकी बहिन 'मुक्ताबाई' भी अतीव उन्नत योगिनी थीं। महाराष्ट्र में इन तीनों के चमत्कारिक जीवनों के बारे में अनेक कहानियाँ प्रचलित हैं। मुझे भैंस द्वारा वेद पाठ वाली कहानी बहुत पसंद आई, जो इस प्रकार है कि एक बार स्थानीय परंपरावादी पुजारियों ने वेदों के लंबे पाठ की प्रतियोगिता की घोषणा की। सबसे अच्छा पाठ करने वाले को 'श्रेष्ठता' की उपाधि मिलने वाली था। बहुत सारे पंडित एकत्र हुए। युवा 'ज्ञानेश्वर' भी उनमें से एक था। यह देखकर पंडित लोग आग बबूला हो गए। जाति से बहिष्कृत, एक पूर्व सन्यासी का पुत्र कैसे परंपरावादी ब्राह्मणों की सभा में हिस्सा ले सकता था? उन्होंने 'ज्ञानेश्वर' को गालियाँ देकर भगा दिया। पहले तो बहिष्कृत होने के कारण उसे वेद पाठ का अधिकार ही नहीं था, फिर वह छुटभैया क्या वेद पाठ कर सकता था? क्या वह जानता भी था कि वेद क्या है, उन्होंने ताने मारे।

"वेद पाठ कोई बड़ी बात नहीं," 'ज्ञानेश्वर' ने कहा, "भैंस भी वेद पाठ कर सकती है।" कहा जाता है, उसके बाद उन्होंने पास से जाती हुई एक भैंस को बुलाया, अपना हाथ उसके सिर पर रखकर आशीर्वाद दिया और उसे वेद पाठ करने का आदेश दिया। भैंस ने आज्ञा का पालन किया और सही ढंग से वेद पाठ कर के दिखा दिया। कहते हैं, अपनी बात सिद्ध करने के पश्चात, वे सभा छोड़कर चले गए।

छोटी उम्र में ही गीता पर 'ज्ञानेश्वरी' नामक व्याख्या लिखकर, जो महाराष्ट्र में स्वयं गीता से भी अधिक लोकप्रिय है, 'ज्ञानेश्वर' ने घोषणा की कि उनका काम पूरा हो गया था और अब उनका इस बाह्य जगत को छोड़कर जाने का समय आ गया था। उन्होंने एक इतनी बड़ी समाधि खुदवाई कि वे उसमें पद्मासन में बैठ सकें। फिर वे उसमें बैठ गए और अंतिम क्रिया नामक प्राणायाम की तकनीक अपना कर स्थिर हो गए। उनके निर्देशानुसार समाधि पाट दी गई और उसके ऊपर समाधि स्थल बना दिया गया। इस इमारत को 'जीव समाधि' कहा जाता है। लोगों का मानना है कि 'ज्ञानेश्वर' सूक्ष्म रूप में अब भी विद्यमान हैं। जनता उन्हें एक महान संत मानती है। नाथपंथी उन्हें अपनी परंपरा के सर्वाधिक प्रसिद्ध योगियों में से एक मानते हैं।

जब मैं वहाँ समाधि के सामने बैठा था, तो रीढ़ के निचले हिस्से से कुण्डलिनी शक्ति फुसकारती हुई कुण्डली छोड़ कर ऊपर चढ़ने लगी, पहले हृदयचक्र और फिर अनायास सहस्रार पहुँच गई। भारी आनंदातिरेक और तेज़ चांदी जैसे प्रकाश से सराबोर मैं कई घंटों तक बाहरी दुनियाँ से अनभिज्ञ बैठा रहा। जब मैं सामान्य स्थिति को वापस आया, तब तक काफी अँधेरा हो चुका था। किसी तरह मुझे एक धर्मशाला में रहने की जगह मिल गई, जहाँ सादा खाना भी मिलता था। मैंने वहाँ ध्यान–आनंद में चार दिन गुज़ारे। बाबाजी का कहीं अता–पता नहीं था, लेकिन मैं वहाँ अत्यंत प्रसन्न था।

पाँचवें दिन सुबह चार बजे मैं ध्यान लगाने के लिए समाधि गया। वहाँ कोई नहीं था सिवाय एक सफेद बालरस मूंछों वाले वृद्ध के, जो ज्ञानेश्वरी पढ़ रहा था। मैं उससे कुछ दूर बैठने की योजना बना ही रहा था कि मैंने बीस से कम उम्र के एक लंबे बालों वाले युवक को सादा सफेद धोती पहने अपनी तरफ आते देखा। वह मुस्कराया और मुझे गले से लगा लिया। मेरा शरीर और मन एक अमृत मय आनंद से भर गया। एक विचार आया कि शायद वे 'ज्ञानेश्वर' थे। हौले से वह हिंदी में मुझसे बोला, "मेरे भाई महेश्वरनाथ शिर्डी में साँईंनाथ के 'आस्थान' में तुम्हारी प्रतीक्षा कर रहे हैं। आज ही वहाँ जाओ।"

फिर वह समाधि तक जाकर वट वृक्ष के पीछे चला गया। मैं भी पेड़ तक गया, लेकिन उसे न पा सका। तब जाकर मेरी समझ में आया कि यह कल्पना दृश्य था क्योंकि ज्ञानेश्वरी

पढ़ते हुए उस वृद्ध ने ऐसा कोई संकेत नहीं दिया, जैसे वहाँ कुछ असाधारण घटा हो। वह सामान्य रूप से पढ़ता रहा।

मैंने पूना से शिर्डी के लिए बस ली और देर रात वहाँ पहुँच गया। समाधि प्रांगण के प्रवेश द्वार पर बाबाजी खड़े थे। ''आओ, आओ,'' उन्होंने कहा, ''तो तुम युवा योगी से मिल लिए। यहाँ अब सब कुछ बंद है, लेकिन हम लोग 'चावड़ी' जाएंगे, जहाँ साँई नाथ सोते थे।'' हम समाधि, गुरुस्थान और द्वारकामाई, जहाँ हमेशा धूनी जलती रहती है, इस सब को पार कर एक छोटे ढाँचे के पास पहुंचे जिसे 'चावड़ी' कहा जाता है। वहाँ सिवाय कुछ कुत्तों के कोई नहीं था। 'चावड़ी' का लकड़ी का दरवाज़ा बंद था। मैं सोच रहा था कि अब हम क्या करेंगे। तभी बाबाजी ने कहा, ''चलो अंदर चलते हैं।''

मैंने कहा, ''दरवाज़ा बंद है।''

''देख रहा हूँ'' उन्होंने कहा, ''अब आँखें बंद करो और ऐसे चलो मानों तुम दरवाज़े के अंदर जा रहे हो।''

''लेकिन बाबाजी...''

''जैसा कहा है, वैसा करो और आँखें मत खोलना।''

मैंने आँखें बंद कर अपना दायाँ घुटना मोड़कर पैर आगे बढ़ाया। ऐसा लगा मानों मैं कपड़े के पर्दे को धकेल रहा था। जब बाकी शरीर दरवाज़े के संपर्क में आया, तब भी ऐसा ही महसूस हुआ। क्षण भर में वह एहसास गायब हो गया। मैंने बाबाजी को कहते सुना, ''ठीक है, आँखें खोलो।''

मैंने आँखें खोली और अपने को 'चावड़ी' के अंदर पाया। दरवाज़ा अब भी बंद था। बाबाजी मेरे बराबर में खड़े थे। एक बंद दरवाज़े में से होकर अंदर आने के इस अचंभे से मैं बाहर निकला ही था, कि कुछ और भी अविश्वसनीय और आश्चर्यजनक देखकर स्तंभित हो गया।

फटे–पुराने कपड़ों को बट कर बनाई गई रस्सी से, छत से लटकते हुए एक कम चौड़ाई के लकड़ी के तख्ते पर शिर्डी के साँईं बाबा लेटे थे। साँईं बाबा का देहांत तो सन् 1918 में हो गया था? जब मैं आश्चर्य से उनकी ओर टकटकी लगाए देख रहा था, तो मेरे रोंगटे खड़े हो गए और सारा शरीर काँपने लगा। वे तख्ते पर बैठ गए। मैं सोच ही रहा था कि वे जमीन से छः फीट ऊपर लटके उस तख्ते से नीचे कैसे उतरेंगे कि वे धीरे से तख्ते से खिसक पड़े और आसानी से तैरते हुए–से ज़मीन पर आ गए। मैंने गौर किया कि जो कपड़ा वे अक्सर अपने सिर पर बाँधे रहते थे, वह नहीं था। उनका सिर घुटा हुआ था। जब वे हमारे पास खड़े हुए तो मैंने देखा कि वे छः फीट से ज़्यादा के थे और पहलवानी शरीर वाले।

उन्होंने मुसलमानी शैली में बाबाजी को गले लगाया। दोनों ने एक दूसरे की नाक हल्के–से चूमी। मैंने उनके चरणों में साष्टांग प्रणाम किया। उन्होंने मुझे उठाकर खड़ा किया और कहा, ''सलाम, बच्चे, तुम्हें एक महान् गुरु मिला है, मुर्शीद। मेरे गुरु भी महान् थे, मेरे वेंकुशा। मैंने तो केवल यही किया कि बस उनको निहारता रहा। अल्लाह मालिक है। राम, राम।''

बाबाजी ने कहा, ''कृपा कर इसे आशीर्वाद दीजिए।''

''अल्लाह मालिक है, तुम्हें मेरी तरह का काम करना है लेकिन दूसरे तरीके से। आसान नहीं है, नौजवान। ये दुनिया पागल है और वे समझते कि मैं पागल हूँ। हू अल्लाह! राम, राम, राम! कबीर का काम करो, गुरु का आशीर्वाद लो। उन्होंने अपने तख्ता–चारपाई पर पड़ी चादर के नीचे टटोला और नोटों की एक गड्डी निकाली। ''लो,'' उन्होंने कहा, ''अल्लाह भला करेगा। ये पैसे लो और 'गणगापुर', 'पीतापुर' और 'अक्कलकोट' की यात्रा करो। जाओ, जाओ।'' मैं पैसे लेने में झिझका। बाबाजी ने फुसफुसाकर कहा, ''ले लो।''

मैंने पैसे ले लिए और उन्हें दंडवत् किया। बाबाजी और साईंनाथ गले मिले और हम उसी तरह बाहर आ गए, जैसे अंदर गए थे। बाबाजी ने मजाक में कहा, ''बंद दरवाज़ों में घुसने की कोशिश मत करना, नहीं तो नाक चपटी हो जाएगी।'' बाहर अभी भी अँधेरा था लेकिन पौ फटने वाली थी।

बाबाजी ने कहा, ''पैसे संभाल कर रखो और अपनी यात्रा कल शुरू कर दो। मुझे अब जाना है। ज़रूरत होने पर फिर मिलूँगा।'' उन्होंने मुझे साईंनाथ द्वारा बताई जगहें जाने के लिए आवश्यक निर्देश दिए और चले गए।

भोर होने पर मैं गुरुस्थान, समाधि और द्वारकामाई गया, और एक बार फिर चावड़ी। चावड़ी में खड़े–खड़े, साँईंबाबा की बड़ी तस्वीर को देखकर मैं पिछली रात के असाधारण अनुभव के बारे में सोचने लगा।

नाश्ते के बाद मैंने कोपरगाँव रेलवे स्टेशन जाने के लिए बस पकड़ी और ट्रेन की प्रतीक्षा करने लगा।

इस अध्याय को समाप्त करने से पहले मैं शिर्डी के साँईंबाबा का संक्षिप्त परिचय देना चाहूँगा।

उन्नीसवीं सदी के उत्तरार्द्ध में कभी महाराष्ट्र के छोटे शांत कस्बे 'शिर्डी' में एक युवा महात्मा भ्रमण करता हुआ चला आया, देखने में वह मुस्लिम फकीर लगता था। न कोई उसका नाम जानता था, न यह कि वह कहाँ से आया था, लेकिन उसे देखकर खण्डोबा मंदिर के पुजारी महालशपति ने 'या साँई' (आओ संत) कह कर उसे मंदिर में बुलाया। उनका यही नाम पड़ गया, साँईं बाबा। जहाँ आज साँईंबाबा की समाधि है, वहाँ से सड़क के पार दूसरी तरफ खण्डोबा मंदिर स्थित है।

लगभग एक साल तक वे 'शिर्डी' रहे। एक नीम के पेड़ के नीचे सोते, जिसे वे अपना गुरुस्थान, गुरु का स्थान, कहते थे। काफी बाद में वहाँ आए एक महात्मा के निर्देशानुसार किसी ने नीम के पेड़ के पास खुदाई की तो एक सुरंग पाई, जो एक गुफा को जाती थी। गुफा में तीन तेल के दिए पाए गए जो तब भी जल रहे थे। यही वह जगह है, जो आज 'गुरुस्थान' कही जाती है।

कुछ समय बाद साँईंबाबा 'शिर्डी' छोड़कर चले गए। लेकिन वे फिर आए, पड़ोस के रहटा के मुसलमान चाँद पाटिल की बारात के साथ। उसके बाद उन्होंने 'शिर्डी' कभी नहीं छोड़ी। वे एक जीर्ण–शीर्ण पुरानी मस्जिद में रहते थे, जिसका नाम 'द्वारकामाई' रख

दिया गया था। वहाँ 'साँईं बाबा' ने, जिन्हें 'साँईं नाथ' भी कहा जाता है, एक धूनी जलाई जैसा कि नाथ संप्रदाय की परंपरा है। दिन का अधिकांश समय वे वहीं बिताते। शाम को वे तेल का दिया जलाते और घुघरू बांधकर नाचते–गाते। बाद में 'चावड़ी' बनाई गई और वे रात वहाँ बिताने लगे। उनका बिस्तर था एक संकरा तख्ता जो 'चावड़ी' के मध्य में पुराने कपड़ों को रस्सी की तरह बट कर उससे बंधा हुआ और ज़मीन से छः फीट ऊपर लटकता रहता था। किसी को नहीं मालूम कि वे अपने इस बिस्तर पर बिना किसी नसैनी आदि की सहायता के, कैसे चढ़ते थे। उनका तकिया था फटे कपड़ों में लिपटी एक ईंट।

वे एक सफेद लंबा एड़ियों तक का चोगा पहनते थे और अपने सिर पर कपड़ा बांधते थे। उनके कपड़े अक्सर गंदे और फटे रहते। वे मुसलमान फकीरों की तरह अपना सिर घुटाया करते थे और ट्रिम की हुई दाढ़ी–मूंछ रखते थे। वे 'राम राम' और 'अल्लाह मालिक है' कहते रहते थे और कभी–कभी वे पागलों की–सी हरकतें करते थे, गुस्से से आग बबूला हो जाते, लोगों को पीटने की धमकी देते। लेकिन बाकी समय वे इतने दयालु थे कि सभी उन्हें प्रेम करते थे।

वे बहुत सालों तक 'शिर्डी' में रहे, बहुत से चमत्कार किए और अपने पास आने वालों के दुःख दर्द दूर किए। कहा जाता है कि 1886 में वे तीन दिन के लिए मृत रहे और फिर ज़िंदा हो गए। उनकी मृत्यु पंद्रह अक्तूबर 1918 को हुई। मरने से पहले उन्होंने कहा कि मरने के बाद भी वे 'शिर्डी' में रहेंगे और उनसे बात करेंगे, जो भक्ति और ईमानदारी से वहाँ आएंगे। मेरे प्रति उनकी दयालुता के लिए मैं उनका कृतज्ञ हूँ। मैं अत्यंत श्रद्धा और विनय से उन्हें नमन करता हूँ और अपने प्यारे बाबाजी का भी जो मुझे 'शिर्डी' ले गए।

41. अन्य यात्राएं और नई अन्तर्दृष्टियाँ

शिर्डी से मैं 'गणगापुर' और 'नरसोवाड़ी' गया, जहाँ महान् 'स्वामी नरसिंह सरस्वती' ने अपने जीवन का अधिकांश समय बिताया था। उन्हें 'दत्तात्रेय' का अवतार माना जाता है। वहाँ से मैं 'अक्कलकोट' गया जहाँ 'अक्कलकोटकर महाराज' की समाधि है। उन्हें 'स्वामी समर्थ' भी कहा जाता है और उन्हें भी 'दत्तात्रेय' का प्रकटीकरण माना जाता है।

'अक्कलकोटकर महाराज' 'साईं बाबा' के समकालीन थे। उनका देहान्त सन् 1878 में हुआ। उन्हें 'वटवृक्ष महाराज' भी कहा जाता था, क्योंकि वे 'अक्कलकोट' में एक वटवृक्ष के नीचे रहते थे। उन्हें एक शक्तिशाली महात्मा माना जाता था और कई चमत्कारों का श्रेय दिया जाता है। महाराष्ट्र और उत्तरी कर्नाटक में लोग उनका बड़ा सम्मान करते थे। 'अक्कलकोटकर महाराज' लंबे और बड़े डीलडौल वाले व्यक्ति थे। वे एक धोती के सिवाय नंगे शरीर रहते थे। ऐसा विश्वास है कि जब वे 'अक्कलकोट' में लोगों के साथ होते थे, उसी समय किसी दूरदराज़ प्रदेश में किसी अन्य भक्त को भी दर्शन दे रहे होते थे। महाराष्ट्र के कई राजे–महाराजे और ग्वालियर के सिंधिया उनके अनुयायी थे।

मैं तीन दिन के लिए 'अक्कलकोट' में एक चौल्ट्री में रहा। तीसरे दिन मैंने एक जीवंत स्वप्न में 'अक्कलकोटकर महाराज' को देखा। वे लाल धोती पहने हुए थे। वे बोले, ''मैं 'शिर्डी वाले' से भिन्न नहीं हूँ। अब तुम 'पीतापुर' जाओ और 'श्रीपाद वल्लभ' को प्रणाम करो।''

मैं आंध्र प्रदेश में 'काकीनाडा' के पास 'पीतापुर' गया और 'श्रीपाद वल्लभ' की समाधि पर पहुँचा। उन्हें भी 'दत्तात्रेय' का रूप माना जाता है। फिर मैं कर्नाटक के गुलबर्गा जिले के माणिकनगर में 'श्री माणिक प्रभु' की समाधि पर गया। उन्हें भी 'दत्तात्रेय' का प्रकटीकरण कहा गया है। 'माणिक प्रभु' की समाधि पर जब मैं गहरे ध्यान में था, तब

बाबाजी प्रकट हुए और बोले, "चेन्नई में अपने मित्र बालचंद्र मेनन के घर जाओ। वहाँ से साधु के वेश में पवित्र प्रकाश की पहाड़ी 'तिरुवन्नमलई' पर 'रमण महर्षि' की समाधि पर कुछ समय बिताओ। 'तिरुवन्नमलई' 'अरुणाचल शिव' का निवास स्थान है।" मैं सीधा चेन्नई चला गया और जैसा कहा गया था, वैसा ही किया।

एक सुबह, भोर में मैंने साधु के वस्त्र धारण किए और अपने मित्र मेनन के घर से निकल पड़ा। बस, ट्रेन और कभी–कभी पैदल यात्रा करते हुए पहले मैं श्री रंगम के 'रंगनाथ स्वामी' (अर्थात् नाटक के अधिष्ठाता) मंदिर गया। यह एक विष्णु–मंदिर है, जिसमें 'विष्णु' पाँच फन वाले अनंतनाग पर लेटे हुए हैं। 'श्री रंगम' 'श्री रामानुजाचार्य' द्वारा प्रतिपादित वेदान्त के विशिष्ट 'अद्वैत मत' का एक अत्यंत महत्वपूर्ण केंद्र है।

मंदिर के पास ही प्रसिद्ध 'वर्जिन मेरी' का चर्च है, जिसे 'वेलांकनी माता' का चर्च कहा जाता है। हर साल हज़ारों लोग इस चर्च में आते हैं। मैं वहाँ गया और कुछ मिनट शांति से बैठा।

फिर मैं पैदल चलकर 'नागौर' के एक सूफी संत की कब्र और दरगाह गया। संत का नाम 'अब्दुल खादर' था। उन्हें लोग 'नागौर आन्डवर' अर्थात् 'नागौर का स्वामी' कह कर पुकारते हैं। उनके बारे में अनेक चमत्कारिक कथाएं हैं। वे अक्सर कई दिनों के लिए ज़मीन के अंदर तहखाने में चले जाते थे और बाहर आते ही बच्चों में ढेर सारी मिठाइयाँ बाँटते थे। कहानी है कि एक बार उन्होंने एक बच्चे को अपनी पीठ पर बिठाया और उससे आँख बंद करने का कहा। जब बच्चे ने कुछ देर बाद आँखें खोलीं, तो वह पवित्र नगर 'मक्का' में था। इसी प्रक्रिया से वह 'नागौर' वापस लाया गया। उसके चकित माँ–बाप ने उसका नाम 'हाजी' रख दिया अर्थात् ऐसा व्यक्ति जो हज कर चुका हो।

'नागौर' से मैं 'तिरुवन्नमलई' के लिए निकल पड़ा। लेकिन मैंने लंबा चक्करदार रास्ता अपनाया, क्योंकि मैं कांची मठ के अत्यंत आदरणीय शंकराचार्य 'श्री चंद्रशेखरेन्द्र सरस्वती' से 'कांचीपुरम' में मिलने को लालायित था।

उनसे मिलने की संभावना बहुत कम थी, क्योंकि मुझे बताया गया था कि इधर कुछ समय से वे लोगों से नहीं मिल रहे थे। जब वे थोड़ी देर के लिए श्रद्धालुओं को आशीर्वाद

देने आएं, तो मैं दूर से उनकी झलक पाने की आशा कर सकता था। मुझे चेतावनी दी गई कि न तो मैं उनसे बात करूँ और न कोई प्रश्न पूछूं, क्योंकि आचार्य मौनव्रत में थे। शाम तक सूचना मिली कि उन्होंने 'मौन' तोड़ दिया था और दर्शन के समय शायद कुछ शब्द बोलें। लोगों को पंक्ति बनाकर खड़ा होना था और जब आचार्य एक छोटी झोपड़ी के सामने बैठ जाएँ, तो उनके पास से गुज़र जाना था।

वे वृद्ध और कमजोर थे, बहुत दुबले, नंगे शरीर, केवल उनकी कमर पर एक गेरुआ वस्त्र लिपटा था और दूसरे से उनका सिर ढका था। वे एक दंडी पकड़े थे, जो इस बात का द्योतक था कि वे आदिशंकराचार्य द्वारा स्थापित 'दशनामी संप्रदाय' के सन्यासी थे। वे मोटा चश्मा पहने थे और माथे पर पवित्र भस्म थी, जो शिव के अनुयायियों की निशानी है। भक्त उनके सामने जाकर थोड़ी दूरी से दंडवत् करते और वे आशीर्वाद में अपना दाहिना हाथ उठाते, कभी–कभी एकाध शब्द बोलते। सीने पर जनेऊ पहने तगड़े, हृष्ट–पृष्ट ब्राह्मण भीड़ को नियंत्रित कर रहे थे।

मैं भी लाइन में लग गया। जब मैं ठीक उनके सामने पहुँचा तो उन्होंने मुझे ध्यान से देखा और तमिल में पूछा, "तुम्हारा नाम क्या है?" "मधु," मैंने कहा, अपने हाथ को मुँह के सामने अड़ाते हुए जैसा कि तगड़े ब्राह्मणों ने मुझसे कहा था। आपकी साँस संत पर नहीं पड़नी चाहिए।

वह मंद–मंद मुस्कराए और बोले, "तुम्हारे गुरु द्वारा दिया गया नाम, है न? तुमने जस्टिस इस्माइल का नाम सुना है?"

"नहीं," मैंने कहा।

"वे भी तुम्हारी तरह हैं लेकिन वे 'कंब रामायण' के विशेषज्ञ हैं। अहां! काफी काम करना है, सत्संग महत्वपूर्ण है।"

इतना कह कर उन्होंने अपना सीधा हाथ आशीर्वाद मैं उठा दिया और उनके पास खड़े तगड़े ब्राह्मणों ने मुझे भगा दिया। बहुत साल बाद जब मेरे मित्र मेरे काम में सहायता करने के लिए ट्रस्ट बनाना चाहते थे और एक उचित नाम खोज रहे थे, तो मेरे दिमाग

में 'सत्संग' नाम आया और ट्रस्ट का नाम 'सत्संग फाउंडेशन' रखा गया। सत् का अर्थ है सत्य और संग का मतलब है एकत्र करना या समूह। अतः सत्संग का अर्थ हो सकता है – सत्य की खोज में एकत्रित व्यक्तियों का समूह अथवा अच्छे और सच्चे व्यक्तियों का समूह। इसका अर्थ, सत्य के लिए एक जुट होना भी हो सकता है। मैं सोचता हूँ कि क्या आचार्य के शब्दों से इस नाम का कुछ संबंध है।

'तिरुवन्नमलई' पहुँच कर सबसे पहले मैंने 'पंखा बाबा' नाम के एक महात्मा का पता लगाने की कोशिश की। उनका नाम 'रामसूरत कुमार' था। मैंने 'कांचीपुरम' में एक अवकाश प्राप्त प्रोफेसर से सुना था कि 'पंखा बाबा' बच्चों जैसे थे और कभी–कभी पागलों की सी हरकतें करते थे। वे अच्छी हिंदी और अँगरेज़ी बोलते थे।

मैंने उन्हें तिरुवन्नमलई के मशहूर मंदिर के उत्सव–रथ के पास वाली गली में एक कमरे में पाया। उनके आसपास कुछ लोग खड़े हुए थे। वे गोरे, मोटे–से, लंबे सफेद बाल और लंबी लहराती दाढ़ी वाले थे। वे धोती और एक पुराना पाश्चात्य शैली का क्रीम रंग का कोट पहने हुए थे, जो शायद बहुत दिनों से धोया नहीं गया था।

उन्होंने अंदर से ही मुझे घूरा और हाथ हिलाकर, ''आओ, आओ, यहाँ बैठो,'' स्पष्ट और स्नेहसिक्त आवाज़ में कहा। मैं अंदर जाकर बैठ गया। ''और पास, और पास,'' उन्होंने कहा, और मैं उनके काफी करीब जाकर बैठ गया। ''अहां, क्या नाम?'' उन्होंने पूछा।

''मधु, बाबा!'' मैंने कहा।

''मधु, मधु'' उन्होंने दुहराया मानों यह उन्हें आनंदित कर रहा हो, ''मधु, तो तुम नमाज़ करना जानते हो?''

''हाँ, लेकिन मैं करता नहीं, मैं ध्यान करता हूँ''

''ध्यान, नमाज़, सब एक ही। मेडीटेशन, मधु, सब एम, एम, एम, यम् यम्...

तुम 'एम' हो! हा हा हा...''

वे ज़ोर से हँसने लगे।

उनकी हँसी पेट की गहराइयों से उठ रही थी और एक तेज़ अट्‌टहास में फूट पड़ी।

''एम, एम... हा हा...'' हँसी से हिलते–हिलते उन्होंने मेरे कंधे पर इतनी ज़ोर से थप्पड़ मारा कि जो झोला मैं पकड़े हुए था, वह हाथ से छूटकर उनके पैरों के पास जा गिरा और कुछ मूंगफलियाँ झोले से बाहर फैल गईं।

''मूँगफली!'' उन्होंने कहा, ''इस भिखारी को मूंगफलियाँ पसंद हैं,'' और उनमें से कुछ उठाकर बड़े चाव से खाने लगे। ''अच्छा, अच्छा, और अब तुम कहाँ जा रहे हो?''

''रमणाश्रम'' मैंने कहा।

वे फिर ज़ोर से हँस पड़े, ''रमण वहाँ हैं?'' हँसते, हँसते उन्होंने कहा, ''केवल समाधि है वहाँ। रमण को एक जगह सीमित कर के नहीं रखा जा सकता। यहाँ, वहाँ, सब जगह। ठीक है, ठीक है। जाओ, खुश रहो'' उन्होंने मेरे कंधे पर एक और थप्पड़ मारा।

मैं जाने के लिए उठ खड़ा हुआ। तभी किसी ने कहा, ''स्वामी मुझे और कुछ नहीं चाहिए, केवल मन की शांति, पीस ऑफ माइंड चाहिए।''

''मन की शांति, पीस ऑफ माइंड?'' पँखा बाबा ज़ोर से बोले और उनका सारा शरीर फिर हँसी से हिलने लगा ''पीस ऑफ माइंड वह चाहता है और यहाँ इस भिखारी का माइंड पीस–पीस हो गया है। हा हा...''

मैंने अपना झोला उठाया, दंडवत् किया और बाहर निकल आया।

''एम, एम!'' वे मेरे पीछे चिल्लाए ''मन टुकड़े–टुकड़े हो गया है। कोई मन नहीं बचा, रमण को बताना।''

मैंने रमणाश्रम के ऑफिस जाकर रहने के लिए जगह पूछी। मुझे सामूहिक शयनागार में रहने की आज्ञा मिल गई, जहाँ कुछ साधु पहले से ही थे। यह आश्रम एक शांत जगह थी और यह पवित्र प्रकाश के पहाड़, अरुणाचल से दूर नहीं है, जो प्राचीन काल से ही शिव के पवित्र निवास स्थानों में से एक माना जाता है। 'स्कन्द पुराण' में

'अरुणाचल' को शिव का हृदयचक्र कहा गया है। विशेष रूप से पूर्णिमा की रातों को श्रद्धालु यात्री पर्वत की परिक्रमा करते हैं।

'रमण महर्षि', जिनके नाम पर इस आश्रम का नाम रखा गया है, 'अरुणाचल पर्वत' को उत्तम आध्यात्मिक केंद्र मानते थे। अपनी युवावस्था में वे इसके प्रति अत्यंत सम्मोहक रूप से आकर्षित थे। हालांकि भारत और विदेश में अनेक लोग 'श्री रमण महर्षि' से परिचित हैं, परन्तु जो उनके बारे में नहीं जानते, उनके लिए मैं उनका संक्षिप्त परिचय देना चाहूँगा।

उनका जन्म तीस दिसंबर 1879 में 'तमिलनाडु' के 'तिरुचुली' नामक एक छोटे–से अलग–थलग गाँव में एक ब्राह्मण परिवार में हुआ था। उनका बचपन का नाम वेंकटरमण था, जिसे बाद में छोटा कर केवल 'रमण' कर दिया गया। वे एक आकर्षक और बुद्धिमान बालक थे, जिन्हें बाहरी क्रियाकलापों में अधिक रुचि थी। वे इतनी गहरी नींद सोते थे कि उन्हें जगाना मुश्किल होता था। जब वेंकटरमण चौदह साल के थे, तब उनके पिता का देहांत हो गया और वे अपने चाचा सुंदराम अय्यर के पास रहने मदुरई चले गए। जब वे सोलह साल के थे, तो यहाँ उन्हें एक असाधारण और स्वतः प्रवर्तित अनुभव हुआ। उनके ही शब्दों में:

"सदा के लिए मदुरई छोड़ने के लगभग छः सप्ताह पहले मेरे जीवन में महान् परिवर्तन आया और यह काफी अचानक हुआ। मैं अपने चाचा के मकान में पहली मंज़िल पर एक कमरे में अकेला बैठा हुआ था। मैं शायद ही कभी बीमार पड़ता था और उस दिन भी मेरा स्वास्थ्य ठीक था। लेकिन अचानक मृत्यु के भय ने मुझे जकड़ लिया। मेरे स्वास्थ्य से इस भय का कोई लेना–देना नहीं था। मैंने इसका कारण खोजने की कोशिश भी नहीं की। मुझे लगा, मैं मरने जा रहा था और सोचने लगा कि इसके बारे में क्या किया जा सकता था। मेरे दिमाग में यह नहीं आया कि डॉक्टर या बड़े लोगों से चर्चा की जाए, मुझे लगा कि इस समस्या का समाधान मुझे ही पाना था, और अभी यहीं।"

"मृत्यु के भय के धक्के ने मेरे मन को अंदर की तरफ मोड़ा और मैंने अपने आपसे कहा, लेकिन दूसरे शब्दों में – अब मृत्यु आ गई है, इसका क्या अर्थ है? क्या है जो मर रहा है? यह शरीर ही तो मरता है। और तुरन्त मैंने मरने की प्रक्रिया को नाटकीय रूप

दे दिया। मैं अपने शरीर के अंगों को शव की तरह फैला कर और कड़ा बना कर लेट गया। मैंने अपनी साँस रोक ली और होंठों को भींच कर बंद कर लिया जिससे 'मैं' शब्द या और कोई आवाज़ न निकल पाए। फिर मैंने अपने से कहा, चलो यह शरीर मर गया। इसे मरघट ले जाय जाएगा और जला दिया जाएगा। यह राख हो जाएगा। लेकिन इस शरीर की मृत्यु के साथ क्या 'मैं' भी मर गया? क्या यह शरीर 'मैं' हूँ? शरीर निष्क्रिय और शांत है, लेकिन 'मैं' अपने व्यक्तित्व को पूरे ज़ोर से महसूस कर रहा हूँ, और मेरे अंदर 'मैं' शब्द भी इससे पृथक् है। अतः 'मैं' शरीर से परे 'आत्मा' हूँ। शरीर मर जाता है परन्तु 'आत्मा', जो इससे परे है, मृत्यु से अछूती रहती है। इसका अर्थ हुआ 'मैं मृत्युहीन आत्मा हूँ।''

''यह सब नीरस विचार नहीं था, यह जीवित सत्य के रूप में मेरे अंदर जीवंत रूप में कौंधा, जिसका मुझे सीधा ज्ञान हुआ। सोचने की प्रक्रिया लगभग अनुपस्थित थी। 'मैं' बहुत वास्तविक था, मेरी तत्कालीन परिस्थिति की एकमात्र वास्तविकता, मेरे शरीर से संबंधित सारी चेतन कार्यवाई का यह 'मैं' केंद्र था। उस क्षण के बाद 'मैं' या 'आत्मा' ने एक शक्तिशाली सम्मोहन के द्वारा अपने आप पर मेरा ध्यान केंद्रित कर लिया और हमेशा–हमेशा के लिए मृत्यु का भय जाता रहा। 'आत्मा' में तल्लीनता उसके बाद निरंतर बनी रही।''

''अन्य विचार संगीत के स्वरों की तरह आ–जा सकते हैं, परन्तु 'मैं' मूलभूत 'श्रुति स्वर' की तरह हमेशा बना रहा, जो अन्य सभी स्वरों का आधार है, और उन सबमें शामिल होता है। शरीर चाहे बात कर रहा हो, पढ़ रहा हो या कोई अन्य क्रिया कर रहा हो, 'मैं' हमेशा उस 'मैं' पर केंद्रित रहता था। इस संकट से पहले मुझे अपने 'आत्म' की कोई स्पष्ट समझ नहीं थी और मैं चेतन रूप से इसकी ओर आकृष्ट भी नहीं था। मैंने इसके प्रति कोई अनुभूति या रूचि नहीं महसूस की थी, इसमें निरंतर स्थित रहने की प्रवृत्ति तो दूर की बात!''

इसके परिणामस्वरूप उन्होंने शीघ्र ही 'मदुरई' छोड़ दिया। जाने से पहले एक नोट छोड़ गए कि वे 'सत्य' के खोज के नेक काम के लिए जा रहे थे और उन्हें खोजने की कोई आवश्यकता नहीं थी। 'अरुणाचल' शब्द उन्हें हमेशा आकर्षित करता रहा था, और

अब आत्म में हमेशा तल्लीन रहने की प्रबल लालसा के वशीभूत, जो अपने आप उनमें इस तरह प्रकट हो चुकी थी, उन्होंने 'अरुणाचल' जाने के लिए रेलगाड़ी पकड़ी। 1896 के सितंबर महीने में कभी वे तिरुवन्नमलई रेलवे स्टेशन पहुंचे। वे अपने प्यारे 'अरुणाचल शिव' के स्थान पहुँच गए थे – 'अरुणाचल शिव', परम सत्ता का प्रकाश स्वरूप, 'अरुणाचल पर्वत' जिसका प्रतिनिधित्व करता था। 'अरुणाचल पर्वत' – पवित्र प्रकाश का पर्वत।

'श्री रमण महर्षि' ने स्वयं कहा है कि जब वे जल्दी–जल्दी 'अरुणाचल शिव' के मंदिर जा रहे थे, तो उनका हृदय खुशी से उछल रहा था। गर्भगुड़ी में घुसकर उन्होंने आनंद विभोर होकर 'अरुणाचलेश्वर शिवलिंग' को बाँहों में भर लिया। 'मदुरई' में जो एक चिंगारी पैदा हुई थी, अब वह प्रकाश से मिलकर उसमें एकाकार हो गई। यात्रा समाप्त हुई क्योंकि उन्होंने 'सत्य' पा लिया था, हृदय के केंद्र में 'परमानंदपूर्ण' आत्म। उसके बाद, उन्हें केवल उस उन्नत अवस्था में तल्लीन बने रहने के लिए एकान्त की तलाश थी।

पहले वे मंदिर के भूगर्भ में स्थित एक कक्ष में रहे। स्थानीय महात्मा शेषाद्रि स्वामी ने उन्हें वहाँ खोज निकाला और कहा, ''यह एक हीरा है, जिसके बारे में किसी को नहीं मालूम'' चीटियों, कांतरों, बिच्छुओं के काटने से विच्छत् उनकी देह को इस दयालु आत्मा ने संभाला। शीघ्र ही वे एक अन्य निर्जन मंदिर में चले गए, उसके बाद एक और मंदिर में। इस तरह सिलसिला चलता रहा। वे बोलते नहीं थे और उन्हें 'मौनी ब्राह्मण स्वामी' कहा जाने लगा। विज्ञापन से बचने के लिए वे 'अरुणाचल पर्वत' चले गए और अनेक गुफाओं और निर्जन मंदिरों में समय बिताने के बाद सत्रह साल तक 'विरूपाक्ष गुफा' में रहे।

शीघ्र ही परिचारकों और भक्तों का एक छोटा समूह उनसे जुड़ गया। महान् विद्वान और आध्यात्मिक साधक काव्यकांत गणपति शास्त्री भी वहाँ आए। उन्होंने ही लोगों में यह बात फैलाई कि रमण वास्तव में उच्चतम 'सत्य' में स्थित एक महान् ऋषि थे, वही 'सत्य' जिसकी चर्चा प्राचीन उपनिषदों में की जाती है।

अँगरेज़ पुलिस अधिकारी एफ.एच. हम्फ्रीस भी, जिन्हें 'रमण महर्षि' का पहला पाश्चात्य अनुयायी कहा जा सकता है, उनसे यहीं मिले थे। बाद में 'रमण' की माता भी

वहीं आकर रहने लगीं। वे अपने अंतिम दिन तक अपने पुत्र के साथ रहीं। अब तक उन्हें 'महर्षि' कहा जाने लगा था। यह उपाधि उन्हें काव्यकांत गणपति शास्त्री ने दी थी। कुछ लोग उन्हें भगवान् भी कहते थे। लेकिन वे उतने सी सादा रहे जैसे वे पहली बार 'तिरुवन्नमलई' आते समय थे।

'विरूपाक्ष गुफा' से वे 'महर्षि स्कन्द आश्रम' चले गए, जो उनके एक भक्त द्वारा पर्वत की ढलान पर बनाया गया था। जब 'महर्षि' की माँ का देहान्त हुआ तो उन्हें 'स्कन्द आश्रम' के पास ही समाधि दी गई। बाद में वे अपनी माँ की समाधि के आसपास बसे एक सादा आश्रम में चले आए और वहाँ शांति पूर्वक 1950 में अपनी मृत्यु तक रहे। भारत की अँगरेज़ी जानने वाली जनता और बाहर दुनिया में वे अंगरेज़ पत्रकार पॉल ब्रन्टन द्वारा लिखित किताबों से प्रसिद्ध हो गए। पॉल ब्रन्टन उनसे यहीं मिले थे।

'रमण महर्षि' कहीं जाते नहीं थे। वे केवल 'तिरुवन्नमलई' रहे। बाद के दिनों में भीड़ की भीड़ उनके दर्शन के लिए और मौन शिक्षा पाने के लिए यहाँ दूर-दूर से आती। वे बहुत कम बोलते, लेकिन उनकी उपस्थिति में अनेक लोगों को एक अवर्णनीय शांति महसूस होती थी, परेशान करने वाले विचार अपने आप शांत हो जाते थे।

मैंने 'रमण महर्षि' की समाधि, स्कन्द आश्रम, विरूपाक्ष गुफा और अरुणाचल पर्वत पर कई अन्य स्थानों पर ध्यान-साधना करते-करते 'तिरुवन्नमलई' में तीन दिन बिताए। अंतिम दिन, जब मैं अकेला 'कछुआ पत्थर' पर बैठा एकान्त का आनंद ले रहा था, अचानक मुझे ध्यान आया कि अब मैं बाबाजी की शारीरिक उपस्थिति का अभाव वेसे महसूस नहीं करता था, जैसे पहले। मैंने सोचा था वे 'तिरुवन्नमलई' में मुझसे मिलेंगे, लेकिन वे नहीं मिले, फिर भी मैं इससे बिल्कुल चिंतित नहीं हुआ।

धूप तेज़ थी और हवा भी गर्म थी, लेकिन मेरा हृदय एक सुखद ताप में तल्लीन था, जो मेरी छाती से शुरू होकर मेरे सिर तक फैल गया। कागज़ का एक टुकड़ा हवा में उड़कर मेरे पैरों के पास आया। मैंने उसे उठाया। यह किसी किताब का पन्ना था। पढ़ने पर मैं समझ गया कि ये 'रमण महर्षि' के शब्द थे, लिखा था:

''हम अपने व्यवहार में जितनी गहरी विनय पैदा करें, उतना ही हमारे लिए अच्छा है। किसी दूसरे को दी गई हर वस्तु वास्तव में स्वयं को दी गई है। अपने 'आत्म' से असंगत किसी वस्तुओं को न चाहना ही वैराग्य या अनासक्ति है। अपने वास्तविक 'आत्म' में स्थित रहना ही ज्ञान या ज्ञानोदय है। वैराग्य और ज्ञान एक ही हैं। हर व्यक्ति को अपने में गहरे जाकर बहुमूल्य 'आत्मन्' को पाना चाहिए। भगवान् और गुरु एक हैं। जिसे गुरु–कृपा प्राप्त हो चुकी है, वह कभी भी त्यागा नहीं जाएगा, लेकिन शिष्य को चाहिए...''

एक क्षण में मुझे बोध हो गया कि बाबाजी मेरे मानस के अविभाज्य अंग थे। कोई अपने 'स्वत्व' से दूर कैसे हो सकता था? यह मैं समझ गया।

तिरुवन्नमलई से चेन्नई वापस आकर मैं दस महीने घर पर रहा। मैं पिता के व्यवसाय में उनकी सहायता करता और शाम को सागर तट पर घूमने चला जाता। दो बार मैंने 'कृष्णमूर्ति फाउंडेशन' जाकर 'जे. कृष्णमूर्ति' की वार्ताएं सुनी। यद्यपि बाबाजी ने कहा था कि मैं 'कृष्णमूर्ति' से मिलूँ, लेकिन उन दिनों मुझमें ऐसी कोई इच्छा जागृत नहीं हुई। रविवार का दिन मैं अक्सर 'थियोसॉफीकल सोसाइटी' के पुस्तकालय में बिताता या प्राचीन 'कपालीश्वर मंदिर' जाता। कभी–कभी 'शिर्डी साँईं बाबा' के मंदिर जाता या एग्मोर रेलवे स्टेशन के पास सूफी संत 'मोती बाबा' की दरगाह।

इस बीच मैंने 'प्रोब' नामक एक पत्रिका के लिए दक्षिण भारतीय मंदिरों और हिमालय के तीर्थ स्थलों पर लेख लिखना आरंभ किया। एक दिन मैंने अंडमान द्वीप समूहों की राजधानी पोर्ट ब्लेयर से प्रकाशित एक छोटे पत्र 'अंडमान टाइम्स' के बारे में पढ़ा। पुस्तकों और अख़बारों से अंडमान द्वीप समूहों के बारे में पढ़ने के बाद मैंने वहाँ जाने का निर्णय किया। अख़बार का संपादक मुझे एक मौका देने को तैयार था, जिसे मैं पत्र लिख चुका था।

तो मैं 'पोर्ट ब्लेयर' के लिए निकल पड़ा। इस बार अपने माता–पिता को बताकर निकला कि मुझे काम मिल गया था और मैं पत्रकार होने जा रहा था। कम से कम एक बार तो वे मेरे घर छोड़ने पर भी खुश थे।

'दत्तात्रेय' को सृष्टिकर्ता 'ब्रह्मा', 'पालनकर्ता विष्णु' और 'योगी देव शिव', एक साथ तीनों का दिव्य प्रकटीकरण माना जाता है। वे ऐसे महात्माओं के संरक्षक देवता हैं, जो किसी तरह के नियमों से बँधे नहीं होते, धार्मिक नियमों से भी नहीं, और हवा की तरह स्वच्छंद घूमते हैं। उन्हें 'अवधूत' कहा जाता है। उनमें से नग्न रहने वाले को 'दिगंबर' कहा जाता है। 'अवधूत गीता' में अवधूतों के सिद्धांत और अभ्यास दिए गए हैं।

42. ताज मुंबई में बाबाजी

अंडमान द्वीप समूह, जिन्हें पर्यटन विभाग 'गेंदा के फूलों जैसी धूप वाला देश' कह कर प्रचारित करता था, वास्तव में बहुत ही खूबसूरत जगह थी। अपने पत्रकार–कार्ड की बदौलत मैं अंडमान और निकोबार द्वीप समूहों की उन जगहों पर भी जा सकता था, जहाँ सामान्य पर्यटकों को जाने की मनाही थी। मैं 'जरवा' सुरक्षित प्रदेश में जा पाया, जहाँ 'जरवा' जनजाति के लोग रहते थे, जिन्हें मानव भक्षी कहा जाता था। मैं नीग्रोइड जनजाति के लंबे, नंगे सेंटिनिलीज लोगों को भी देखने जा सका, जो अलग–थलग उत्तरी 'सेन्टेनेल द्वीप समूह' में रहते थे और जिन्होंने अभी तक नमक का उपयोग करना नहीं सीखा था।

मैंने स्थानीय राजनीतिज्ञों की आपसी लड़ाई देखी। मैंने सीखा कि जानकारी कैसे इकट्ठी की जाये और उसे अखबार में उपलब्ध जगह के अनुसार बिना कोई महत्वपूर्ण बात छोड़े, कैसे संपादित किया जाये। इसने मुझे अपनी कहानियाँ लिखने के प्रयोग में सहायता की। मैंने 'द आइलेण्ड बॉय' (द्वीप का युवक) शीर्षक से एक कहानी लिखी, जिसे दिल्ली के हिंदुस्तान टाइम्स ने अपने कथापृष्ठ पर छापा। मैंने मुख्य धारा के अखबारों के लिए भी लेख लिखे।

'पोर्ट ब्लेयर' ऐतिहासिक रूप से दिलचस्प जगह है। द्वितीय महायुद्ध के दौरान जापानियों ने इस पर कब्जा कर लिया था और 'मद्रास' पर बम डालने के लिए इसका उपयोग किया था। 'पोर्ट ब्लेयर' के पास अब भी भूगर्भ सुरंगे और बंकर पाए जाते हैं। 'कुख्यात सेल्यूलर जेल' भी यहीं है, जहाँ अँगरेज़ कड़े अपराधियों को भेज दिया करते थे और जो बाद में वीर सावरकर इत्यादि राजनैतिक कैदियों को रखने के लिए भी प्रयोग की गई। लिखने के लिए बहुत सामग्री थी। लिखने के अलावा यह जगह मनन–चिंतन के लिए बड़ी उपयुक्त थी। कुछ ही मिनटों में शहर के किसी भी भाग से 'बीच' (समुद्र–तट) तक पहुँचा जा सकता था।

मैंने पूरा एक साल आनंद पूर्वक अंडमान में गुज़ारा। जतन से अपने को किसी मापला व्यापारी या किसी एस्टेट मालिक का दामाद होने से बचाता रहा। मालदार आदिवासी अपनी पुत्रियों की शादी करने के लिए शिक्षित और सुंदर युवाओं की तलाश में रहते थे। लड़कियाँ सुंदर और तेज़ थीं, लेकिन मुझे चेतावनी दे दी गई थी, अतः मैं सावधान था।

अप्रिय बात केवल यह हुई कि बिना छाना हुआ पानी पीने के कारण मुझे गंभीर अमीबियोसिस हो गया। मैं सेरीब्रल मलेरिया के खतरे से तो रातों को मच्छरदानी लगाकर बच गया। आध्यात्मिक दृष्टि से कुछ बहुत महत्वपूर्ण नहीं घटा। एक साल बाद मैं इस्तीफा देकर पानी के जहाज से कलकत्ता चला आया। यह तीन दिन की समुद्री यात्रा थी।

कलकत्ता में एक बार फिर मैं 'बेलूर मठ' और 'दक्षिणेश्वर' के 'काली मंदिर' गया। 'योगदा सत्संग सोसाइटी' के दक्षिणेश्वर स्थित मुख्यालय भी गया और वहाँ 'क्रिया' के बारे में एक वरिष्ठ अमेरिकन स्वामी से व्यक्तिगत वार्तालाप किया, उनका नाम स्वामी 'शांतानंद' था। वे बड़े मृदू भाषी और एक सच्चे सज्जन पुरुष थे।

कलकत्ता में एक परिचित से मुझे मालूम हुआ कि 'श्री गुरु बाबाजी' के शिष्य और 'क्रियायोग' के प्रसिद्ध गुरु 'श्यामाचरण लाहिड़ी' के पौत्र 'श्री सत्यचरण लाहिडी' अपने किसी परिचित के यहाँ कलकत्ता में रह रहे थे। मैं 'श्री सत्यचरण लाहिड़ी' से मिला और एक घंटे तक चर्चा की। वे सुसंस्कृत और कृपालु व्यक्ति थे। उन्होंने मुझे 'श्री श्यामाचरण लाहिड़ी' महाशय के बारे में कई अब तक अज्ञात बातें बताईं। हम लोगों ने 'क्रियायोग' पर बात की। वे मुझसे सहमत थे कि 'क्रियायोग' पत्र–व्यवहार द्वारा नहीं सिखाया जा सकता था। इसके लिए गुरु–शिष्य के बीच निकट व्यक्तिगत संबंध की आवश्यकता थी।

खुलकर हँसते हुए उन्होंने बताया कि मुंबई में एक महिला ने उन्हें बताया कि वे हिमालय गई थीं और 'श्री गुरु बाबाजी' से मिली थीं, जिन्हें वे 'महावतार बाबाजी' कह रही थीं। 'महावतार बाबा' नाम 'श्री परम् हंस योगानंद' का दिया हुआ है। महिला ने यह भी कहा कि उन्होंने 'महावतार बाबाजी' के साथ तीन घंटों तक ध्यान साधना की। यह कहानी बताने के कुछ मिनटों बाद ही उक्त महिला ने 'श्री सत्यचरण लाहिड़ी' से उन्हें

'क्रियायोग' की दीक्षा देने का अनुरोध किया। उन्होंने मना कर दिया। 'सत्यचरण लाहिड़ी' दुःख से सिर हिलाते हुए बोले ''बाबाजी को भी लोगों ने व्यवसाय का सामान बना लिया है। मेरी बात ध्यान में रखना, आने वाले समय में हर कोई लल्लू पुच्चू 'श्री गुरु बाबाजी' से सीधे संपर्क का दावा करेगा और इसका अच्छा फायदा उठाएगा।''

'कलकत्ता' से मैं 'बनारस' गया। यह मेरा 'बनारस' का दूसरा प्रवास था। काशी विश्वनाथ मंदिर एक बार फिर जाने के साथ–साथ मैं 'सारनाथ' जाना चाहता था, जहाँ 'बुद्ध' ने अपना पहला उपदेश दिया था और 'धर्म चक्र' प्रवर्तित किया था। रास्ते में मैं राजघाट स्थित 'कृष्णमूर्ति फाउंडेशन' द्वारा संचालित 'कृष्णमूर्ति केंद्र और वसंत कॉलेज गया।

यह देखकर कि मेरे पास घूमने के लिए अभी कुछ और पैसे बचे थे, मुझे मुंबई जाकर 'एलेफेन्टा गुफाएं' देखने का विचार आया। काफी पहले बाबाजी ने मुझे बताया था कि प्राचीन काल में ये गुफाएं दीक्षा समारोहों के लिए उपयोग में लाई जाती थीं, जैसे कि कश्मीर में अनंतनाग के पास स्थित 'भंजो गुफा मंदिर'। 'एलीफेंटा गुफाएं', नाव द्वारा, गेटवे ऑफ इंडिया से थोड़ी ही दूर थीं। मैं पर्यटकों द्वारा प्रयुक्त नावों में से एक में बैठकर शीघ्र ही वहाँ पहुँच गया।

एलीफेंटा की गुफाएं, जिन्हें मराठी में 'घरापुरी गुफाएं' कहा जाता है, अरब सागर में एक टापू पर हैं। बाबाजी ने मुझे बताया था कि संस्कृत में इनका मूल नाम 'अग्रहारपुरी' था। अग्रहार का अर्थ है, 'सबसे महत्वपूर्ण हार।' इस शब्द का उपयोग ब्राह्मणों की बस्ती के लिए किया जाता है। बाबाजी ने समझाया था कि उन दिनों केवल आध्यात्मिक रहस्यों में अत्यंत उन्नत दीक्षित लागों को ही ब्राह्मण कहा जाता था और ऐसे गुरुओं का समुदाय गुफाओं में रहता था। नव–शिष्यों को वहाँ रहस्यों में दीक्षा देने के लिए ले जाया जाता था। पुर्तगालियों ने किसी कारणवश गुफाओं का नाम 'एलीफेंटा' रख दिया और सत्रहवीं शताब्दी में अनेक मूर्तियों को बंदूक की गोलियाँ चलाने के अभ्यास का निशाना बनाकर भंग कर दिया गया।

चट्टानों को काटकर बनाए गए उस प्रांगण में अनेक कक्ष, हॉल, आंगन और गौण धार्मिक पूजा–स्थल हैं, अनके मूर्तियां हैं और शिव का मंदिर है। कोष्ठ के अंदर शिव को

'अर्द्धनारीश्वर' के रूप में दिखाया गया है, आधा पुरुष और आधी नारी। बाँया हिस्सा स्त्री शक्ति का प्रतिनिधित्व करता है और एक सुन्दर स्त्री के रूप में दर्शाया गया है तथा दाँया शिव के नर रूप का, एक तराशे हुए नर–शरीर के रूप में।

बाबाजी ने कहा था, शिव का 'अर्द्धनारीश्वर' रूप एक 'पूर्ण योगी' का प्रतीक है, जो अपने अंदर स्त्री और पुरुष, दोनो पक्षों का संतुलन करता है। यह संतुलन रीढ़ के दोनों ओर चलने वाली 'इड़ा' और 'पिंगला' नाड़ियों के योग से और उसके द्वारा मध्य नाड़ी 'सुषुम्ना' के खुलने से प्राप्त होता है। प्रबुद्ध योगी वह है जिसकी 'सुषुम्ना' खुली हुई है जिससे कि महान् सृजनात्मक ऊर्जा बिना किसी रुकावट के परम सान्निध्य शिव की तरफ नाचती हुई शिखर चक्र में उनके साथ समाविष्ट होने के लिए जा सके। परमानंददायी यह संगम व्यक्ति की काया पलट कर उसे अत्यंत विस्तृत चेतना वाला 'अतिमानव' बना देता है।

गुफा से बाहर त्रिमूर्ति शिव की बीस फीट लंबी प्रतिमा है, जो सर्जन, परिरक्षण और विसर्जन के संयोग की प्रतीक है। हॉल में आनंदातिरेक से नाचते शिव के नटराज रूप की मूर्ति थी। नटराज अर्थात् नर्तन करने वालों का राजा। मैं भव्य मूर्तियों के सौंदर्य से चकित था कि अचानक उन्हें पहले कभी देखने की स्मृति मस्तिष्क में कौंध गई। थोड़ी देर के लिए मैं ध्यान में खो गया। फिर अपने आपको याद दिलाया कि वापस जाना था और नौका द्वारा 'गेटवे ऑफ इंडिया' आ गया।

'गेटवे ऑफ इंडिया' से टाटा का 'ताजमहल पैलेस होटल' दिखाई देता है, जो वास्तु शिल्प का एक उत्कृष्ट नमूना है। पिछले सौ सालों में अनेक राजा–महाराजा, शक्तिशाली उद्योगपति, राजनीतिज्ञ और समाज के विभिन्न सोपानों के अग्रगण्य व्यक्ति इसके फाटकों में से गुज़र चुके हैं। मुंबईवासियों के लिए यह 'गेटवे ऑफ इंडिया' से छोटा स्मारक नहीं था। मैं चलकर 'ताजमहल होटल' के प्रवेश द्वार तक गया और वहाँ खड़े होकर वर्दीधारी रक्षकों को देखने लगा, और सोचने लगा कि क्या मैं अंदर जाकर एक कप महँगी कॉफी पिऊँ, अंदर देखें कि क्या–कैसा है। तभी एक चिकनी काली और बसंती रंग की मर्सिडीज कार सरकती हुई प्रवेश द्वार तक आ कर रुक गई। वर्दी वाला ड्राइवर कूद कर बाहर निकला और उसने दरवाज़ा खोला। सामने के दरवाजे से एक सफाचट दाढ़ी मूंछ वाला

अधेड़ व्यक्ति सूट पहने निकला, उसके रंग–ढंग से लगा कि वह पारसी था। पिछले दरवाज़े से बाहर निकली हल्के कत्थई रंग की, अच्छी सिली हुई पाश्चात्य ड्रेस पहने एक सुंदर युवती तथा एक लंबा, बहुत गोरा और सुंदर सरदार, जो नीला थ्री पीस सूट पहने हुए था और उसी रंग की पगड़ी। सिख पुरुष और स्त्री चश्मा लगाए हुए थे।

मेरा ध्यान सिख व्यक्ति की ओर आकर्षित हुआ। उसकी कोई बात ऐसी थी, जो मुझे जानी–पहचानी लगी। क्या यह उसकी गौरवपूर्ण चाल थी, उसका छः फीट लंबा कद या उसका बेहद गोरा रंग और सुंदर आकृति? मैं इसे समझने की कोशिश कर रहा था कि उसने अपना धूप का चश्मा हटाया और मैंने उसकी आँखें देखीं। असल में वे मुझे ही देख रहे थे। उन आँखों को पहचानने में कोई गलती नहीं हो सकती थी। वे स्वयं बाबाजी थे, मेरे मित्र और गुरु। यह एक हास्यास्पद परिस्थिति थी, बाबाजी एक सरदार के रूप में। मैं ज़ोर–ज़ोर से हँसने लगा। 'सरदार' ने अपने साथियों से कुछ कहा और वे लोग होटल के अंदर चले गए। 'सरदारजी' मेरी तरफ आए। "हँसना बंद करो, मधु!" उन्होंने कहा, "और आम जनता के सामने दंडवत् मत करो।"

बड़ी मुश्किल से मैंने अपनी हँसी रोकी और पूछा, "भगवान् के लिए, आप सरदार का यह रूप क्यों बनाए हुए हैं, बाबाजी?"

"आओ" उन्होंने कहा, और हम सड़क पार कर 'गेटवे ऑफ इंडिया' आ गए। "तुमने मेरे साथियों को देखा, वे पारसी हैं और एक अत्यंत धनाढ्य परिवार से हैं, बहुत पाश्चात्य ढंग के। पति बड़े औद्योगिक प्रतिष्ठानों का मालिक है और पत्नी, जिसकी शिक्षा–दीक्षा पश्चिम में हुई थी, शराब पीने की आदी हो गई है। मैं पत्नी के पिता का गुरु था, और उसकी मृत्यु शय्या पर मैंने उसे वचन दिया था कि मैं उसकी इकलौती पुत्री की देखभाल करूँगा। मैं अपना वचन निभा रहा हूँ। वह समझती है कि मैं आध्यात्मिक शक्तियों वाला कोई सिख व्यापारी हूँ तथा इस तथ्य को स्वीकार करती है कि मैं उसके पिता का गुरु था। दोनों, पति–पत्नी इस बात से चमत्कृत हैं कि मैं इतनी कम उम्र का क्यों लगता हूँ, जबकि मैं पत्नी के पिता को चालीस सालों से ज़्यादा समय से जानता था।"

"क्या वह स्त्री अब पहले से बेहतर है?" मैंने पूछा।

''कुछ समय लगेगा, लेकिन वह बदल जाएगी। मैं एक तरीका अपनाता हूँ जिसे जानकर तुम्हें आश्चर्य होगा। मैं कभी–कभार उसके साथ बैठकर पीता हूँ, कुछ समय बाद वह अपने आप पीना छोड़ देगी। अजीब तरीका है लेकिन कुछ सालों बाद शायद तुम भी अपने पिछले जन्मों से संबंधित कुछ विशिष्ट व्यक्तियों के लिए यही करो। अब मैं 'बार' में उसके साथ जाकर पीता हूँ। तो तुम 'एलीफेंटा गुफाएं' हो आए?''

''जी बाबाजी और सारी भव्य मूर्तियां देख आया''

''ठीक है। अब मैं जाता हूँ। क्या तुम अब भी 'ताज' में जाकर कॉफी पीना चाहते हो?''

''नहीं, अब नहीं'' मैंने कहा।

''तो फिर ठीक है। हाँ, मुंबई छोड़ने से पहले 'हाजी अली दरगाह' ज़रूर जाना। उसके बाद 'दिल्ली' और वहाँ कुछ समय रहना। तुम्हें वहाँ पत्रकारिता का काम मिल जाएगा। लगभग एक साल बाद 'चेन्नई' जाओ और 'जिद्दू कृष्णमूर्ति' से मिलो। वे अंतिम महत्त्वपूर्ण व्यक्ति हैं जिनके संपर्क में तुम्हें आना है। 'कृष्णमूर्ति' से तुम्हें कुछ जानकारियाँ मिलेंगी, जो तुम्हारी आध्यात्मिक परिपक्वता के लिए आवश्यक हैं। 'दिल्ली' रहने की अवधि में कश्मीर जाकर 'अनंतनाग' के पास स्थित गुफा मंदिरों को देखने जाना। अब तुम मेरे पैर छू लो, लेकिन दंडवत् मत करना।''

सरदार बाबाजी जाकर 'ताजमहल होटल' में घुस गए। मैं समुद्र के किनारे एक चट्टानी द्वीप पर बने 'हाजी अली दरगाह' गया। मुख्य सड़क से दरगाह तक रास्ता बना हुआ है।

'दादर' में सड़क के किनारे एक छोटे रेस्त्रां में स्वादिष्ट महाराष्ट्रियन खाना खाकर मैंने दिल्ली जाने की टिकट खरीद ली। भाग्यवश अगले दिन के लिए ही स्लीपर श्रेणी में टिकट मिल गई। मैं बंबई सेंट्रल स्टेशन के पास अपनी लॉज में जाकर सो गया और अगले दिन सुबह मैंने 'दिल्ली' की ट्रेन पकड़ ली।

43. लक्ष्मण जू और जे. कृष्णमूर्ति से भेंट

नई दिल्ली रेलवे स्टेशन पर उतर कर मैंने पहाड़ गंज के इलाके में एक छोटे होटल में कमरा ले लिया। जल्दी से नहा कर ऑटो रिक्शा लेकर मैं अँगरेज़ी साप्ताहिक पत्रिका 'आर्गेनाइजर' के ऑफिस गया। मुझे उस समय मालूम नहीं था कि यह अति दक्षिण पंथी आर.एस.एस. नामक हिंदू संस्था का मुखपत्र था। जहाँ तक मेरा सवाल था, मेरे पास 'दिल्ली' का यही एकमात्र पता था। मेरे मित्र श्री नायर 'एक्सेट' पत्रिका बंद कर चेन्नई जा चुके थे और बाबाजी के व्यापारी शिष्य का देहान्त हो चुका था।

अपने मित्र श्री नायर ने ही मेरा परिचय 'ऑर्गेनाइजर' के चेन्नई स्थित पत्रकार से करवाया था। इस व्यक्ति का नाम मैं भूल गया हूँ। उसने मुझसे हिंदुत्व के अर्थ पर एक निबंध लिखवाया था, साथ ही इस पर कि क्यों एक अहिंदू होते हुए भी मुझे हिंदू कहे जाने पर गर्व था। इस निबंध के छपने के बाद, जिसे 'ऑर्गेनाइजर' ने 'मुझे हिंदू कहलाने पर गर्व क्यों है' के शीर्षक से छापा था, मैंने उनके लिए हिंदू दर्शन तथा धर्म पर कुछ निबंध लिखे थे और मैं तत्कालीन संपादक श्री के. आर. मलकानी के संपर्क में था। उन्होंने मुझे एक पत्र में लिखा था कि अगर कभी मैं दिल्ली आऊँ तो उनसे मिलूँ।

मिलने पर मैंने श्री मलकानी को पक्का 'साहब' पाया, एकदम पश्चिमीकृत और आर. एस.एस. के नाम पर ध्यान में आने वाले मुसलमान विरोधी, क्रिश्चियन विरोधी व्यक्ति से एकदम भिन्न। आर.एस.एस. में अपवाद अवश्य थे, जैसे वरिष्ठ आर.एस.एस. नेता नानाजी देखमुख जो एकदम निष्पक्ष थे। असल में मलकानी जी खुद मुझे नानाजी देशमुख के पास ही लेकर गए। उन्होंने मेरा परिचय अपने युवा उप संपादक श्री बालशंकर से भी कराया, जो मेरी तरह केरल से थे।

श्री बालशंकर ने मुझे दिल्ली में रहने की जगह दिलवाई। मुझे केरल के कुछ अन्य युवा आर.एस.एस. कार्यकर्ताओं के साथ रहना था। वे अपनी रसोई चलाते थे। यहाँ पहली

बार मुझे आर.एस.एस. की विचारधारा और उनकी अंदरूनी कार्य–पद्धति की जानकारी हुई। उनका प्रसार–तंत्र बहुत अच्छा था। आर.एस.एस. के लोग ऐसी–ऐसी जगहों पर थे, जिसकी कोई कल्पना भी नहीं कर सकता। एक उदाहरण देता हूँ। आर.एस.एस. का एक लड़का, मैं दिल्ली में जिसके साथ रह रहा था, बाद में प्रधान मंत्री श्री पी.वी. नरसिंह राव के कार्यालय के स्टाफ का सदस्य हो गया। उसने मुझे चिट्ठी लिखी कि उसने श्री पी.वी. नरसिंह राव को भगवत् गीता पर मेरा कैसट सुनते देखा था। इसी तरह पत्रकारिता, न्यायपालिका, सेना, ब्यूरोक्रेसी, हर जगह आर.एस.एस. के व्यक्ति या उनसे सहानुभूति रखने वाले व्यक्ति मौजूद थे। उनकी विचारधारा के बारे में चाहे कोई कुछ भी कहे, मैंने उन्हें मेहनती और बहुत अनुशासित पाया।

नानाजी देशमुख पहले दिन से ही मुझे पसंद करने लगे। मेरे लेखन के कुछ नमूने देखकर उन्होंने मुझे अगले सोमवार को श्री देवेन्द्र स्वरूप अग्रवाल के पास जाने को कहा, जो दीन दयाल रिसर्च इंस्टीट्यूट के निदेशक थे, साथ ही डी.आर.आई. के त्रैमासिक शोधपत्र 'मंथन' के संपादक भी। नाना जी स्वयं डी.आर.आई. के संस्थापक और चेयरमैन थे। श्री अग्रवाल डी.ए.वी. कॉलेज में इतिहास के प्रोफेसर थे। उन्होंने मेरा साक्षात्कार लिया। मुझे 'मंथन' के अँगरेज़ी संस्करण में उनकी सहायता करने का काम दिया गया। मेरा कमरा डी.आर.आई. के हाईटैक मुख्यालय में उनके कार्यालय के पास था। मैं कमरे में श्री चंद्रकांत भारद्वाज के साथ बैठता था, जो 'मंथन' के हिंदी संस्करण के संपादन में सहायता करते थे। वे अक्सर कार्यालय नहीं आते थे। अतः साधारणतः कमरा अकेले मेरे पास रहता था। एक अच्छा पुस्तकालय और हर समय चाय का उपलब्ध होना अतिरिक्त आकर्षण थे, पढ़ने, सोचने और लिखने में रुचि रखने वाले युवा मस्तिष्क के लिए आदर्श।

श्री देवेन्द्र और मैं, दोनों, चौथी मंज़िल पर नानाजी के निवास पर दोपहर का भोजन करते। अगर नानाजी शहर में होते, तो हमारे साथ खाना खाते और उस समय के वार्तालाप काफी सूचनादायक होते। नानाजी आर.एस.एस. के वरिष्ठ और आदरणीय नेता थे, जो आर.एस.एस. के राजनैतिक अंग जनसंघ पार्टी की टिकट पर चुने जाकर कई सालों तक संसद के सदस्य रहे थे। वे वृद्ध समाजवादी जयप्रकाश नारायण को तत्कालीन प्रधान मंत्री

श्रीमती इंदिरा गांधी द्वारा घोषित आपात् स्थिति के विरुद्ध, क्रांतिकारी आंदोलन में शामिल करने के लिए ज़िम्मेदार थे।

आंदोलन से इंदिरा गांधी की सरकार गिर गई। चुनाव हुए। जनता पार्टी की जीत हुई, उनकी सरकार बनी। नानाजी पार्टी के सामान्य सचिव थे, जो दक्षिण पंथी और समाजवादियों का अभूतपूर्व सम्मिश्रण थी। जनता सरकार दो–तीन साल ही चल पाई। आपसी फूट और कुछ लोगों की सत्ता लिप्सा ने एक नूतन प्रयोग को खत्म कर दिया।

नानाजी ने इस्तीफा देकर राजनीति से अवकाश ले लिया। वे समाज सेवा में लग गए और उस क्षेत्र में अद्‌भुत काम किया। वे सामान्य राजनीतिज्ञों से भिन्न थे, मसलन वे अपनी गलतियाँ स्वीकार करने को तैयार रहते थे और उनके मन में श्रीमती इंदिरा गांधी के प्रति भी कोई वैमनस्य नहीं था, हालांकि वे उनके खिलाफ लड़ाई लड़े थे। मुझे याद है उन्होंने मुझसे कहा था कि वे एक महान् नायक थीं, जिसे चारों तरफ से घेरे रखने वाली 'कोटरी' (मंडली) ने गुमराह कर दिया था, जिसका परिणाम था आपात् स्थिति की घोषणा।

नानाजी के साथ काम करते और कभी–कभी उनके साथ यात्राएं करते हुए मेरा संपर्क तरह–तरह की राजनैतिक, सामाजिक और सांस्कृतिक विचार धाराओं से हुआ। इससे सरकारों के शीर्ष पर होने वाले व्यक्तियों की, अब तक मेरे लिए अनजानी दुनिया की तरफ मेरा ध्यान गया। आर.एस.एस. के नेताओं, जैसे कि तत्कालीन सर संघ चालक बाला साहब देवरस तथा श्री सुदर्शन, जो बाद में सर संघचालक हुए, उन से लेकर जॉर्ज फर्नान्डीज, प्रभृत्ति समाजवादियों तक, सभी नानाजी के मित्र और सहयोगी थे। अतः मुझे उन सबसे मिलने और बातचीत करने का अवसर मिला।

एक साल के अंदर मुझे 'मंथन' के अँगरेज़ी संस्करण का संयुक्त संपादक बना दिया गया। मैंने पुस्तकों की समीक्षा करते और पत्रिका के लिए कुछ विषयों पर काम करते, धर्म की राजनीति के बारे में काफी सीखा। खाली समय मैंने दिल्ली के बहुतेरे प्राचीन स्मारकों और आगरा की फतेहपुर सीकरी तथा अन्य जगहें देखने में बिताया। मैं हरिद्वार, ऋषिकेश, मथुरा, वृंदावन भी गया, जो दिल्ली से बहुत दूर नहीं थे। न तो मैं हरिद्वार में

और न ही ऋषिकेश में बाबाजी को देख सका, यद्यपि मैं उनकी सभी प्रिय जगहों पर गया। लेकिन मैं इससे अधिक परेशान नहीं हुआ। मैं स्वतंत्र था, और बाबाजी भी चाहते थे कि मैं उन पर निर्भर न रहूँ तथा अपने पैरों पर खडा हो जाऊँ।

मैं बाबाजी का चिर ऋणी हूँ कि उन्होंने मुझे स्वावलंबी बनाया और मुझे ध्यान साधना का वरदान दिया। मैं लगातार बिला नागा ध्यान–साधना कर रहा था, कभी आँखें खोले–खोले, कभी आँखे बंद करके। भोर के ध्यान के लिए मैं अवश्य ही बैठता और अपनी चेतना के केंद्र पर विशिष्ट ध्यान देता। जो कुछ असाधारण सामर्थ्य प्रकट हुई, उसे जनता से छिपाता रहा। ज़िंदगी बड़े सुचारु रूप से चल रही थी। जीवन यापन के लिए मेरे पास नौकरी थी, और साथ ही साथ मैं आंतरिक रूप से आध्यात्मिक आनंद भी ले रहा था।

कुछ समय बाद मैंने अपने को केवल शोध पत्रिका के सीमित क्षेत्र में काम करने से असंतुष्ट पाया। मैं पत्रकारिता के बड़े खुले क्षेत्र में हाथ आज़माना चाहता था।

सांप्रदायिक सद्भावना के विषय पर 'इंडिया इंटरनेशनल सेंटर' में आयोजित एक सम्मेलन में मैं श्री गणेश शुक्ल से मिला, जो 'न्यूवेव' नामक एक साप्ताहिक पत्रिका संपादित करते थे। मैं पत्रिका पढ़ चुका था और यद्यपि उसका झुकाव कुछ वामपंथी लगा, मुझे उसकी शैली और सामग्री अच्छी लगी। जब मैंने 'न्यूवेव' के लिए काम करने की इच्छा ज़ाहिर की, तो श्री शुक्ला तुरंत राज़ी हो गए। अगले दिन मैं 'मंथन' से इस्तीफा देकर 'न्यूवेव' आ गया। मेरे संपादक नाराज़ थे, लेकिन नानाजी समझ गए कि मैं क्यों बदलाव चाहता था।

'न्यूवेव' के साथ पत्रकार के रूप में काम करते समय दो महत्वपूर्ण घटनाएं घटीं, जिनका मेरे आध्यात्मिक जीवन से सीधा संबंध है। एक थी मेरा कश्मीर का दौरा और वहाँ 'कश्मीर शैव सिद्धान्त' के महान् गुरु 'स्वामी लक्ष्मण जू' से भेंट और दूसरी थी 'दिल्ली कॉन्स्टिट्यूशन क्लब' में 'जे. कृष्णमूर्ति' से मेरी एक छोटी मुलाकात।

नयनाभिराम सौंदर्य के अलावा, प्राचीन काल से ही कश्मीर 'आर्य सभ्यता' के उद्‌गम के रूप में जाना जाता रहा है। 'ग्रीस' के महान गणितज्ञ 'पाइथागोरस' ने भी कहा था

कि वह अपने गणित और आध्यात्मिक ज्ञान के लिए कश्मीर के 'ब्राकमनो' (ब्राह्मणों) का ऋणी था। चीन के यात्री और इतिहासज्ञ 'हुए त्सांग' अपना ज्ञान बढ़ाने के लिए सन् 613 में कश्मीर गए थे और उन्होंने कश्मीर के पंडितों की उनके विशुद्ध ज्ञान और पांडित्य के लिए सराहना की है। एक अन्य चीनी यात्री, 'ऑनकोंग' का कहना है कि कश्मीर में तीन सौ से अधिक मठ (मोनेस्टरी) धर्म और दर्शन के गहरे अध्ययन मे लगे हुए थे। 'ऑनकोंग' ने सन् 760 में कश्मीर की यात्रा की और बौद्ध भिक्षु बनकर वहाँ रहा। इसके अलावा 'कश्मीर शैव सिद्धांत', शिव के अनुयायियों के दर्शन और सिद्धांतों का एक गंभीर दृष्टिकोण है, अतः रहस्यवाद और उसके अभ्यासों को, यह कश्मीर की अनोखी देन है।

जहाँ तक कश्मीर के नैसर्गिक सौंदर्य का प्रश्न है, इस मनोहारी राज्य को केवल एक बार देखने पर कोई भी एक मुगल सम्राट के इस कथन से तुरन्त सहमत हो जाएगा कि 'यह धरती पर स्वर्ग है'। मुगल सम्राट ने फारसी में कहा था, 'अगर फिरदौस बर रू ज़मीन अस्त, हमीन अस्त, ओ हमीन अस्त, ओ हमीन अस्त' (अगर धरती पर कहीं स्वर्ग है, तो वह यहीं है, यहीं है)। पूर्व में तिब्बत, उत्तर में चीनी तुर्किस्तान और रूस तथा पश्चिम में अफगानिस्तान से लगी हुई सीमा वाले इस प्रदेश का जीवन और संस्कृति अनेक प्रभावों का सुंदर सम्मिलन है। 'शाह हमधानी' जैसे महान् सूफी संतों ने इसकी मिली-जुली संस्कृति में योगदान किया है। यह कम ही लोगों को मालूम है कि अतुलनीय उपनिषदों के अनुवाद की सबसे पहली योजना – फारसी में – तानाशाह प्रकृति के मुगल सम्राट औरंगज़ेब के संत सरीखे भाई दारा शिकोह ने श्रीनगर में कश्मीरी सूफीवाद का अध्ययन करते समय बनाई थी और यहीं वह काम पूरा भी किया था।

कश्मीर जाने में मेरी विशेष रुचि इसलिए थी कि मैं महान् योगी 'श्री लक्ष्मण जू' से मिलने की कोशिश करना चाहता था और 'अनंतनाग' के पास 'भंजो' में पांचवी-छठी शताब्दी के मंदिरों को देखना चाहता था, जिनका ज़िक्र बाबाजी ने किया था। ये मंदिर एक समय धर्म के उच्चतर रहस्यों की दीक्षा देने के लिए प्रयोग किए जाते थे। प्राचीन काल में मिश्र के पिरामिड-मंदिरों के महायाजक उतनी दूर से इन रहस्यों की दीक्षा लेने यहाँ आए थे। कहा जाता है कि यीशू ने भी कश्मीर में कुछ समय बिताया था।

गुफा–मंदिर जाने के बाद मैं प्रसिद्ध 'हज़रत बल' सहित कई सूफी स्थलों पर गया, आदि शंकराचार्य की पहाड़ी भी चढ़ा, जहाँ उनके द्वारा स्थापित लिंग आज भी विद्यमान है। लेकिन सबसे महत्वपूर्ण घटना थी 'श्री लक्ष्मण जू' से मेरी भेट।

एक रविवार को दोपहर के बाद लगभग साढ़े तीन बजे मैं 'लक्ष्मण जू' के आश्रम पहुँचा। लोग उन्हें 'स्वामीजी' कहते थे। मुझे बताया गया कि इस दिन वे जनता से मिलते थे। मुगल गार्डन के पास ही 'डल झील' को ऊपर से देखता हुआ रंग–बिरंगे फूलों से भरी क्यारियों वाला सुंदर आश्रम उनका व्यक्तिगत निवास स्थान था। इस जगह का नाम 'निशात बाग' था। यहाँ से चारों तरफ का दृश्य नज़र आता था। आश्रम बूढ़े, बच्चे और तरह–तरह के लोगों से भरा था। मैं भी भीड़ में शामिल हो कर 'स्वामीजी' का इंतज़ार करने लगा। बाबाजी ने एक बार बताया था कि 'लक्ष्मण जू' 'कश्मीर शैव सिद्धान्त' पर सबसे बड़े जीवित विद्वान थे। केवल सैद्धांतिक अर्थ में ही नहीं, वे एक पहुँचे हुए सिद्ध थे।

थोड़ी देर बाद भीड़ अचानक शांत हो गई। नज़रें घुमाईं तो मैंने उन्हें पोर्च से बाहर निकलते हुए देखा – दुबले, लगभग छः फीट लंबे, बिना दाढ़ी–मूंछों के, अत्यंत गोरे, सफेद छोटे कटे हुए बाल, कश्मीरी फिरान पहने हुए। वे सत्तर के लगते थे पर उनकी चाल युवाओं जैसी थी, और उनकी चाल–ढाल में कुछ आभिजात्यीय पुट था। मैं चुपचाप भीड़ के साथ खड़ा रहा और झुककर उन्हें प्रणाम किया। सोच रहा था कि क्या मैं कभी उनसे अकेले मिल सकूँगा। मेरे आश्चर्य का ठिकाना न रहा, जब वे एकत्रित लोगों से कुछ समय शिष्टाचार वश बातचीत कर और उन्हें आशीर्वाद देकर सीधे वहाँ आए, जहाँ मैं खड़ा था और मुस्कुराते हुए चेहरे से मेरा हाथ पकड़ लिया। उन्होंने मेरी आँखों में आँखें डालीं जैसे वे कुछ ढूँढ़ रही हों, आनंद की एक लहर मेरे शरीर में दौड़ गई और मेरा शरीर काँपने लगा।

मैं समझता हूँ यह वहाँ एकत्र लोगों के चकित होने की बारी थी, जब मेरा हाथ पकड़े–पकड़े उन्होंने कहा, "आओ, चलते हैं" और मुझे ध्यान–मण्डप की ओर ले गए। वहाँ जाकर वे एक कश्मीरी कालीन पर बैठ गए और मुझे अपने सामने एक और कालीन पर बैठने को कहा। उन्होंने आगे झुककर यह कहते हुए मेरा हाथ पकड़ लिया, "बेटे, और पास आओ, मैं तुम्हारी प्रतीक्षा करता रहा हूँ। विश्वास नहीं? ऊँहूँ, शक्की थॉमस!"

अपने फिरान में से उन्होंने कोई काली सी वस्तु निकाली और मेरी आँखों के सामने रख कर पूछा, ''देखो। पहचानते हो इसे?''

मैं स्तंभित हो गया। यह बिल्कुल वही रुद्राक्ष लगा, जिसे बाबाजी अपने गले में पहनते थे, बड़ा और लगभग काला। ''बाबा महेश्वरनाथ ने मुझे दिया था, जब मैं बीस साल का था। यह बात कोई नहीं जानता, अब सिवाय तुम्हारे जब मैंने यह बात तुम्हें बता दी है। इस घटना के एक साल बाद मैंने अभिनव गुप्त की व्याख्या सहित भगवत् गीता प्रकाशित की। बाबाजी की इच्छा थी कि मैं यह काम करूँ। मुझे खुशी है कि तुम्हारे गुरु ने तुम्हें मेरे पास भेजा। यद्यपि बाबाजी मेरे व्यक्तिगत गुरु नहीं हैं, मैं उन्हें अपने गुरु 'स्वामी महताब काक' या अपने ग्रांड मास्टर 'स्वामी राम' से कम आदर नहीं देता। तुम्हारा सौभाग्य है कि तुम्हारे गुरु ने तुम्हें पा लिया और 'श्री गुरु' से संपर्क पुनः स्थापित करा दिया।''

आँखों में आँसू भर कर मैंने कहा ''स्वामीजी! मैं और क्या कह सकता हूँ? लगता है आपको तो मेरे बारे में सब कुछ मालूम है।''

हमने 'कश्मीर शैव सिद्धांत' और उसके अभ्यासों पर आधे घंटे तक बात की। उन्होंने मेरी क्रिया–दिनचर्या में कुछ बदलाव करने की सलाह दी और 'प्रत्याभिज्ञाहृदयम' 'विज्ञान भैरव' एवं 'परत्रैशिक विवरण' पढ़ने को कहा। भेंट समाप्त करने से पहले उन्होंने दो पुस्तिकाएं दी, संस्कृत ग्रंथ 'बोधपंचदशिका' और 'पराप्रवेशिका' के उनके द्वारा किए गए अंगरेज़ी रूपान्तर। उनके अँगरेज़ी नाम थे 'फिफ्टीन वर्सेज ऑफ विज़डम' (ज्ञान के पंद्रह श्लोक) तथा 'एंट्रेंस इन्टु सुप्रीम रिएलिटी' (परम सत्य में प्रवेश)।

मैंने उनके चरणों में दंडवत् किया और चला आया। ''बाबाजी से मिलने पर उन्हें मेरा प्रणाम कहना। अमृतेश्वर भैरव तुम्हें मुक्ति दें'' उन्होंने मेरे जाते–जाते कहा।

फिर कश्मीर से मैं दिल्ली चला आया।

दिल्ली आने के दो हफ्ते बाद मुझे पता लगा कि 'कॉन्स्टिट्यूशन क्लब' में जे. कृष्णमूर्ति दो दिन प्रवचन करेंगे। अनेक कारणों से मैं पहले दिन नहीं जा सका। परन्तु दूसरे दिन मैं वार्ता शुरू होने से कुछ मिनट पहले ही पहुँच गया। श्रोतागण वास्तव में

विशिष्ट वर्ग के लोग थे, बड़े–बड़े व्यापारी, उद्योगपति, विभिन्न राजनैतिक पक्षों के नेता, बुद्धिजीवी, वैज्ञानिक और मीडिया के लोग। एक पत्रकार होने के नाते मैंने एक अच्छी सीट पा ली, जहाँ से मैं वक्ता को अच्छी तरह देख सकता था। श्रोता शांति पूर्वक उनका इंतज़ार कर रहे थे।

छः बजे के ठीक निर्धारित समय पर वे आए, अनिंद्य वस्त्र धारण किए हुए, हल्के कत्थई रंग का रेशमी कुर्ता और सफेद पैजामा। वे मंच पर पालथी मार कर बैठ गए। सफेद बालों और सुंदर चेहरे के साथ जब उन्होंने अभिवादन में हाथ जोड़े और बोलना शुरू किया तो वे 'आधुनिक बुद्ध' लगे। कोई परिचय नहीं, कोई दीप जलाना नहीं, कोई ड्रामा नहीं। वे सीधे विषय पर आए। उतने साल पहले कहे गए उनके उस दिन के शुरूआती शब्द मुझे आज भी स्पष्ट रूप से याद हैं, ''मैं कहना चाहूँगा कि हम किसी धारणा विशेष, आदर्श या संस्था के लिए प्रचार नहीं कर रहे। हम और आप साथ–साथ यह जानने की कोशिश कर रहे हैं कि दुनिया में क्या हो रहा है...''

लगभग एक घंटे तक पूर्ण शांति बनी रही, जब 'कृष्णमूर्ति' ने हिंसा की संरचना को उघाड़ कर दिखाया कि कैसे सदियों से धर्म भी हिंसा को बढ़ावा देता रहा है, उकसाता रहा है। वे लोगों को यह समझने के लिए प्रेरित कर रहे थे कि अपने मन की गहराइयों में वे कितने हिंसक थे। वे हाथ जोड़कर अनुनय कर रहे थे कि लोग अपने आप देखें कि हिंसा ने कितनी अकूत हानि की है और वे अपने दैनंदिन जीवन में हिंसा को त्यागें।

यह किसी सिद्धांत या दर्शन की व्याख्या नहीं थी, यह अवचेतन और अचेतन की यात्रा थी, अपने अंदर की खोज की यात्रा थी। श्रोता, वार्ता में इतने डूब गए थे कि कृष्णमूर्ति के बोलना बंद कर देने के बाद भी कई मिनटों तक कोई हिला तक नहीं। फिर उन्होंने 'नमस्ते' में हाथ जोड़े और मंच से नीचे उतर आए। यही वह क्षण है जब मेरे साथ कुछ बहुत व्यक्तिगत और आत्मीय घटा। जाते–जाते वे अचानक रुके, मुड़े और कुछ क्षणों के लिए सीधे मेरी आँखों में देखा। फिर वे मुड़े और चले गए।

मैंने एक ठोस शक्ति को अपने अंदर प्रवेश करते हुए महसूस किया। बस पकड़ कर अपने कमरे पहुँचने तक उस अनोखी–सी शक्ति का प्रभाव बना रहा। ऐसा लग रहा

था मानों मैं किसी विचक्षण आनंद के नशे में था, जिसे समझाया नहीं जा सकता था। जब मैं कमरे में घुसा तो मुझे याद है कि मेरे मित्र शेरिडन ने, जो ऊपरी मंज़िल पर रहता था, पूछा था कि क्या मैंने कुछ पी ली थी। शेरिडन बाद में राष्ट्रपति श्री अब्दुल कलाम के निजी सचिव बने। मैं लड़खड़ा रहा था। यह अहसास सारी रात रहा और मैं भोर होते–होते ही सो पाया।

अगले दिन ही मैंने श्री गणेश शुक्ला को अपना इस्तीफा दे दिया और 'न्यूवेव' छोड़ दिया। उसके एक दिन बाद मैंने 'बनारस' की गाड़ी पकड़ी। बनारस में मुझे 'जूना अखाड़ा' में रहने की अनुमति मिल गई। पास ही राजघाट में 'कृष्णमूर्ति केंद्र' था, लेकिन मुझे वहाँ जाने की इच्छा नहीं हुई। मैंने एक साल यूँ ही विभिन्न घाटों का भ्रमण करते बिता दिया। बीच–बीच में 'काशी विश्वनाथ मंदिर' जाता था। मैं संपूर्ण, अप्रतिबंध मुक्ति का आनन्दोत्सव मना रहा था।

44. वसंत विहार

पूर्णिमा की एक रात, 'मणिकार्णिका घाट' से एक नाव को गुज़रता देख सहसा मुझमें 'कृष्णमूर्ति' से मिलने की एक अदम्य इच्छा जागी। अगले दिन मैं राजघाट जाकर 'कृष्णमूर्ति केंद्र' के तत्कालीन मुख्यस्थ श्री उपासनी से मिला। पूछने पर उन्होंने बताया कि अगले एक–दो हफ्तों में 'कृष्णमूर्ति' चेन्नई आने वाले थे। उन्होंने सलाह दी कि मैं उससे पहले चेन्नई जाकर प्रसिद्ध स्वतंत्रता सेनानी और उस समय 'कृष्णमूर्ति फाउंडेशन' के उपाध्यक्ष श्री अच्युत पटवर्धन से मिल लूँ। वे शायद 'कृष्णमूर्ति' से भेंट करा सकें।

मैं उन्हें धन्यवाद देकर रेलवे स्टेशन गया और 'चेन्नई' का टिकट खरीद लिया। द्वितीय श्रेणी शयनयान का दो दिन बाद का टिकट उपलब्ध था। और इस तरह कुछ दिन बाद मैं चेन्नई में था, लेकिन अपने माँ–बाप के घर जाने के बजाय मैं सीधा 'कृष्णमूर्ति फाउंडेशन' के ग्रीनवेज रोड पर स्थित मुख्यालय गया। मैंने वहाँ श्री अच्युत पटवर्धन से मिलने का समय माँगा। ऑफिस मैनेजर श्री पट्टाबि ने इंटरकॉम पर श्री पटवर्धन से बात की और मुझे एक बड़े–से हॉल में ले गये, जहाँ मुझे श्री अच्युत पटवर्धन का इंतज़ार करने को कहा गया। लगभग आधे घंटे बाद वे कमरे में आए।

स्वनामधन्य अच्युत पटवर्धन के बारे में मैं सुन चुका था। एक ऐसे स्वतंत्रता सेनानी, जिन्होंने किशोरावस्था में ही 'भारत छोड़ो' आन्दोलन के अंगस्वरूप, अपनी साथी अरुणा आसफ अली के साथ भारत में अँगरेज़ी साम्राज्य के मुख्यालय जाकर 'यूनियन जैक' के झंडे को उतार कर, तिरंगा फहरा दिया था। तो मैं किसी प्रभावशाली, हट्टे–कट्टे आदमी से मिलने की अपेक्षा कर रहा था। जो आदमी अन्दर आया, वह छोटे कद का था। लेकिन उनकी आँखें तेज़ और सावधान थीं। और वे सत्तर के नहीं लगते थे। वे फुर्तीले और सुसभ्य थे। मुझसे मिलने से पहले वे अपना 'होमवर्क' कर चुके थे। राजघाट (बनारस) से उपासनी उनसे फोन पर मेरे बारे में बात कर चुके थे, उन्होंने दिल्ली में नानाजी देशमुख से भी पता

लगा लिया था। वे नानाजी को अच्छी तरह जानते थे। मेरी पृष्ठभूमि से वे संतुष्ट लगे और मेरे साथ सद्भाव से पेश आए।

उन्होंने बताया कि 'कृष्णमूर्ति' एक महीने में आने वाले थे। तब तक मैं 'वसंत विहार' में रह सकता था, जिसे मुख्यालय कहा जाता था। वे 'के' से मेरे व्यक्तिगत साक्षात्कार की कोशिश करेंगे। मैंने उन्हें धन्यवाद दिया और राज़ी हो गया। मुझे भोजन कक्ष के पास एक छोटा कमरा दिया गया। मैं भोजन अच्युत जी के साथ भोजन कक्ष में करता था। कभी–कभी दोपहर और शाम के खाने के लिए कुछ मेहमान हुआ करते थे। कैम्पस शाकाहारी था, शराब नहीं, तंबाकू नहीं। यह मेरे लिए बिल्कुल अनुकूल था। शाम को मैं अच्युत जी के साथ साढ़े पाँच एकड़ के अनेक वृक्षों वाले कैम्पस में घूमने जाता था या पास के 'थियोसोफीकल सोसाइटी' के विशाल प्रांगण में, जहाँ हमें कार छोड़ देती थी और फिर वापस ले आती थी।

उम्र और सामाजिक स्तरों में फर्क होने के बावजूद हम अच्छे मित्र बन गए। वे मुझसे तिगुनी उम्र के थे और सामाजिक और राजनैतिक तबकों में प्रख्यात। हम कई तरह के विषयों पर चर्चा करते। उनके जैसे प्रतिष्ठित व्यक्ति से सीखने को बहुत कुछ था। उनके द्वारा बताई एक कहानी मैं कभी नहीं भूल सकता कि कैसे उन्होंने 'के' से गांधीजी के नेतृत्व में चलने वाले 'भारतीय स्वतंत्रता आन्दोलन' में शामिल होने की अनुमति माँगी थी। 'के' ने उनसे कहा था कि उनके लिए स्वतंत्रता का अर्थ था पूर्वाग्रहों, विभाजन और हिंसा से पूर्ण स्वतंत्रता और अगर स्वतंत्रता आंदोलन इसे पाने जा रहा था, तो अगर चाहो तो 'शामिल हो जाओ, मुझसे मत पूछो।' उसके बाद, अंगरेज़ों के चले जाने के बाद हुआ भारत और पाकिस्तान का विभाजन और उससे पैदा हुई दिल दहला देने वाली हिंसा और रक्तपात। अच्युत जी इसके बाद 'के' से मिले थे और 'के' ने कुछ–कुछ व्यंग्यात्मक लहज़े में उनसे पूछा था कि क्या विभाजन की बेमानी हिंसा और रक्तपात वास्तव में स्वतंत्रता थी।

जब मैं 'कृष्णमूर्ति' के आने का इंतज़ार कर रहा था, तब तक मैंने लगभग सारा कृष्णमूर्ति साहित्य पढ़ डाला और उनकी वार्ताओं के ऑडियो टेप सुन डाले। इससे पहले कि मैं उनसे अपनी व्यक्तिगत मुलाकात का विवरण दूं, मैं 'कृष्णमूर्ति' का संक्षिप्त शब्द–चित्र देना चाहूँगा।

शुरुआत होती है 1873 में रूस के एक कुलीन परिवार की 'हेलेना पेट्रोना ब्लावाट्स्की' के भारत आगमन से। 'कर्नल हेनरी ऑल्कट' के साथ उन्होंने गुप्त विद्याओं के चमत्कारों के अन्वेषण का काम शुरू किया और 'थियोसोफीकल सोसाइटी' की स्थापना की। 'एचपीबी', जैसा कि 'ब्लावाट्स्की' को पुकारा जाता था, काफी विवादास्पद व्यक्ति थीं। उनके तथाकथित गुप्त विद्या द्वारा चीजों के प्रकट करने को कुछ लोग दैवी मानते थे और कुछ केवल हाथ की सफाई। अल्डुअस हक्सले ने उन्हें एकदम धोखेबाज़ और ' ह ा ` क स ' कहा था।

'एचपीबी' का दावा था कि वे हिमालय के महान् रहस्यमय गुरुओं की तरफ से काम कर रही थीं, जिन्होंने उन्हें 'थियोसोफीकल सोसाइटी' स्थापित करने की आज्ञा दी थी। उन्होंने दो गुरुओं के नाम लिए, एक 'मोर्या' और दूसरे 'कुथुमी लाल सिंह' और कहा कि वे तिब्बत और कराकोरम की पर्वत श्रेणी में उनके साथ रही थीं तथा उनमें से एक उनके व्यक्तिगत गुरु थे। अपनी शानदार जीवन शैली, असंदिग्ध विस्तृत ज्ञान और चुंबकीय व्यक्तित्व से उन्होंने महान् वक्ता, निरीश्वरवादी, फेबियन सोसाइटी की सदस्या और जॉर्ज बर्नार्ड शॉ की निकट मित्र, 'एनी बेसेंट' को आकर्षित किया। 'एनी बेसेंट' को 'ब्लावाट्स्की' की पुस्तक 'द सीक्रेट डॉक्ट्रिन' समीक्षा के लिए दी गई थी, लेकिन वे उससे इतनी प्रभावित हुई कि वे 'ब्लावाट्स्की' से मिलीं और शीघ्र ही उनकी शिष्या हो गईं। 'कृष्णमूर्ति' के जीवन में 'एनी बेसेंट' की महत्वपूर्ण भूमिका है।

एक और व्यक्ति जिन्होंने शायद 'कृष्णमूर्ति' के जीवन में सबसे अधिक महत्वपूर्ण भूमिका निभाई, वे थे 'सी. डब्ल्यू. लैडबीटर'। वे पहले 'चर्च ऑफ इंगलैंड' के पादरी थे। वे काफी पढ़े लिखे और बहुमुखी प्रतिभा के धनी थे। लेकिन गुप्त विद्याओं पर उनकी पुस्तकों ने, जो पढ़ने में अत्यंत रुचिकर हैं, अनेक लोगों को हैरत से सोचने पर मजबूर कर दिया है कि जो उनमें लिखा गया है, वह सत्य है या कहानी। 'सी. डब्ल्यू. लैडबीटर' (सीडब्ल्यूएल) अपनी फहराती सफेद दाढ़ी और तेज़ नाक नक्शों के कारण बाइबिल के किसी पात्र जैसे लगते थे। वे भी 'ब्लावाट्स्की' से मिले, उनके शिष्य हो गए और शीघ्र

एक प्रमुख थियोसोफिस्ट माने जाने लगे। 'ब्लावाट्स्की' के बाद 'सी डब्ल्यू एल' दावा करने लगे कि अब वे अदृश्य थियोसोफिस्ट गुरुओं से संपर्क में थे और उनकी तरफ से दीक्षाएं और आशीर्वाद देने लगे। गुप्त विद्या के क्षेत्र में 'एनी बेसेंट' उन पर काफी निर्भर थीं।

मुख्यतः 'सी डब्ल्यू एल' थियोसोफिस्टों में यह विचार फैलाने के लिए ज़िम्मेदार थे कि 'मैत्रेय बुद्ध', भविष्य के 'बुद्ध', इस काल के मसीहा के अवरतण का समय आ गया था। यह अवतरण विशिष्ट था। इसमें 'बुद्ध' पहले से ही जन्मे किसी व्यक्ति के पवित्र, गुणशील और विशेष रूप से प्रशिक्षित शरीर में प्रवेश कर जाएंगे। इसके लिए प्रमुख थियोसोफिस्ट किसी ऐसे योग्य बालक की तलाश में थे, जो शायद मैत्रय के अवतरण के लिए उपयुक्त हो।

'एचपीबी' के जीवनकाल में ही 'थियोसोफीकल सोसाइटी' ने तीन सौ एकड़ की ज़मीन पर 'अड्यार', 'चेन्नई' में अपना मुख्यालय स्थापित कर लिया था। भव्य, घने वृक्षों वाली यह जगह 'अड्यार नदी' के किनारे थी, इसमें यूरोपीय शैली की इमारतें थीं और उनका खुद का 'बीच' (समुद्र तट) भी। यहाँ, नदी के किनारे 'सी डब्ल्यू एल' को 'कृष्णमूर्ति' और उनके भाई 'नित्यानंद' मिले, जब वे काफी कम उम्र के थे और उन्होंने घोषित कर दिया कि उन्होंने अपनी अतीन्द्रिय दृष्टि से देखा था कि बालक 'कृष्णमूर्ति' का प्रभा मंडल शुद्ध, गुणवान् और तेज था, अतः भगवान् मैत्रेय के लिए उपयुक्त था।

लंबी कहानी संक्षेप में यह है कि टेढ़े–मेढ़े दांतों वाले, जूंओं से परेशान 'कृष्ण' और उनके छोटे भाई 'नित्यानंद' को उनके पिताजी कृष्णय्या से ले लिया गया। उनके पिता कृष्णय्या एक अवकाश प्राप्त छोटे सरकारी नौकर थे। 'लैडबीटर' तथा उनके द्वारा चुने हुए अन्य व्यक्तियों ने दोनों भाईयों को प्रशिक्षित किया, ताकि वे पक्के 'साहब' बनकर उनकी तरह व्यवहार करने लगे। कृष्ण दत्तक लिए जाने से पहले बिल्कुल मंदबुद्धि माने जाते थे। वे कभी कैंब्रिज या ऑक्सफॉर्ड में प्रवेश पाने के इम्तहान को पास न कर सके, जबकि उनके भाई 'नित्य' तेज़ थे और उन्होंने अच्छी शिक्षा प्राप्त की। 'थियोसोफिस्ट' जब दोनों को लेकर पश्चिम गए, तो थियोसोफिस्टों के प्रचार के चलते, दोनों युवा काफी लोकप्रिय हो गए।

'कृष्ण', जिन्हें 'भविष्य का मसीहा' मान लिया गया था, एक राजकुमार की तरह रखे जाते थे। वे 'सविल रो' सूट पहनते, महंगी कारें चलाते और सामान्यतः इंग्लैंड, यूरोप और अमेरिका के ऊँचे तबके के लोगों की आँखों का तारा थे। 'त्रासदी घटी' जब छोटा भाई 'नित्य' टी.बी. से मर गया। 'कृष्ण' को यह विश्वास था कि थियोसोफिस्ट गुरु 'नित्य' को मरने नहीं देंगे। इस घटना से उनका थियोसोफी से विश्वास उठ गया, विशेष रूप से 'सी डब्ल्यू एल' किस्म की थियोसोफी से। वे उनके धर्म–तंत्रात्मक ढाँचे से दूर हटने लगे। अंत में, तीन अगस्त, 1929 में ओम्मेन, हॉलैंड में आयोजित थियोसोपिफस्टों के एक अंतर्राष्ट्रीय सम्मेलन में 'कृष्णमूर्ति' ने 'थियोसोफीकल सोसाइटी' और इसके सिद्धांतों से अपने को पूरी तरह अलग कर लिया। उन्होंने 'ऑर्डर ऑफ द स्टार', जिसके वे मुखिया थे, उसे विसर्जित कर दिया और कहा, ''सत्य एक पथ हीन प्रदेश है और आप वहाँ किसी भी रास्ते से नहीं पहुँच सकते।''

उन्होंने स्तब्ध श्रोताओं से कहा, जिनमें 'एनी बेसेंट' भी थीं, ''मुख्यस्थ होने के अधिकारों से मैंने अब 'ऑर्डर' को विसर्जित करने का निर्णय लिया है। आप लोग कोई और संस्था बना सकते हैं। उससे मेरा कोई सरोकार नहीं, न ही नए पिंजड़े बनाने से और उन पिंजड़ों के लिए नए अलंकार बनाने से। मेरा एकमात्र सरोकार है मनुष्य को पूर्णरूप से अप्रतिबंधित स्वतंत्रता दिलाना।'' श्रीमती 'एनी बेसेंट' इस धक्के से कभी उबर नहीं सकीं और शीघ्र ही उनका देहान्त हो गया। 'कृष्णमूर्ति' ने कुछ मित्रों के साथ 'कृष्णमूर्ति राइटिंग्स इन्कार्पोरेटेड' की स्थापना की, जो संसार भर में उनके भाषणों तथा अन्य कार्यक्रमों की व्यवस्था करती थी। इन में सर्वाधिक महत्वपूर्ण राजगोपाल थे और वे भी सी.डब्ल्यू.एल की ही एक और खोज थे। यह राजगोपाल थे जिन्होंने 'कृष्णमूर्ति' की वार्ताओं के पहले संकलन 'कमेन्टरीज ऑन लिविंग' का निपुणता से संपादन किया था।

सालों बाद राजगोपाल और 'कृष्णमूर्ति' में मतभेद हो गया और लंबे अप्रिय अंतराल एवं कानूनी दांव–पेंचों के बाद राजगोपाल को किनारे कर दिया गया तथा कृष्णमूर्ति के नए, राजनैतिक रूप से प्रभावशाली मित्रों की सहायता से 'कृष्णमूर्ति फाउंडेशन इंडिया', 'द कृष्णमूर्ति ट्रस्ट, इंगलैंड' और ओजय कैलीफोर्निया में मुख्यालय के साथ 'द कृष्णमूर्ति

फाउंडेशन ऑफ अमेरिका' की स्थापना की गई। ये संस्थाएं उनकी वार्ताओं की प्रतिलिपियों को प्रकाशित करतीं और भारत तथा विदेशों में 'कृष्णमूर्ति' के सारे कार्यक्रमों का निर्वहन करतीं।

वसंत विहार 'कृष्णमूर्ति फाउंडेशन' का भारतीय मुख्यालय था, जहाँ मैं 'कृष्णमूर्ति' के आने का इंतज़ार कर रहा था।

नवंबर के अंत में 'कृष्णमूर्ति' चेन्नई आए। वे मध्य रात्रि वाली उड़ान से आए थे और मैं उन्हें अगले दिन दोपहर के भोजन के समय ही देख सका।

अच्युत पटवर्धन के छोटे भाई पद्माकर पटवर्धन और उनकी दक्षिण भारतीय पत्नी सुनन्दा, जो 'कृष्णमूर्ति बुलेटिन' का संपादन करती थी, 'कृष्णमूर्ति' के आगमन से पहले अपनी यात्राओं से वापस आ गए थे। उनकी शंकालु प्रवृत्ति और मुझ जैसे छुटभय्यों को 'कृष्णमूर्ति' से दूर रखने के मनोभाव के बावजूद, अच्युत जी की संस्तुति पर मुझे उस छोटे समूह में शामिल कर लिया गया, जो भोजन–कक्ष में 'कृष्णमूर्ति' के साथ भोजन करता था।

वसंत विहार में 'कृष्णमूर्ति' की जन–वार्ताओं और सभाओं के लिए अभी काफी समय बाकी था। अतः वसंत विहार में थोड़े से ही लोग रह रहे थे। लंच या डिनर पर ज़्यादा बातचीत नहीं होती थी। कभी–कभी किसी अतिथि या किसी प्रभावशाली वीआईपी को 'कृष्णमूर्ति' के साथ खाने के लिए निमंत्रित किया जाता था जो फाउंडेशन के लिए सहायक हो सकता थे। मुझे 'कृष्णमूर्ति' से जितनी हो सके उतनी दूर जगह दी जाती थी। अन्ततः तीन–चार दिन बाद श्रीमती सुनन्दा पटवर्धन ने मुझे सूचना दी कि 'कृष्णजी' अकेले मुझसे आधे घंटे के लिए या जितने समय के लिए वे चाहें, ऊपर अपने बेडरूम में मिलेंगे। वे कृष्णमूर्ति जी को इसी नाम से बुलाती थीं। मैं जानता था कि यह अवसर मुझे अच्युत जी की बदौलत ही मिला था।

ऊपर का बेडरूम अलंघनीय माना जाता था, आगन्तुकों को सीढियाँ भी नहीं चढ़ने दिया जाता था। अतः यह विशेषाधिकार मिलने पर मैं अत्यंत प्रसन्न था। थोड़ी घबराहट के साथ घुसने पर मैंने 'कृष्णजी' को पालथी मारे फर्श पर एक कालीन पर बैठे देखा।

''सर, आप दरवाज़ा बंद कर सकते हैं,'' ये उनके पहले शब्द थे, ''और आकर इधर बैठें'' मैं सावधानी से गलीचे के किनारे बैठ गया।

''नहीं, नहीं, इधर आओ'' और इशारा किया कि मैं आगे आऊँ। मैं उनके सामने कुछ फीट की दूरी पर बैठ गया। एक मिनट के लिए उन्होंने मेरा बाँया हाथ पकड़ा, फिर छोड़ दिया। मैं उनकी उपस्थिति से आतंकित या भयभीत नहीं था, उल्टे मुझे ऐसा लगा मानों एक अच्छे मित्र के पास बैठा था। अस्सी के आसपास होने पर भी वे वास्तव में खूबसूरत थे। हालाँकि मैंने चेन्नई और फिर दिल्ली में उन्हें दूर से देखा था, पर पहली बार मैं समझा कि 'बर्नार्ड शॉ' को कैसा लगा होगा जब वे 'कृष्णमूर्ति' से मिलने गए थे और उन्होंने टिप्पणी की थी कि उनकी नज़र में युवा कृष्णमूर्ति अब तक के सर्वाधिक सुंदर व्यक्ति थे।

''वे उपनिषदों में कहते हैं न – समीप बैठो।'' उन्होंने एक नटखट मुस्कान के साथ कहा। ''मैंने तो अधिक नहीं पढ़ा।''

''विश्वास करना कठिन है, सर'' मैंने कहा, ''अपने थियोसोफिकल दिनों में अवश्य आपने उपनिषदों का अध्ययन किया होगा।''

''पता नहीं। शायद किया था, मुझे ठीक से याद नहीं,'' उन्होंने कहा और बातचीत का रुख अचानक बदल कर बोले, ''अपने बारे में बताओ, अच्युत कह रहे थे कि तुम गुरु के साथ हिमालय में यात्राएं करते रहे हो। वे कौन थे और उन्होंने क्या किया? तुम्हें मालूम है मैं नहीं मानता कि गुरु आवश्यक है?''

मैंने कहा, ''सर! आदर सहित कहना चाहूँगा कि मैं आपसे सहमत नहीं। मैं समझता हूँ, गुरु आवश्यक हैं बशर्ते कोई उन पर पूरी तरह निर्भर न हो जाए। मैं अपने गुरु को 'बाबाजी' कहता हूँ, वे शुरू से ही स्पष्ट थे कि हर किसी को अपने पैरों पर खड़े होना है, निर्भर नहीं बनना है। उनकी कोई संस्था या कोई अन्य पहचान नहीं थी, सिर के ऊपर कोई छत भी नहीं थी। वे जगह–जगह घूमते थे और अक्सर गुफाओं में रहते थे।

''मैंने आपकी वह कहानी सुनी है कि कैसे 'सत्य' भी, संस्थागत किए जाने पर अपनी सत्यता को खो देता है, फिर भी आप 'कृष्णमूर्ति फाउंडेशन' नामक संस्था के मुख्यस्थ हैं। 'बाबाजी' के पास कुछ नहीं था। वे सचमुच एक स्वतंत्र व्यक्ति थे।''

मुझे कहना पड़ेगा कि 'कृष्णमूर्ति' ने मुझे ध्यान से और गंभीरता से सुना। उन्होंने मुझे निकल जाने को नहीं कहा, जो वे आसानी से कह सकते थे।

''तुम ठीक कह रहे हो,'' उन्होंने कहा, ''सही बात यह है कि मैं इस सब ड्रामा से तंग आ चुका हूँ। तुम्हें मालूम है कि मैं सालों पहले 'थियोसोफीकल सोसाइटी' और उसकी संस्थाओं, धर्मतन्त्रों इत्यादि को छोड़ आया था। यदि तुम यहाँ कुछ दिन रहोगे, तो तुम्हें पता चलेगा कि मैं शायद इसे भी छोड़ दूंगा, जब मेरे लिए और सहना मुश्किल हो जाएगा। किसी को बताना मत कि मैंने ऐसा कहा था, ओ.के.?'' उन्होंने कहा और मेरे कंधे थपथपाते हुए हँस पड़े।

''अब यह बताओ कि यदि तुम उस सबसे पूर्ण संतुष्ट थे, जो तुमने उनसे सीखा था, क्या नाम था उनका... बाबाजी, तो फिर तुम यहाँ क्यो आए हो?''

''सर! बाबाजी ने सलाह दी थी कि मैं आपसे मिलूँ।''

''लेकिन क्यों, आखिर किसलिए? जो भी हो, अगर तुम यहाँ रहना चाहो, तो कुछ समय के लिए रह सकते हो। मैंने जो सुना है उससे तो लगता तुम घुमन्तू हो, इसलिए नहीं मालूम तुम यहाँ कितने दिन टिकोगे, लेकिन वह कोई समस्या नहीं।''

''सर! मुझे खुद नहीं मालूम और मैं कुछ पक्का नहीं कह सकता।''

''ठीक है। लेकिन बताओ कि क्या तुम्हारे बाबाजी ने थियोसोफीकल गुरुओं के बारे में कुछ कहा था, हवाइट लॉज और उस तरह का और अनाप–शनाप?''

''हिमालय में महान् गुरु हैं, सर! बाबाजी स्वयं उन में से एक हैं। उनके गुरु जिन्हें हम 'श्री गुरु बाबाजी' कहते हैं, मैं उनसे मिल चुका हूँ तथा उनके कुछ अन्य शिष्यों से भी। बाबाजी का मानना था कि 'ब्लावाट्स्की' ने कछ अतिशयोक्ति की है, बाद वालों ने कुछ और जोड़ा। अंत में जो व्यंग्य–चित्र बना, वह मूल से एकदम भिन्न था।''

'कृष्णमूर्ति' अपने हाथ मलते हुए सोच में डूब गए और बोले, ''बिल्कुल जैसा मैंने सोचा था। ये बाबाजी काफी दिलचस्प आदमी लगते हैं। तो तुम यहाँ क्या करना चाहते हो?''

"मैं अधिकाधिक कैसेटों को सुनूँगा और जो भी काम दिया जाएगा करूँगा। मैं लिप्यंतरण भी करना चाहूँगा।"

"क्या तुमने 'कमेन्टरीज ऑन लिविंग' पढ़ी है?"

"जी सर! एक बार"

"फर्स्ट एण्ड लास्ट फ्रीडम' पढ़ो"

"जी सर! और क्या मैं आपसे एक सवाल पूछ सकता हूँ?"

"हाँ, मुम... मैं तुम्हारा नाम ठीक से नहीं जान सका।"

"मुमताज़"

"हाँ, हाँ। 'एम' आसान रहेगा।"

"सर! आप यौन संबंधों की बात इस तरह करते हैं, मानों आपको इन सबकी आत्मीय समझ हो, जैसे प्रेम, ईर्ष्या, क्रोध आदि। ज़्यादातर लोग समझते हैं आप ब्रह्मचारी हैं, फिर आप इन बातों को कैसे जानते हैं?"

"सर" उन्होंने चेहरे पर गंभीर और तीखा भाव लाकर कहा, "केवल व्यक्तिगत अनुभव ही सीखने का अनुभव है। दुनिया को मेरी व्यक्तिगत ज़िंदगी के बारे में क्या मालूम? मुझे परवाह नहीं कि लोग क्या समझते हैं, लेकिन याद रखो मैं ऐसी किसी बात के बारे में बात नहीं करता, जिसका मुझे व्यक्तिगत अनुभव न हो। तुम अपने नतीजे निकाल सकते हो।"

"यह मुझे एक दूसरे प्रश्न पर लाता है, सर! आप समझते है विवाह किसी की आध्यात्मिक प्रगति के लिए आवश्यक है?"

"असल में मैं नहीं जानता आध्यात्मिक प्रगति से तुम्हारा क्या मतलब है, लेकिन बेहतर यह है कि शादी कर ली जाये या यौन संबंध का अनुभव कर लिया जाए, बनिस्वत इसके कि सारी जिंदगी इसी के बारे में सोचते हुए निकाल दी जाए। जलने से बेहतर है शादी"

मैं नहीं चाहता था कि मैं अपने आपको थोपकर इतने महत्वपूर्ण व्यक्ति का बहुमूल्य समय लूँ, अतः मैंने हाथ जोड़कर कहा, "नमस्ते सर! मैं आपका और समय नहीं लूँगा। बहुत–बहुत धन्यवाद।"

उन्होंने भी बड़ी शालीनता से हाथ जोड़े और कहा, ''तुम्हारे जाने से पहले एक और छोटी–सी बात। यहाँ तुम्हें कुछ लोग मिलेंगे, जो कहेंगे 'मैं कृष्णजी को तीस साल से जानता हूँ' या कुछ इसी तरह की बातें और तुम्हारे लिए मेरी शिक्षाओं की व्याख्या करके तुम को समझाना चाहेंगे। विनय पूर्वक उनकी सेवा अस्वीकार कर देना, हो सकता है वे कुछ न समझे हों।''

मैं चकित हुआ। स्वामी 'रंगनाथानंद' की वह चेतावनी याद आई जो उन्होंने 'रामकृष्ण मिशन' के एक युवा ब्रह्मचारी के रूप में दाखिला लेने पर मुझे दी थी, ''आश्रम एक छोटी जगह है। और तुम तरह–तरह के लोगों से मिलोगे। इस गफलत में मत रहना कि वे सबके सब बड़े साधक हैं या आध्यात्मिक रूप से उन्नत हैं। तुम अपना काम करो और अपनी साधना, और आँखें खुली रखो।''

मैंने अच्युत जी को साक्षात्कार करवाने के लिए धन्यवाद दिया और उत्सुक प्रश्नकारों को अपनी भेंट की बातों की जानकारी देने से बचा। मैं फिर से 'कृष्णमूर्ति' से अकेले मिलने का इच्छुक था, लेकिन संबंधित व्यक्तियों ने ऐसा नहीं होने दिया। असल में मेरी गतिविधियों पर कड़ी नज़र रखी जाती कि कहीं मैं बिना किसी के जाने सीढ़ियाँ न चढ़ जाऊँ।

मैं अपना समय पढ़ने, कैसेट सुनने और घूमने में व्यतीत करता रहा। कभी–कभी अच्युत जी मुझे अपने साथ घूमने बुलाते और हम विविध विषयों पर चर्चा करते – हिंदू दर्शन, महात्मा गांधी, समाजवाद, स्वतंत्रता आंदोलन, थियोसोफी और हाँ, 'कृष्णमूर्ति'। शीघ्र ही पद्माकर पटवर्धन और उनकी पत्नी मेरा विश्वास करने लगे और मुझे प्रशासनिक काम देने लगे।

जैसे–जैसे 'के' की वार्ताओं का समय पास आता गया, वैसे–वैसे 'कृष्णमूर्ति फाउंडेशन' के और सदस्य भारत तथा विदेश से आने लगे। 'पुपुल जयकर' एक अन्य उपाध्यक्ष थीं, जो 'कृष्णमूर्ति' की बहुत पुरानी साथी थीं, वे भी आ गईं। उनके दबंग व्यवहार को देखकर ही लग जाता था कि वे राजनैतिक रूप से शक्तिशाली थीं। तत्कालीन

प्रधानमंत्री श्रीमती इंदिरा गांधी उनकी घनिष्ठ मित्र थीं और वे स्वयं कैबिनेट मंत्री के दर्जे के साथ 'फेस्टीवल ऑफ इंडिया' (भारत समारोह) की अध्यक्षा थीं। मुझे कहना चाहिए कि मेरे प्रति उनका व्यवहार सज्जनता और प्रेम–पूर्ण था, लेकिन मुझे यह स्पष्ट था कि वे संस्थान के लिए मेरी उपयोगिता को परखने की कोशिश में थीं। फाउंडेशन द्वारा संचालित स्कूलों के प्राचार्यों और अध्यापकों सहित और भी अनेक लोग आए। उनमें से कुछ फाउंडेशन की प्रबंधक समिति के सदस्य थे। ऋषि वैली स्कूल की प्राचार्या श्रीमती रेबेका थॉमस से मेरी बडी अच्छी मित्रता हो गई और उनके पति श्री थॉमस से भी, जो कोषाध्यक्ष थे। वे एकदम संदेही प्रकृति के व्यक्ति थे, यद्यपि व्यावहारिक, और अपने को 'कृष्णमूर्ति' के सिद्धांतों से दूर रखते थे। इन दोनों से मैत्री का आंशिक कारण यह भी था कि वे भी 'त्रिवेंद्रम' से थे और हम मलयालम में बात कर सकते थे। बहुधा भाषा लोगों को ऐसे पास ले आती है, जैसे और कुछ नहीं ला सकता। बाद में पता चला कि श्री थॉमस मेरे परिवार को अच्छी तरह जानते थे।

कुछ लोग, जिनके साथ मैं अपने को सहज पाता था, उनमें से एक थी राधा हर्जबर्गर, पुपुल जयकर की पुत्री। वास्तव में वह एक सच्ची, निराभिमानी और सौम्य आत्मा हैं। वे बौद्ध सिद्धांतों पर डॉक्टरेट कर चुकी थीं, उनकी शादी डॉ. हान्स हर्जबर्गर से हुई थी, जो ओन्टेरियो विश्वविद्यालय, कनाडा में प्रतीकात्मक तर्क (सिंबॉलिक लॉजिक) पढ़ाते थे।

बुद्धिजीवी, समाजवादी, शिक्षक, बौद्ध विद्वान, ऑसोफिस्ट्स तथा समाज के ऊंचे तबके के लोग वसंत विहार आते–जाते रहते। मुझे बताया गया था कि प्रबंधक समिति के सदस्य एकदम अलग श्रेणी के लोग थे, 'चुने हुए कुछ'। अतः उनके साथ अन्य लोगों से भिन्न बरताव किया जाना था। उनमें से कुछ काफी अच्छे लोग थे, जिनसे मैं बाद में मिला, किंतु कुछ वास्तव में समझते थे कि वे सब लोगों से ऊपर थे।

वार्ताओं में काफी लोग आए। 'कृष्णमूर्ति' को मंच पर पालथी मारकर 'बुद्ध' की तरह स्थिर बैठे देखकर मैं आश्चर्य करता था कि क्या यह वही व्यक्ति हैं जो खाने की मेज पर चुटकुले सुनाते थे। वार्ताओं के बाद 'कृष्णमूर्ति' 'ऋषि वैली' जाने वाले थे और वहाँ से चेन्नई वापस आकर अमेरिका के लिए हवाई जहाज पकड़ने वाले थे। वार्ताओं के बाद

भीड़ छंट गई। अच्युत जी, उनके भाई पद्माकर और पत्नी सुनन्दा, 'कृष्णमूर्ति' के साथ 'ऋषि वैली' चले गए। मैं लगभग अकेला रह गया, केवल ऑफिस और किचिन में काम करने वालों के अलावा एक श्री के. कृष्णमूर्ति भी थे, जो इंडियन एक्सप्रेस अखबार के उप संपादक थे और हर सप्ताह के अंत में वसंत विहार में पत्र–व्यवहार और प्रतिलेखन में सहायता करते थे। उन्हें 'सच्चा शिष्य' कहा जा सकता था, जो 'कृष्णमूर्ति' द्वारा कहे गए प्रत्येक शब्द को पकड़ना चाहते थे।

दस दिन बाद 'कृष्णमूर्ति' वापस आए और कैलिफोर्निया चले गए। पटवर्धन लोग चेन्नई आ गए। कभी–कभी मैं अपने माता–पिता के पास जाता, जो 'लीथ कैसल स्ट्रीट' में रहते थे। यह बहुत दूर नहीं था। मेरी बहिन भारतीय प्रशासनिक सेवा के लिए चुन ली गई थी। बाद में उनकी शादी एक शराब चखने के विशेषज्ञ से हुई और वे बेंगलोर चली गईं। मेरी सबसे छोटी बहिन कॉलेज में थी और मेरे माता–पिता के साथ रहती थी।

इस तरह एक साल निकल गया। 'कृष्णमूर्ति' फिर आए। इस बार पटवर्धनों के साथ मैं भी हवाई अड्डे पर उनका स्वागत करने गया। उनके साथ थे उनके व्यक्तिगत डॉक्टर, डॉ. पर्चुरे और उनकी घनिष्ठ मित्र, 'टेन कमाँडमेन्ट्स' नामक मशहूर फिल्म बनाने वाले हॉलीवुड के प्रोड्यूसर सॅम जिंबालिस्ट की बेटी श्रीमती मेरी जिंबालिस्ट। मैं भारत और विदेशों में फाउंडेशन से संबंधित अन्य अनेक लोगों से भी मिला। अब तक 'कृष्णमूर्ति' मुझे देखकर पहचानने लगे थे और कभी–कभी मुझसे थोड़ी बातें करते थे। मैं प्रांगण में उनके साथ घूमने जाता और उन्हें दिखाता कि क्या सुधार किए जा रहे थे। एक दिन मैं उन्हें लंच के लिए लिवा लाने ऊपर गया और अनायास रूप से जादू में अपनी रुचि और सामर्थ्य की बात कर गया।

''क्या तुम हवा में उठ सकते हो (लेवीटेट)?'' उन्होंने शायद एक नकारात्मक उत्तर की अपेक्षा में पूछा।

''हाँ'' मैंने कहा, ''कर सकता हूँ।''

''क्या वास्तव में?''

"सर! अगर आप अनुमति दें तो मैं कल दोपहर भोजन के समय भोजन–कक्ष में इस अभ्यास को कर के दिखा सकता हूँ।"

"ठीक है" उन्होंने कहा।

अगले दिन मैंने भोजन की मेज के पास एक विशेष बेंच लगाई और 'कृष्णमूर्ति' तथा एक दर्जन अतिथियों के सामने, वे कौन–कौन थे अब याद नहीं, अपने को एक चादर से ढका और हवा में उठ गया। मैंने 'कृष्णमूर्ति' को ज़ोर से कहते सुना, "जीसस! इसने तो कर दिखाया!" मुझे उनके चेहरे पर आया अविश्वास का भाव आज भी याद है, जब मैंने उन्हें बताया कि यह युक्ति (हाथ की सफाई) कैसे की जाती थी और वास्तव में वह कितनी सरल थी, तो उन्होंने केवल इतना कहा, "यहाँ तो मैं तुमसे धोखा खा गया था।"

एक बार फिर वार्ताएं शुरू हुईं। सुबह सवाल–जवाब होते थे। मुझे काफी व्यस्त रखा गया। विदेशी अतिथियों की देख भाल की ज़िम्मेदारी मेरी थी। वार्ताओं के बाद 'कृष्णमूर्ति' इंगलैंड चले गए। अतिथि भी चले गए और एक बार फिर शांति छा गई। मैंने वसंत विहार छोड़कर फिर से भ्रमण पर जाने की अपनी योजना बदल दी, जब हवाई अड्डे पर सुरक्षा जाँच से पहले 'कृष्णमूर्ति' पीछे मुड़े और मुझसे बोले, "आशा है वापस आने पर तुमसे फिर मुलाकात होगी।"

वसंत विहार में प्रवास के सालों में मैं अनेक तरह के लोगों के संपर्क में आया। अभिजातवादी, सच्चे भक्त जो कृष्णमूर्ति को दैवीय मानते थे, अविश्वासी, बुद्धिजीवी, कला प्रेमियों के झुंड, जो अधिकांशतः पुपुल जयकर से कुछ सहायता पाने की आशा में आते थे, और कुछ सच्चे आध्यात्मिक साधक, जो इस भूल–भूलैय्या में पड़कर दिग्भ्रमित थे।

यह एक अहानिकर शांति प्रिय लोगों का समुदाय था। केवल एक छोटा गुट था, जिसे किसी बेहतर शब्द की अनुपस्थिति में, 'अति कृष्णमूर्ति वादी' कहा जा सकता है। उन्होंने स्वयं तो भारत की ऐश्वर्यपूर्ण परंपराओं का कोई गहरा अध्ययन नहीं किया था, इसलिए अपनी अनभिज्ञता को बात–बात पर 'कृष्णमूर्ति' का हवाला देकर ढाँपने की कोशिश करते रहते थे। 'कृष्णमूर्ति' प्राचीन ग्रंथों के ज्ञान को अनावश्यक मानते थे। बाबाजी

के मार्गदर्शन में हिंदू ज्ञान की पुस्तकों का गहरा अध्ययन कर चुकने के कारण, मुझे परंपरा और अनुशासन के प्रति अनादर के मनोभाव से बड़ा खेद होता था।

सब कुछ मिलाकर 'कृष्णमूर्ति संस्था' से दस साल का संपर्क बहुत सारी बातें सीखने का महान् अनुभव था। फिलहाल मैं 'कृष्णमूर्ति' की वार्ताओं से काफी उत्साहित था और रोज़मर्रा के बंदोबस्त में थोड़ा–बहुत हाथ बँटा रहा था।

अप्रैल, 1985 में अपने विशिष्ठ तरीके से बाबाजी से इशारा मिला। एक शाम को मैं वसंत विहार के फाटक पर इस सोच–विचार में खड़ा था कि घूमने जाऊं या जॉन बेल्डॉक की 'इसैंस ऑफ रूमी' पढ़ूँ कि मैंने सड़क से गेरुआ वस्त्र पहने एक साधु को आते देखा। उसके पास आने पर मैंने देखा कि वह नंगे पैर था, दाढ़ी–मूंछ कटी हुई थीं और सिर घुटाए था, और उसका युवा चेहरा दमक रहा था। माथे पर चंदन के लेप का वैष्णवों का टीका था। वह ठीक मेरे पास आया और बोला, ''राधे, राधे।'' ''राधे, राधे'' मैंने उत्तर दिया और जल्दी से उसके पैर छुए। संयोगवश 'कृष्णमूर्ति' के किसी अभिजात्यवादी अनुयायी ने मुझे यह करते नहीं देखा, जिसे वे बेवकूफी की निशानी समझते।

बिना किसी प्रस्तावना के साधु सीधा विषय पर आ गया, ''बाबाजी तुमसे चार दिन के अंदर मिलना चाहते हैं। तुम उन्हें 'मौनी बाबा' की गुफा पर पाओगे। जितनी जल्दी हो सके निकल लो राधे, राधे।''

इतना कह कर वह चला गया और सड़क के अंत में जाकर गायब हो गया। मैंने फौरन जाने का प्रबंध किया। पहले तो मैंने सचिव को सूचना दी कि मुझे तुरंत हिमालय जाना था, दो हफ्तों की छुट्टी चाहिए। छुट्टी मिलते ही मैं रेलवे स्टेशन गया और अगले दिन दिल्ली जाने के लिए टिकट खरीद ली।

45. बाबाजी का देह–त्याग

'ऋषिकेश' पहुँचते ही मैं सीधा 'मौनी बाबा' की गुफा की तरफ चल पड़ा। बाबाजी अकेले थे। ''अलख निरंजन!'' उन्होंने मेरा स्वागत किया। मैंने उनके चरणों में दंडवत् किया। ''मौनी बाबा उत्तर काशी गए हैं,'' उन्होंने कहा, ''तो बहुत दिन हुए, दिखाई नहीं दिए, अच्छे लग रहे हो।''

''जी, बाबाजी! बहुत समय बीता। शायद आप चाहते हैं कि मैं यह सिद्ध करूँ कि मैं आप पर निर्भर नहीं हूँ, लेकिन आपके सान्निध्य से मन प्रसन्न हो जाता है। आप हमेशा की तरह दमक रहे हैं।''

''ठीक है, बस। अब ध्यान से सुनो। एक महत्वपूर्ण काम होना है और उसे तुम्हें ही करना है। मैंने अब चले जाने का निर्णय लिया है।''

''कहाँ बाबाजी? मैं भी आपके साथ चलूँगा।''

''नहीं मधु! तुम नहीं आ सकते, तुम्हें काम करना है, मैं देह छोड़ना चाहता हूँ।'' मैं ऐसे काँप गया मानो मेरे ऊपर बिजली गिर पड़ी हो, ''लेकिन बाबाजी, मै...।'' मेरे मुँह से और शब्द नहीं निकल सके। मैं बस फटी आँखों से उन्हें घूरता रहा।

''बेटे! अपने को संभालो। मैं समझा था तुम योगी हो। अच्छा, धीरे–धीरे साँस लो, अब बाहर निकालो, ठीक? ठीक है। अब कैसा लग रहा है?''

''ठीक है बाबाजी! जिस तरह सहसा आपने यह बात कही, तो मैं हिल गया था। मैं तैयार हूँ। बताइए मुझे क्या करना है।'' मैं आँसू रोकने की भरसक कोशिश कर रहा था।

''मेरा काम खत्म हो गया है और तुम्हें अभी बहुत काम करना है, पहले मैं कुछ महत्वपूर्ण विषय संक्षेप में तुम्हें समझा दूँ, फिर बताऊँगा कि मेरे जाने के बाद मेरे शरीर का क्या करना है। 'श्री गुरु' और 'नागराज' के अलावा तुम्हीं हो, जिसे मेरे प्रस्थान के बारे में पता है। अब ध्यान से सुनो।''

उन्होंने 'क्रिया' के अभ्यास के बारे में कुछ सूक्ष्म निर्देश दिए और मुझे 'अंतिम क्रिया' की दीक्षा दी, जिसे योगी अपने अंतकाल में अपनाते हैं। जब योगी मरने का निर्णय ले लेता है, तो वह उस 'अंतिम–क्रिया' का उपयोग करता है। वह उस समय सारे शारीरिक कर्म बंद कर देता है और शरीर छोड़ देता है। उसके बाद उन्होंने मुझे, अगर मैं चाहूँ तो किसी भी ऐसे व्यक्ति को 'क्रियायोग' की दीक्षा देने की अनुमति दी, जो केवल दो शर्ते पूरी करता हो – निश्छलता और सत्यनिष्ठा।

उसके बाद उन्होंने मुझे समाधि की स्थिति में पहुँचा दिया और मैं फिर से भूतकाल में वापस चला गया, इस बार अधिक स्पष्टता और विस्तार से। 'श्री गुरु' से मेरा संबंध तब से है, जब वे एक महान् नाथ योगी थे और मैं श्री कृष्ण का वंशज होने का दावा करने वाले यदुवंश का एक दुर्धर्ष योद्धा, जो रेगिस्तान में जैसलमेर का राज्य स्थापित करने में लगा था। तब पहली बार वे मेरे गुरु थे।

जब मैं समाधि से बाहर आया तो बाबाजी ने बताया कि ऋण–बंध, कार्मिक संबंध, के कारण जीवन में बाद में, भारत के पूर्व राजघरानों के लोग मेरे साथी और शिष्य होंगे। बाबाजी ने बताया कि मुझे अनेकों ज़िंदगियों की ज़िम्मेदारी लेनी पड़ेगी, जो भूतकाल में विभिन्न रूपों में निकटता से मुझसे जुड़े हुए थे। उन्हें देखने पर मैं पहचान लूँगा। उन्होंने कहा कि यदि कोई सहायता माँगे, तो मैं कभी मना न करूँ।

उन्होंने फिर ज़ोर दिया कि मैं शादी करूँ और वैवाहिक जीवन मुझे भावात्मक परिस्थितियों का सामना करने के लिए परिपक्व करेगा। ''विवाह न करना,'' उन्होंने कहा, ''साधक के लिए कोई विशेष गुण नहीं है। और फिर तुम्हारे लिए यह नियम वैसे भी लागू नहीं है। भविष्य में तुम्हारे पास आने वाले अधिकांश लोग विवाहित होंगे, और तुम उन्हें सलाह या सहायता नहीं दे सकते, अगर तुम्हें खुद ही नहीं मालूम कि वैवाहिक जीवन क्या है।''

बाबाजी ने यह भी कहा कि मैं कैलाश–मानसरोवर की यात्रा से कुछ पहले अपनी आत्म कथा लिखना शुरू कर दूँ और वापस आने के एक साल के अंदर पूरी कर दूं। कुछ और बातें जो उन्होंने बताईं, वे गुप्त थीं और मुझे गोपनीयता की शपथ दी।

ये सब बताने के बाद वे मुझे निर्देश देने लगे कि उनके देह छोड़ने के बाद उनकी देह का क्या किया जाये।

"कृपया बाबाजी," मैंने कहा, 'आगे और कुछ कहने से पहले बताइये, क्या यह आपका अन्तिम निश्चय है? क्या आप कुछ और समय के लिए नहीं रुक सकते? कृपया..."

"मधु! तुम जानते हो कि जब मैं कुछ करता हूँ, तो उसे करने के ठोस कारण होते हैं। मैंने अब जाने का निश्चय कर लिया है। मेरे मस्तिष्क की अस्सी प्रतिशत क्षमताएं तुम्हें मिल जाएंगी, लेकिन तुम्हें यह कठिन काम साधना होगा कि तुम अपनी क्षमताओं को छुपाकर रखो तथा औरों की तरह जीने का अभिनय करो। मुझे विश्वास है तुम यह कर सकते हो। शीघ्र ही 'श्री गुरु' आँएंगे और तुम्हें आशीर्वाद देंगे।

"मेरे जाने के बाद तुम 'कृष्णमूर्ति फाउंडेशन' वापस जाओ। 'कृष्णमूर्ति' भी शीघ्र ही चले जाएंगे। उनका उद्देश्य पूरा हो गया है। उसके बाद की घटनाओं को ध्यान से देखो। याद रखो कि मैं हमेशा तुम्हारे हृदय में विद्यमान हूँ। अब सुनो, तुम्हें क्या करना होगा।"

मुझे 'नीलकंठ पर्वत' पर 'मौनी बाबा' की गुफा के पास जंगल में एक निर्जन स्थान दिखाया गया। बाबाजी ने मुझे संभल, फावड़ा और कुदाली दिए। मुझे विशेष लंबाई–चौड़ाई का एक बड़ा गड्ढा खोदना था। अनुभवहीन होने के बावजूद मुझे यह काम अकेले ही करना था। बाबाजी यह काम पूरा करने के लिए मेरे मस्तिष्क को आवश्यक निपुणता और शरीर को आवश्यक शक्ति देने वाले थे।

दो दिन में मैंने गड्ढा तैयार कर लिया। मेरे हाथों में छाले पड़ गए थे। तीसरे दिन, जो गुरुवार था, बाबाजी ने कुछ और व्यक्तिगत निर्देश दिए और उसी रात हम लोग गड्ढे के पास गए। साफ आसमान में पूनों का चाँद तेज़ी से चमक रहा था और एक ठण्डी हवा बह रही थी। "हम 'श्री गुरु' की प्रतीक्षा करेंगे," बाबाजी ने कहा।

शीघ्र ही क्षितिज पर एक प्रकाश का गोला दिखाई दिया, जैसा मैंने 'अरुंधती गुफा' में देखा था। जब वह चाँद के पास आया, तो लगा जैसे आसमान में दो चाँद थे। जैसे–जैसे वह हमारे पास आता गया, बड़ा होता गया। इस बार यह बिना आवाज़ के उतरा। कोई

गरज नहीं, कोई शोर नहीं। दमकता हुआ वह गोला खुला और उसमें से 'श्री गुरु' बाहर आए, उनके पीछे एक अत्यंत सुंदर नील–वर्ण का नग्न व्यक्ति भी। हमारे दंडवत् करने के बाद 'श्री गुरु' ने मुझसे कहा, ''तुम 'नागराज' से पहले मिल चुके हो, सर्प लोक के लोग इच्छानुसार रूप बदल सकते हैं। अब काम की बात।

''हम लोगों ने तुम्हारे गुरु के शरीर और मस्तिष्क के कुछ तत्वों को तुम्हारे शरीर और मस्तिष्क में स्थानांतरित करने का निर्णय लिया है। यह इसलिए आवश्यक है कि जो योजना है, उसके अनुसार तुम्हें काफी काम करना है, तुम्हारे गुरु ने बिना किसी संस्था या दिखावे के चुपचाप काम किया। लेकिन तुम्हें दूसरी तरह से काम करना होगा। 1991 तक तुम अपने गुरु की तरह चुपचाप काम करोगे, उसके बाद शनैः शनैः अधिकाधिक लोगों को तुम्हारे बारे में जानकारी हो जाएगी। इससे परहेज़ करने की आवश्यकता नहीं। काम के लिए इसकी आवश्यकता है, तुम अनुभव करोगे कि इस पवित्र भूमि में भी लोग कितने स्वार्थी और हिंसक होते जा रहे हैं। तुम सहमत हो, महेश?''

''जी,'' बाबाजी ने कहा ''मैं चाहता था कि इस बात को आप ही कहें। अब समय आ गया है, मुझे आशीर्वाद दें और हमेशा अपने साथ रखें।''

हमारी – 'श्री गुरु', 'नागराज' और मेरी – दृष्टि के सामने बाबाजी गड्ढे में उतरे, पद्मासन में बैठ गए, और कुछ क्षणों के लिए तेज़–तेज़ सांस लेने लगे। उनकी आँखें आज्ञा चक्र पर केंद्रित थीं। अंतिम उच्छ्वास के साथ, जो सबसे ज़्यादा शक्तिशाली था, वे शांत पड़ गए और उनका शरीर एकदम निष्क्रिय हो गया।

इन्द्रधनुषी रंग का एक प्रकाश उनके सिर के शीर्ष से निकला और मेरे हृदय में समा गया। मेरा अन्तःकरण हमेशा के लिए बदल गया। इसके बाद बाबाजी की ऊर्जाएं मेरे माध्यम से काम करने लगी। उसके बाद, मैंने उनके सिर से एक छोटे सफेद प्रकाश को निकलते देखा, वह आकाश की तरफ उठने लगा। कुछ ही क्षणों में वह क्षितिज में बिला गया। 'श्री गुरु' ने कहा, ''प्रक्रिया पूरी हुई। तुम्हें जो करने के निर्देश दिए गए थे, उन्हें करो। मुझे अब जाना है, तुम्हें मालूम है कैसे मुझसे संपर्क स्थापित किया जा सकता है।''

मैंने उन्हें और 'नागराज' को दंडवत् किया। वे अपने विमान में चढ़ गए और शीघ्र ही चले गए।

मैंने सारी रात कब्र को भरने का काम किया। फावड़े से पहली मिट्टी डालना मेरे लिए असहनीय था, लेकिन मैं स्वयं आश्चर्य चकित था कि किस तरह बिना किसी भावावेश के मैंने उनकी कब्र मिट्टी से पाट दी। निर्देशानुसार मैंने सतह को दबा–दबा कर कड़ा किया। प्राकृतिक घास को उसके ऊपर लगाया और पानी डाल दिया। क्योंकि बाबाजी ने कोई समाधि स्थल बनाने या एक छोटा–सा पत्थर लगाकर समाधि की पहचान बनाने से भी मना कर दिया था, मैंने उस पवित्र स्थली को साष्टांग प्रणाम किया और चला आया।

जब मैं गुफा पहुँचा, तो भोर हो रही थी। उगते सूरज ने पूरब की दिशा को नारंगी रंग दिया था। चिड़ियाँ चहचहा रही थीं और हवा धीरे–धीरे बह रही थी। अचानक मेरा हृदय शोक से सराबोर हो गया और मैं निर्बंध होकर ज़ोर–ज़ोर से रोने लगा। प्रेम, कृतज्ञता और वियोग के आँसू धाराप्रवाह बहने लगे। मैं अपने बिस्तर पर लेट गया और थका होने के कारण रोते–रोते ही सो गया। यह एक स्वप्नहीन गहरी नींद थी। मैं शांत और स्वस्थ होकर जागा, अपने उत्तरदायित्व को संभालने को तैयार।

46. 'के' का प्रस्थान

दो दिन तक मैं 'ऋषिकेश' में घूमता रहा। तीसरे दिन मैंने 'दिल्ली' के लिए रेलगाड़ी पकड़ी और वहाँ से 'अमृतसर' के लिए बस में बैठा। मैं हमेशा सिखों के अमृतसर स्थित 'स्वर्ण मंदिर' जाना चाहता था। बाबाजी सिखों की पवित्र पुस्तक, गुरु ग्रंथ साहब का बहुत आदर करते थे। 'स्वर्ण मंदिर' का 'हरमंदर साहिब गुरुद्वारा' वह मुख्य केंद्र है, जहाँ इस पुस्तक की पूजा की जाती है, जिसे सिख गुरु और भगवान् के समान मानते हैं। सोने के गुंबदों वाले हरमंदर साहिब गुरुद्वारे का निर्माण सिखों के चौथे गुरु 'गुरु रामदास' द्वारा प्रारंभ किया गया था और पाँचवें गुरु 'गुरु अर्जन सिंह' द्वारा पूर्ण किया गया था। यह एक प्राकृतिक सोते के जल से भरी 'अमृतसर' – (अमृत का तालाब) नामक झील के मध्य में स्थित है। 'अमृतसर' शहर का नाम इसी झील के नाम पर पड़ा है। वह वाघा के पास पाकिस्तान की सीमा के निकट है।

मैं भोर की बेला में मंदिर गया। 'हरमंदर साहिब' के रागियों द्वारा ग्रंथ साहिब के मर्म–स्पर्शी गायन ने मेरे हृदय को गहरे आनंद में डूबो दिया। 'जिस घट प्रेम न संचरै, सो घट जान मसान।' पवित्र ग्रंथ को प्रणाम करने के बाद मैंने मीठा 'कड़ाह प्रसाद' पाया और प्रांगण से बाहर चला आया।

बस पकड़ कर मैं 'दिल्ली' आया। वहाँ मैंने सीधे नई दिल्ली रेलवे स्टेशन जाकर अरक्षित डिब्बे में 'चेन्नई' के लिए टिकट खरीद लिया। यह एक थका देने वाली दो दिन की यात्रा थी जिसमें मैं बहुत कम सो सका। धनवान् और प्रभावशाली व्यक्तियों को नहीं मालूम कि गरीब तबके के साधारण नागरिक कैसे यात्रा करते हैं – यह एक दुःस्वप्न है।

'चेन्नई' आकर मैं 'वसंत विहार' की दिनचर्या में रम गया। पहले तो यह कठिन था, परन्तु बाद में मैं यह दिखावा करने के तनाव से मुक्त हो गया कि मैं ऋषिकेश केवल छुट्टी मनाने गया था और कुछ भी महत्वपूर्ण नहीं घटा था।

उस साल अक्तूबर में मैंने सुना कि 'कृष्णमूर्ति' अस्वस्थ थे, पर फिर भी भारत आ रहे थे।

आगमन के बाद पहले वे कुछ बौद्ध विद्वानों से चर्चा करने 'वाराणसी' गए। उनमें से एक थे पंडित जगन्नाथ उपाध्याय, जिन्होंने बाद में महायान के ग्रंथ 'कालचक्र तंत्र' का विवेचनात्मक संस्करण निकाला। 'कालचक्र तंत्र' को 'मैत्रेय बुद्ध' की शिक्षाएं माना गया है। उस समय तिब्बत की निर्वासित सरकार के प्रधान 'संदून्ग रिंपोचे' भी भाग लेने वाले विद्वानों में से एक थे। 'कृष्णमूर्ति' के प्रश्नों के कोई संतोषजनक उत्तर नहीं मिल सके: ''क्या कुछ पावन, कुछ शाश्वत है... भारत में, दुनिया के इस भूभाग में? अगर है तो दुनिया का यह भूभाग इतना भ्रष्ट क्यों है?''

लेकिन यह स्पष्ट था कि वे अस्वस्थ थे और मृत्यु के प्रश्न पर गंभीरता से विचार कर रहे थे और इस प्रश्न पर कि मृत्यु के बाद क्या होता है। भारत आने से पहले सानेन, स्विटजरलैंड में वे कह चुके थे, ''घाटी अलविदा कर रही है।'' सानेन में वार्ता के दौरान उन्होंने कठोपनिषद् की नचिकेता की कहानी अपने ढंग से कही, उस बालक की कहानी, जो मृत्यु के घर कई प्रश्नों के उत्तर पाने गया, जो उन्होंने 1929 में लिखा था, वही फिर उनकी विचार धारा के केंद्र–स्थान में था। ''जब कृष्णमूर्ति मरेगा, जो कि अपरिहार्य है, तब लोग अपने मन में नियम बनाने में लग जाएंगे, क्योंकि व्यक्ति 'कृष्णमूर्ति' ने सत्य को आपके सामने प्रस्तुत किया था। अतः आप मंदिर बनाएंगे, फिर आप धर्मानुष्ठान बनाएंगे... अगर आप मेरे ऊपर बड़े प्रतिष्ठान बनाएंगे, मुझ व्यक्ति के ऊपर, तो आप उस इमारत में फँस जाएंगे, उस मंदिर में, और आपको एक और शिक्षक (गुरु) की आवश्यकता होगी, जो आपको उस मंदिर से निकाले। लेकिन मानव मस्तिष्क ऐसा है कि आप उस शिक्षक के आसपास एक और मंदिर बनाएंगे – और इस तरह सिलसिला चलता रहेगा।''

वे अपने ऊपर बने प्रतिष्ठानों को झकझोरने और तोड़ने का भरसक प्रयत्न कर रहे थे। लेकिन उनके अलावा कोई भी उन मंदिरों को तोड़ने के लिए तैयार नहीं था, जिनमें वे सुरक्षित महसूस करने के आदी हो गए थे।

नवंबर में जब वे 'ऋषि वैली' पहुंचे, तो बुरी तरह थक चुके थे और उनका स्वास्थ्य गिर रहा था। चिंताजनक रूप से उनका वज़न कम होने लगा। 'ऋषि वैली' में अपनी अंतिम

वार्ता को उन्होंने 'अंतिम प्रदर्शन' (लास्ट शो) कहा। 'ऋषि वैली' के विद्यार्थियों और शिक्षकों से चर्चाओं में वे बारंबार उनसे ठोस उदाहरण देने को कहते रहे कि कैसे वे अन्य स्कूलों से भिन्न थे। पर ऐसा लगता है वे उनके उत्तरों से संतुष्ट नहीं थे।

22 दिसंबर को वार्ताओं के लिए वे चेन्नई आए। उनका वज़न और भी कम हो गया था और उन्हें तेज़ बुखार था। वे सोच रहे थे कि क्या वे वार्ताएं दे पाएंगे या नहीं। अंतरंग साथियों को यह स्पष्ट हो गया था कि वे नाजुक रूप से बीमार थे और बीच–बीच में उनके स्वयं के संकेतों से यह तस्वीर सामने आ रही थी कि उनकी ज़िंदगी खत्म हो रही थी।

सार्वजनिक वार्ताओं में पूर्वधारणाओं से ग्रसित मस्तिष्कों वाले उन लोगों के मर्म तक पहुँचने के लिए, जिनके बारे में उन्होंने एक बार कहा था, "हे भगवान्! क्या पीढ़ी है!", आवश्यक ऊर्जा के अलावा उन्हें अपने नाम वाले प्रतिष्ठान से संबंधित लोगों में से आत्म–संतुष्ट और मिथ्याभिमानियों को बदलने के कठिन कार्य का सामना भी करना था। पर्दे के पीछे उत्तराधिकार की माँग शुरू हो गई थी।

फाउंडेशन को विसर्जित करने की लड़ाई में हारने के पश्चात् क्योंकि एक भी प्रमुख सदस्य विसर्जन के पक्ष में नहीं था और वे सब अपने–अपने पदों पर सुरक्षित थे। तब कृष्णमूर्ति ने अपने को प्रतिष्ठान से यह कह कर अलग कर लिया कि अब वे किसी भी फाउंडेशन के सदस्य नहीं थे। यद्यपि मैं उस समय 'कृष्णमूर्ति फाउंडेशन' का सदस्य नहीं था, पर स्वयं 'कृष्णमूर्ति' ने एक अच्छे मित्र द्वारा कहलवा भेजा कि मैं उस विशेष सभा में उपस्थित रहूँ, जिसके अंत में उन्होंने उनके नाम से चलने वाली सभी संस्थाओं से अपने को अलग कर लिया। मुझे तीन साल पहले कहे गए उनके वे शब्द याद आए जो उन्होंने उस समय कहे थे, जब मुझे पहली बार उनसे अकेले मिलने का अवसर दिया गया था। "अगर तुम कुछ दिनों यहाँ रहोगे, तो देखोगे कि मैं शायद इसे भी छोड़ दूँगा, जब मेरे लिए यह सब सहन करना बर्दाश्त के बाहर हो जाएगा।"

वे इस बात से इतने गंभीर रूप से चिंतित थे कि कोई अपने को उनका उत्तराधिकारी स्थापित कर लेगा, कि उन्होंने 'कृष्णमूर्ति फाउंडेशन' की नियमावली में यह वाक्यांश जुड़वा लिया: 'किसी भी परिस्थिति में फाउंडेशन या इसके द्वारा संचालित कोई

भी संस्था या इसका कोई सदस्य अपने को 'कृष्णमूर्ति' की शिक्षाओं का विशेषज्ञ कह कर स्थापित नहीं करेगा।'

इस अवधि में परिस्थितियाँ मुझे 'कृष्णमूर्ति' के निकट ले आईं। क्योंकि वे कृष्णमूर्ति मुख्यालय के पुराने लोगों और फाउंडेशन के पुराने सचिव को भी हटाने में सफल हो गए थे, अतः नए लोग रोज़मर्रा का प्रशासन चलाने के लिए मुझ पर काफी निर्भर थे। 'कृष्णमूर्ति' द्वारा नियुक्त नए सचिव राजस्थान के अवकाश प्राप्त पुलिस आई जी पी, श्री महेश सक्सेना अभी–अभी आए थे और उन्हें सहायता की काफी आवश्यकता थी। 'कृष्णमूर्ति' स्वयं मुझ से स्नेह करते थे और उन्होंने मुझे अपने सोने के कमरे में आने की खुली छूट दे रखी थी। वास्तव में वे पुरानी व्यवस्था के लोगों को अपने आसपास नहीं देखना चाहते थे। उन्होंने मुझसे कहा कि आगे से वार्ता के लिए मैं कमरे से मंच तक उनके साथ चलूँगा और वार्ता शुरू होने से पहले माइक्रो फोन का लेपल उन पर लगाऊँगा और वार्ता समाप्त होने पर उतारूँगा भी मैं ही।

उनका वज़न कम होता रहा और बुखार बढ़ता रहा। डॉक्टर ठीक से कारण नहीं तय कर पाया। कभी–कभी वार्ता के दौरान उन्हें 104 डिग्री फारिनहाइट बुखार होता था। लेकिन इसके बावजूद, बोलने में स्पष्टता की हल्की–सी कमी के अलावा, जिसे लोग शायद ही भाँप पाए, वे वार्ताओं में हमेशा की तरह ही प्रभावशाली और तीक्ष्ण थे।

उन्होंने यह वार्ता इस वाक्य से शुरू की, ''वह जो कह रहा है, क्या आप लोग उसमें भाग लेंगे?'' और उनका अंतिम वाक्य था, ''यह अंतिम वार्ता है। क्या आप लोग कुछ देर शांति से बैठना चाहेंगे? ठीक है, सर! थोड़ी देर चुपचाप बैठिए।'' उस रात वे सन्निपात में थे, लेकिन अगली सुबह मैंने उन्हें अपने कमरे में आराम से बैठे टैनीसन की एक कविता को ऐसे गुनगुनाते सुना, मानों वे संस्कृत में मंत्र पाठ कर रहे हों।

मुझे स्पष्ट लगा कि वे ज़्यादा दिन नहीं रहेंगे। उनके कमरे में कुछ ऐसी चीज़ें थीं, जिन्हें मरम्मत की आवश्यकता थी। उनमें से एक पुरानी कुर्सी थी। जब मैंने उनसे कहा कि वे चीज़ें उनके अगली बार आने तक तैयार हो जाएंगी, तो उन्होंने अपनी कमज़ोर बाहों को मेरे कंधों पर रखा, मेरी आँखों में देखा और कहा, ''सर! सर्कस खत्म हो गया, मैं वापस

नहीं आ रहा।" मेरी आँखों में आँसू आ गए। उनके कमरे से नीचे उतरते समय मैंने राधिका हर्जबर्गर को सीढियाँ चढ़ते देखा। पता नहीं क्यों मुझे लगा वे भी हालत को भाँप चुकी थीं।

उस रात वे 'ओजय' चले गए। मैं हवाई अड्डे पर उन्हें विदाई देने को उपस्थित था। उनकी गंभीर शारीरिक स्थिति को देखते हुए हवाई अड्डे के अधिकारियों ने उन्हें हवाई जहाज तक कार में ले जाने की अनुमति दे दी थी। यह मैंने उन्हें अंतिम बार देखा, जब कार चलने लगी और वहाँ उपस्थित हम तीनों ने नमस्ते में हाथ जोड़े, तो उन्होंने हाथ जोड़कर प्रत्युत्तर दिया, हमेशा की तरह शालीनता से।

लगभग एक महीने बाद 17 फरवरी 1986 को 'ओजय' में उनका देहान्त हो गया। डॉक्टरों ने पैन्क्रिया का कैंसर बताया था। मृत्यु से कुछ दिन पहले रिकार्ड की गई अपनी आवाज़ में उन्होंने अनुरोध किया था कि उनके शरीर के ऊपर कोई विस्तृत कर्मकांड न किया जाय और उसे विद्युत् शव–गृह भेजा जाय। मुझे उस टेप की विषय–वस्तु को बताने की स्वतन्त्रता नहीं है, क्योंकि वह जन साधारण के लिए नहीं था, परन्तु मैं यह बताने का लोभ संवरण नहीं कर पा रहा कि 'कृष्णमूर्ति' ने उस टेप में स्वयं कहा था कि किसी को नहीं मालूम कौन–सी अद्भुत ऊर्जाएं उनके शरीर के माध्यम से कार्य करती रहीं थीं।

47. विवाह और नीलबाग के लिए स्थानांतरण

'कृष्णमूर्ति' की मृत्यु के बाद नई व्यवस्था, जिसमें श्री महेश सक्सेना सचिव थे, कुछ समय तक सुचारु रूप से चली। अवकाश प्राप्त पुलिस अधिकारी होने के नाते उनमें अत्युत्तम प्रशासनिक क्षमता थी। उन्होंने मुझे भी साथ ले लिया और कुछ लोगों के विरोध के बावजूद संयुक्त सचिव के पद पर नियुक्त करा लिया। 'कृष्णमूर्ति' की मृत्यु के बाद हुई प्रबंधक समिति की बैठक में मुझे प्रबंधक समिति के सदस्य के रूप में भी चुन लिया गया।

लेकिन किन्हीं कारणों की वजह से श्री सक्सेना 'कृष्णमूर्ति फाउंडेशन' के माहौल में खप नहीं पा रहे थे। वे परंपरागत वातावरण की उपज थे। 'वसंत विहार' में पहली बार उनके रूप में लंबे बालों वाला, कत्थई, घुटनों तक की लंबाई की बाथ–रोब जैसी पोशाक में एक व्यक्ति अकड़ता फिरता दिखता था, मानों कोई पुलिस वाला अपनी ड्यूटी पर हो। सामान्य 'हलो सर' या 'गुड मार्निंग', जिससे 'वसंत विहार' के निवासी परिचित थे, परंपरागत 'नमस्ते' से बदल दिए गए।

शीघ्र ही मुझसे व्यक्तिगत वार्तालाप में उन्होंने स्वीकार किया कि सब कुछ ठीक नहीं चल रहा था। वे सभी क्रिया–कलापों में 'कानून और सुव्यवस्था' और अपने 'अधीनस्थ' लेगों से प्रश्न रहित आज्ञाकारिता के आदी थे। 'वसंत विहार' में विचारों और कार्यकलापों की तथाकथित पूर्ण स्वतंत्रता उन्हें सताने लगी। साथ ही, कभी–कभी उन्हें अवसाद के दौरे पड़ते और कभी–कभी वे एक तरह के सनकी व्यवहार का प्रदर्शन करने लगते थे। इस सबसे मुझे शक हुआ कि वे किसी व्यक्तित्व विकार से ग्रस्त थे। अन्ततः इन सब समस्याओं ने उन्हें दबोच लिया और वे इस्तीफा देकर 'बनारस' चले गए। लेकिन वह बहुत बाद की बात है।

'कृष्णमूर्ति फाउंडेशन' के सदस्य के रूप में चुने जाने के कुछ महीनों बाद कुछ ऐसा घटा, जिसने मेरी जिंदगी में एक नया अध्याय खोल दिया। पच्चीस साल की एक सुंदर

युवती 'वसंत विहार' आकर मुझसे मिली। उसका नाम सुनंदा सनदी था और वह 'ऋषि वैली' स्कूल में कई सालों से अँगरेज़ी की प्राध्यापिका थी। वह अंगरेज़ी में एम.ए. थी और 'चेन्नई' में कोई गैर–अध्यापकी काम मिलने की संभावना खोज रही थी। उसके सेना से अवकाश प्राप्त पिता और माता चेन्नई के एक उपनगर पुरुशावल्कम् में रहते थे। असल में मैं उसे एक बार 'ऋषि वैली' में देख चुका था, यद्यपि हम औपचारिक रूप से नहीं मिले थे। उसकी एक पूर्व विद्यार्थी ने कुछ महीनों पहले ऐसे ही कहा था कि सुनंदा एक उत्कृष्ट अध्यापिका और अच्छी मनुष्य थीं।

उन दिनों 'वसंत विहार' से 'कृष्णमूर्ति बुलेटिन' के प्रकाशन से संबंधित कामों का समन्वय मेरी जिम्मेदारी का अंग था। मैंने सोचा साहित्य की विद्यार्थिनी होने के नाते वह बुलेटिन के प्रकाशन में सहायता कर सकती थीं और मैंने उससे यह काम कर के देखने को कहा। श्री सक्सेना तुरंत तैयार हो गये। सप्ताह के बाकी दिनों में उसे मुख्यालय में रहना होता था और सप्ताहांत में वह अपने घर जा सकती थी। यह व्यवस्था उसके लिए उपयुक्त थी।

अपनी युवावस्था में से कुछ स्त्रियों से मेरे संबंध रहे थे, यद्यपि उतने निकट या शारीरिक नहीं, लेकिन मैंने उन संबंधों पर कभी कोई ध्यान नहीं दिया था। अब में पैंतीस का था और हालांकि मानवीय संबंधों में फँसना नहीं चाहता था, पर बाबाजी की बात बार–बार मेरे दिमाग में आती थी कि शादी मेरी चेतना के विकास के लिए आदर्श और आवश्यक परिस्थिति थी। यह लड़की ईमानदार थी, स्नेही, सुंदर और एक अच्छे परिवार से।

जब मैंने एक बार 'कृष्णमूर्ति' से शादी के बारे में चर्चा की थी, तो उन्होंने संत पॉल का उद्धरण दिया था, "जलते रहने से बेहतर है शादी।" मैं जल तो नहीं रहा था, लेकिन कुछ दिनों साथ–साथ काम करने के बाद सुनंदा और मुझे लगा कि हमारे बीच प्यार की हल्की बयार बह रही थी। हम लोगों ने शादी करने का निश्चय किया, लेकिन यह उतना आसान नहीं था।

पहली बात कि वे उडुपी के एक सारस्वत ब्राह्मण परिवार से थी (उनकी माँ धारवाड़ से थीं) और मैं, न केवल गैर ब्राह्मण था, बल्कि जन्म से हिन्दू भी नहीं था। दूसरे, मुझे

थोड़ी सी तनख्वाह मिलती थी और मेरा अपना घर नहीं था। लेकिन हम दोनों ने मिलकर समस्या का निदान खोज लिया। हमने उनके माता–पिता की यह शर्त मान ली कि शादी हिंदू वैदिक पद्धति से होगी। मैं इस बात के लिए सुनन्दा की बहुत सराहना करता हूँ कि उन्होंने मुझ जैसे अजनबी पर, जिसे वे कुछ ही समय से जानती थीं, पूरा भरोसा किया। इतना ही नहीं, उन्होंने जो कदम उठाया उसके लिए उन परिस्थितियों में अनुकरणीय साहस की आवश्यकता थी। मैं यह भी स्वीकार करता हूँ कि उनके माता–पिता के दिमागी खुलेपन के बिना यह संभव नहीं था।

जब मैं यह लिख रहा हूँ, हमारी शादी को तेइस साल हो चुके हैं और हमारे दो बड़े–बड़े बच्चे हैं। मैं यह नहीं कह सकता कि हममें कभी कोई मतभेद नहीं हुआ, लेकिन सब कुछ मिलाकर हमारा एक सुगठित परिवार रहा है। हम साथ मिलकर समस्याओं का निबटारा करते आए हैं और एक दूसरे से गहरा प्यार करते हैं।

'वसंत विहार' को वापस आते हैं। हम युवा और उत्साही युगल थे। शादी के बाद हम 'कृष्णमूर्ति फाउंडेशन' के सुंदर मुख्यालय में ही रहने लगे। लेकिन शीघ्र ही हमने पाया कि कहीं कुछ गड़बड़ थी। पहली बात, श्री सक्सेना का मानसिक और शारीरिक स्वास्थ्य दिन–ब–दिन गिरता जा रहा था और वे अपने निकट साथियों पर अधिकाधिक शक करने लगे थे। मेरा व्यक्तिगत विचार है कि उनकी हालत बिगड़ने का एक कारण यह था कि उनका परंपरासिक्त मस्तिष्क 'कृष्णमूर्ति' की विचारधारा से मेल न खा सका। वे मेरे भी प्रतिकूल होने लगे क्योंकि वे सुनंदा से मेरी शादी के पक्ष में ही नहीं थे, बल्कि मेरे शादी करने के ही पक्ष में नहीं थे।

इस बीच सुनंदा माँ बनने वाली थीं और हम सोचने लगे क्या 'वसंत विहार' शिशु पालन के लिए उपयुक्त जगह होगी। तभी वहाँ से निकलने का एक ईश्वर प्रदत्त अवसर हमारे हाथ आया। एक रात सपने में बाबाजी ने हम दोनों को आशिष् दिया और कहा कि अब निकलने का समय आ गया था। अगली सुबह हमें पता चला कि 'ऋषि वैली स्कूल' 'नीलबाग स्कूल' को खरीदने जा रहा था और वे ऐसे व्यक्ति की तलाश में थे जो वहाँ रह सके और स्कूल चला सके।

नीलबाग स्कूल कर्नाटक के कोलार जिले में 'रायलपाड' नामक जगह के पास धुर ग्रामीण इलाके में साढ़े सात एकड़ की सुंदर वृक्षों वाली जगह में स्थित था। यह आंध्र प्रदेश की सीमा के भी पास था, आंध्र प्रदेश स्थित 'ऋषि वैली' केवल डेढ़ घंटे दूर थी। शुरुआत में स्कॉटलैंड के रहने वाले डेविड होर्सबरो ने यह ज़मीन खरीदी थी और मिट्टी की दीवारों की एक अँगरेज़ी शैली की कुटिया बनाकर वे वहाँ रहने लगे थे। उन्हें संस्कृत का काफी अच्छा ज्ञान था, वे उत्कृष्ट शिल्पी, बढ़ई और शिक्षक थे। स्कूल उनके निवास के आसपास बनता गया था। यह आपसपास के गाँव के बच्चों के लिए निःशुल्क स्कूल था। डेविड पहले 'ऋषि वैली' और बाद में 'ब्रिटिश काउंसिल' के शिक्षा विभाग में काम कर चुके थे। 'नीलबाग स्कूल' में वे केवल बच्चों को मुफ्त शिक्षा ही नहीं देते थे, बल्कि शिक्षकों को नई–नई तकनीकों से पढ़ाने का प्रशिक्षण भी देते थे।

दुर्भाग्यवश साठ के होने के कुछ साल बाद ही डेविड का सिरोसिस के कारण देहान्त हो गया। उनके उत्तराधिकारी स्कूल न चला सके और वे उसे इंग्लैंड ले जाना चाहते थे। यह वह समय था जब 'ऋषि वैली' ने इसे खरीदने का निर्णय लिया। यह प्राकृतिक सुंदरता से भरपूर स्थान था। एकदम ग्रामीण। यद्यपि सारी इमारतें मिट्टी की दीवारों से बनी थीं, पर वे डेविड के वास्तुकार मित्र श्री बेकर द्वारा अंगरेज़ी स्तर की बनी हुई थीं। कुछ में तो बाथ टब भी थे और लकड़ी की सीट वाले पश्चिमी शैली के टॉयलेट भी।

'ऋषि वैली' की निदेशक और मेरी अच्छी मित्र डॉ. राधिका हर्जबर्गर ने 'नीलबाग स्कूल' को खरीदने की पहल की। जब मैंने हमारे नीलबाग जाने की संभावना पर विचार करने को कहा तो वे खुशी से मान गईं। वे हमारी भावनाओं को समझ गईं थीं। तो इस तरह गर्भवती सुनंदा के साथ हम नीलबाग आ गए।

नीलबाग में बिताए दस साल मेरे लिए बहुत महत्वपूर्ण हैं। शादी के बाद यह हमारा पहला निजी घर था। हम एक स्वतंत्र कॉटेज में रह रहे थे। सुनंदा शैक्षिक विषयों में व्यस्त रहती थीं और मैं प्रशासनिक। हमारे दोनों बच्चों – पुत्र रोशन और पुत्री आइशा का लालन–पालन भी नौ और सात साल की उम्र तक यहीं हुआ। तीसरे, हमारे वहाँ आने के बाद वाले दिनों में ही मैंने बंगलौर में अपनी पहली सार्वजनिक वार्ता दी, और तब से देता

ही रहा। चौथे, यहीं पर 'सत्संग फाउंडेशन' की स्थापना हुई। पाँचवें, त्रिवेंद्रम के मेरे दोस्त राधाकृष्णन के साथ दिल्ली के विवेक महेन्द्रू यहीं मुझसे मिलने आए और बाद में उन्होंने बाबाजी के कार्य में महत्वपूर्ण भूमिका निभाई। यहीं मैंने अपनी पहली पुस्तक लिखी – 'लिट्ल गाइड टू ग्रेटर ग्लोरी ऐंड ए हैप्पी लाइफ' (गौरवशाली और सुखी जीवन के मार्ग–दर्शन की छोटी पुस्तिका) और अंत में, लेकिन कम महत्वपूर्ण नहीं, यहीं से मैंने 'कृष्णमूर्ति फाउंडेशन' से इस्तीफा दिया।

48. नीलबाग और सत्संग की गाड़ी

आध्यात्मिक और सांसारिक दोनों दृष्टियों से ही नीलबाग में बिताए दस साल मेरे लिए वास्तव में बहुत महत्वपूर्ण थे, और कुछ अर्थों में लाभप्रद भी। वृक्षों और हरियाली से पूर्ण यह जगह मेरे ध्यानवान् मस्तिष्क के लिए आदर्श थी। शादी के बाद पहला घर होने के कारण, यहाँ हमें एक–दूसरे को समझने और एक सही पारिवारिक संबंध बनाने में सहायता मिली। जहाँ तक बच्चों का सवाल है, वे प्रकृति के प्रांगण में स्वतंत्र वातावरण में बड़े हो रहे थे और यहाँ खुश थे।

हफ्ते में एक बार मैं अपनी मोटर साइकिल पर 'ऋषि वैली' जाता था, नौवीं कक्षा को 'संस्कृति' की शिक्षा देता था और अगर हो, तो समिति की सभा में भाग लेता था। कुछ दिनों बाद मैंने एक पुरानी कार ले ली। उन दिनों मेरी यही हैसियत थी, और हम अक्सर कार में बंगलौर जाते, जहाँ मेरे माता–पिता और सास–ससुर रहने लगे थे। रास्ते में हम सुंदर तालाब के किनारे रुकते और सफेद पक्षी और बंदर देखते। हमें वह ज़िंदगी बहुत प्रिय थी। प्रधानाध्यापिका सुनंदा को स्कूल बहुत पसंद था। डेविड हॉर्सबरो द्वारा प्रशिक्षित इंदिरा सीतारमण योग्यता पूर्वक सुनंदा की सहायता करती थीं। वहीं मैं उनके पति श्री सीतारमण से मिला जो तभी से प्रिय मित्र रहे हैं।

यहाँ पर लिखी अपनी पहली पुस्तक को अभी छपवाने का मेरा विचार नहीं था क्योंकि आम जनता के सामने आने का मेरा चरण अभी आरंभ नहीं हुआ था। जितना हो सकता था अपना अनुभव और ज्ञान मैं अपने तक ही सीमित रखता। पीछे मुड़कर देखता हूँ तो लगता है अगर बाबाजी ने अपनी विशिष्ट शैली में हरी झंडी न दिखाई होती, तो मैं बड़ी खुशी से यूँ ही अज्ञात रूप से रहता रहता, बिना किसी तरह के सिर दर्द के। लेकिन ऐसा नहीं होना था क्योंकि मेरे लिए बाबाजी की योजना कुछ और थी।

यद्यपि मैंने अपने आध्यात्मिक अनुभवों और एडवेंचरो को अपने तक ही रखा और मुझसे उन दिनों मिलने वाले लोगों को कुछ भी मालूम नहीं था, परन्तु मेरे पुराने दोस्तों और सहपाठियों को मेरी आध्यात्मिक प्रवृत्तियों और खोजी यात्राओं की जानकारी थी। उनमें से एक, प्रेम कुकिलाया उन दिनों बेंगलौर में काम करते थे। वे एक दिन किसी पुराने आभूषण को बदलने या कुछ इसी तरह के काम से ज्वैलर्स स्ट्रीट के सुनार मंगय्या चेट्टी एंड संस के पास गए। दूकान चलाने वाले दो भाइयों में से छोटे का नाम मोहन कुमार था। उससे बात करते समय प्रेम ने स्वामी मुक्तानंद की एक पुस्तक मेज पर पड़ी देखी। पूछने पर मोहन कुमार ने बताया कि वह एक आध्यात्मिक पुस्तक थी और वे उस विषय में रुचि रखते थे।

प्रेम ने उन्हें यों ही बताया कि उनका एक पुराना दोस्त, जो जन्म से हिंदू नहीं था, हिंदू दर्शन और आध्यात्मिक मामलों में गहरी गति रखता था, योग साधना करता था, हिमालय जा चुका था और कुछ जादू जैसी चीज़ जानता था। मोहन ने मुझसे मिलने में गहरी रुचि दिखाई। उन्हें बताया गया कि मैं बंगलौर से तीन घंटे की दूरी पर 'रॉयलपाड' नामक गांव में रहता था, और यह भी कि मैं कभी–कभी बंगलौर आता था, क्योंकि मेरे माता–पिता और सास–ससुर वहाँ रहते थे। उन दिनों 'नीलबाग' में फोन नहीं थे, अतः प्रेम ने मोहन की मुझसे मिलने की इच्छा, अगली बार मिलने पर मुझ तक पहुँचाने का आश्वासन दिया।

तीन हफ्तों बाद मैं अपने सास–ससुर से मिलने बंगलौर आने पर प्रेम के कार्यालय गया। उसने मुझे मोहन से मिलने की कहानी बताई। मैंने कोई खास रुचि नहीं दिखाई और इस बात को भूल गया। अगली बार बंगलौर आने पर मैं रिलाइंस स्टेशनर्स से ऑइल पेंट और ब्रश खरीदने कॉमर्शियल स्ट्रीट गया। मुझे याद आया कि मेरी पत्नी ने अपनी माँ के कुछ आभूषण मुझे साफ करवाने के लिए दिए थे। किसी जौहरी की दूकान ढूँढ़ते–ढूँढ़ते मैं ज्वैलर्स स्ट्रीट में घुस गया और शीघ्र ही मैंने अपने को मंगय्या चेट्टी एंड संस की दूकान के सामने खड़ा पाया। मुझे प्रेम द्वारा बताई गई दूकान का नाम कुछ–कुछ याद था। दूकान में घुसने पर मैंने एक वृद्ध और एक युवक को मेज के पीछे बैठे पाया।

वृद्ध पैसे गिनने में व्यस्त था। मैं युवक के पास गया और बताया कि मैं क्या चाहता था, मैंने यह भी पूछा कि क्या यह वही दूकान थी, जहाँ त्रिवेंद्रम वाला मेरा मित्र प्रेम आया था।

वह युवक मोहन ही था। उसने कहा 'हाँ' और पूछा कि क्या मैं प्रेम के एक और मित्र को जानता था, जो हिमालय जा चुका था? मेरी जीन्स और टीशर्ट देखकर शायद मोहन को अंदाज़ा नहीं हुआ कि मैं वही योगी मित्र हो सकता हूँ, जिसके बारे में प्रेम ने बताया था।

मैं झूठ नहीं बोलना चाहता था, अतः कहा कि मैं ही वह व्यक्ति था। वहाँ से शुरू हुई नई यात्रा। मोहन ने बताया कि वह स्थानीय 'थियोसाफीकल सोसाइटी' के सचिव थे और क्या यह संभव था कि मैं सोसाइटी में एक वार्ता दूँ। मैंने कहा कि मैं अपने आध्यात्मिक जीवन के बारे में कभी सार्वजनिक रूप से बोला नहीं था, न मैं यह करना चाहता था। उन्होंने कहा कि अगर मैं अपनी हिमालय की यात्रा के बारे में बात करूँ, तो भी यह काफी होगा। मैंने कहा कि मैं इस बारे में सोचूंगा और अपना काम समाप्त कर जल्दी से दुकान से बाहर निकल आया।

मेरा शक कि मोहन से भेंट के पीछे बाबाजी का हाथ था, दो दिन बाद की घटना से सही साबित हुआ। इस घटना के बाद की दूसरी रात मुझे एक सजीव स्वप्न आया। लंबे अंतराल के बाद बाबाजी मेरे सपने में आए और वे इतने विचित्र दिख रहे थे कि मैं सपने में ही ज़ोर से हँसने लगा। मैं एक तरह की रेलगाड़ी में था जिस पर एक बैनर चिपका हुआ था। बैनर पर 'सत्संग' लिखा हुआ था। बाबाजी प्लेटफार्म पर गार्ड की वर्दी में दिखाई दिए, लेकिन वे हैट और जूते नहीं पहने हुए थे। वे बार–बार सीटी बजा रहे थे और गाड़ी तेज़ी से चलने लगी। जब मैं जागा तब भी मैं हँस रहा था, लेकिन जब मैंने स्वप्न के मतलब को समझा तो मेरे चेहरे से मुस्कान गायब हो गई। मुझे सार्वजनिक हो जाने की हरी झंडी दिखाई जा रही थी। शीघ्र ही परिवार के साथ शांत एकांतिक जीवन में व्यवधान आने वाला था। मैंने अपनी आशंकाओं को अपने तक ही रखा। जानता था कि जब उच्चतर शक्तियाँ आपसे किसी उद्देश्य के लिए काम कराना चाहती हैं, तो सारे व्यक्तिगत सरोकारों को नज़र अंदाज़ करना होता है।

दो हफ्ते बाद जब मैं मोहन को दिए गए आभूषण वापस लेने गया और जब उन्होंने 'थियोसोफीकल सोसाइटी' में वार्ता देने के लिए मुझे फिर से राज़ी करने की कोशिश की, तो मैं तैयार हो गया। अगला दिन रविवार था। मुझे शाम को पाँच बजे सोसाइटी के कैंटोन्मेट लॉज ले जाया गया। यह मेरा पहला 'सत्संग' था और उसके अंत में वार्ता के लिए आए कोई तीसेक लोगों ने मुझसे हाथ मिलाकर कहा कि यह उनके जीवन में सुनी गई सबसे अच्छी वार्ताओं में से एक थी। मैंने चुपचाप बाबाजी को धन्यवाद दिया। सोसाइटी के एक पदाधिकारी श्री रघु ने कहा कि क्या मेरे लिए यह संभव था कि मैं ऐसी वार्ताओं के लिए नियमित रूप से आऊँ। 'सत्संग' की गाड़ी चल पड़ी थी, सीटी बजा दी गई थी।

इस पहले सत्संग में मेरा परिचय ग्रुप कैप्टेन रत्नाकर सनदी से कराया गया। वे भारतीय वायु सेना के अवकाश प्राप्त लड़ाकू पाइलट थे। पता चला वे सुनंदा के रिश्तेदार भी थे। कब्बन रोड पर उनके घर में कटहल के पेड़ के नीचे अनेक अनौपचारिक सत्संग हुए। इन्हीं रत्नाकर सनदी ने मुझे अपनी 'लिट्‌ल गाइड' को प्रकाशित करने के लिए उत्साहित किया और राज़ी कर लिया। पुस्तिका टाइप की हुई पाण्डुलिपि के रूप में पहले से ही मेरे पास थी।

पुस्तिका को प्रकाशित करने के लिए प्रकाशक की आवश्यकता थी। तब 'सत्संग फाउंडेशन' की स्थापना की गई, जो पुस्तक के प्रकाशन और सत्संगों की व्यवस्था करने के लिए जिम्मेदार था। मुझे अध्यक्ष बनाया गया, रत्नाकर सनदी को कोषाध्यक्ष और मोहन को पहला सचिव। गिनती के घनिष्ठ मित्र सदस्य थे। लेकिन पुस्तक छपवाने के लिए पैसे नहीं थे। एक इतालवी सज्जन पुरुष, जो अपने को केवल 'मॉरिस' कहता था, सही समय पर प्रकट हुआ। उसने 'द लिट्‌ल गाइड टू ग्रेटर ग्लोरी एंड हैप्पी लाइफ' के प्रकाशन का खर्च वहन किया, जो अब तीसरे संस्करण में जा रही है (जिस समय मैं यह लिख रहा हूँ)। मॉरिस और रत्नाकर मुझे 'एम' कह कर पुकारने वाले पहले व्यक्ति थे। यह बाद में 'श्री एम' और 'मिस्टर एम' में भी परिवर्तित हो गया। मैंने 'एम' को 'मधु' से जोड़ा, नाम जो मुझे 'श्री गुरु' और 'बाबाजी' ने दिया था।

उसी समय दिल्ली से आए एक अजनबी, विवेक महेन्द्रू नीलबाग में ही मुझसे पहली बार मिले। उनके माध्यम से मैं आँखेम, जर्मनी के हॉन्स केलिकहाउस से मिला, जो आज

विवेक की तरह मेरे घनिष्ठ मित्र और साथी हैं। श्री विवेक महेन्द्रू एक स्विच गीयर कंपनी के निदेशक थे, जिसकी फैक्टरियाँ जालंधर, नई दिल्ली और नोइडा में थीं। मेरा पुराना दोस्त राधाकृष्ण नायर चेन्नई में उनका सेल्स मैनेजर था। विवेक को धर्म और मस्तिष्क की शक्ति के विषयों में रुचि थी और अक्सर इनके बारे में अपने सेल्स स्टाफ से बात किया करते थे। उनके चेन्नई के एक दौरे के दौरान नायर ने उनसे मेरे बारे में बात की और उन्हें 'लिट्ल गाइड' की एक प्रति दी। विवेक ने उसी दिन मुझसे मिलने की ठान ली और आ गए, यद्यपि चेन्नई से नीलबाग तीन सौ पचास किलोमीटर दूर है। मुझे उसी दोपहर के बाद बंगलौर आना था। विवेक के साथ हम लोगों ने विभिन्न आध्यात्मिक विषयों पर चर्चा करते हुए यह यात्रा तय की। उसके बाद हम अक्सर मिलते रहे। वे एक अच्छे दोस्त हैं।

इसी तरह पुस्तिका अनेक लोगों के घर पहुँच गई और समर्पित लोगों का एक समूह मेरे इर्द–गिर्द इकट्ठा हो गया। सत्संग परिवार बढ़ता गया...

49. कैलाश मानसरोवर यात्रा

मेरी पुस्तक देखने वालों में एक महत्वपूर्ण व्यक्ति थे, कश्मीर के राजघराने के डॉ. कर्ण सिंह। वे प्रमुख राजनीतिज्ञ, महान् विद्वान् और एक ईमानदार आध्यात्मिक अभ्यासी, तीनों एक ही व्यक्ति में होने के विरले उदाहरण हैं। वे अनेक आध्यात्मिक गुरुओं से मिले हैं और उनसे संवाद कर चुके हैं। उन्हें मिहिरटोला आश्रम के 'श्रीकृष्ण प्रेम' ने दीक्षा भी दी थी।

अपने एक बंगलौर प्रवास के दौरान उन्होंने 'लिट्ल गाइड' में लिखित पते और टेलीफोन नंबर से मोहन कुमार को खोज निकाला और उनसे फोन द्वारा संपर्क किया। यह जानने पर कि मैं बंगलौर में था, उन्होंने मुझसे मिलने का आग्रह किया। दोपहर को राजभवन में भेंट का इंतज़ाम किया गया। वे वहाँ रुके हुए थे। हम पहली भेंट से ही एक दूसरे को पसंद करने लगे। मैंने उन्हें प्राचीन परंपरा के धनी एक सुविख्यात राजघराने के उत्तराधिकारी के अनुकूल दयावान् और निराभिमान पाया, जिनके व्यवहार से शिष्टता और गरिमा टपकती थी। वे आध्यात्मिक और व्यावहारिक दोनों विषयों के प्रकाण्ड पंडित और सुविज्ञ हैं। इस सबके बावजूद वे गरिमामय और विनयशील हैं।

वे पहली कड़ी थे, जो बाद में भारत के पूर्व राजघरानों से मेरे संबंधों की बड़ी जंजीर बन गई। शायद मेरे पिछले जन्मों के संबंध, राजघरानों के आज के उत्तराधिकारियों की मुझमें रुचि का कारण हैं। डॉ. कर्ण सिंह ने ही दिल्ली में मेरा पहला 'सत्संग' अपने ट्रस्ट 'रामायण विद्यापीठ' में कराया था। बाद में उन्होंने मेरी दोनों पुस्तकों, – 'द ज्वेल इन द लोटस' तथा 'विज़्डम ऑफ द ऋषिज़्' की प्रस्तावना लिखी। वे आज भी मेरे संपर्क में हैं। मेरे हृदय में उनके लिए विशेष स्थान है। मैं दिल्ली में कभी भी उनके साथ कुछ समय बिताने या उनके साथ भोजन करने का अवसर नहीं चूकता।

लगभग जिस समय मैं डॉ. कर्ण सिंह से मिला, मैंने 'कृष्णमूर्ति फाउंडेशन' से इस्तीफा दे दिया था। इसके कई कारण थे, उनमें से प्रमुख निम्नलिखित हैं:

क्योंकि 'कृष्णमूर्ति फाउंडेशन' से भिन्न उद्देश्यों के साथ 'सत्संग फाउंडेशन' की स्थापना हो चुकी थी और चूंकि इसका अध्यक्ष होने के नाते मुझे 'सत्संग फाउंडेशन' को अपना अधिक समय और ऊर्जा देनी थी, लगा कि 'कृष्णमूर्ति फाउंडेशन' में बने रहना उचित न होगा। दूसरे, 'कृष्णमूर्ति' की मृत्यु के बाद उस संस्था में मेरी रुचि कम हो गई थी, यद्यपि 'कृष्णमूर्ति' के लिए मेरा आदर बना रहा। मुझे लगा कि उनके महाप्रयाण के बाद आत्मा निकल गई थी और केवल छिलका रह गया था।

मैंने अच्युत पटवर्धन से अपने निर्णय के बारे में बात कर अपना इस्तीफा भेज दिया। उन्होंने बताया कि कृष्णमूर्ति से मेरी पहली भेंट के बाद 'के' ने कहा था, ''यह चिड़िया तुम्हारे पिंजड़े में ज़्यादा दिनों रहने वाली नहीं है।'' सुनंदा और मैं इसके बाद भी नीलबाग में काम करते और रहते रहे। मेरे इस्तीफे की मंज़ूरी के लगभग एक महीने बाद मैंने प्रवचन (teachings) देने के लिए विदेश की अपनी पहली यात्रा की।

मेरे मित्र मोहन कुमार के माध्यम से नासा के वैज्ञानिक डॉ. रामानन्द प्रसाद को मेरी जानकारी मिली। वे 'द गीता सोसाइटी ऑफ अमेरिका' की स्थापना कर चुके थे और जैसे 'बाइबिल सोसाइटी ऑफ इंडिया' मुफ्त बाइबिल बाँटती है, उसी तरह 'गीता' का अनुवाद मुफ्त बाँटते थे। वे मुझसे बंगलौर में मिले और मुझे अमेरिका बुलाया। उन्होंने कहा कि वे विभिन्न स्थानों पर वार्ताओं का आयोजन कराएंगे, यद्यपि वे फ्रीमॉन्ट, कैलिफोर्निया में रहते थे।

इस बार मैं 'बाबाजी' के बिना किसी विशेष इशारे के तैयार हो गया क्योंकि अब तक मैं जान गया था कि काम शुरू हो चुका था, और 'एम' अब अपनी गोपनीयता नहीं बनाए रख सकेगा। अतः सन् 2000 में मैं पहली बार अमेरिका गया। मेरे पुराने प्रिय मित्र थॉमस कुरियन ने मेरे लिए चेन्नई से सान फ्रान्सिस्को की टिकट खरीद दी। कुछ दिनों बाद मेरे मित्र हान्स केलिकॉस ने, जो महेन्द्रू परिवार के पुराने परिचित थे और दिल्ली में जिनसे मेरा परिचय विवेक महेन्द्रू ने कराया था, मुझे जर्मनी में ऑचेन बुलाया। थोड़े ही समय में मैं लगभग हर साल जर्मनी और अमेरिका की यात्राएं कर रहा था।

शिक्षाएं फैल रही थीं परन्तु व्यक्तिगत और दबे–दबे रूप में। यह 'बाबाजी' का तरीका था। ''गुणवत्ता,'' वे कहते थे, ''संख्या नहीं। आध्यात्मिक विकास व्यक्तिगत होता है, सामूहिक घटना नहीं। 'ध्यान योग' को सिखाने का अधिकार आगे बेचा नहीं जा सकता, वह काम नहीं करेगा। हर व्यक्ति विशेष है, जब तुम काम शुरू करो तो कोई विज्ञापन अभियान नहीं।''

धीरे–धीरे लेकिन स्थिर गति से काम बढ़ रहा था, साथ ही सत्संग फाउंडेशन भी। मेरे बच्चे भी बड़े हो रहे थे। इस मोड पर 'ऋषि वैली स्कूल' के लिए, जो 'नीलबाग स्कूल' चलाता था, निःशुल्क स्कूल चलाने के लिए पैसों की तंगी हो गई। कोई इसे खरीद कर चलाने में रुचि दिखा रहा था। जब मुझे बताया गया, तो मैं खुशी से तैयार हो गया। मुझे लगने लगा था कि मुझे वह जगह छोड़नी थी और 'सत्संग फाउंडेशन' के क्रियाकलापों को अधिक समय देना था।

'ऋषि वैली स्कूल' की निदेशक मेरी दोस्त डॉ. राधा हर्जबर्गर चाहती थीं कि मेरी पत्नी सुनंदा फिर से 'ऋषि वैली स्कूल' में पढ़ाने लगें। यह तय हुआ कि हमारे दोनों बच्चे बारहवीं कक्षा तक 'ऋषि वैली' में निःशुल्क पढ़ेंगे। मैं 'ब़ाबाजी' के अलावा किसी और के लिए काम नहीं करना चाहता था, अतः मैंने 'ऋषि वैली' न जाने का निर्णय लिया। 'नील बाग स्कूल' के बेचे जाने के बाद, अपने परिव्राजक दिनों की तरह मैंने अपने को एक बार फिर इस स्थिति में पाया कि मुझे नहीं मालूम था कि कहाँ रहना है।

महान् ज्यू शिक्षक और आध्यात्मिक गुरु यीशु की तरह मैं इस विचार से आनन्दित था कि ''सांपों के पास रहने के लिए बाँबियाँ होती हैं, लोमड़ियों के पास माँदें, लेकिन मनुष्य के बेटे के पास अपना सिर टिकाने के लिए जगह नहीं है।'' लेकिन अधिक समय के लिए नहीं। इस घटनाक्रम से एक साल पहले मैंने मदनपल्ली के बाहर एक चौथाई एकड़ से कुछ ज़्यादा जमीन खरीद ली थी। मदनपल्ली एक छोटा कस्बा है, जिसे मैं लगभग हर हफ्ते नीलबाग से ऋषिवैली स्कूल आते–जाते पार किया करता था। जगह सस्ती मिल गई थी क्योंकि यह कस्बे के व्यस्त केंद्र से दूर और लंबाणी जनजाति के लोगों के ताण्डे के पास थी, जिसे बहुत अच्छा पड़ोस नहीं माना जाता था। लंबाणियों को चोर और डकैत समझा जाता था।

लेकिन मैं खुश था कि जगह कस्बे की व्यापारिक केंद्र से दूर पहाड़ियों से घिरी घाटी में धान के खेतों के बीच थी। जहाँ तक लंबाणियों का सवाल है, मेरा विश्वास था कि इस तरह किसी समुदाय के लोगों को ऐसे अपमानजनक नाम देना गलत था। मुझे उनके पड़ोस में रहने में कोई परेशानी नहीं थी। मैंने ज़मीन एक झोंक में खरीद ली थी बिना सोचे कि इसका करूँगा क्या। अब यह एक अच्छा सौदा साबित हुई।

नीलबाग स्थित स्कूल बेचने के बाद उस ग्रामीण जिले में खेती की ज़मीन का पट्टा इत्यादि बदलने और बिक्री को पंजीकृत करने में लालफीताशाही के कारण एक साल लग जाने की संभावना थी। मैंने अपनी सारी बचत और ऊँची ब्याज पर मदनपल्ली के एक साहूकार से लिए कर्ज के पैसे लगाकर मदनपल्ली की ज़मीन पर मकान बनाना शुरू कर दिया। एक साल में एक सादा मकान बनकर तैयार हो गया। 'नीलबाग स्कूल' बेचने की प्रक्रिया पूरी होते ही, हम इस मकान में आ गए, जिसका नाम ऊपरी हिमालय की पर्वत श्रेणियों पर बारहों महीनों जमी रहने वाली बर्फ की याद में, 'स्नो व्हाइट' रखा गया। सुनंदा और बच्चे 'ऋषि वैली' स्कूल चले गए और मैं 'स्नो व्हाइट' चला आया।

शीघ्र ही मदनपल्ली वाला घर अभी पंख निकलते 'सत्संग फाउंडेशन' के क्रियाकलापों का केंद्र बन गया, जहाँ से वे पंख फैला कर दुनिया भर में फैलने वाले थे। यहीं से एक क्लास रूम, पंद्रह बच्चे और बिना किसी अध्यापक के, निःशुल्क 'सत्संग विद्यालय' शुरू किया गया। अब यह उत्कृष्ट विद्या केंद्र बन गया है, जहाँ लगभग एक सौ बीस बच्चों को हर तरह की उत्तम शिक्षा निःशुल्क दी जाती है। अधिकांश बच्चे उसी जनजाति के लोगों के हैं जिन्हें समाज और प्रशासन चोर–डकैत कहता था और जिनके बच्चे अन्य स्कूलों में नहीं भेजे जाते थे। इन बच्चों का उत्साह और उनके सीखने की क्षमता देखते ही बनती है। यह मेरे लिए विशेष संतोष और खुशी का स्रोत है। 'सत्संग फाउंडेशन' के सदस्य और अन्य भले मानसों द्वारा दिए गए दान द्वारा, बिना किसी सरकारी अनुदान के यह स्कूल चलाया जाता है। बच्चों को स्कूल की यूनीफार्म और दोपहर का गर्म–गर्म अच्छा खाना भी मुफ्त दिया जाता है। लोग पँद्रह हज़ार रुपये देकर एक बच्चे की एक साल की विद्या आदि का उत्तरदायित्व ले सकते हैं, जो आयकर से मुक्त है।

कुछ सालों बाद आई.सी.एस.ई. पद्धति का छात्रावासीय 'पीपल ग्रोव स्कूल' (PGS) शुरू किया गया। यह एक ग्रामीण रमणीक स्थल में जंगलों और पहाड़ियों के बीच एक छोटी झील के पास है और तिरुपति से बहुत दूर नहीं है।

'पीपल ग्रोव स्कूल' श्रीमती वाराणसी रूक्मिणी रामासामी रेड्डी, मेरे मित्र रमेश रेड्डी की माँ द्वारा चित्तूर जिले में सदुम के पास एक सुंदर घाटी में दी गई ज़मीन पर स्थापित है, जहाँ प्राकृतिक रूप से पीपल के अनेक वृक्ष हैं।

यहाँ अपने दौरे के दौरान भारत के तत्कालीन राष्ट्रपति डॉ. अब्दुल कलाम ने, बच्चों के साथ अपने संवाद में कहा था – "(यह) एक खूबसूरत जगह है, यह तुम्हारा सौभाग्य है कि तुम यहाँ बड़े हो रहे हो और अपनी सर्जनात्मकता बढ़ा रहे हो।" यहाँ बच्चे केवल कक्षाओं में ही नहीं पढ़ते, अपितु उस बहुआयामी वास्तविकता को समझने की कोशिश करते हैं, जिसे जीवन कहा जाता है। मैं अक्सर अपनी मस्तिष्क की आँखों के सामने 'बाबाजी' को पीपल वृक्ष के नीचे पीपल के वनस्पतिक नाम फिकस रेलीजिओसा का अर्थ समझाते या डाल पर बैठी चिड़िया किस जीव–जाति की है, बतलाते बैठा देखता हूँ।

'सत्संग फाउंडेशन' के क्रियाकलाप सुचारु रूप से स्थिर गति से आगे बढ़ रहे थे, चाहे वे स्कूल हों, या मानव एकता मिशन, जो सभी धर्मों और जाति के लोगों का मानव होने के नाते एकजुट करने का प्रयास करता है, या सारे तामझाम के पीछे के असली सत्य को जानने में रुचि रखने वाले लोगों को व्यक्तिगत रूप से मार्ग–दर्शन के लिए मेरी भारत और विदेश यात्राएं। यह सब उन लोगों के एक साथ जुड़ने से संभव हो पा रहा था, जो इस हेतु सहारा देने को तैयार थे। मैं उन्हें 'रामकृष्ण परमंहस' के शब्दों में संभरक (प्रोवाइडर) कहना चाहूँगा। कुछ लोगों ने धन दिया, कुछ ने अपनी निजी परेशानियों की परवाह न करते हुए काम किया और अपना बहुमूल्य समय दिया। और कुछ सच्चे साधक आए, जिनका प्रमुख उद्देश्य था 'सत्य' की खोज। आध्यात्मिक दृष्टि से ये अंतिम श्रेणी वाले मेरे लिए सर्वाधिक महत्वपूर्ण थे, यद्यपि कार्मिक रूप से मैं उन सबका ऋणी हूँ, जिन्हें 'बाबाजी' ने अपनी योजनाओं के क्रियान्वयन हेतु मेरे पास भेजा था। मैं तो जिनका निमित्त मात्र था।

मैं किसी व्यक्ति विशेष का नाम नहीं लूँगा क्योंकि मैं जानता हूँ कि वे इससे लज्जा महसूस करेंगे। फिर इतने नाम लेने होंगे कि सूची बेहद लंबी हो जाएगी। मैं इतना ही कह सकता हूँ कि इन सब पर 'बाबाजी' के आशीर्वादों की छत्रच्छाया है और उनकी अनन्त कृपा के कारण वे अपने उद्देश्य से चूकेंगे नहीं और स्थिर गति से उसकी ओर बढ़ते रहेंगे। जहाँ तक मेरा सवाल है, मैं तो बाबाजी का दास हूँ, और इन लोगों की कठिन लेकिन वैभवशाली यात्रा पर उनके साथ चलने को और आवश्यकता होने पर दिन–रात परिश्रम करने को तैयार हूँ।

आध्यात्मिक यात्रा के अंग स्वरूप मैं कुछ मित्रों के दलों को कुछ साल पहले बद्री, केदार, गोमुख, ऋषिकेश, अजमेर, दक्षिणेश्वर, कन्याकुमारी, बालकनाथ, गोरखपुर, अयोध्या और अन्य जगहों की तीर्थ–यात्रा के लिए ले जाने लगा। कैलाश– मानसरोवर की यात्रा अब तक की सभी यात्राओं में सबसे कठिन और मेरे लिए अर्थगर्भित थी। मुझे विश्वास है कि पचास से अधिक लोग, जो इस यात्रा पर आए थे, उन्हें यह महसूस हुआ होगा कि कैसे यह उन सभी यात्राओं से भिन्न थी जो हम पहले कर चुके थे।

आपको याद होगा कि मैं 'बाबाजी' के साथ बहुत साल पहले कैलाश के आधे रास्ते जा चुका था और अस्वस्थता के कारण मुझे वापस आना पड़ गया था। 'बाबाजी' ने तब कहा था कि बहुत सालों बाद मैं अनेक लोगों के साथ कैलाश जाऊँगा। उस समय मैं सोच रहा था, 'बहुत सारे लोगों' का क्या मतलब था।

एक अच्छे मित्र ने पहल की और सारी कठिनाइयों के बावजूद यात्रा का प्रबंध किया। मैं यात्रा का और नगरवासी साथी यात्रियों की तकलीफों का पूरा ब्यौरा नहीं दूंगा क्योंकि एक अच्छे मित्र द्वारा इसका यात्रा वृत्तांत लिखा जा चुका है। फिर भी मैं अपने कुछ व्यक्तिगत अनुभव बताना चाहता हूँ, जो मुझे इस यात्रा के दौरान हुए। पहला, जब 'मानसरोवर झील' दृष्टिगोचर हुई, दूसरा, 'यम द्वार' पर, जहाँ हमें पहली बार 'कैलाश' के दर्शन हुए और तीसरा, 'कैलाश' की परिक्रमा में समुद्र तल से 18500 की ऊँचाई वाले 'डोल्मो ला पास' पर, जहाँ ऑक्सीजन की कमी के कारण हममें से अनेक हाँफते–हाँफते चढ़े और उस के बाद जब हम रात को अपने तंबुओं में रुके।

जैसे ही मैंने मानसरोवर देखी, मैं समझ गया कि उस पावन फीरोज़ी रंग की झील को मैं पहली बार नहीं देख रहा था। जब मैं उसके जल को देखते हुए खड़ा था, मेरी रीढ़ में पुलक की एक लहर उठी। मेरी पिछली ज़िंदगियों के दृश्य एक के बाद मेरे मन की आँखों के सामने कौंध गए। मैंने अपने को 'गुर्ला मान्धाता पर्वत श्रेणी' की एक गुफा में केवल एक सफेद धोती का टुकड़ा पहने ध्यान में बैठे योगी के रूप में देखा। दाँईं तरफ 'कैलाश पर्वत' खड़ा था।

जैसे ही मैं झील में डुबकी लगाने को तैयार हुआ, मैंने एक युवा सन्यासी को जल से बाहर आते देखा, वह बीस से कम उम्र का था, उसके जटाएं थीं, वह कौपीन पहने हुए था और नाथ पंथियों की निशानी, चिमटा लिए हुए था। वह अत्यंत सुंदर था और एक मुस्कान उसके होठों पर खेल रही थी। अपने पास खड़े लोगों के भावहीन चेहरे देखकर मैं समझ गया कि उन्होंने कुछ नहीं देखा था। यह विशेष दर्शन मुझे ही दिया गया था, कारण चाहे जो हों।

मैं उसके जल से बाहर आने की प्रतीक्षा करता हुआ आदर पूर्वक खड़ा रहा। मेरे पास से गुज़रते समय, उसने मुझसे कहा – "मैं गुरु गोरक्ष और जलंधरीपा का शिष्य 'सिद्धिनाथ' हूँ। 'श्री गुरु' तुम्हारा इंतज़ार कर रहे हैं। अलख निरंजन!" और चला गया। किसी ने न कुछ देखा न कुछ सुना और जब मैंने झुककर उस ज़मीन से अपना माथा टेका तो उन्होंने समझा कि मैं 'मानसरोवर' और 'कैलाश' को दंडवत् कर रहा हूँ। उसके बाद मैंने डुबकी लगाई, औरों ने भी। पानी ठंडा था किन्तु बहुत स्फूर्तिदायक और पावन करने वाला। मैंने महसूस किया कि मैं किसी दूसरे ही तल पर पहुँच गया था।

तत्पश्चात् हम 'यम द्वार' पहुँचे, यहाँ हमें पहली बार 'कैलाश' के सबसे निकट दर्शन हुए। 'कैलाश' को हिंदू, बौद्ध और तिब्बत के बोनपा पवित्र मानते हैं। महान् बर्फ ढ़की चोटी हमारे ऊपर मीनार सी खड़ी थी। एक असाधारण गहरा ध्यान का मनोभाव मेरे ऊपर छा गया।

हमारे कुछ साथियों ने खच्चड़ लिए थे। उन्हें यहाँ कुछ देर रुकना था, जिससे खच्चड़ और कुली व्यवस्थित हो जाएँ। मुझ जैसे कुछ अन्य लोगों ने पैदल परिक्रमा करने का निर्णय लिया था। लेकिन हम सबने 'यम द्वार' पर आधे घंटे इंतजार किया। मैं 'कैलाश'

की तरफ मुँह कर एक पत्थर पर बैठ गया और अपने में गहरा गोता लगाया। मैंने अपने अंदरूनी कान में विध्वंसक तांडव नृत्य के समय शिव महादेव द्वारा बजाए जाने वाले डमरू की आवाज़ सुनी... डग, डग, डग। शीघ्र ही यह गुंजायमान भम्, भम्, भम् में बदल गई जो मेरे सिर में विस्फोटित होती मालूम पड़ती थी। अन्तः चक्षुओं से मैं दूर से एक शंकु की शक्ल का तेज़ बवंडर देख सका। वह मेरी तरफ आ रहा था, मुझे उड़ा ले जाने। सहसा मैंने ज़ोर से नाथों द्वारा उपयोग किया जाने वाला अभिवादन सुना 'अलख निरंजन!' और बवंडर काफूर हो गया। एकदम शांति छा गई। मैंने अपनी आँखें खोली, 'शिवोहम्' कहा और चलने लगा। 'शिवोहम्' सारी यात्रा के दौरान मेरे साथ रहा और बाद में भी।

कैलाश परिक्रमा के दूसरे दिन 'डोल्मो ला पास' को पार कर हम लगभग शाम आठ बजे अपने रुकने की जगह पहुँचे। हम सब लोग थक कर चूर हो चुके थे, ऊँचाई के कारण हवा में ऑक्सीजन की मात्रा कम थी और हम दिन में दुर्गम बाईस किलोमीटर चल चुके थे।

अपने तंबू में पहुँचने के बाद मैंने अपने साथियों से कहा कि खाने के बाद कोई मुझे डिस्टर्ब न करे, हममें से कुछ लोगों की नाक से खून बहने लगा था (ऑक्सीजन की कमी क़े कारण)। मैंने अपनी नाक साफ की, मूत्राशय खाली किया और तंबू के दरवाज़े की ज़िप को बंदकर पद्मासन में बैठ गया, ध्यान आज्ञा चक्र पर लगाया। खून तेज़ी से मेरे सिर की तरफ दौड़ा, मेरी रीढ़ में एक बिजली सी कौंधी और कुछ ही क्षणों में मैं आनंदातिरेक के एक रुपहले रंग के गिलाफ से ढका अपने शरीर से बाहर था।

यह नया प्रदीप्त मैं, तेज़ी से अनेक स्तरों से गुज़रा, जहाँ अनेक तेजस्वी जीव रहते थे और एक ऐसी आश्चर्यजनक जगह पहुँच गया जो रुपहले–नीले रंग के शीतल प्रकाश से दीप्त थी। एक सफेद स्फटिक के महल के द्वार मंडप पर बड़े–बड़े नीले नाग पहरेदार थे, उन्होंने अपने फन हिलाकर मुझे अंदर जाने का इशारा किया। केंद्रीय हॉल में थोड़े ऊंचे किरमिजी तख्त पर महान् आत्मा महादेव एक 'प्रदीप्त शून्य' के रूप में विराजमान थे। वे बीच–बीच में दमकते हुए शिव भोलेनाथ के रूप में बदलते रहते थे – जटाओं में दूज का चांद, गले में एक काला नाग कोबरा, हिम की तरह सफेद, और तीसरी आँख नीले मोती–सी चमकती हुई।

उनके दोनों ओर पाँच व्यक्ति बैठे हुए थे – बाबाजी; बाइबिल में उल्लिखित मसीहा जैसे दिखते हुए कोई, अपने चिमटे के साथ कोई एक नाथ, दाढ़ी और सफेद पगड़ी वाले एक व्यक्ति जिनकी आँखें उन सबसे अधिक शांत और करुणामय थीं, जितने व्यक्तियों से मैं अब तक मिला हूँ। एक और जटाएं बाँधे, ऐंठी हुई मूंछ वाले ढीला लाल रंग का चोगा पहने मंगोली रूप–रेखा वाले व्यक्ति भी थे। उन सबकी देह मेरी तरह ही रुपहली और संदीप्त थीं। बेला के फूलों की सुगंध से वातावरण महक रहा था। मैंने कई बार साष्टांग प्रणाम किया और फर्श पर पालथी मार कर बैठ गया। 'बाबाजी' ने मौन तोड़ा।

"मधु, कैलाश में तुम्हारा स्वागत है। ये महान् यहूदी गुरु ईसा या येशु हैं। ये 'नाथ' स्वयं 'गोरखनाथ' हैं, करुणामयी आँखों वाले महान् 'नानकदेव' हैं और ये मूछों और लाल चोगे वाले अद्वितीय पद्मसंभव, 'गुरु रिंपोचे'। हम सभी यहाँ 'श्री गुरु बाबाजी' के शिष्य हैं। 'श्री गुरु' और कोई नहीं, यह 'स्वयं प्रदीप्त शून्य' 'आदिनाथ शिव महादेव' हैं जो सिंहासन पर बैठते हैं। महान् पीर साँईनाथ और आदरणीय शैख ख्वाजा मोइनुद्दीन चिश्ती, जिन्हें गरीब नवाज़ भी कहा जाता है, यहाँ उपस्थित नहीं हो सके, लेकिन उन्होंने अपना स्नेह और आशीर्वाद तुम्हें भेजा है। उन सभी कैलाश के निवासियों, जैसे–शंकर भागवत्पाद और अन्य सभी महान् योगियों और गुरुओं की ओर से भी तुम्हारा स्वागत और तुम्हें आशीर्वाद, जिन्होंने आज यहाँ प्रकट न होने का निश्चय किया है।"

"बाबाजी!" मैंने कहा, "आपको और 'श्री गुरु' को मुझे यहाँ आने देने के लिए धन्यवाद। मैं सोचता हूँ मैं भी अब यहीं रह जाता हूँ, आपकी तरह मुझे भी कलियुगी अंधकार से ढकी हुई धरती पर वापस जाने में कोई रुचि नहीं है। मैं समझता हूँ मैं काफी कुछ कर चुका हूँ और वे सब अब अपनी देखभाल कर सकते हैं, जिन्हें आपने मेरे पास मार्ग–दर्शन के लिए भेजा था, और फिर मैं जानता हूँ सहायता के लिए आप तो हैं ही।

"मेरा शरीर साठ साल पुराना हो चुका है और इससे पहले कि यह गंभीर रूप से बीमार पड़ जाय या कमज़ोर हो जाय, इसे छोड़ देना ही श्रेयस्कर है। मैं शारीरिक रूप से किसी पर निर्भर नहीं होना चाहता।"

"तुम फिर उसी परिस्थिति में हो, जिसमें तुम उस समय थे जब मैंने तुम्हें मुझे छोड़कर मैदानों में जाने को कहा था। मैं एक बार फिर कहता हूँ वापस जाओ। तुम पर

आश्रित लोग और तुम्हारे साथी, आध्यात्मिक और सांसारिक, अभी इतने उन्नत नहीं हुए हैं कि वे अपनी देखभाल स्वयं कर सकें। तुम्हारी पत्नी, जिससे तुमने अपनी पसंद से शादी की थी, उसको अभी भी तुम्हारी आवश्यकता है। आध्यात्मिक और सांसारिक परिवार की जिम्मेदारियाँ अभी पूरी नहीं हुई हैं। जल्दी मत करो। तुमने यह भी निर्धारित नहीं किया है कि तुम्हारे बाद तुम्हारी आध्यात्मिक ज़िम्मेदारियों को कौन निभाएगा। तब तक तुम वहीं रहो। कोई समस्या नहीं है। तुम्हें जब चाहो यहाँ आने–जाने की स्वतंत्रता है। यह हमारा विचार है और श्री गुरु का भी। लेकिन हमेशा की तरह तुम अपना निर्णय लेने को स्वतंत्र हो।''

मैं सिर झुकाए बैठा रहा। गुरु रिंपोचे बोले, ''बोधिसत्व का मार्ग अपनाओ, मधुपा। बोधिसत्व औरों को निर्वाण दिलाने के लिए पुनः पुनः जन्म लेने को तैयार हैं। अरिहन्त केवल अपनी ही मुक्ति चाहता है। ओम् वज्जसत्तो हूम!''

महान् येशु बोले, ''ओ मानव पुत्र! अपनी देह को सूली पर चढ़ जाने दो, अगर उससे किसी एक भी आत्मा का भला होता हो।''

नानक देव ने कहा, '' 'परम' बड़े कृपालु हैं। मेरा आशीष है तुम धरती पर उस गरिमा के अवतरण का माध्यम बनो। सतनाम, हरि हरि, या रब!''

शिव गोरख बोले, ''धूनी अनंतकाल तक जलती रहनी है, तुम उसे जलाए रखने के लिए किसी को खोजो। अलख निरंजन, बम भोले!''

मैंने कहा, ''हमेशा की तरह मैं आपका सेवक हूँ। मैं समझ रहा हूँ कि सूक्ष्म अहंकार, जो अपनी व्यक्तिगत मुक्ति से ही संतुष्ट हो जाता है, अब तक मेरे अवचेतन की गहराई में बना रहा। आज वह जड़ से उखाड़ा गया है और नाथों की धूनी की ज्वाला में जला दिया गया है। जय भोलेनाथ, बम भोले! जगन्नाथ ब्रह्माण्ड के अधिष्ठाता, रब–इल–आलिमीन की जय। मैं तुरंत वापस चला जाऊँगा। 'श्री गुरु' मुझे आशीर्वाद दें।''

उस 'प्रदीप्त शून्य' से 'श्री गुरु' की मधुर वाणी आई ''मधु, श्री मधु! मैं सदा तुम्हारे साथ हूँ। तुम मेरी अन्तरग्नि की एक चिंगारी हो। अब शांति और आनंद से वापस जाओ।''

मैं 'श्री गुरुभ्यो नमः' कहता हुआ साष्टांग प्रणाम में लेट गया। उसी क्षण मैंने अपने को तंबू में पद्मासन में बैठे शरीर में पाया। मैंने अपनी घड़ी देखी, बारह बजकर एक मिनट हुआ था।

अचानक मेरा सिर दर्द से फड़कने लगा। फिर मेरी नाक से ढेर सारा रक्त बहने लगा। मेरे पास जो भी तौलिए थे, सभी मुझे खून साफ करने के लिए इस्तेमाल करने पड़े। जब रक्त–स्राव बंद हुआ तो सिर का दर्द भी गायब हो गया। लगता है जो रक्त मेरे सिर की तरफ तेज़ी से बहा था, उसे निकल जाने दिया गया था। मैंने बोतल के पानी से अपनी नाक और चेहरा धोया, पैरों को पसारा और फिर पद्मासन में बैठकर गहरे ध्यान में डूब गया। इस बार मैं अपने आपको याक और खच्चड़ों सहित अपने आसपास के हर प्राणी में महसूस कर रहा था।

सुबह हम लोगों ने परिक्रमा की बाकी अंतिम दूरी तय कर ली और बिना किसी विशेष दुर्घटना के 'मानसरोवर' पर पहुँच गए। केवल एक व्यक्ति अपने खच्चड़ से गिर पड़ा और उसकी पसली में चोट आई। यद्यपि हमारे अच्छे मित्र डॉक्टर, जो यात्रा में हमारे साथ थे, काफी चिंतित हुए लेकिन मैं जानता था कि 'श्री गुरु' के आशीर्वाद से सब ठीक होगा।

50. यात्रा जारी है

यह अंतिम अध्याय है। छोटा होगा। मैं इसे हरिद्वार में अपने तंबू में बैठा लिख रहा हूँ। गंगा का शीतल जल यहाँ से दूर नही है। हम लगभग अस्सी लोग यहाँ पूर्ण कुंभ में भाग लेने एकत्रित हुए हैं। पूर्ण कुंभ बारह साल में एक बार आता है। हम यहाँ भारत के कोने–कोने से आए सैकड़ों महात्माओं और उनके आशीर्वाद लेने तथा पवित्र नदी में स्नान करने आए हज़ारों लोगों के बीच कुछ दिन बिताने आए हैं। हमारे तंबू भीड़–भड़क्का और मेले के शोर–शराबे से दूर एक शांत स्थान पर हैं, लेकिन इतना दूर भी नहीं। हम जब चाहें, चलकर जा सकते हैं और मेले के सभी कार्यकलापों में भाग ले सकते हैं।

इस आत्मकथा के समापन पर धन्यवाद ज्ञापन से पहले मैं कुछ महत्वपूर्ण बातें स्पष्ट कर देना चाहूँगा। यह मैं धूनी के सामने अग्नि और परमात्मा को साक्षी मानकर कह रहा हूँ:

मेरे देहावसान के बाद लिखी गई मेरी किसी भी ऐसी जीवनी को प्रामाणिक न माना जाये, जिसमें ऐसी सामग्री हो जो मेरे द्वारा लिखी गई इस आत्मकथा में दी गई सामग्री से तथ्यात्मक मेल न खाती हो, विशेष रूप से यदि मुझे महिमा मण्डित करने के लिए तथ्यों को तोड़ा–मरोड़ा गया हो।

दूसरी महत्वपूर्ण बात यह है: अभी तक मैंने किसी को अपने उत्तराधिकारी के रूप में नहीं चुना है। अनेक ईमानदार और समर्पित लोग हैं जो मेरे घनिष्ठ हैं। लेकिन मैंने अभी तक किसी को यह महती उत्तरदायित्व लेने को तैयार नहीं पाया है। शायद उनमें से कोई आवश्यक गुणों का विकास कर ले या कोई नया और परिपक्व व्यक्ति आए, जिसका मुझसे पुराना संबंध हो, जैसा कि वर्तमान के अनेक साथियों से है। मैं धैर्यपूर्वक इंतज़ार करूँगा और उपयुक्त समय पर स्पष्ट संकेत दूँगा।

'आध्यात्मिक उत्तराधिकारी' के एक और बहुत महत्वपूर्ण पहलू का स्पष्टीकरण आवश्यक है। किसी कारणवश यदि मृत्यु से पहले मैं कोई आध्यात्मिक उत्तराधिकारी

नियुक्त न करूँ, तो मैं अपने दोस्तों को आगाह कर देना चाहूँगा कि वे किसी ऐसे व्यक्ति को मेरा आध्यात्मिक उत्तराधिकारी स्वीकार न करें जो यह दावा करता हो कि उसके सपने में मैंने उसे अपना उत्तराधिकारी नियुक्त किया है, या वह प्रेतात्मा–लेखन के माध्यम से अपना दावा सिद्ध करे या ऐसी ही किसी अन्य बकवास का सहारा ले। मैं घोषणा करता हूँ कि मैं अपने विचारों को व्यक्त करने या लोगों को निर्देश के लिए तथाकथित माध्यमों का उपयोग कभी नहीं करूँगा।

वे ईमानदार, योग्य तथा दयालु व्यक्ति जो 'सत्संग फाउंडेशन' के क्रियाकलापों और स्कूलों को चलाने में फाउंडेशन के प्रशासनिक पदों पर रहकर सहायता करते हैं, कदापि अपने को मेरा एकमात्र आध्यात्मिक उत्तराधिकारी न समझ लें जब तक कि मैं, शरीर छोड़ने से पहले, ऐसा स्पष्ट रूप से न कहूँ।

इतना कहने के बाद, मैं उन सब लोगों को धन्यवाद देना चाहूँगा, जिन्होंने 'बाबाजी' की योजना कार्यान्वित करने में मेरा हाथ बँटाया है।

सबसे पहले मैं अपने माता–पिता को धन्यवाद देता हूँ, जो मुझे इस दुनियाँ में लाए, जिससे मैं अपना नियत काम कर सकूँ। उन्हें मैं अपना पहला संभरक (प्रोवाइडर) कहता हूँ। मैं अपनी पत्नी को, मुझ जैसे सनकी और पागल पति को सहन करने के लिए धन्यवाद देता हूँ और मेरी विचित्रताओं को समझने और सहानुभूति पूर्ण होने के लिए अपने बच्चों को भी। तत्पश्चात् मैं अन्य सभी आध्यात्मिक और सांसारिक संभरकों को धन्यवाद देता हूँ, जो मेरे बचपन से अब तक मेरे काम में निस्वार्थ सहायता करते आए हैं।

इन सभी व्यक्तियों को और उन सभी को भी, जो मौन और अज्ञात रह कर मेरी सहायता करते रहे हैं, मैं प्रणाम करता हूँ और बारंबार विनय पूर्वक झुककर उनके चरण चूमता हूँ। मेरी प्रार्थना है 'श्री गुरु' उन पर अपनी अगाध कृपा करें।

यह मेरी आत्मकथा का अंत है, पर कामना करता हूँ कि यह किसी और की मनोहर आध्यात्मिक यात्रा का प्रारंभ बने।

प्रेम और मैत्री सहित

एम.

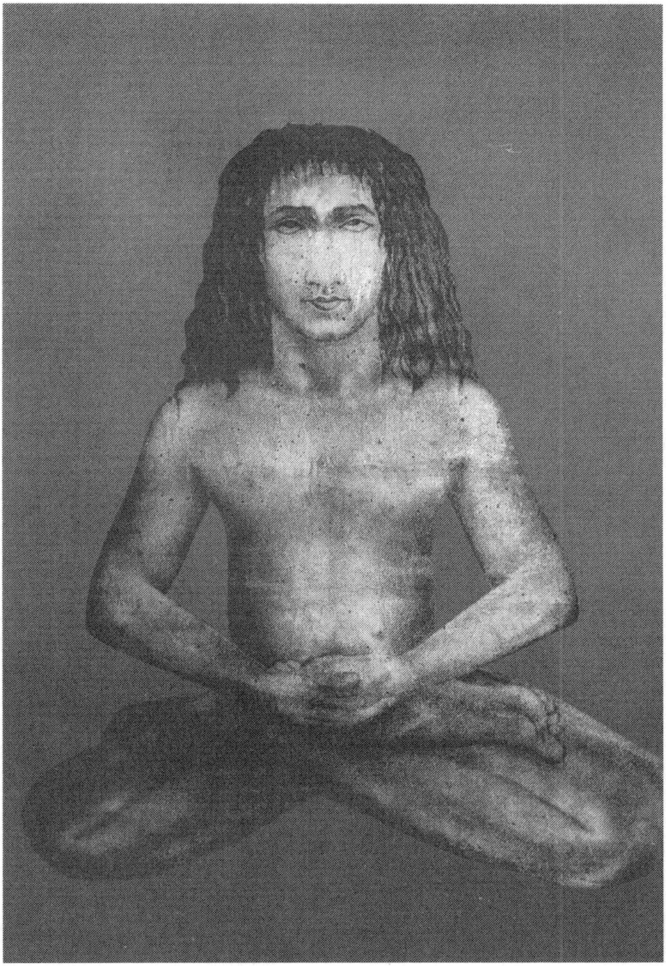

ब्रह्मन शब्द, 'बृ' धातु से बना है, जिसका अर्थ है 'विस्तार'। यह अनन्त विस्तार एक आन्तरिक यथार्थ है, जिसे अधिकांश लोग गलती से बाह्य प्रक्रिया समझ बैठते हैं। यही भ्रम सारे दुखों का कारण है। क्रिया का ज्ञान व दीक्षा उन्हें दो, जिन्हें तुम योग्य पात्र समझते हो। भगवान करे, उनकी चेतना बहुआयामी अवस्था को प्राप्त हो ।

श्री महेश्वरनाथ के गुरु श्रीगुरु बाबाजी

चीजों को सहज और सरल रखो, बिना लाग-लपेट के। संसार में आम लोगों की तरह रहो। महानता को कभी प्रचारित नहीं किया जाता। करीब आने पर लोगों को स्वयं ही उसका आभास हो जाता है। अपने मित्रों और साथियों के समक्ष एक उदाहरण बनो। तुम इस संसार में परम चेतना के साथ समन्वय रखते हुए प्रसन्नता से रह सकते हो।

मेरे गुरु श्री महेश्वरनाथ बाबाजी

मेरी नानी

मेरे माता-पिता

मेरी दो बहिनें

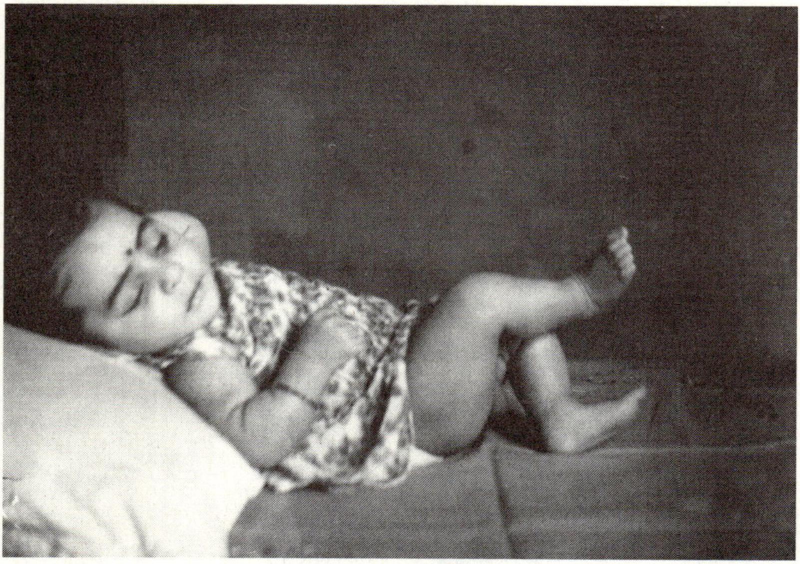

छः महीने का

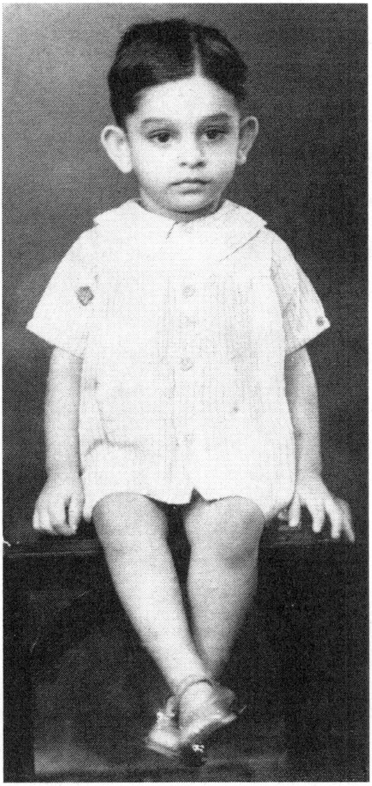

तीन साल की उम्र का

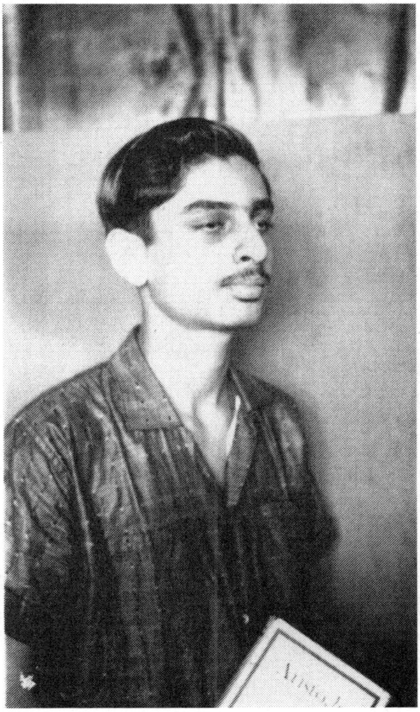

सोलह साल की उम्र में
अरस्तू का अध्ययन

वंचिपूर का घर जिसमें मैं 14 साल की उम्र तक रहा

पद्मनाभ स्वामी मंदिर और पवित्र सरोवर, तिरुवनंतपुरम

मेरा स्कूल - सरकारी मॉडल हाइस्कूल, तैकाड, तिरुवनंतपुरम

पीर मुहम्मद साहब का मक़बरा, तकले, तमिलनाडु

सुनन्दा और मैं शादी से ठीक पहले

तुंगनाथ में परिवार के साथ - रोशन, एम, सुनन्दा, आइशा

बच्चों, सुनन्दा के माता-पिता और भाई के साथ

बद्रीनाथ मंदिर

केदारनाथ मंदिर

श्री गोपालस्वामी

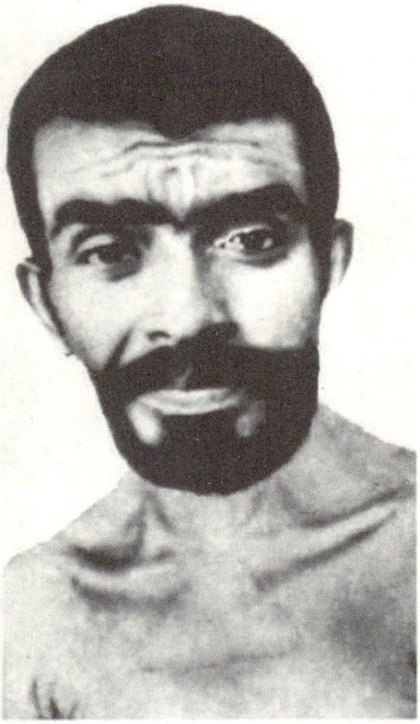

श्री कलडी मस्तान

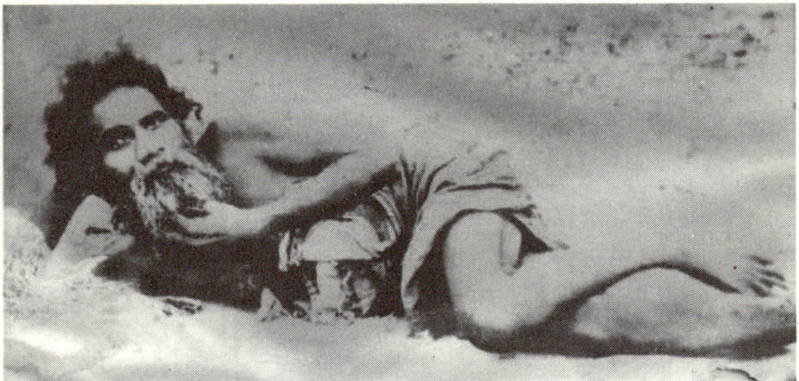

पून्तरा स्वामी

श्री नारायण गुरु

स्वामी अभेदानंद

शिर्डि के साँईं बाबा

श्री चटंबी स्वामी

गणेशपुरी के नित्यानंद अवधूत,
युवावस्था में

कन्याकुमारी की संत माई माँ

श्री रामकृष्ण परमहंस

परिव्राजक स्वामी विवेकानंद

एक अच्छे मित्र के साथ
रमण महर्षि

श्रीगुरु बाबाजी के
महान् योगी शिष्य
श्री श्यामाचरण लाहिड़ी

रामकृष्ण संप्रदाय के वरिष्ठ सन्यासी स्वामी तपस्यानंद

कैंची, अल्मोड़ा के नीमकरोली बाबा

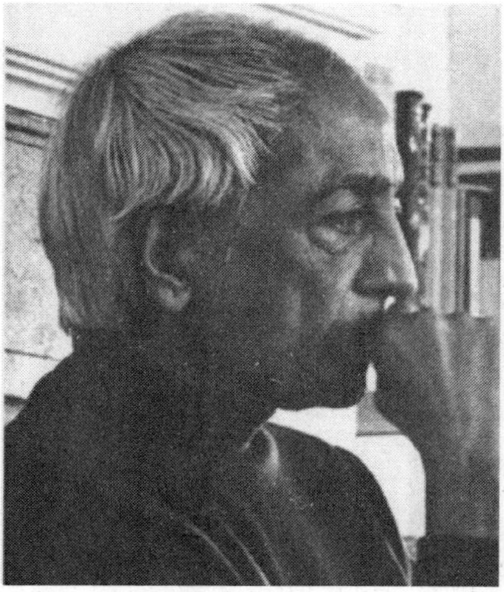

श्री जिद्दू कृष्णमूर्ति

डिवाइन लाइफ सोसाइटी, ऋषीकेश के स्वामी चिदानंद

नयन स्वामी

पुरुषोत्तमनन्द स्वामी

हिमाच्छादित केदार पर्वत श्रेणी

वशिष्ठ गुहा के पास अरुंधती गुफा

कन्याकुमारी के पास मरूतुवमलइ गुफा

चीड़वासा की पास गंगा

बद्रीनाथ मंदिर के पीछे चरणपादुका के पास

गंगा का उद्‌गम स्थल गोमुख

कन्याकुमारी का सागरतट जहाँ माई माँ रहती थीं

ऋषिकेश में अर्द्धमत्स्येन्द्रासन करते हुए

ऋषिकेश में गंगा नदी

ग्रांड केन्योनः अमरीका की पहली यात्रा

जर्मनी में एक मित्र के लिए चित्रकारी

फ्राइबर्ग केथेड्रल,
जर्मनी के पास कैफे में

भागीरथी पर्वत श्रृंग

सूर्यकुण्ड में नीचे उतरती गंगा, गंगोत्री

बद्रीनाथ के परे व्यासगुहा, माना, में सत्संग (बाँएं प्रदीप, दाँहिनी ओर विराज और बालाजी)

त्रिवेंद्रम में प्रिय मित्रों के साथ (बाँएं - रंजीत सदाशिवन. दाँएं - डॉ. नारायण प्रसाद)

प्रिय दोस्तों, श्री रामास्वामी पिल्लाई और तांत्रिका विज्ञानी डॉ. मार्तण्ड पिल्लाई, के साथ

पोर्टलैंड, अमरीका, में मित्र जेरी जोन्स के साथ

भारतीय विद्या भवन,
बंगलौर में वार्ता

पोर्टलैंड, यू.एस.ए., में वार्ता

धार्मिक नायकों की संयुक्त राष्ट्र संघ की सभा में सिरियन कैथोलिक बिशप के साथ, न्यूयॉर्क, 2000

संयुक्त राष्ट्र में ब्रह्माकुमारियों के प्रमुख के साथ धर्मगुरुओं का सम्मेलन

भारत के तत्कालीन राष्ट्रपति, डॉ. ए.पी.जे. अब्दुल कलाम के साथ सुनन्दा, मैं, न्यायमूर्ति वेंकटचलय्या और डॉ. अजय कुमार सिंह, पीपल ग्रोन स्कूल, सदुम

सत्संग विद्यालय के प्रारंभ में विद्यार्थियों के साथ

मदनपल्ली में अपने निवास पर मित्रों के साथ (बाँएं से दाँएं - डॉ. विजयनारायण रेड्डी, मोहन कुमार, सूर्य देव, ज्योति नारंग, किरण रेड्डी, शोभा रेड्डी तथा प्रभा रेड्डी)

सत्संग विद्यालय की प्रधानाचार्या और विद्यार्थियों साथ

कैलाश यात्राः यम द्वार पर
(कैलाश परिक्रमा की शुरुआत)

पीपल ग्रोव स्कूल,
सदुम में झील के पास

पीपल ग्रोन स्कूल साधना शिबिर (बाएं से - अजय, कैज़र, गीता, राधिका, शोभा, अंजलि, अभिजित, श्रीधर)

कैलास यात्राः सागा में गुरुपूर्णिमा

कैलास यात्राः
सागा में कर्ग्युपा
बौद्ध विहार

पवित्र कैलाश
पर्वत

मुंबई का ताजमहल होटल जहाँ बाबाजी सिख के रूप में प्रगट हुए

अमृतसर का
स्वर्णमंदिर

त्रिवेंद्रम वार्त्ता में
त्रावणकोर के राजा
श्री मार्तण्ड वर्मा
के साथ

डॉ. कर्णसिंह के साथ
उनके निवास पर

कृष्णदासजी के साथ

पूर्ण कुंभ मेला, हरिद्वार, 2010 में साधु समाज के साथ

ध्यान मंड़प, मदनपल्ली

प्रिय मित्रों के साथः
कात्यायनी रतन
और दीपक रतन

ब्यून्स आयर्स, अर्जेंटीना में स्पेनिश में ज्वेल इन द लोटस के विमोचन पर फेडेरिको ग्रांडी के साथ
फोटो साभार श्री एम.